本书列入

2017年国家社会科学基金重大委托项目

"十三五"国家重点图书出版规划项目

中华传统文化百部经典

墨 子 （节选）

姜宝昌 解读

国家图书馆出版社

图书在版编目（CIP）数据

墨子：节选／姜宝昌解读 . — 北京：国家图书馆出版社，2018.12（2025.6 重印）
（中华传统文化百部经典／袁行霈主编）
ISBN 978-7-5013-6619-4

Ⅰ．①墨… Ⅱ．①姜… Ⅲ．①墨家 ②《墨子》-注释 Ⅳ．① B224.2

中国版本图书馆 CIP 数据核字 (2018) 第 270810 号

国家图书馆出版社官方微信

书　　名	墨子（节选）
著　　者	姜宝昌 解读
责任编辑	耿素丽　廖生训
重印编辑	潘肖蔷
特约编辑	曾　诚
封面设计	敬人设计工作室

出版发行　国家图书馆出版社（北京市西城区文津街 7 号　100034）
　　　　　010-66114536　63802249　nlcpress@nlc.cn（邮购）
网　　址　http://www.nlcpress.com
印　　装　北京科信印刷有限公司
版次印次　2018 年 12 月第 1 版　2025 年 6 月第 3 次印刷

开　　本	710×1000（毫米）　1/16
印　　张	31
字　　数	332 千字
书　　号	ISBN 978-7-5013-6619-4
定　　价	86.00 元（精装）

本册审订

杨武金　　常　森

中华传统文化百部经典

编纂办公室

张　洁　　张毕晓　　马　超　　袁　媛

编纂缘起

　　文化是民族的血脉，是人民的精神家园。党的十八大以来，围绕传承发展中华优秀传统文化，习近平总书记发表了一系列重要讲话，深刻揭示出中华优秀传统文化的地位和作用，梳理概括了中华优秀传统文化的历史源流、思想精神和鲜明特质，集中阐明了我们党对待传统文化的立场态度，这是中华民族继往开来、实现伟大复兴的重要文化方略。2017年初，中共中央办公厅、国务院办公厅印发《关于实施中华优秀传统文化传承发展工程的意见》，从国家战略层面对中华优秀传统文化传承发展工作作出部署。

　　我国古代留下浩如烟海的典籍，其中的精华是培育民族精神和时代精神的文化基础。激活经典，熔古铸今，是增强文化自觉和文化自信的重要途径。多年来，学术界潜心研究，钩沉发覆、辨伪存真、提炼精华，做了许多有益工作。编纂《中华传统文化百部经典》，就是在汲取已有成果基础上，力求编出一套兼具思想性、学术性和大众性的读本，使之成为广泛认同、传之久远的范本。《百部经典》所选图书上起先秦，下至辛亥革命，包括哲学、文学、历史、艺术、科技等领域的重要典籍。萃取其精华，加以解读，旨在搭建传统典籍与大众之间的桥梁，激活中华优秀传统文化的价值，用优秀传统文化滋养当代中国人的精神世界，提振当代中国人的文化自信。

这套书采取导读、原典、注释、点评相结合的编纂体例，寻求优秀传统文化与社会主义核心价值观之间的深度契合点。以当代眼光审视和解读古代典籍，启发读者从中汲取古人的智慧和历史的经验，借以育人、资政，更好地为今人所取、为今人所用。力求深入浅出、明白晓畅地介绍古代经典，让优秀传统文化贴近现实生活，融入课堂教育，走进人们心中，最大限度地发挥以文化人的作用。

《百部经典》是一项重大文化工程。在中宣部等部门的指导和大力支持下，国家图书馆做了大量组织工作，得到学术界的积极响应和参与。由专家组成的编纂委员会，职责是作出总体规划，选定书目，制订体例，掌握进度；并延请德高望重的大家耆宿担当顾问，聘请对各书有深入研究的学者承担注释和解读，邀请相关领域的知名专家负责审订。先后约有 500 多位专家参与工作。在此，向他们表示由衷的谢意。

书中疏漏不当之处，诚请读者批评指正。

2017 年 9 月 21 日

凡　例

一、《中华传统文化百部经典》的选书范围，上起先秦，下迄辛亥革命。选择在哲学、文学、历史、艺术、科技等各个领域具有重大思想价值、社会价值、历史价值和学术价值的一百部经典著作。

二、对于入选典籍，视具体情况确定节选或全录，并慎重选择底本。

三、对每部典籍，均设"导读""注释""点评"三个栏目加以诠释。导读居一书之首，主要介绍作者生平、成书过程、主要内容、历史地位、时代价值等，行文力求准确平实。注释部分解释字词、注明难字读音，串讲句子大意，务求简明扼要。点评包括篇末评和旁批两种形式。篇末评撮述原典要旨，标以"点评"，旁批萃取思想精华，印于书页一侧，力求要言不烦，雅俗共赏。

四、原文中的古今字、假借字一般不做改动，唯对异体字根据现行标准做适当转换。

五、每书附入相关善本书影，以期展现典籍的历史形态。

親士第一

入國而不存其士則亡國矣見賢而不急則
緩其君矣非賢無急非士無與慮國緩賢忘
士而能以其國存者未曾有也昔者文公出
走而正天下桓公去國而霸諸侯越王勾踐
遇吳王之醜而尚攝中國之賢君三子之能
達名成功於天下也皆於其國抑而大醜也
太上無敗其次敗而有以成此之謂用民吾
聞之曰非無安居也我無安心也非無足財

沛一

墨子十五卷　明正统十年（1445）《道藏》刻本　国家图书馆藏

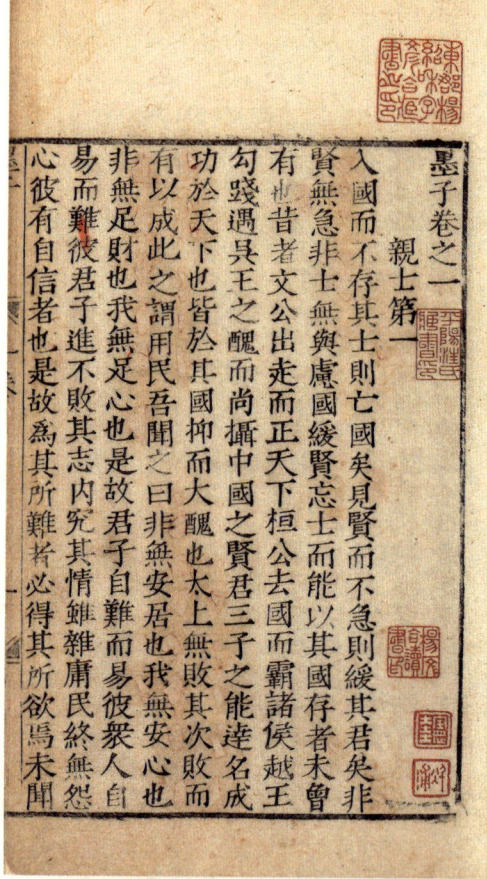

墨子卷之一
　親士第一

入國而不存其士則亡國矣見賢而不急則緩其君矣非賢無急士無與慮國緩賢忘士而能以其國存者未曾有也昔者文公出走而正天下桓公去國而霸諸侯越王勾踐遇吳王之醜而尚攝中國之賢君三子之能達名成功於天下也皆於其國抑而大醜也太上無敗其次敗而有以成此之謂用民非無安居也我無安心也非無足財也我無足心也是故君子自難而易彼眾人自易而難彼君子進不敗其志内究其情雖雜庸民終無怨心彼有自信者也是故為其所難者必得其所欲焉未曾聞

墨子十五卷　明嘉靖三十一年（1552）芝城銅活字藍印本　國家圖書館藏

本书凡例

一、注释详略，因文制宜。本书按"墨论""墨经"和"墨守"三部分进行注释。需要说明的是，"墨论"部分与"墨经""墨守"两部分在详略方面有所不同，前者稍略而后者颇详。"墨论"部分，字词注释居多，而一句或几句串讲情况相对较少，因为《兼爱》《非攻》等篇在章句的理解方面，一般不存在疑难，至少不存在大的疑难。而"墨经""墨守"两部分情况则迥乎不同。不少章句或条目文字简约，单就字面理解，不能形成足够的上下文环境，加之错讹甚多，多数文字读来困难，甚至难于卒读，必须首先通过校勘，还其用字的本真，然后详加注释，包括字词本身，也包括书内和书外（当然，引用其他典籍取谨慎态度，以不横生枝蔓为原则）相关资料的参校比对，几乎是句句都作串讲，才能略悟其意蕴。请大家在阅读时能注意到这一点。

二、注释次序，先校后注。《墨子》一书遇冷两千年之久。汉魏而下，官家排斥墨学，其书大约只能在民间传抄流行。过手次数愈多，出现讹误愈多。可以说，错讹之多，无章无之。清代中晚期至民国初期，少数学者始予校勘。《墨子间诂》正文出自明代《道藏》本，而校文尽在注文之中，殊不便于读者理解。笔者改为在转录正文时即出校文，而明显的错讹字则括于圆括号中。有时是笔者有据而改，但更多的是依从注疏名家而改。如《贵义》："商人用一布市（布）。""市"为校文，后"布"为原讹文。注释作："布市：原作'布布'。从孙诒让校改。下文'不敢轻苟而譬焉，必择良者'，正是说市物。市，买卖。"

三、关于字词注释的术语有以下两种情况。其一，"某，即某（或同某）"，是指前某就是后某。如"亓，即其"。其二，"某，犹某"，是指前某好比后某。如"其，犹岂"。遇到少数不见于现代汉语的解释，则据辞书或典籍举例说明。如"其，犹岂"，并举《集韵·之韵》"其，岂也"作为例证。

四、关于通假字，一般以"某（通假字），通某（本字）"来表述（少数引文依作者所用"某，读为某"之例）。如本字字义显豁，则不再作释，如"虽（雖），通唯"（含"雖"以"唯"为声符，故可通假之意）；如本字字义不够显豁，则接释其义。如"秩，通迭。迭，更"。

五、关于字词或语句的注释，有时采用语法手段。如《公孟》："岂曰吾族人莫之好，故不好哉？"注释作："莫之好：即'莫好之'，没有谁爱好它。古代汉语否定句中代词宾语前置的用例。"

六、为便于阅读，原文一律改为简体，如"竈"改为"灶"。原文或用异体，一律改为正体，如改"鑑"为"鉴"。但遇有古今异义的情况，只好作变通处理。如一般来说，改"於"为"于"，而在《经下》"所存与存者，於存与熟存"出现的"於"（音 wū，同乌）只能保留。好在这样的情况并不多。

七、今《墨子》一书五十三篇近八万字。因体量大，不能全注，只能选注。例如《尚贤》《尚同》《兼爱》《非攻》《天志》《明鬼》等篇三选其一。《大取》有些繁复或零散的内容，只能暂时不选。《备城门》以下十一篇，也只能选注其中对现代防御性军事作战具有启示价值的内容。

为全面体现《墨子》一书的整体面貌，以免使读者误以为《墨子》全书只有选注的这些内容，笔者在解读此书时，视需要而使未选注的部分内容出现于某种场合，例如"导读"中出现一些，已选篇目的"注释"中出现一些，旁批和点评中也出现一些。

八、为节省篇幅，词语的注释、章句的意蕴，文字力求简要，点到为止，重结果而略去推导过程。若有所需，可查阅拙著《墨论训释》（齐鲁书社 2016 年版)、《墨经训释》(齐鲁书社 2009 年版) 和《墨守训释》(齐鲁书社 2014 年版)。

目　录

导　读

一、墨子生平简述

墨子，姓墨，名翟，战国初期鲁国附庸小邾国（今山东滕州）人（另有宋人说，就小邾国曾是宋国的附庸而言，墨子是宋国人。但春秋晚期，小邾国又是鲁国的附庸，墨子正当其时，所以正确的说法应该是墨子是鲁国人。此外尚有楚人说，恐不可信）。其生卒年，司马迁已不能考实，在《史记·孟子荀卿列传》中，仅以"墨翟，……或曰并孔子时，或曰在其后"模糊言之。班固《汉书·艺文志》云："在孔子后。"范晔《后汉书》本传《论图纬虚妄疏》注引《张衡集》云："（公输）班与墨翟并当子思时，出仲尼后。"孙诒让《墨子间诂》附《墨子年表》推定为生于周贞定王元年（前 468），卒于安王二十六年（前 376），享年九十有三。钱穆《先秦诸子系年·墨子生卒考》推为"墨子之生，至迟在元王之世（前475—前469），不出孔子卒后十年。其卒当在安王十年（前 392）左右，不出孟子生前十年"。任继愈《墨子与墨家》推为"墨子约生于公元前480年，死于公元前420年"。钱、任二说可供参考。由于我们至今未能发现孔子言及墨子的材料，可证墨子生卒年代后于孔子。同时，《墨子》一书未见只言片语言及孟子，而孟子严声厉色地攻诘墨子，又可证墨子生卒年代早于孟子。墨子生平事迹，因史载殊少，实难详考。就《墨子》书中所记，他曾游楚，或止楚攻宋，或交游鲁阳文公，或献书惠王；曾使卫，意欲说卫主；曾仕宋，为大夫，子罕谗而囚之；曾往齐，见齐大王。又先后使弟子耕柱子仕于楚，使弟子高石子仕于卫，使弟子公尚过仕于越，使弟子曹公子仕于宋，使弟子胜绰仕于齐，如此而已。《鲁问》："子墨子游，魏越曰：'既得见四方之君，子则将先语——？'子墨子曰：'凡入国，必择务而从事焉。国家昏乱，则语之尚贤、尚同；国家贫，则语之节用、节葬；国家憙（喜）音湛（沉）湎，则语之非乐、非命；国家淫僻无礼，则语之尊天、事鬼；国家务夺侵凌，即（则）语之兼爱、非攻。'"足见墨子一生都在不遗余力地宣扬自己的思想主张。墨子生逢诸侯争强、天下动荡之时，为消弭战争，推行兼爱主张，他四处奔走呼号，备受劳苦。桓宽《盐铁论·散不足》说："墨子遑遑，闵（悯）世也。"赵蕤《长短经》卷三说："墨翟无黔（黑）突（囱），……非以贪禄位，将欲起天下之利，除万人之害。"可谓墨子怀仁行义、兴利除害的写照。墨子闻公输般造云梯，欲以攻宋，使弟子禽滑厘等三百人在宋城上，随时准备抵御楚寇入侵，自己起于鲁，裂裳裹足，日夜不休，行十日十夜而至于郢，先后说服公输般与楚王，放弃攻宋图谋，便是典型的一例。

二、墨子学术渊源探究

墨子先曾学习儒家学说，后自立门户。《淮南子·要略》："墨子学儒者之业，受孔子之术，以为其礼烦扰而不悦（易），厚葬靡财而贫民，

［久］服伤生而害事，故背周道而用夏政。"可以为证。墨子高扬"兼爱"大旗，为社会中下层民众请命，其学派也渐次壮大自强，直到与儒家相抗。正如《韩非子·显学》所说："世之显学，儒墨也。儒之所至，孔丘也；墨之所至，墨翟也。"关于墨学的学术渊源，郑杰文先生对前人已提及的墨家与"清庙之守"、尹佚、鲁国臧氏、史角后人的学术渊源关系问题加以认真分析和考辨，认为墨学对上古社会"清庙"的节俭体制、"养三老五更"制度、"大射选士"制度、"宗祀严父"制度及"顺四时而行"的思想都有所继承；又论述了墨家与尹佚、鲁国臧氏之哀伯、文仲、武仲以及史角后人的师承关系，更着重探讨了墨子与孔门后学尤其是与宰我学派的关系，指出墨子曾师从宰我弟子，从而为《淮南子·要略》所述"墨子学儒者之业，受孔子之术"的观点，找到了新的佐证。

三、《墨子》篇目分类试说

《墨子》一书，班固《汉书·艺文志》著录为七十一篇，应是汉刘向整理的帛书之本，今已不存。墨儒两家，战国时期同为"显学"，为世所重，墨子死后，墨家离而为三，或在鲁，或在楚，或在秦。他们俱诵《墨经》而倍谲不同，相谓"别墨"，言论诘訾，久而不决。秦始皇"焚书坑儒"，尤其是汉武帝实施"罢黜百家，独尊儒术"政策之后，墨学因其不合当权者的需要以及其他一些原因，逐渐被边缘化，走上中衰之路。作为一个学派，可以说，它已不复存在，但《墨子》书还在，墨家的思想主张变为一股潜流，沉入民间。社会上少数学术精英，代不乏人地予以传承。西晋鲁胜《墨辩注》、唐乐台《墨子注》（二书皆佚）就是明证。在唐代，不仅有乐氏的专著，还有余知古《渚宫旧事》和马总《意林》，分别记有墨子事迹或语录若干则。欧阳询《艺文类聚》转录《墨子》

数十处。李贤注《文选》和《后汉书》，各引《墨子》数十处。魏徵《群书治要》节录《墨子》书《所染》《法仪》《七患》《辞过》《尚贤》《非命》《贵义》七篇计数千字。这说明墨学在唐代非但未曾湮灭，反而可以说形成一个小小的研究高潮。宋代承唐余绪，仅《太平御览》就转引《墨子》过百处。可见墨学"中绝"，属言过其实之论。现在我们所能见到的《墨子》最早刊本为明正统十年（1445）刻《道藏》所收《墨子》五十三篇，亡佚十八篇，清毕沅《墨子注·叙》说："宋亡九篇，为六十一篇，见《中兴馆阁书目》。实六十三篇，后又亡十篇，为五十三篇，即今本也。"其中，《节用》缺下篇，《节葬》缺上、中两篇，《明鬼》缺上、中两篇，《非乐》缺中、下两篇，《非儒》缺上篇，计八篇，另有十篇之缺，连篇目也未可知。就现在所能见到的最为完备的注本辑录《墨子大全》而言，明代有《墨子》（嘉靖三十二年唐尧臣刻本十五卷）等十四种，清代有马骕撰《墨子与墨者》（康熙九年马骕刻《绎史》本一卷）等二十一种，而以清末孙诒让撰《墨子间诂》为最好注本，直到今天仍是这样。它以正统《道藏》本《墨子》为底本，与明吴宽写本、清毕沅注本、苏时学刊误本、顾千里校本及日本宝历间坊刻明茅坤本，互相校勘，又与王念孙、王引之、洪颐煊、俞樾、戴望所校，彼此参验，历十年之功撰成其书，仿许慎注淮南王书题曰《鸿烈间诂》之例，题署《墨子间诂》，取"间者，发其疑牾；诂者，正其训释"之意。俞樾作序，誉其为"自有《墨子》以来未有此书也"。梁启超《中国近三百年学术史》称，"盖自此书出，然后《墨子》人人可读。现代墨学复活，全由此书导之。古今注《墨子》者固莫能过此书，而仲容一生著述，亦此书为第一也"。本书即以孙氏《墨子间诂》作为底本，间以吴毓江《墨子校注》加以参校。《墨子》一书的内容，学者们常分类而论议。胡适在其所著《中国哲学史大纲》中首先提出"五类说"：（一）墨者演绎墨翟基本学说（共24篇，含《尚贤》3篇、《尚同》3篇、《兼爱》3篇、《非攻》3篇、《节用》2篇、《节葬》

1 篇、《天志》3 篇、《明鬼》1 篇、《非乐》1 篇、《非命》3 篇、《非儒》1 篇);(二)墨者辑录墨翟言行(共 5 篇,含《耕柱》《贵义》《公孟》《鲁问》《公输》诸篇);(三)后期墨家所作(共 6 篇,含《经上》《经下》《经说上》《经说下》《大取》《小取》诸篇);(四)记墨家守城备敌之法(共 11 篇,含《备城门》《备高临》《备梯》《备水》《备突》《备穴》《备蛾傅》《迎敌祠》《旗帜》《号令》《杂守》诸篇);(五)后人编成或假造(共 7 篇,含《亲士》《修身》《所染》《法仪》《七患》《辞过》《三辩》诸篇)。梁启超接受胡氏的"五类说",又加自己的读书心得说,第一类即卷一《亲士》至《三辩》七篇,前三篇《亲士》《修身》《所染》"非墨家言,纯出伪托,可不读",后四篇《法仪》《七患》《辞过》《三辩》,"是墨家记墨学概要,很能提纲挈领,当先读"。第二类即卷九《尚贤》至《非儒》,"是墨学的大纲目,《墨子》书的中坚……《非儒下》无'子墨子曰'字样,不是记墨子之言"。第三类即卷十、卷十一《经》上下、《经说》上下及《大取》《小取》六篇,"大半是讲论理学。《经》上下当是墨子自著,《经说》上下当是述墨子口说,但有后学增补。《大取》《小取》是后学所著"。第四类即卷十二《耕柱》至卷十三《公输》五篇,"记墨子言论行事,体裁颇似《论语》"。第五类即卷十四《备城门》至《备蛾傅》七篇和卷十五《迎敌祠》至《杂守》四篇,"专言守御的兵法,可缓读"。作为后学,笔者认为胡、梁分类不免太过苛细(胡氏"假造"以及梁氏"可不读""可缓读""无'子墨子曰'字样,不是记墨子之言"《经》上下当是墨子自著,《经说》上下当是述墨子口说,但有后学增补"等,也颇值得商榷)。如作一般了解与阅读,不妨粗分为三:一为"墨论",即梁的第一、二、四三类,计 36 篇,论墨子社会政治与伦理思想,其中第二类,计 24 篇,分别论述"尚贤""尚同""兼爱""非攻""节用""节葬""天志""明鬼""非乐""非命"十大主张,是体现墨子社会政治与伦理思想的核心内容。第一类,计 7 篇,则多为"尚贤""节用""天志""非乐"等余义的阐发。第四类则多举实例，以与"兼爱"等十大主张和"贵义"思想相表里。二为墨经，即胡、梁的第三类，计 6 篇，论墨家科技与逻辑思想及其成果。三为墨守，即梁的第五类，计 11 篇，论墨子积极防御军事思想与具体部署。在不违《墨子间诂》篇章编排的前提下，做这样的变通切块处理，或许更便于大家对《墨子》基本内容的把握和理解。

四、《墨子》内容简介

兹以"墨论""墨经""墨守"三分模式分别介绍、解读。

第一部分"墨论"：

本部分包括关于社会政治与伦理思想的理论阐述和实例发挥。

（一）兼爱：这是墨子十大主张的核心与精髓。墨子认为，天下之所以混乱，原因在于"不相爱"。表现为"国之与国之相攻，家之与家之相篡（夺），人之与人之相贼（害），君臣不惠忠，父子不慈孝，兄弟不和调，此则天下之害也"（《兼爱中》）。他找到了医治天下混乱的良方，即兼爱，宣称"若使天下兼相爱，国与国不相攻，家与家不相乱，盗贼无有，君臣父子皆能孝慈，若此则天下治"（《兼爱上》）。特别应该指出，墨子用"仁""义"表述"兼"，说"兼即仁矣，义矣"（《兼爱下》），又用"利"表述"义"，说"义，利也"（《经上》），这是说，兼爱就是"兴天下之利"，也就等于说"兼爱"与公"利"本来是同一件事的不同表述而已。墨子后学推广师说，宣称"人若不盈无穷，则人有穷也。尽（兼爱）有穷，无难。盈无穷，则无穷尽也。尽有穷，无难"（《经说下》），"爱众世（地域广大、人口众多的人世）与爱寡世（地域狭小、人口稀少的人世）相若（相同），兼爱之有（又）相若。爱尚（上）世与爱后世，一若今之世人也"（《大取》）。不妨这样说，墨子及其后学是在凭借"天神"（天的旨意）、"人鬼"（"天志"的延伸）的威力，试图通过"尚贤"（贤人政治）、"尚同"（言行同一于"天志"）等政治方略，革除攻伐（"兼爱"的直接对立物）、奢靡（实施"节用"）、厚葬（实施"节葬"）、乐舞（藉敛民众以举豪华乐事）、命定论（提倡强力从事）等社会祸患和毒瘤，实现"兼爱"的崇高期许。不难看出，墨子及其后学所主张的"兼爱"，是一种大爱、溥爱、周爱。它无分你我，无分亲疏，无分地域，无分时间，更无差等。凡有人，必施爱，不附带任何条件。它与儒家所主张的别亲疏、分差等的"仁爱"，如巫马子所阐释的爱（《耕柱》："巫马子谓子墨子曰：'我与子异，我不能兼爱。我爱邹人于（甚于）越人，爱鲁人于邹人，爱我乡人于鲁人，爱我家人于乡人，爱我亲于我家人，爱我身于吾亲，以为近我也。'"）有着本质的不同。

在世界已经进入 21 世纪的今天，局部战乱、阴谋颠覆、种族歧视、饥饿、疾病、恐怖、欺诈等社会顽疾，正在威胁人类的生存与发展。这样的国际社会，比以往任何时候都更需要人们相互间的关爱、理解与包容，兼爱无疑是一剂良药。

（二）非攻：墨子认为，不义的征战，既损人又不利己，使整个社会陷入危机之中。不抵制不义的征战，兼爱无由实现。他说，"今王公大人、天下之诸侯"，"差论（选择）其爪牙之士，皆列其舟车之卒伍，于此为坚甲利兵，以往攻伐无罪之国。入其国家边境，芟（割）刈其禾稼，斩其树木，堕其城郭，以湮（填）其沟池，攘（强取）杀其牲牷（祭祀用纯色之牲），燔溃（毁）其祖庙，刭（刺割）杀其万民，覆（毁灭）其老弱，迁其重器"，"久者数岁，速者数月，是上不暇听治，士不暇治其官府，农夫不暇稼穑（农事），妇人不暇纺绩织纴"，"厕役（征卒）以此饥寒冻馁疾病，而转死沟壑中者，不可胜计也"（《非攻下》）。而好攻战之君却以"昔者禹征有苗、汤伐桀、武王伐纣，此皆立为圣王"（《非攻下》）为由，粉饰自己的攻战丑行，墨子驳斥说，"彼非所谓攻，所谓诛也"（《非攻下》），指出好攻伐之君未察正义与非正义的事类，而强行辩解。墨子不仅宣传非攻，而且亲自参与弭战行动。止楚攻宋而外，他又曾对齐将项子牛晓之以"智伯刑戮"故事，欲止其伐鲁之举，还曾对鲁阳文君喻之以"实有窃疾"，打消其侵郑之念。此外，墨子又以答弟子禽滑厘之问的形式，传授"备城门""备高临""备梯""备水""备突""备穴""备蛾傅"等应对敌攻战法以及"迎敌祠""旗帜""号令""杂守"等临战守备要务，体现了积极防御的军事思想与战略战术。

当今世界，虽然暂时没有发生世界大战，但局部性的战争则从未止息。阿富汗、伊拉克、利比亚、叙利亚等国战火不断。虽然武装入侵或挑起事端的某些国家，以种种托词美化自己，却不能掩盖其从中攫取政治、经济利益的罪恶图谋。在世界并不太平的国际背景下，墨子的非攻主张以及储备抵御大国入侵的军事力量的做法，对我们仍有某些启示作用。

（三）尚贤：贤人乃"国家之珍，而社稷之佐"（《尚贤上》），"非贤无急，非士无与虑国"（《亲士》），墨子认为，崇尚贤士，是国家长治久安的重要方略之一。他说，"国有贤良之士众，则国家之治厚（强）；贤良之士寡，则国家之治薄（弱）。故大人之务，将在于众贤而已。……故古者圣王之为政，列德而尚贤，虽在农与工肆之人，有能则举之，高予之爵，重予之禄，……故官无常贵，而民无终贱，有能则举之，无能则下之。……得意贤士不可不举，不得意贤士不可不举，尚（上）欲祖述尧、舜、禹、汤之道，将不可以不尚贤。夫尚贤者，政之本也"（《尚贤上》）。墨子将为贤之道规定为"有力者疾以助人，有财者勉以分人，有道者劝以教人"（《尚贤下》）。他认为，只有这样，才能使"饥者得食，寒者得衣，劳者得息，乱者得治"（《尚贤下》），而达"生生"之境。

很明显，贤良是国家的股肱、政治的辅弼。用之国强，远之政敝，自古而然。而今，我国正当民族复兴之时，"任人唯贤"是我们选拔干部的基本原则和一贯主张。这与墨子"尚贤"思想可谓一脉相承。

（四）尚同：墨子认为，尚同也是国家长治久安的重要方略之一。他说，"古者民始生未有刑政之时，盖其语'人异义'，……是以人是其义，以非人之义，故交相非也。……天下之乱，若禽兽然。夫明虖（乎）天下之所以乱者，生于无政长，是故选择天下之贤可（贤而可用）者，立以为天子。……又选择天下之贤可者，置立之以为三公，……画分万国，立诸侯国君。……又选择其国之贤可者，置立之以为正（政）长"（《尚同上》）。闻善与不善，里民以告里长，里长以告乡长，乡长以告国君，国君以告天子，上之所是，必皆是之；上之所非，必皆非之，天子一同天下之义。至此，为避天子独裁，墨子又假神道以设教，逼令天子上同于天，说"天下之百姓皆上同于天子，而不上同于天，则菑（灾）犹未去也"（《尚同上》），明告天子又必上同于天，明天帝鬼神之所欲，而避其所憎。这样才能寒热节，风雨时，五谷成，六畜遂，灾疫止，于是天下最终得治。墨子就此强调道，"今天下王公大人士君子，中（心中）情（诚）将欲为仁义，求为上士，上欲中（当）圣王之道，下欲中国家百姓之利，故当尚同之说而不可不察，尚同为政之本而治要也"（《尚同下》）。

当今，我国经济发展，社会进步，不能不说是得益于"少数服从多数，个人服从整体，局部服从全局，地方服从中央"的组织原则的贯彻执行。举凡村、乡（镇）、县、省（市、自治区）行政，谨遵中央决策部署，上下同心，着眼当今，规划未来。国家日益富强，人民共享其利。由此看来，如果说包括墨子"尚同"在内的中国古代治国理政若干思想主张影响及于今日，当不为虚言。

（五）节用："节用"作为墨子重要的思想主张，历来为世人所看重。墨子认为，"俭节则昌，淫佚则亡"（《辞过》）。去无用之费，应视为增加财富。他说，"圣人为政一国，一国可倍也；大之为政天下，天下可倍也。其倍之，非外取地也，因其国家去其无用之费，足以倍之"（《节用上》)。并称引古者圣王日常节用之法说，“凡为衣裳之道，冬加温、夏加清（凉）者，鲜䱉（芊䱉，鲜亮华美）不加（不加实用之利）者去之”（《节用上》）。其为宫室，甲盾五兵、舟车，也都强调实用之利而禁绝鲜䱉。又制为饮食之法曰，“足以充虚继气，强股肱，耳目聪明则止”（《节用中》）。总之，举凡衣服、宫室、甲盾五兵、舟车、饮食之类，足以奉给民用而已，诸加费不增民众实用之利者，一概不为。接着举圣王饮食之例说，“古者尧治天下，……莫不宾服。逮（及）至其厚爱，黍稷不二，羹胾（音 zì，大块肉）不重，饭于土塯（瓦制食具），啜（饮）于土形（铏，羹器），斗以酌（以枓酌酒）”（《节用中》）。又举反面之例说，“今则不然，厚作（籍）敛（税赋）于百姓，以为美食刍豢，蒸炙鱼鳖，大国累（多至）百器，小国累十器，前方丈（一丈见方），目不能遍视，手不能遍操”（《辞过》）。此外，称引昔者圣王增殖人口之法说，“丈夫年二十，毋敢不处家（成家）。女子年十五，毋敢不事人（嫁人）”（《节用上》），并怒斥“今天下为政者……使民劳，其籍敛厚，民财不足，冻饿死者不可胜数也。且大人惟毋（惟毋，语气词）兴师以攻伐邻国，久者终年，速者数月，男女久不相见，此所以寡人（减少人口）之道也”（《节用上》）。古时生产力水平低下，人便成为生产力第一要素。墨子既指斥大国当政者征战“寡人”，又力主袭古圣婚嫁定制增人，可谓政治眼光、经济思维共具，着实难能可贵。

自古及今，凡言经济，无非开源节流，二者相辅相成，不可偏废。墨子主张“节用”，实以发展生产为指归。倡导“节用”，不仅为应对匮乏所必需，尤与建设昌明国家、陶铸民众灵魂密切相关。不可讳言，腐败与骄奢同生，靡费之伤生隳事大矣哉！《荀子·天论》评墨子“节用”思想说：“强本而节用，则天不能贫。”司马谈《论六家要指》赞墨子“节用”主张说：“要曰强本节用，则人给家足之道也，此墨子之所长，虽百家弗能废也。”

当前，我国正处于繁荣社会主义市场经济，实现共同富裕的紧要关头，重视民生，提倡节俭，抵制浮侈思想，抵制腐败作风，事关建设中国特色社会主义事业的成败。墨子"节用"之训，正如警钟长鸣，随时随地给人以警策与激励。

（六）节葬："节葬"可以说是"节用"主张的具体化和例证化。"节葬"的提出，旨在与儒家的"厚葬久丧"相对抗，具有鲜明的民生意义。墨子认为厚葬靡财贫民，久服伤生害事，必须革除。他说，"今唯无（同"惟毋"，语气词）以厚葬久丧者为政，君死，丧之三年；父、母死，丧之三年；妻与后子（长子）死，五者皆丧之三年；然后伯父、叔父、兄弟、孽子（庶子）其（期，一年）；戚族人（外姓姻亲及同姓族人）五月；姑、姊、甥、舅皆有数月"（《节葬下》），说王公大人治丧，葬埋必厚，丘陇必巨；匹夫贱人治丧，殆竭家室；诸侯治丧，殚尽库府所藏。处丧之法则是，"哭泣不秩，……处倚庐（临时搭建的倚壁木棚），寝苦（草垫）枕凷（土块）。又相率强不食而为饥，薄衣而为寒，使……耳目不聪明，手足不劲强，不可用也"（《节葬下》）。这样，在上者不能听狱行政，在下者不能耕稼纺织。"细计厚葬为多埋赋（税赋）财者也，计久丧为久禁从事者也"（《节葬下》）。这不是"先尽民力无用之功"（《七患》），又是什么？如何节葬？墨子给出古圣王所制葬埋之法："'棺三寸，足以朽体；衣衾三领，足以覆恶。以及其葬也，下毋及泉，上毋通臭，垄（陇）若参耕之亩（墓宽如耦耕三尺的畎亩），则止矣。'死则（若）既以（已）葬矣，生者必无久丧（哭），而疾而从事，人为其所能，以交相利也。"（《节葬下》）一句话，古圣王治丧的基本出发点是薄葬短丧，以利民生。

很明显，墨子反对厚葬久丧，主张薄葬短丧，既收慎终追远之效，又得节俭厚生之益，文明便宜，利国利民。不幸的是，自汉武帝推行"罢黜百家，独尊儒术"政策以来，封建帝王们在尊儒的同时实施厚葬，一时形成风气。直至今天，在我国不少地区，厚葬之习，仍屡遏而不止。占地超标，殡资过当，摆阔气，讲摆场，污染社会风习，侵蚀人们灵魂。可见，墨子"节葬"思想在当下的移风易俗、营造和谐文明的社会主义生活氛围的活动中，仍能起到应有的作用。

（七）天志："天志"是墨子借以推行其思想主张的强而有力的工具。墨子认为，治理天下，与百工从事一样，都必有法仪。他说，"天下从事者不可以无法仪，……虽至士之为将相者皆有法，虽至百工从事者亦皆有法。……今大者治天下，其次治大国，而无法所度，此不若百工辩（智）也"（《法仪》）。墨子又认为，天子为政于三公、诸侯、士、庶人，而天为政于天子。他说，"天下有义则生，无义则死；有义则富，无义则贫；有义则治，无义则乱。然则天欲其生而恶其死，欲其富而恶其贫，欲其治而恶其乱。……顺天意者，兼相爱，交相利，必得赏。反天意者，别相恶，交相贼，必得罚"（《天志上》）。又说，"天之意……欲人之有力相营、有道相教、有财相分也。又欲上之强听治也、下之强从事也。……不欲大国之攻小国也、大家之乱小家也、强之暴寡、诈之谋愚、贵之傲贱"（《天志中》）。并强调说，"'天子有善，天能赏之；天子有过，天能罚之。'天子赏罚不当，听狱不中，天下疾病祸崇，霜露不时"（《天志下》）。墨子以"我有天志，譬若轮人之有规，匠人之有矩"（《天志上》）明确晓谕世人，从不讳言以"天志"为工具推行自己思想主张的初心。

应当看到，"尚同"固然是里长、乡长、国君行政之所必需，假如里、乡、国中之万民，言行俱已上同于天子，而如何对天子行政实施有效的监督，即以何种手段实施终极裁判的问题，必须找出答案。墨子敏锐地觉察到这一点，果敢地提出上天乃为人间最高的监督者与裁判者的构想（当然，这并不能得出墨子一定笃信天帝的结论），其目的正在于规范天子的言行，从而杜绝其任性施政和独裁统治。

（八）明鬼："明鬼"是"天志"的合理延伸，同样是墨子借以推行其思想主张的强而有力的工具。墨子认为，古今之为鬼，有天鬼者，有山水鬼神者，也有人死变而为鬼者。鬼神都能赏贤罚暴。他说，"尝（当）若（此）鬼神之能赏贤如（而）罚暴也，盖本施之国家，施之万民，实所以治国家、利万民之道也。是以吏治官府之不洁廉，男女之为无别者，鬼神见之；民之为淫暴寇乱盗贼，以兵刃毒药水火退（阻止）无罪人乎道路，夺人车马衣裘以自利者，有鬼神见之"（《明鬼下》）。并以杜伯之鬼射殪周宣王于车中之例，证明"凡杀不辜者，其得不祥，鬼神之诛，若此之憯遫（速）也"（《明鬼下》）。但又退一步说，"虽使鬼神请（诚）亡，此（指'敬慎祭祀'的'酒醴粢盛'）犹可以合驩聚众，取亲于乡里"（《明鬼下》）。

同《天志》一样，墨子试图通过鬼神能赏贤罚暴，以告诫一班为非作歹的吏民，人为鬼知，其报不爽，令其知戒。当然，墨子对于鬼神是否确实存在，有时也不免表现出某种迟疑未决的情绪，所以出现"犹可以合驩聚众，取亲于乡里"的自我解嘲。这也反映了墨子社会政治与伦理思想体系尚未臻于周遍圆通之境。

（九）非乐："非乐"可以视为"节用"主张的又一具体体现。墨子认为，盛举乐舞，必将亏夺民众日常生活资用，不能容忍。他说，"仁者之事，必务求兴天下之利，除天下之害，……利人乎，即（则）为；不利人乎，即止。且夫仁者之为天下度也，非为其目之所美，耳之所乐，口之所甘，身体之所安，以此亏夺民衣食之财，仁者弗为也。……今王公大人虽（唯）无（唯无，即惟毋）造为乐器，……将必厚措敛乎万民。……民有三患：饥者不得食，寒者不得衣，劳者不得息，……然即（则）当为之撞巨钟、击鸣鼓、弹琴瑟、吹竽笙而扬干戚（举盾牌、斧钺），民衣食之财将安（于此）可得乎？……今有大国即攻小国，有大家即伐小家，强劫弱，众暴寡，诈欺愚，贵傲贱，寇乱盗贼并兴，不可禁止也。

然即（则）当为之撞巨钟、击鸣鼓、弹琴瑟、吹竽笙而扬干戚，天下之乱也，将安可得而治与"（《非乐上》）。墨子又以齐康公兴乐为例，指出乐人"食必粱肉，衣必文绣。此掌不从事乎衣食之财，而掌食乎人者也"（《非乐上》），更不必说"王公大人""士君子"以及"农夫""妇人""悦乐而听之"，必怠乎听治，荒乎从事，故必"非乐"。

应该看到，如从在当时社会环境中，盛举乐舞无助于解决民之"三患"和反对儒家礼乐教化方面而言，墨子"非乐"，无疑是值得肯定的。这里，既有立足民众生存与发展的现实诉求的问题，又有批判儒家旨在维护封建君臣所谓礼乐雅教的繁缛仪节的问题。我们可以批评墨子"非乐"可能唯考虑社会功利之一端，而有意无意地忽视了音乐在消除疲劳、陶冶性情、启迪美善、培育才智等方面的作用，但必须考虑在当时征战无已、民不聊生的社会条件下，不宜过分强调这些方面，因为解决"三患"，乃是当时社会第一重要的事情。

（十）非命："非命"即否定有命，主张力行。墨子响亮地提出"赖其力者生，不赖其力者不生"（《非乐上》）的口号，在当时来说，可谓振聋发聩，启人觉醒。对于执有命（主张有命）者的论调，即所谓"命富则富，命贫则贫；命众则众，命寡则寡；命治则治，命乱则乱；命寿则寿，命夭则夭，命，虽强劲，何益哉"（《非命上》），墨子认为，必当明辨。而其辨，首先从为天下之士君子"为文学、出言谈"而立仪，即"言有三表"开始。他说，"有本之者，有原（源，察度）之者，有用之者。于何本之？上本之于古者圣王之事；于何原之？下原察百姓耳目之实；于何用之？废（发）以为刑政，观其中（zhòng，合）国家百姓人民之利"（《非命上》）。以"三表"为仪，于是痛予驳斥道，"古者桀之所乱，汤受而治之；纣之所乱，武王受而治之。此世未易，民未渝（改），在于桀、纣则天下乱，在于汤、武则天下治，岂可谓有命哉？"（《非命上》）又从昔三代之暴王治国不成，不肯承认"吾罢（疲）不肖，吾听治不强"，反说"吾命固将失之";昔三代罢不肖之民从事不就,不肯承认"吾罢不肖,吾从事不强",反说"吾命固将穷"。进而尖锐地指出,"命者,暴王所作,穷人所术(述),非仁者之言也"(《非命下》)。并举昔者禹、汤、文、武"使饥者得食、寒者得衣、劳者得息、乱者得治"和今贤良之人"尊贤而好功道术",皆"得光誉令问于天下",非"以为其命"而"以为其力"的实例,予以驳辩。在这种"强""力""从事"理念的指导下,王公大人、卿大夫、农夫、妇人都不敢怠倦,因为大家都明白"强必治,不强必乱;强必宁,不强必危""强必贵,不强必贱;强必荣,不强必辱""强必富,不强必贫;强必饱,不强必饥""强必暖,不强必寒"(《非命下》)的道理。

　　不消说,墨子"非命"之说,是对儒家"人生有命,富贵在天"说教的公开挑战。强调不必听从"命"的摆布,必须强力听政与从事,才能摆脱"乱""危""贱""辱""贫""饥""寒",实现"治""宁""贵""荣""富""饱""暖",真正解决民之"三患"问题。《逸周书·文传》说,"人强胜天",与墨子"非命"说有相通之处,都是说只要不悖自然规律,强力从事,有时可以战胜自然。

　　《耕柱》《贵义》《公孟》《鲁问》和《公输》五篇记录墨子言行,除《公输》为一则故事外,其余四篇都是互不相干的多则故事的集合,这些故事或故事集合,大多用来阐发墨子的"十大主张"和"贵义"思想。《公输》通篇显然是在为"兼爱""非攻"和"贵义"张本。此外,例如《贵义》:"子墨子曰:'世之君子,使之为一犬一彘之宰,不能则辞之;使为一国之相,不能而为之。岂不悖哉!'"是从另一角度阐发"尚贤"主张。《鲁问》:"鲁阳文君谓子墨子曰:'有语我以忠臣者,令之俯则俯,令之仰则仰,处则静,呼则应,可谓忠臣乎?'子墨子曰:'……若以翟之所谓忠臣者,上有过则微(觌,伺)之以谏;己有善则访(归)之上,而无敢以告(以之告人)。外匡(正)其邪而入其善,尚同而无下比,是以美善在上而怨雠在下;安乐在君而忧戚在臣。此翟之所谓忠臣者也。'"是在阐发"尚贤"和"尚同"主张。《鲁问》："鲁君谓子墨子曰：'吾恐齐之攻我也，可救乎？'子墨子曰：'可。昔者三代之圣王禹、汤、文、武，百里之诸侯也，说忠行义，取天下。三代之暴王桀、纣、幽、厉，雠忠行暴，失天下。吾愿主君之上者尊天事鬼，下者爱利百姓，厚为皮币，卑辞令，亟遍礼四邻诸侯，敺国而以事齐，患可救也。'"是在阐发"兼爱""非攻""天志"和"明鬼"主张。《公孟》："子墨子谓公孟子曰：'丧礼，君与父母、妻、后子死，三年丧服；伯父、叔父、兄弟期；戚族人五月；姑、姊、舅、甥皆有数月之丧。或以不丧之间诵《诗》三百，弦《诗》三百，歌《诗》三百，舞《诗》三百。若用子之言，则君子何日以听治？庶人何日以从事？'公孟子曰：'国乱则治之，国治则为礼乐。国贫则从事，国富则为礼乐。'子墨子曰：'国之治也，治之，故治也。治之废，则国之治亦废。国之富也，从事，故富也。从事废，则国之富亦废。'"是在阐发"节用""节葬"主张。《公孟》又"公孟子曰：'贫富寿夭，齰（措）然（焉）在天，不可损益。'又曰：'君子必学。'子墨子曰：'教人学而执有命，是犹命人葆而去亓冠也'。"是在阐发"非命"主张。《耕柱》："巫马子谓子墨子曰：'鬼神孰与（何如）圣人明智？'子墨子曰：'鬼神之明智于圣人，犹聪耳明目之与聋瞽也。'"是在阐发"天志""明鬼"主张。

第二部分"墨经"：

本部分包括关于政治、伦理、认识论、自然科学［含形（几何）学、数学、时空观、力学、光学等］、心理学、逻辑学、经济学等（其中最多的是自然科学和逻辑学）若干定义、划分和命题论证。

（一）政治、伦理：墨家首先定义了"仁""义""礼""行""实""忠""孝""信""任""勇""利""害""誉""诽""君""功""赏""罪""罚"等政治、伦理概念。例如"仁，体爱也"（《经上》）、"义，利也"（《经上》）、"礼，敬也"（《经上》）、"行，为也"（《经上》）、"忠，以为利而强低也"（《经上》）、"孝，利亲也"（《经上》）、"信，言合于意也"（《经上》）、"任，士损己而益所为也"（《经上》）、"勇，志之所以敢也"（《经上》）等。定义围绕君子弘扬"兼爱"思想，矢志投身"兴天下之利，除天下之害"事业所必需的意志、品质、修养、礼仪等事项而展开。然后提出"无穷（指地域广大无垠）不害（妨害），兼（指实施"兼爱"）说在盈否"（《经下》）、"不知其数（指被爱者的数目）而知其尽也，说在问者"（《经下》）、"不知其所处（指被爱者之所在），不害爱之。说在丧（指出走）子者"（《经下》）等命题，并进行论证，以驳辩难者怀疑"兼爱"主张的种种谬说，又指出"爱众世与爱寡世相若，……爱尚世与爱后世，一若今之世人也"（《大取》）。说明兼爱不受人数、地域和时间之限。

（二）认识论：墨家的科技思想与辩论理论，是以正确的认识论为基础的。墨家关于"知，材也"（《经上》）、"知，接也"（《经上》）、"恕（智），明也"（《经上》）的定义明确指出，"知，材也"之"知"（智），是人们凭以认识外间事物的官能与材质，它是认识的必要条件。"知，接也"之"知"，是以自己的认识材质与外间事物相接遇，而在大脑中留下的印记，即感觉、表象，它是感性认识。"恕，明也"之"恕"，是对既得的感觉、表象加以论议、辨析，从而对其本质属性有所了解的深层次认知，即概念、判断，它是理性认识。从这种认识论出发，墨家对作为概念的"名"作了划分："名，达、类、私"（《经上》），并指出，例如"物"是达名，即外延最广的普遍概念；"马"是类名，即类概念；"臧"（奴名）是私名，即单独概念。墨家又对所得之"知"作了划分："知，闻、说、亲；名、实、合、为"（《经上》），"知。传受之，闻也；方不廜（障），说也；身观焉，亲也。所以谓，名也；所谓，实也；名实耦，合也；志行，为也"（《经说上》）。这是说，从知识来源来说，"知"可以分为"闻知""说知"和"亲知"三种，从知识对象来说，"知"可以分为"名知""实知""合知"和"为知"四种。墨家还分别对"同""异"作了完全对应的划分："同，重、体、合、类"（《经上》），"异，二、不体、不合、不类"（《经上》)。显而易见,"重"之"同"与"二"之"异"、"体"之"同"与"不体"之"异"、"合"之"同"与"不合"之"异"、"类"之"同"与"不类"之"异",分别相对。

(三)科技:墨家科技思想及其成就,既建立在凸显"知,材""知,接""恕,明"的正确的认识论和立"辞"必"故"、"理""类"同具的科学的方法论基础上,又饱含人文关爱的情怀。今以形(几何)学、数学、时空观、力学、光学为序,举例概述如下。

1.形(几何)学:通过对"端"和"厚"所下的定义["端,体之无序而最前者也"(《经上》)、"厚,有所大也"(《经上》)]和对"端""尺""区"关系的论述["尺前于区而后于端,不夹于端与区内"(《经说上》)],我们可以知道墨家对几何元素"端""尺""区""厚"的设定与古希腊欧几里得几何学的几何元素"点""线""面""体"一一对应,丝毫不爽。此外,墨家关于"圜"的定义"圜,一中同长也"(《经上》)、关于"方"的定义"方,柱隅(角)四讙(权,义为正)也"(《经上》),也与欧氏完全相同。关于平行的定义"平,同高也"(《经上》)、关于垂直的定义"直,参(直上)也",虽然其明晰性稍嫌不足,但与欧氏也基本一致。关于几何元素或几何图形之间的位置关系,墨家说,"撄(触,指重合或相交)。尺与尺俱不尽。端与端俱尽。尺与端或尽或不尽"(《经说上》),将线与线、点与点、线与点或二者相交,或二者重合,或对此而言相交对彼而言重合的情况交代得清清楚楚。所有这些,都使我们有理由说,墨家平面几何学的基本框架已经初步形成。

2.数学:墨家一方面对珠算原理进行了概括:"一少于二而多于五,说在建位"(《经下》),这是说,同是1,处在个位上,其数值为1,处在十位上,其数值为10。这里有两点必须申明:其一,十进位计数早见于殷商甲骨卜辞,墨家通过珠算建位把它写定下来;其二,作为中国古代筹算的改进物,珠算原理的明确表述首先出自墨家。另一方面对"穷"

（"有穷"）、"无穷"做了界说："或（域）不容尺，有穷；莫不容尺，无穷。"（《经说上》）更将"无穷"作为一种论证方法，用于数学推理："非半弗斱（斫）则不动，说在端。"（《经下》）这是说，对有限长度木棰进行"中分留半"的切割，无穷多次以后，成为"非半"的质点。不难看出，后世数学中的"极限"概念蕴含其中，呼之欲出。

3. 时空观：时空观可以说是哲学问题，也可以说是物理学问题。墨家首先从外延方面定义"久"（时间）和"宇"（空间）："久（宙），弥异时也。"（《经上》）"宇，弥异所也。"（《经上》）这是说，"久"包括各种不同的具体时间形式，"宇"包括各种不同的具体空间形式。然后探讨"动"（运动）、"止"（静止）与"久""宇"的关系："动，或徙也。"（《经上》）"止，以久也。"（《经上》）"行脩以久，说在先后。"（《经下》）这是说，运动表现为物体在空间中相对位置的移徙，而这种位置的移徙必定伴随时间的延续。毫无疑问，墨家的时空观符合唯物辩证法。

4. 力学：如果从后世经典力学包括静力学［如对"衡木"（杠杆）、"绳掣"（滑轮）、"车梯"（斜面）工作原理的描述］和动力学（如对"力"所下的定义）两个方面来看，墨家在这两方面都有所发现，有所发明。在静力学方面，对于"衡木"，墨家描述道："……相衡则本（重臂）短标（力臂）长。两加焉，重相若（相等），则标必下，标得权也。"（《经说下》）这里，墨家指出称杆平衡的条件是"本短标长"，即短重臂与重物之积和长力臂与轻权之积相匹配，这与古希腊阿基米德杠杆平衡定律：重 × 重臂 ＝ 力 × 力臂，大致相同。对于"绳掣"，墨家描述道："……绳制（掣）挈之也，……挈，长重者下，短轻者上。上者愈得，下者愈亡。绳直权重相若，则止矣。收，上者愈丧，下者愈得，上者权重尽，则遂（坠）。"（《经说下》）这里，墨家指出，利用"绳掣"上提或下收物体，是利用地心引力来实现。绕轮轴绳索一端的物体受制于地心引力而下落，绳索另一端的物体被牵掣而上升，反之亦然。对于"车梯"，墨家描述道："……挈，两轮高，两轮为輲（辁，无辐之轮），车梯也。……是梯，挈且挈则行。"（《经说下》）这里，墨家指出，前两轮低、后两轮高的车梯，可以将重物提拉至高处，但省力不省功。在动力学方面，墨家对作用"力"下了这样的定义："力，刑之所以奋也。"（《经上》）这里，墨家指出，力是改变物体运动状态（例如大鸟由静止态改为飞动态）的根本原因。似乎把人们所熟知的"力"，做了物理学的阐释。

　　5.光学：墨家光学方面的成就，体现在现今人们常说的"光学八条"中，即（一）"景（影）不徙，说在改为"（《经下》）；（二）"景二，说在重"（《经下》）；（三）"景到，在午（相交）有端，与（关系到）景长，说在端"（《经下》）；（四）"景之小大，说在柂（斜）正远近"（《经下》）；（五）"日之光反烛（照到）人，则景在日与人之间"（《经说下》）；（六）"临鉴（平面镜）而立，景到，多而若少，说在寡区"（《经下》）；（七）"鉴洼（凹面镜），景一小而易（倒），一大而正，说在中（球心或焦点）之外内"（《经下》）；（八）"鉴团（凸面镜），景一小一大，而必正，说在得"（《经下》）。墨家认为：（一）单影是不动的，人们之所以觉得影动，那是物体运动所留下的无数单影有序的复合。（二）出现双影是因为存在两个光源。（三）光线以直线方式传播，光线照至物体，通过隔屏小孔交穿而在其后映幕上生成倒像（影）。（四）物影大小不同，原因在于光源的大小、物体置立的斜正和光源距物体的远近。（五）光线具有反射性质。（六）平面镜恒于镜后生成倒置虚像，对于镜面成轴对称。如是两平面镜成像，则二镜夹角愈小，生成虚像数量愈多，原因在于夹角小能够反复生成虚像。（七）对凹面镜成像来说，物体置于球心之外，在镜前生成较物体为小的倒立实像；物体置于焦点之内，在镜后生成较物体为大的正立虚像。（八）凸面镜恒于镜后生成较物体为小的正立虚像。很明显，墨家通过观察或实验得出的光的直线传播特性以及面镜成像规律，可谓全面而又系统，如称其为当时的几何光学教科书，也不为过。其中，关于影的动与不动的解析，成为近世电影的基本原理，而为"小孔成像"（影）所证实了的光的直线传播特性，成为"墨子号"光子通信卫星的工作原理之一。

（四）经济学：墨子"节用""节葬""非乐"等思想主张，无不出于开源节流和增殖人口方面的经济考量，前已论列，兹不赘述。

墨家也曾专论交易、价格与市场问题，说："买无贵，说在仮其贾。"（《经下》）这是说，商品交易，本不存在绝对的贵和贱，因为物价可以根据市场供求关系（例如年成丰歉）时常有所反复。又说："贾宜则讐，说在尽。"（《经下》）这是说，买卖双方认为出价合适，交易得成，因为买卖双方的心理状态与市场供求关系方面的制约因素已经尽数排除。

虽然墨经中有关经济的专条不多，但墨家之所论，都抓住了经济学的要害问题。

（五）逻辑学：我们认为，墨辩逻辑可以从墨子"三表法"、墨家关于辩论的诠释、辩论的功用与方法、类比推理、"止"式推理、"故""理""类"同具则"辞"生等六个方面来认识。

1. 墨子"三表法"：墨子在《非命上》提出"言必有三表"[《非命中》《非命下》作"（使）言有三法"]。其中第一表"本之于古者圣王之事"，是指依循往昔圣王的遗训，第二表"原察百姓耳目之实"，是指根据过去和现在民众耳闻目验的经验，第三表"废以为刑政，观其中国家百姓人民之利"，是指观察其是否合乎国家黎民百姓利益。显见，"本之者"，是说以"古者圣王之事"为准绳，而"原之者"和"用之者"，或从"百姓耳目之实"方面考察，或从"其中国家百姓人民之利"方面着眼，都带有法的性质。这里，可以认为"表"与"法"同解。

2. 墨家关于辩论的诠释：战国时代，诸子立言，百家争鸣。墨家参与这场史无前例的辩论，并从中总结出辩论的产生、作用、方式与内在规律，形成了自己独具特色的墨辩逻辑学。墨家认识到，因果关系是自然界、人类社会和思维领域种种事物相互关系中最为重要的一种。遂于

《墨经》开篇论"故"说,"故,所得而后成也"(《经上》),"故。小故,有之不必然,无之必不然。……大故,有之必然,无之必不然。……"(《经说上》)这里,以"所得而后成"定义"故",可谓千古不易之辞。《说文·攴部》:"故,使为之也。"应视为它的翻版。不仅如此,又连带提出了"小故""大故"两个概念,而它们分别对应于近代逻辑学的"必要(而非充分)条件""充分必要条件"。这可以看作是人类逻辑理论与实践具有若干共同点的具体表现。墨子及其后学经常以"故"式推理方式说事论理。如"子墨子曰:'今瞽曰:岂者白也,黔者黑也。'虽明目者无以易之。兼白黑,使瞽取焉,不能知也。故我曰瞽不知白黑者,非以其名也,以其取也"(《贵义》)便是其中的一例。

针对庄子主张是非无定,辩之无益,墨家定义辩论说,"辩,争彼(指论题)也。辩胜,当(正确)也"(《经上》),又说,"谓辩无胜,必不当,说在辩"(《经下》),旗帜鲜明地指出,辩论双方就同一论题发表意见,正确的一方获胜,不正确的一方落败。墨家认为是非有定,辩之有益,辩论的目的就在于辨明是非。

墨子及其后学十分重视作为检验事物、思想、言论标准的"法"。"百工从事,皆有法所度"(《法仪》),大抵限于制作工艺层面。"效者,为之法也;所效者,所以为之法也。故中效,则是也;不中效,则非也"(《小取》),则扩大及于思想、言论层面。这里,"效",指效法、套用,即所谓"代入公式"。"所效",指标准,即"公式"。如"法,所若而然也"(《经上》)、"法。意、规、员,三也俱可以为法"(《经说上》),"所若而然"之"法",为"效",指效法,而意识之圆、规作之圆和已有之圆三者,为"所效",指标准。墨家认为,以意识之圆、规作之圆或已有之圆作为"所效"而"效"之,皆可作出圆来。

墨家从大量语言实践中,概括出表示特称判断和命题的"或",用于"或"式推理,如"或也者,不尽也"(《小取》),指主词外延的一部分包括于谓词外延之中。如"异则或谓之牛，亓或谓之马"（《经说下》），是说不同则或叫做牛，或叫做马。显见，墨家"或"式判断与推理暗合于今逻辑学选言判断与推理。墨家又概括出表示全称判断和推理的"尽"，说："尽，莫不然也。"（《经上》）指主词外延全部包括于谓词外延之中。如"一法者之相与也尽类"（《经下》），是说依据同一标准从事，所得结果完全相同。墨家还概括出表示假言判断和推理的"假"，用于"假"式推理，说："假者，今不然也。"（《小取》）指假借某种原因或条件而预期其结果。如"藉臧也死而天下害，吾持养臧也万倍，吾爱臧也不加厚"（《大取》），是说假如臧奴死去而对天下百姓造成损害，那么我将以万倍于常人的资用供养他，而我施予臧奴的爱并未因此而增加。显见，墨家"假"式判断与推理暗合于今逻辑学假言判断与推理。

墨家在辩论中严格区分单独名词与集合名词所指的不同，说："且牛不二，马不二，而牛马二，则牛不非牛，马不非马，而牛马非牛非马，无难。"（《经说下》）是说"牛""马"都是单独名词，"牛"只指"牛"，而不指"非牛"的"马"，"马"只指"马"，而不指"非马"的"牛"。"牛马"是集合名词，指牛和马，不单指牛，也不单指马。只有如此，才真正符合"所以谓，名也；所谓，实也"（《经说上》）的要求，从而逼止悖谬的"狂举"。

针对公孙龙子主张"离坚白"，墨家回应以"盈坚白"，说："石，一也；坚白，二也，而在石。故有智焉，有不智焉，可。"（《经说下》）这里，墨家指出，于一石之中，石之坚性与白性处处互相涵容。手抚石得坚，白非离而在，仅未措意而已；目视石得白，坚非离而在，仅未措意而已。从而批驳了公孙龙子唯心主义的诡辩论。

针对公孙龙子主张"白马非马"，墨家回应以"白马"亦"马"，说："白马，马也；乘白马，乘马也。"（《小取》）这里，墨家指出，马皆有色，马毛色白，不能否定其物为马。从而强调了事物的质的规定性。

3. 辩论的功用与方法：墨家首先指出辩论的功用，说："夫辩者，将以明是非之分，审（审察）治乱之纪（端绪），明同异之处（处所），察名实之理，处（处理）利害，决嫌疑焉。"（《小取》）墨家接着概述辩论的方法，说："以名（概念，词语）举实，以辞（命题，语句）抒意，以说（论说，推理）出故。以类（同类事物）取（选取例证），以类予（推理）。有诸（之于）己不非诸人（自己赞同某种观点，不能非议别人赞同同类观点），无诸己不求诸人（自己反对某种观点，不能要求别人赞同同类观点）。"（《小取》）这里，墨家的"名""辞""说"与今逻辑学中的概念、命题、推理大体相当。上述辩论功用与方法，充分体现了墨辩的工具性。

4. 类比推理：墨家类比推理所涉及的两个事物必须以同类为必要条件，否则结论将无法推出。具体来说，有"辟""侔""援""推"四式。

（1）"辟"式推理。墨家说："辟也者，举也（他）物而以明之也。"（《小取》）应该说，墨家的"辟"式推理，相当于今逻辑学辟喻式类比推理。

（2）"侔"式推理。墨家说："侔也者，比辞而俱行也。"（《小取》）并指出"侔"式推理存在以下五种情况："夫物或乃是（指前提肯定）而然（指结论也肯定），或是而不然（指结论不肯定），或不是而然，或一周（周遍）而一不周，或一是而一非也。"（《小取》）应该说，墨家的"侔"式推理，相当于今逻辑学排比式类比推理。

（3）"援"式推理。墨家说："子然，我奚独不可以然也？"（《小取》）应该说，墨家"援"式推理，相当于今逻辑学援例式类比推理。

（4）"推"式推理。墨家说："推也者，以其所不取之同于其所取者，予之也。"（《小取》）应该说，墨家"推"式推理，相当于今逻辑学归谬式类比推理。

应该看到，事物是极其复杂的，正如墨家所说："其然也，有所以然也，其然也同，其所以然不必同。其取之也，有所以取之，其取之也同，其所以取之不必同。"（《小取》）所以"辟""侔""援""推"之辞，或因"言多方"（指事物之理多样化）、"殊类"（指就一属性而言为同类，而就另一属性而言或为异类）、"异故"（指形成某种事物或产生某种结果，可源于不同缘故），往往出现"行而异，转而危（诡），远而失，流而离本"（《小取》）的偏弊。这是说，墨家类比推理虽是包含着某种必然性的推理，但使用时"不可不审"。

5."止"式推理：辩论包括立论与驳论两个方面。上述墨家类比推理都是既可用于立论又可用于驳论的推理方式。此外，墨家还创立了单用于驳论的"止"式推理方式。墨家说，"止，类以行之，说在同"（《经下》），"止。彼以此（指此类事物）其然也，说是（指该类事物中的某一个体）其然也。我以此其不然也，疑是其然也"（《经说下》）。这是指对方以某类事物中的部分对象具有某种属性（"其然"），而未及发现相反例证，从而利用简单枚举归纳认为该类事物中全部对象（"此"）皆有某种属性（"其然"），并推出（演绎出）该类事物中的某一个体也具有这一性质，我则举出一个或几个同类对象而不具有某种特性（"不然"）的例证（实际上是否定对方的"此其然"），利用特称否定判断与全称肯定判断具有矛盾对当关系来质疑对方以为该类事物中某一个体（"是"）也有某种特性（"其然"）的推论，以反驳并阻止这一无效的论证。应该说，"止"式推理与上述"推"式推理同属反驳推理方式，但二者有本质的不同。"止"式反驳推理，其实质在于两同类判断具有一真一假的矛盾对当关系，而"推"式反驳推理却是两同类判断同假。

6."故""理""类"同具而"辞"生：因为墨辩逻辑的形式化性质弱于古希腊亚里士多德"三段论"逻辑和古印度因明"三支论"逻辑，所以总地说来，墨辩应该是一种论证的逻辑、语用的逻辑，即逻辑的运用，但它也提出了"故""理""类""三物"。前已述及，墨家提出并论证了"故""类"两个逻辑范畴，而对"理"这一逻辑范畴，只于行文中提及，把它比喻作"道"，只说"辞""以理长"，并未做深度挖掘，因而在许多论证中，"理"常常略而不现。这说明墨家已经朦胧地意识到似乎有某种带有必然性的东西在掌控着类比推理。墨家说："（辞），三物必具，然后足以生。夫辞，以故生（有其产生原因），以理长（以公认的正确事理和规则推理），以类行（以同类事理验证）者也。立辞而不明于其所生，忘（妄）也。今人非道无所行，……而不明于道（指理），其困也，可立而待也。夫辞以类行者也，立辞而不明于其类，则必困矣。"（《大取》）

墨家"三物论"式，与亚氏"三段论"式、因明"三支论"式有着某种互通关系。大致说来，墨家的"辞"（论题）相当于亚氏的"结论"或因明的"宗"，"故"（事物产生的原故、理由）相当于亚氏的"小前提"或因明的"因"，"理"（事理的恒久原则）相当于亚氏的"大前提"或因明的"喻体"，"类"（立辞的同类事例）相当于因明的喻依。

第三部分"墨守"：

墨子及其后学既是我国古代的政治家、思想家、社会活动家和科学家，同时又是擅长积极防御战略战术的军事家。在战国时代"大攻小，强执弱"的战乱氛围中，他们高扬"兼爱"大旗，在言论上宣传"非攻"思想，在行动上演绎"非攻"主张，总结前人经验，同时结合自己的守御实践，提出了墨家独特的积极防御思想与战法，有针对性地制定了应对敌人"临"（居高临下进攻）、"钩"（钩城攀缘进攻）、"冲"（以冲车撞城进攻）、"梯"（以云梯登城进攻）、"堙"（填池垒土窥城进攻）、"水"（以水灌城进攻）、"穴"（凿掘穴道进攻）、"突"（挖地穿城进攻）、"空洞"（打穿城垣进攻）、"蛾傅"（如群蚁般附城进攻）、"轒辒"（驾蒙牛皮的四轮坚车进攻）、"轩车"（以装有瞭望楼的车具进攻）等十二种进攻方式的防守备战方案。所有这些，都以墨子答弟子禽滑厘问的形式，体现于《备城门》《备高临》《备梯》《备水》《备突》《备穴》《备蛾傅》，以及《迎敌祠》《旗帜》《号令》《杂守》等十一篇中。如果将《经上》以下六篇称为《墨经》，那么将《备城门》以下十一篇称为"墨守"倒也顺理成章。下面，我们就城守制胜方法、城守军械与设施、城守兵力部署、城守战例等方面，一窥墨子与其后学积极防御战略战术的精要。

（一）城守制胜方法：墨子说："凡守围之法，城厚以（而）高；壕池（护城河）深以广；楼榭（瞭望敌人的大小楼屋）脩；守备缮利；薪（柴草）食足以支三月以上；人众以选（士卒既众又皆为上选）；吏民和；大臣有功劳于上（君上）者多；主（国主）信以义，万民乐之无穷；不然，父母坟墓在焉；不然，山林草泽之饶（丰饶）足利；不然，地形之难攻而易守也；不然，则有深怨于适（敌）而有大功于上；不然，则赏明可信而罚严足畏也。"（《备城门》）这是说，上述十四端守城之法必同时具备，城池可得而守。若十四端无一具备，则虽有善守之将，也不能完成防守任务。

（二）城守军械与设施：

1. 军械：其重要者有：（1）藉车：即抛石机，用于抛掷石头等物，轰击攻城之敌，当即我国冷兵器时代的砲。（2）木弩：以机械发射大矢的木制大弓。（3）连弩车：即机弩，能连续发射若干大矢或小矢的机械弓车。（4）转射机：能随长臂转动的机弩。（5）渠答：渠，状如方形大盾的御敌守城工具，其背面用十字木架支撑，正面敷以兽皮，中间塞以填充物置于城堞之外，用于挡蔽同时收集敌矢。答，于木制框架中塞以秸草等物的御敌守城工具，张之以挡蔽同时收集敌矢，也可点燃掷下烧敌。析言之，渠答为两种战具；统言之，渠答为一类战具。（6）辒辒（fénwēn）：后世俗称"木驴"，为外蒙牛皮，内藏多名士卒，用以撞击城墙的四轮木车。（7）临：并联二船成一体的战具，有时以临作为辒辒，冲决堤堰以泄水。（8）县（悬）脾：利用辘轳控制升降的木箱，内装士卒，持矛以刺敌人。（9）冲（衝）车：敌人用于冲击城墙以图攻城的大型撞车，或我方用于以巨木冲撞敌人攻城云梯的小型撞车。（10）轩车：以辘轳悬吊形如鸟巢的望敌楼屋的车具。又名楼车、巢车、板屋。（11）云梯：敌人用于附墙攀上以图攻城的可折叠木梯。上为折梯，下为木屋，底装车轮。（12）蒺藜投：用于投掷铁蒺藜以阻滞敌人及其军械前行的机具。（13）火捽：又名传汤（烫），形如轮筒，并在两轮之间充塞柴薪荆棘之类，点燃后从城上推下以烧烫敌人的机具。此外，还有连梃、钩拒、连版、桔槔、櫓、铤、剑、矛等。

　　2. 设施：其重要者有：（1）悬门沉机：由机械控制，可悬吊沉降的门闸，设置于内城门上。（2）悬梁：即吊桥，横架城门外壕池两岸，可提升放落的板桥。（3）椐枞：城上用以窥察敌情的、简易而高耸的哨楼。（4）坐候楼：城上用以监伺敌情且伸出城堞外的亭楼。（5）行城：即行楼，或称台城，城上编木加筑的临时性城防设施。（6）栈：或作行栈，多指伸出楼外应急施救的桥道。（7）樴：城上四面隔角的瞭望小楼或屏障。（8）堞（dié）：即女墙，又称俾倪，城墙上有垛口的矮墙，垛口间有望敌、射箭的方孔。此外还有穴、冯（凭）垣、爵（雀）穴、幽隥（暗沟，隥，通陵）、羊坽（小而高的工事）、车两走（即车两轮）、杀（掩体）、裾（藩篱。裾，通椐）等。

　　（三）城守兵力部署：墨子说："守法：五十步（一步六尺）丈夫（壮男）十人、丁（壮）女二十人、老小（少）十人，计之五十步四十人。城上楼卒，率（shuài，大抵）一步一人，二十步二十人。城小大以此率（lǜ）之，乃足以守围（御）。客（敌）冯面（凭依城的四面）而蛾（蚁）傅（附）之，……客攻以遂（隧，道。指当道处），十万物（人）之众，攻无过四队（路，指兵分四路）者。上（指最宽）术（攻城之道）广（兵阵宽）五百步，中（指中等宽）术三百步，下（指最狭）术百五十步。……广五百步之队（攻阵），丈夫千人、丁女子二千人、老小千人，凡四千人，而足以应之，此守术之数（用兵之数）也。"（《备城门》）这是指城下不当队守备士卒，每十步八人，城上士卒每步一人。而迎击敌人十万之众蚁附当队之攻，四千人足以应付。男丁女壮、老人少年，全民皆兵。

（四）城守战例：我们从《备城门》《备高临》《备蛾傅》三篇中，各摘一例，简要说明如下。

1.备城门战例：墨子说："去城门五步大堑（开沟）之，高地丈五尺（高地掘一丈五尺），下地至泉三尺而止（低地掘至见泉水后再深三尺为止），施栈其中（堑上架起栈桥），上为发梁（桥上装有吊落机关），而机引（拉动）之。比（依次）傅（铺）薪土，使可道行。旁有沟垒，毋可逾越，而出挑战且北（佯败），适（敌）人遂入，引机发梁，适人可禽（擒）。适人恐惧而有疑心，因而离。"（《备城门》）这是指在城门之外掘沟架桥。士卒出而挑战，佯装败北，诱敌深入，然后发梁擒敌。如此，可保城门之完固。

2.备高临战例：墨子说："守为台城（即行城），以临羊黔（当作"坽"，形小而高的攻城工事），左右出巨（距，指鸡距状大木），各二十尺，行城三十尺。强弩射之，技机藉之……（《备高临》）这是指应对敌人利用"羊坽"，高临我城，我方应于城上修筑台城，以高抑高，并以强弩射杀敌人，以破其高临之攻。

3.备蛾傅战例：墨子说："守为行临射之（指守方于城上构筑临时性高台，凭高以射之），技机藉之，擢之（指拔除敌人借以攀城的依托物），火汤迫之，烧苔覆之，沙石雨之。"（《备蛾傅》）这是指应对敌人蚁傅之攻，应修筑行临，凭高以机弩射之，拔除攀城依托物以惧之，烧苔以覆之，扬沙灰以眯之，以破其蛾傅之攻。

此外，《迎敌祠》记开战前祭祀、誓师之事，《旗帜》记守城士卒旗帜、徽章、信符之事，《号令》记守城士卒传号、律令、伺守、奖惩之事，《杂守》记临战烽燧、积材、节食、清野之事，多属战前准备、侦候敌情、后勤保障、士卒与民众管理等方面，兹不详述。

五、墨学及其当代价值试议

毫无疑问，墨子及其后学给我们留下了堪称中国传统文化精粹的精神遗产，其多样性与深邃性，称之为古代微型百科全书也不过分。在社会政治与伦理思想方面，墨子的兼爱、非攻、尚贤、尚同、节用、非命等主张以及侠义助人的精神，同儒、道、法诸家思想一样，经过必要的扬弃，不仅已经作为标志我国和谐社会建设和福祉愿景追求的恒久理念的某些因子（例如，近代力学奠基人钱伟长、国学大师钱基博、历史学家钱穆等名家之所出的无锡钱氏家族的族训："利在一身勿谋也，利在天下必谋之。"显由墨子"兴天下之利"的兼爱交利理念脱化而来），成为我们的民族精神形成的源头之一，而且正在经由许多文化名人的推动，通过中西文化交流的渠道，走出国门，逐渐成为为全人类所共享的文明成果。我们看到，儒家也讲"仁爱"，但它建立在血缘关系的基础之上，有远近亲疏之别。虽然这对维持封建社会人伦关系有着不可替代的重要作用，但它毕竟是一种偏爱、有差等的爱。墨子讲"兼爱"，是建立在人类社会每一个成员人格完全平等的伦理基础之上，虽不免太过理想化，但毕竟是一种博爱、无差等的爱。不能因为它一时难以实现，就无视其作为一种理念的存在价值。人类经济的发展、社会的进步，固然需要那些经常有"获得感"的追求，同时也需要若干不断激励人们前行的理想甚至梦想，这样我们就不难理解孙中山先生的名言："古时最讲'爱'字的莫过于墨子。墨子所讲的兼爱与耶稣所讲的博爱是一样的。""非攻"，可以视为"兼爱""原理"的第一个"推论"。不非攻，无以言兼爱。如果我们说墨子及其后学是中国古代最早举起反对不义之战大旗的大无畏斗士，应该不会有人反对。墨子"尚同"思想，为人们描绘出一幅古代理想社会的图景。在那里，在上者行政，在下者从事，上下同心，各有担当。于是"饥者得食，寒者得衣，劳者得息"，这是人们的共同期盼。后期儒家的"大同"思想或导源于此，就是一个明证。孔子也主张"足食"，但他认为参加生产实践活动，那是"小人"的事，对弟子樊迟请教"农""圃"之事，表现出某种不快的情绪，认为这不是士君子应该注意的事。宣称"君子喻于义，小人喻于利"（《论语·里仁》），将"义""利"关系对立起来。相反，墨家及其后学代表小生产者的利益，大力倡导包括开源节流以及增殖人口等内容在内的"节用""节葬"思想，以"义，利也"（《经上》）的定义，重新诠释"义""利"关系，并在对当时现实问题的关注中，探讨经济学方面的若干问题，说明他们对意识形态和社会民生同样重视。由此，我们就不难理解毛泽东的名言："墨子是一个劳动者。他不做官，但他是比孔子高明的圣人。"可见从中国思想史方面来看，墨子及其后学显然代表了一个时代的高度。另外，一般说来，儒、道、法诸家学说中缺少科技与逻辑内容，而墨子及其后学在这两方面，不期然而然地做了有益的补充。在科技方面，他们给后世留下了关于我国古代科技的若干定义、划分和论证结果。举例来说，墨家关于几何元素"端""尺""区""厚"的初设以及几何图形"圜""方"的定义，与欧几里得几何学完全一致，如果连同几何元素或几何图形的位置关系的论述等等在内，应当说，墨家平面几何学框架的初步形成，应是不争的事实。在贵州平塘安装"中国天眼"过程中，"大国工匠"团队正是运用墨家关于"圜，一中同长也"的定义，围绕一个中心点，使用同一长度的线状长臂做环绕运动，画出一条闭合曲线，然后用二十余万枚砌块拼成 FAST 大球面接收器的。关于"力"的定义，实际上已经涉及后来牛顿第二定律的实质内容。关于"久"（时间）、"宇"（空间）和"动"（运动）、"止"（静止）的定义，确立了墨家时空观的唯物辩证属性。对简单机械做了"衡木""绳掣""车梯"和"锥刺"的划分，与后世经典力学所含静力学中的简单机械"杠杆""滑轮""斜面"和"尖劈"的划分也具有本质意义上的共同性。著名的"光学八条",论证了单影的生成、双影的生成、小孔成像(影)、影的大小所关涉的条件、光的反射以及平面镜成像、凹面镜成像和凸面镜成像,标志着当时在世界范围内几何光学研究的最高成就,尤其是由小孔成像(影)论证了的光的直线传播特性,成为2016年8月16日发射升空的"墨子号"量子通信卫星的工作原理之一。所有这些,既使我们得以重新找回应属于自己的那一份民族自尊和文化自信,又为我们今天坚持"科教兴国"方针,实现中华民族伟大复兴大业,提供了真实可凭的起跑点。孔子也主张"正名",但那更多地是在社会伦理方面说事,墨家进而凸显了"名"的逻辑学意义,提出"以名(概念)举实,以辞(判断)抒意,以说(推理)出故"(《小取》)的辩论程序和"辟""侔""援""推"诸种类比推理方式,概括出"故""理""类"同具则"辞"生的"三物论"式公例,从而使墨辩成为与古希腊亚里士多德"三段论"式("大前提""小前提""结论")和古印度因明"三支论"式("宗""因""喻")鼎足而三的世界逻辑源流。可见,从中国文化史方面来看,墨子及其后学在科技、逻辑方面的贡献,可以与大约同时代的古希腊相颉颃。著名科技史专家李约瑟在《中国古代科学思想史》中称赞道:"完全信赖人类理性的墨家,明确地奠定了在亚洲可以成为自然科学的主要基本概念的东西","它们勾画出了堪称之为科学方法的一整套完整理论"。孔子也主张"足兵",但未能详加论列,更不必说参加军事实践活动。墨子"非攻",既有全面、系统的理论阐述,又与其门弟子一起,亲自参与到反对"大攻小,强执弱"的防御军事活动中去,总结出《备城门》《备高临》《备梯》《备水》《备突》《备穴》《备蛾傅》等一整套积极防御战略战术,同《孙子兵法》一起,被誉为中国古代兵书的"双子星座",一主攻,一主守,相得益彰,影响深远。只要看一看墨子在对公输盘与楚王进行说服的同时,又派弟子禽滑厘等三百人在宋城上等待迎击楚寇，就会明白积极防御军事部署的重要性。虽说墨家的若干具体的战例战法以及军械装备，已随时代前进而成为过去，但其战略战术思想以及旗徽、号令、侦伺、奖惩、清野、供给、管理等方面的措施，还是会给我们许多的借鉴和启示的。尤其是在当今国际环境中，在人们将和平与发展两大主题作为主要的价值取向的同时，也必须清醒地看到几个大国为攫取各自的政治、经济利益，不惜诉诸武力，于是，局部战争不断，先后发生在阿富汗、伊拉克、利比亚和叙利亚等国的战争所造成的国家惨遭破坏、人民哭嚎无告的悲剧，令人目不忍睹。因此，必要而有节制地治军经武，从而形成自己足够的军事力量，以震慑邪恶、抵御寇掠，理应作为国家的头等大事来抓。

　　当然，我们也应该看到，同其他古代文化名人一样，墨子及其后学的学说，也有其不可避免的历史局限性。例如，尽管墨子以"天志"为法仪来推行其思想主张，但也不免陷入古代思想家所惯用的"神道设教"即"推天理以明人事"的老套路，因为天帝鬼神存在与否，至今仍是不能证明的事。尽管墨子出于反对王公大臣措敛"民衣食之财"的考虑来"非乐"，但这一主张毕竟带有忽视音乐的娱性、益智、教化功能的片面性。在这方面，墨子甚至以"今圣有乐而少，此亦无也"（《三辩》）来回答程繁的质疑，不能不说带有诡辩意味。至于墨家关于科技、逻辑的若干成果，其中有的在全面性、系统性、公式化程度上存有不足之处，有时显得粗疏、零散，甚至似是而非。这种情况虽则为数不多，但在一定程度上影响了人们对墨家创获成果科学品位的评价。不过，我们有必要申明，如果不是成心低估，便不能掩抑墨家学说照耀千古的熠熠光辉。

墨　子

第一部分　墨　论

　　这一部分计三十六篇，包括《亲士》至《三辩》七篇、《尚贤上》至《非儒下》二十四篇和《耕柱》至《公输》五篇，体量约占全书的三分之二，其中不少内容带有重复性质。例如《辞过》可视为《节用》的余义，《法仪》可视为《天志》的余义，《三辩》可视为《非乐》的余义。《尚贤上》至《非命下》多是上中下三篇或上中两篇同具。《非儒下》不少内容又见于《公孟》。为规避重复与体现"古为今用"的原则起见，笔者从中选取十九篇（其中，《明鬼下》和《非乐上》或因涉及鬼魂或因否定过当，作节选处理），它们是《亲士》、《修身》、《所染》、《七患》、《尚贤上》、《尚同上》、《兼爱上》、《非攻中》、《节用上》、《节葬下》、《天志下》、《明鬼下》（18章选11章）、《非乐上》（10章选8章）、《非命下》、《耕柱》、《贵义》、《公孟》、《鲁问》、《公输》。

第一篇　亲　士

此章论述存恤、任用贤士是关系到国家存亡的大事，国君必须具有"非士无与虑国"的意识。"入国而不存其士"之"存"与"而能以其国存者"之"存"二字，为本章之"眼"，因为国君存（恤）士而国存（在）。

1. 入国而不存其士[1]，则亡国矣。见贤而不急[2]，则缓其君矣[3]。非贤无急，非士无与虑国[4]。缓贤忘士，而能以其国存者[5]，未曾有也。

[注释]

[1]入：返。"入国"，返国，此处指得国，掌理国政。存，存问，体恤。　[2]急：急切。此句"急"与下句"则缓其君矣"之"缓"相对而言。　[3]缓：迟缓，怠误。　[4]无与虑国："无与之虑国"之省，是说没有可以共同谋划国事的人。古代汉语介宾词组"与之"作谓语动词的状语时，代词宾语"之"往往省去。　[5]存：存在（与"存其士"之"存"义异）。

2. 昔者文公出走而正天下[1]，桓公去国而霸诸侯[2]，越王句践遇吴王之丑[3]，而尚摄中国

之贤君 [4]。三子之能达名成功于天下也 [5]，皆于其国抑而大丑也 [6]。太上无败 [7]，其次败而有以成，此之谓用民 [8]。

此章以晋文、齐桓、越勾践三君王之例，论述"于其国抑而大丑"的国君，一定要善于"用民（臣）"，才能最终取胜，"达名成功于天下"。

[注释]

[1] 文公：晋文公（前 697—前 628），姬姓，名重耳。春秋时晋君。曾为其父献公宠姬骊姬所陷害，流亡十九年，后得秦穆公之助，入国为君。用狐偃、赵衰等贤士辅弼，成为"春秋五霸"之一。正天下：为天下之长。正，长，君，治。　[2] 桓公：齐桓公（？—前 643），姜姓，名小白。春秋时齐君。曾避其兄襄公，去国奔莒。襄公被弑，归国为君，任管仲为相，成为"春秋五霸"之首。　[3] 句践：或作勾践（？—前 465）。春秋时越君。先曾为吴王夫差所败，后任用范蠡、文种等忠臣，卧薪尝胆，一举灭吴。遇吴王之丑，正是指其为吴王所败的丑事。丑，恶，耻。　[4] 尚摄中国之贤君：是说犹能成为威慑中原各国的贤良君主。尚，尚且，犹。摄，通慑。慑，威慑，惧服。中国，中原各国。　[5] 达：通，通显。　[6] 皆于其国抑而大丑：是说他们都曾在各自国家蒙受压抑而遭遇奇耻大辱。"抑而大丑"与上句"达名成功"相对而言。抑，按抑，屈抑。　[7] 太上：最上等次。与下句"其次"相对而言。　[8] 用民：即"用人"，亦即"用臣"，民与君相对而言。

3. 吾闻之曰："非无安居也 [1]，我无安心也；非无足财也，我无足心也。"是故君子自难而易彼 [2]，众人自易而难彼。君子进不败其志 [3]，退

（内）究其情[4]。虽杂庸民[5]，终无怨心，彼有自信者也。是故为其所难者，必得其所欲焉；未闻为其所欲[6]，而免其所恶者也。是故偪臣伤君[7]，谄下伤上[8]。君必有弗弗之臣[9]，上必有詻詻之下[10]。分议者延延[11]，而支苟者詻詻[12]，焉可以长生保国[13]。臣下重其爵位而不言，近臣则喑[14]，远臣则唫[15]，结怨于民心，谄谀在侧，善议障塞，则国危矣。桀纣不以其无天下之士邪[16]？杀其身而丧天下！故曰："归国宝[17]，不若献贤而进士。"

本章先论有道君子不因进退而改变其情志，再论权臣伤君，指出国君必须拥有敢于犯颜直谏之臣，并使之畅其言、尽其忠，国家才可长治久安。

[注释]

[1]"非无安居也"以下四句：并非我无安居之处，（而是民众无安居之处，所以）我心不安；并非我无足用之财，（而是民众无足用之财，所以）我心不足。这充分体现了墨子贵兼，"昭昭然为天下忧不足"之义。　[2]君子自难而易彼：是说有道君子劳苦自己而宽待别人。难，苦难，劳苦。易，宽容，宽待。　[3]进：升进，进仕，得意。　[4]退：原作"内"，从俞樾校改（"退"，或作"衲"，失"彳"旁讹为"内"）。退，避位，退身。退究其情，是说遭遇冷落而退身，当探究其情由。这句与上句"进不败其志"相对而言。　[5]虽杂庸民：是说虽然厕身平庸百姓之中。杂，混杂，厕身。　[6]"未闻为其所欲"以下两句：未曾听说唯逞己意而为之，而能避免其所憎恶的结果的。恶（wù），厌恶，

憎恶，与上句"欲"相对而言。　　[7]偪：同逼，侵迫，相逼。逼臣，权重迫君之臣。　　[8]谄下：谄谀阿主的臣下。谄，谄谀，佞说。　　[9]弗弗：即拂拂。弗，通拂。拂，相违，矫正。拂拂，拂违之重，表示语气之深。拂拂之臣，指敢于犯颜直谏以正君听之臣。　　[10]詻（è）詻：直言论辩。詻，论争。詻詻，或作咢咢，亦作谔谔。咢，直言。谔与咢同。詻詻之下，即"谔谔之下"，指直言论争辅佐君上的臣下。　　[11]分议者延延：是说持有不同意见者可以反复论辩，畅抒己意。延延，长的样子。　　[12]支苟者詻詻：是说怀忠敬事之臣直言廷争。支苟，持敬，怀忠敬事。支，持。苟，敬。《慧琳音义》卷一百"呕开"注引《韵英》："苟，敬也。"[13]焉：乃，于是。　　[14]喑：通瘖。瘖，哑。　　[15]唫：通噤。噤，闭塞其口。　　[16]桀纣不以其无天下之士邪：是说夏桀与商纣身死国亡，不就是因为他们没有天下之贤士辅佐吗？桀纣，夏桀与商纣，桀，名履癸，夏末代帝王。暴虐恣肆，荒淫无道，商汤伐桀，桀奔南巢（今安徽巢县西南）而死，夏遂亡。纣，或作受、帝辛，名辛，世称纣王。商末代帝王，好酒淫乐，暴敛重刑。周武王伐纣，纣自焚死，商遂亡。以，因。　　[17]归：通馈。馈，赠，与。

4.今有五锥[1]，此其铦，铦者必先挫[2]；有五刀，此其错[3]，错者必先靡[4]。是以甘井近竭[5]，招木近伐[6]，灵龟近灼[7]，神蛇近暴[8]。是故比干之殪，其抗也[9]；孟贲之杀[10]，其勇也；西施之沉[11]，其美也；吴起之裂[12]，其事也。故彼人者，寡不死其所长[13]，故曰："太盛本章举众多事例喻"太盛难守"之理，其中饱含贤德君子易于受挫的隐情。既告诫士子们谨遵"用行舍藏"之教，亦希冀国君对此深予同情，大力发现、起用和保护贤良人士。

难守也^[14]"。

[注释]

[1]"今有五锥"以下两句：今有五件针锥，而这件最锋利。锥，锥子，钻孔工具，即《经说下》"段、椎、锥俱事于履"之"锥"。銛（xiān），尖，锐利。　[2]挫：挫折，折断。　[3]错：镂，磨，整治加工。　[4]靡：损，坏。　[5]甘井近竭：是说甜水井招人前往汲水，这就离枯竭不远了。　[6]招：通翘（招，《集韵·宵部》祁尧切，qiáo）。翘，举，危。招木，高大翘举的树木。　[7]灼：炙，烧灼。古人多以龟甲占卜吉凶祸福。龟甲先行凿钻，以出浅穴，加火烧灼，则凿迹现纵纹，钻迹现横纹，卜史以纵纹为主，以横纹为辅，观其深浅、长短、走向而口占之。事毕，刻文字于坼纹旁，称为甲骨卜辞。　[8]暴（pù）：即曝，曝晒。古人有以神蛇曝晒求雨的风俗。　[9]比干之殪（yì），其抗也：忠臣比干死于非命，在于其为人刚直。比干，商纣叔父，官少师，忠良之士。屡谏纣王止虐虑国，遭剖心而殪。殪，死。抗，抗直，敢于直言。　[10]"孟贲之杀"以下两句：武士孟贲惨遭杀害，在于其生性忠勇。孟贲，战国时齐（一说卫）国勇士。　[11]"西施之沉"以下两句：美人西施沉死江中，在于其天生美貌。西施，春秋末越国苎罗（今浙江诸暨南）人。越王勾践将其献于吴王夫差。吴亡，西施沉死江中。　[12]"吴起之裂"以下两句：兵家吴起被车裂，在于其变法的事功。吴起（？—前381），战国时兵家、法家、改革家。卫国左氏（今山东曹县北）人。入楚后，辅佐悼王变法图新，国富民强。悼王死，失势贵族反扑，起被车裂而死。　[13]寡：少。　[14]太盛难守：是说太过强盛，难保长久，即《老子》"揣而锐之，不可长保"之意。

5. 故虽有贤君，不爱无功之臣；虽有慈父，不爱无益之子。是故不胜其任而处其位[1]，非此位之人也；不胜其爵而处其禄，非此禄之主也。良弓难张，然可以及高入深；良马难乘，然可以任重致远；良才难令[2]，然可以致君见尊[3]。是故江河不恶小谷之满已也，故能大。圣人者，事无辞也，物无违也[4]，故能为天下器。是故江河之水，非一源之水也；千镒之裘[5]，非一狐之白也。夫恶有同方不取（取不）而取同己（取同而已）者乎[6]？盖非兼王之道也。是故天地不昭昭[7]，大水不潦潦[8]，大火不燎燎[9]，王德不尧尧者[10]，乃千人之长也[11]。其直如矢，其平如砥[12]，不足以覆万物。是故溪狭（陕）者速涸[13]，游（逝）浅者速竭[14]，硗埆者其地不育[15]。王者淳泽不出宫中，则不能流国矣[16]。

本章论述有道君王应具备海纳百川的气度，广收贤良，这才是"兼王之道"。

[注释]

[1]胜：任，堪，胜任。　[2]令：命，使令。　[3]致君见尊：使君王受人尊敬。致，引而至。见，被，受。用于动词前，表示被动。　[4]物：指人。　[5]镒（yì）：重量单位名。二十四（或二十）两为一镒。　[6]夫恶（fú wū）有同方不取而取同己者乎：

原作"夫恶有同方取不取同而已者乎",从俞樾校改。这句是说,岂有不取同于道法而惟取同于己意之理? 夫,发语词,无实义。恶,何,怎么。用为疑问副词。方,道,法,即《非命上》"大方论数"之"方"。同方,同于道法。同己,同于己意。 [7]天地不昭昭:是说天地并非恒久显清明之状。昭昭,明显的样子。昭,明。 [8]大水不潦(lǎo)潦:是说大水并非恒久显积聚之状。潦潦,积聚。潦,雨积。 [9]大火不燎燎:是说大火并非恒久显光亮之状。燎燎,光耀。燎,庭火,引申为明亮之义。 [10]王德不尧尧:是说君王道德并非恒久高尚。尧尧,至高的样子。尧,高。 [11]乃千人之长:是说这才是人世真实英杰人物的本色。千人之长,指英杰。《荀子·儒效》:"其通也英杰化之。"杨倞注:"倍千人曰英。" [13]狭:原作"陕",即《备突》:"使度门广狭"之"狭"。涸(hé):干涸。 [14]游:原作"逝",从王引之校改。游,流。游浅,即"流浅",与上句"谿狭"对言。 [15]峤埆(qiāo què):明《道藏》本作"峣埆",或作"硗确",指贫瘠之地。以上三句暗喻君王记取"谿狭者速涸,游浅者速竭,峤埆者其地不育"的教训,以海纳百川的胸怀招贤纳士。 [16]"王者淳泽不出宫中"以下两句:君王的恩泽如不流布于宫闱之外,便不可能流被全国。淳泽,淳厚的恩泽。流国,"流于国"之省。

[点评]

本篇论述国君必须具备"非士无与虑国"的意识,亲近、任用"弗弗(持有异议)之臣"和"詻詻(敢于直谏)之下"。诤臣在侧,善议才不致障塞,民心才不致结怨,从而达到"长生保国"的目的。晋文、齐桓、越勾践任用贤才,变被动为主动,最终称雄天下。而夏桀、商纣废弃贤才，招致杀身之祸，最终丧权败亡。应该看到，君子有"自难而易彼"（自律严而待人宽）的人格修养和经纬天下的资质能力，但"彼人者，寡不死其所长"，"太盛难守"，国君必须体谅其苦衷，尊重之，爱惜之，不拘一格，广为延揽。只有如此，良才贤士才能源源前来，为君所用。

汪中云："《亲士》《修身》二篇，其言淳实，与《曾子·立事》相表里。"孙诒让云："后人因其持论尚正，与儒言相近，遂举以冠首耳。"应该说，二氏之言在情理之中。据此可以推证《亲士》或为墨子早期之作。《淮南子·要略》"墨子学儒者之业，受孔子之术，以为其礼烦扰而不悦，厚葬靡财而贫民，［久］服伤生而害事，故背周道而用夏政"之语，实非虚言。至于汪中以为文中错入道家语，则未必然。墨子先曾习儒者之业，也极有可能受《老子》"物壮则老""坚强者死之徒"等言论的影响，于是有"太盛难守"的喟叹。谓墨子早期哲学思想中或包含《老子》"柔之胜刚，弱之胜强"的因子则可，谓《亲士》篇中错入道家语则不可。

本篇语言运用富有特点，排比句式所在多有，犹似格言警语，哲理包孕其中，"君必有弗弗之臣，上必有詻詻之下。分议者延延，而支苟者詻詻"，便是一例。由此可见，浅议《墨子》一书行文板滞杂沓之辞，实由未作深考所致。或有重复拖连章节出现，亦恐出于"层递"手法之所需，面对资质未达的生徒，不得不如此措词，实出情非得已。

第二篇　修　身

1.君子战虽有陈[1]，而勇为本焉；丧虽有礼，而哀为本焉；士虽有学[2]，而行为本焉。是故置本不安者[3]，无务丰末[4]；近者不亲，无务来远[5]；亲戚不附[6]，无务外交；事无终始，无务多业[7]；举物而闇[8]，无务博闻。是故先王之治天下也，必察迩来远[9]。君子察迩而迩脩者也[10]，见不脩行[11]，见毁，而反之身者也，此以怨省而行脩矣[12]。譖慝之言[13]，无入之耳；批扞之声[14]，无出之口；杀伤人之孩[15]，无存之心，虽有诋讦之民[16]，无所依矣。故君子力事日彊[17]，愿欲日逾[18]，设壮日盛[19]。君子之道也，贫则见廉，富则见义，生则见爱，死则见哀，四行者不可虚假，反之身者也。藏于心者无以竭爱[20]，动于身者无以竭恭，出于口者无以竭驯[21]，畅之四支[22]，接之肌肤，华发隳颠[23]，而犹弗舍者，其唯圣人乎！

此章论述君子以道德修养为本，德以律己，仁以待人，"察迩来远"，"力事日彊"。其为人之道是"贫则见廉，富则见义，生则见爱，死则见哀"。

[注释]

[1]"君子战虽有陈（zhèn）"以下两句：君子临战，虽有军阵，而以勇为本。陈，即阵，军阵。焉，句末语气词。 [2]士：通仕。仕，进仕，为官。 [3]置：通植。植，植立。 [4]无务丰末：是说不能专力去做枝叶丰茂的事。无，通毋、勿，不要。用为否定副词。务，趋，专力。末，末梢，茎叶。此句之"末"与上句"是故置（植）本不安者"之"本"相对而言。 [5]来远：招徕远地之人。来，通徕。徕，招徕，招之使来。 [6]亲戚：此处指父母，与《非命上》"是以入则孝慈于亲戚"之"亲戚"同。又指宗族兄弟。《号令》"父老豪杰之亲戚父母妻子必尊宠之。""亲戚"即用此义。 [7]业：功业，事业。 [8]举物而闇：是说举一事而不明其理。闇，通暗。 [9]迩：近。此处指近臣、左右。"察迩""来（徕）远"相对而言。 [10]君子察迩而迩脩者也：是说君子是明察近臣，从而使他们修行道德的人。脩，通修。修，修行，修德。下文"脩行""行脩"之"脩"皆同。 [11]"见不脩行"以下三句：发现他人因不修行而受到诋毁，便会反躬自省的人。前"见"，看见，发现。后"见"，被，受。 [12]此以怨省而行脩矣：是说因此怨谤必会减少而道德水准也会得到提升。此以，犹"是以"，意同"因此"。 [13]谮慝（zèn tè）：犹言谗慝，

指诬谗邪恶。谮，谗，毁谤。慝，恶，邪僻。　[14]批扞：批击
突犯。批，手批，击打。扞，冲突，突犯。　[15]荄：通荄。荄，
根荄。此处指本心，初念。　[16]诋讦（jié）：诋毁攻讦。诋，诋
毁。讦，攻发人私。　[17]彊：通强。强，增强，强大。　[18]愿
欲日逾：是说（君子）匡世之志日益超迈。逾，过，超迈。　[19]设
壮：开张强壮。设，张，开张。壮，大，壮大。　[20]藏于心者
无以竭爱：是说藏于内心的仁爱情愫永无枯竭。无以，"无所以"
之省，意为"没有什么可以拿来……"　[21]驯：通训。训，雅训，
善言。　[22]支：即肢，又作胑。四支，即四肢。　[23]隳（huī）
颠：毁颠，秃顶。隳，毁。颠，顶。

"据财不能以
分人者，不足与
友"，与《尚贤下》
"为贤之道将奈
何？曰：有力者疾
以助人，有财者勉
以分人，有道者劝
以教人"的意旨相
通贯。

2. 志不彊者智不达[1]，言不信者行不果[2]。
据财不能以分人者，不足与友；守道不笃、徧物
不博、辩是非不察者[3]，不足与游[4]。本不固者
末必幾[5]，雄而不脩者其后必惰[6]，原浊者流
不清[7]，行不信者名必耗[8]。名不徒生[9]，而誉
不自长，功成名遂，名誉不可虚假，反之身者
也。务言而缓行，虽辩必不听；多力而伐功[10]，
虽劳必不图[11]。慧者心辩而不繁说，多力而不
伐功，此以名誉扬天下[12]。言无务为多而务为
智[13]，无务为文而务为察[14]。故彼智无察[15]，
在身而惰（情）[16]，反其路者也[17]。善无主于心
者不留[18]，行莫辩于身者不立[19]。名不可简

而成也[20]，誉不可巧而立也，君子以身戴行者也[21]。思利寻焉[22]，忘名忽焉[23]，可以为士于天下者，未尝有也。

［注释］

[1] 彊：通强。　[2] 果：成，遂。　[3] 笃：固，厚，专一。偏：即遍，周遍。辩：通辨。辨，辨别。察：审，明。　[4] 不足与游："不足与之游"之省，是说不足以与之交游。游，从游，交游。　[5] 本不固者末必几：是说根本不强固的，其末梢必危殆。几，微，危。　[6] 雄而不脩者其后必惰：是说雄强自恣而不修德行的人最终必定以怠惰无果而收场。雄，雄强，此处指强梁。惰，怠惰，懈弛。　[7] 原：同源，水源，源头。　[8] 耗：同耗，减损，败坏。　[9] 徒：空，独，但。　[10] 伐：自伐，夸耀。　[11] 虽劳必不图：是说虽劳苦却一无所获。图，谋取，取。　[12] 此以：犹"是以"。　[13] 言无务为多而务为智：是说言语不可专力求其繁复而专力求其理智。　[14] 文：饰，文采。　[15] 彼智无察：是说既没有理智又不能明察。彼，通匪，即非。　[16] 在身而惰：是说空存其身而懒惰成性。在，存。惰，原作"情"。从孙诒让校改。　[17] 反其路者也：是说其所欲求与实际效果必定南其辕而北其辙。　[18] 善无主于心者不留：是说善举如非以真心为本便不能久留。主，本。　[19] 行莫辩于身者不立：是说行为如非自身明于正误便不能立住。辩，通辨。辨，辨别，明。　[20] "名不可简而成也"以下两句：名声不能轻易赚取，信誉不能便巧建立。简，简易，轻易。巧，便巧，诈伪。　[21] 君子以身戴行者也：是说有道君子是躬亲践行言诺的人。戴，通载。载，负载，此处指履践。　[22] 思利寻焉：是说注重考虑私利。寻，重。　[23] 忘

此章论述君子必志强智达，言信行果。秉承"以身载行"之教，"心辩而不繁说，多力而不伐功"，时刻不忘树立名节，造福社会。

名忽焉：是说忘记树立名节，怠忽以处之。忽，怠忽，轻忽。

［点评］

本篇论述士应增强自身修养，成为"贫则见廉，富则见义，生则见爱，死则见哀"的君子，而君子又必以"行为本"，"以身载行"。向把"藏于心者无以竭爱，动于身者无以竭恭，出于口者无以竭驯"作为崇高理想，并"畅之四支，接之肌肤，华发隳颠，而犹弗舍"的圣人看齐。显见，"富则见义，生则见爱"和"藏于心者无以竭爱，动于身者无以竭恭"，透射出"兼爱"思想的光芒。

第三篇　所　染

1. 子墨子言^[1]，见染丝者而叹曰：染于苍则苍^[2]，染于黄则黄，所入者变^[3]，其色亦变，五入必^[4]，而已为五色矣^[5]。故染不可不慎也。

本章以染丝为喻，论述人事易受熏染之事不可不慎。

[注释]

[1] 子墨子：老师墨先生。前"子"，表其为师。后"子"，有德男子的美称。本章首称"子墨子曰"，知《所染》为墨子弟子或后学的记述。下同。　[2] 苍：青色。　[3]"所入者变"以下两句：所投入的染料改变，丝的颜色随之改变。　[4] 五入必：是说五次分别投入异色染料已毕。必，通毕。　[5] 而已为五色矣：原作"而已则为五色矣"，《吕氏春秋·当染》无"则"字，应以《吕氏春秋》为是。

2. 非独染丝然也，国亦有染^[1]。舜染于许由、

第三篇　所　染

1. 子墨子言[1]，见染丝者而叹曰：染于苍则苍[2]，染于黄则黄，所入者变[3]，其色亦变，五入必[4]，而已为五色矣[5]。故染不可不慎也。

本章以染丝为喻，论述人事易受熏染之事不可不慎。

[注释]

[1] 子墨子：老师墨先生。前"子"，表其为师。后"子"，有德男子的美称。本章首称"子墨子曰"，知《所染》为墨子弟子或后学的记述。下同。　[2] 苍：青色。　[3]"所入者变"以下两句：所投入的染料改变，丝的颜色随之改变。　[4] 五入必：是说五次分别投入异色染料已毕。必，通毕。　[5] 而已为五色矣：原作"而已则为五色矣"，《吕氏春秋·当染》无"则"字，应以《吕氏春秋》为是。

2. 非独染丝然也，国亦有染[1]。舜染于许由、

伯阳[2]，禹染于皋陶、伯益[3]，汤染于伊尹、仲虺[4]，武王染于太公、周公[5]。此四王者所染当，故王天下，立为天子，功名蔽天地。举天下之仁义显人，必称此四王者。夏桀染于干辛、推哆[6]，殷纣染于崇侯、恶来[7]，厉王染于厉公长父、荣夷终[8]，幽王染于傅公夷、蔡公毅[9]。此四王者所染不当，故国残身死，为天下僇[10]。举天下不义辱人，必称此四王者。齐桓染于管仲、鲍叔[11]，晋文染于舅犯、高偃[12]，楚庄染于孙叔、沈尹[13]，吴阖闾染于伍员、文义[14]，越句践染于范蠡、大夫种[15]。此五君者所染当，故霸诸侯，功名传于后世。范吉射染于长柳朔、王胜[16]，中行寅染于籍秦、高彊[17]，吴夫差染于王孙雒、太宰嚭[18]，智伯摇染于智国、张武[19]，中山尚染于魏义、偃长[20]，宋康染于唐鞅、佃不礼[21]。此六君者所染不当，故国家残亡，身为刑戮，宗庙破灭，绝无后类，君臣离散，民人流亡。举天下之贪暴苛扰者[22]，必称此六君也。凡君之所以安者，何也？以其行理也。行理性于染当[23]。故善为君者，劳于论人[24]，而佚于治官[25]。不能为君者，伤形费神，愁心劳意，然国逾危[26]，身逾辱。此六君者，非不重其国、爱其身也，以不知要故也[27]。不知要者，所染不当也。

[注释]

[1]国亦有染：是说国君也有受熏染的问题。国，国家，此处指国君。染，染色，此处指熏染、影响。　[2]舜：传说中远古帝王。姚姓，一作妫（guī）姓，号有虞氏，名重华，史称虞舜。由四岳共推，帝尧命其摄政。尧死，继帝位。用贤人，理民事，天下大治。死于苍梧之野。在位三十九年。许由：一作许繇。相传为尧时隐士，阳城（今河南登封东南）人。尧欲让帝位与之，不受。逃隐箕山，躬耕而食。后尧又欲召其为九州长，乃至颍水之滨洗耳，示免污己。伯阳：一作柏阳。舜时贤人，为舜的七友之一。　[3]禹：又称大禹、夏禹。夏代开国君王。姒姓，名文命。为鲧（gǔn）之子。鲧治水无功，舜杀之，命禹为司空继其任。禹亲历山川，疏洪水，别土地等级，制九州贡赋。舜选禹为继承人。舜死，立为天子，建夏朝，号夏后。年百岁，卒于会稽。皋陶（yáo）：一作咎繇。偃姓。舜命其为掌管刑法之官，以正直著称。禹继位，委之以政，被选为继承人。以早死，未得继位。伯益：一作伯翳。舜命其为虞，掌管草木鸟兽。又佐禹治水，以有功，赐姓嬴，为古代嬴姓诸侯之祖。禹选其为继承人，不受，让于禹子启而避居箕山之阳。　[4]汤：一作天乙、大乙、成汤。商代开国君王。子姓，名履，契的十四世后裔，主癸之子。任用伊尹执政，先后攻灭葛、豕韦、顾、昆吾等部族。夏桀无道，汤起兵伐而灭之，建都于亳（bó），在位三十年。伊尹：汤之大臣。尹，官名。名伊，一名挚。原为有莘氏陪嫁的媵（yìng）臣，得汤之用，尊为阿衡

本章列举王、诸侯、卿、大夫正反之例，论述"所染当"与"所染不当"，实为国家存亡的关键所在。

（宰相），佐汤灭夏，综理国政。汤卒，历佐外丙、仲壬二君。仲壬死，太甲立，失汤法，废国政，伊尹放之于桐（今山西万荣西）。三年，太甲悔过，乃接归复位。伊尹死于沃丁之时。仲虺（huǐ）：一作仲䖒（古“虺”字），汤的左相，车正奚仲之后。汤既灭夏，归至于大坰，仲虺作诰，曰《仲虺之诰》，载于《尚书》。　[5]武王：即周武王，西周国君。姬姓，名发，文王次子。遵父灭商遗志，盟诸侯于孟津，兴师伐纣，于商郊牧野大获全胜，建立周王朝，都镐（hào）京（今陕西西安西南沣水东岸），分封诸侯。灭商后二年死，在位十九年。太公：即姜尚，一作吕尚。西周齐国开国君王。东海人，姜姓，名尚，字子牙，俗称姜太公。佐文王、武王，出计灭商，有大功。武王时尊为“师尚父”。封于齐，都营丘（今山东临淄北）。相传曾著兵书《六韬》。周公：一作周公旦。西周王族。姬姓，名旦。武王弟，采（cài）邑在周（今陕西岐山）。佐武王伐纣灭商。武王死，其子成王诵年幼，周公摄政。平管叔、蔡叔之变，定东夷之乱。封长子伯禽于鲁。成王长，还政于王。营建东都雒邑，制定礼乐制度，分封诸侯。及卒，成王赐鲁国天子之礼，以褒其德。　[6]夏桀：即夏王桀。详《亲士》3章注释[16]。干辛：一作千莘。桀的谀臣，惑乱天子，挟威以欺凌诸侯，以致亡国。推哆（chǐ）：一作推侈。桀的佞臣，可足走千里，手裂兕虎，指画杀人。　[7]殷纣：即商纣王。详《亲士》3章注释[16]。崇侯：名虎，有崇氏之君，为商纣的亲臣。纣暴虐，无罪而醢（hǎi，剁成肉酱）九侯，脯（fǔ，碎尸晾为干肉）鄂侯。西伯姬昌（后为周文王）闻而窃叹。虎知之，谗于纣，纣囚昌。后昌脱归，伐崇而筑丰邑。恶来，商末善走之士蜚廉之子。生而有勇力，与父俱以材力事纣。武王伐纣，并杀恶来。　[8]厉公长父：一作虢公长父。周厉王卿士，谀臣。厉王，即周厉王（？—前828），西周国君。姬姓，名胡。夷王子。贪狠好利，暴虐侈傲，国人谤之。使卫巫监谤，国人莫敢言，道路以目。后民众起事袭之，奔彘（今山西霍州市东北）。十四年后死于此。荣夷终：荣，国名；夷，谥名；终，人名。周厉王卿士，好专利，以诱王致邪僻。 [9]幽王：即周幽王（？—前771），西周国君。姬姓，名宫湦。宣王子。任虢石父为卿，行苛政。纳褒姒而宠之，废太子宜臼及申后，立伯服。申后之父申侯联犬戎攻王。犬戎破镐京，杀幽王，掳褒姒，西周遂亡。在位十一年。诸侯立宜臼，是为平王，东迁雒邑，史称东周。傅公夷：无考。就文义以推，盖幽王谀臣。蔡公榖：一作祭公敦，无考。就文义以推，盖亦幽王谀臣。 [10]僇：通戮。戮，杀，辱。 [11]齐桓：即齐桓公。详《亲士》2章注释[2]。管仲：即管敬仲（？—前645），齐国颍上（今安徽颍上南）人。名夷吾，字仲。与鲍叔牙友善。初事公子纠，奔鲁。齐襄公被杀，公子纠与公子小白（后为桓公）争位失败，经鲍叔牙力推，桓公不念前仇，命仲为卿，尊为"仲父"。仲执政期间，实行改革，整饬军队，选拔人才。又设盐铁官，煮盐制钱，国力大振。辅佐桓公以"尊王攘夷"相号召，"九合诸侯，一匡天下"，使桓公成为春秋第一霸主。卒谥敬。鲍叔：即鲍叔牙，春秋时齐国大夫，少与管仲相善。襄公时，为公子小白之傅。齐乱，随小白奔莒。及襄公死，纠与小白争夺君位。仲袭小白于归路之上，射而中其带钩，小白佯死，得先入国即位，为桓公。桓公欲任鲍叔为宰，鲍叔力推仲，桓公用仲为卿。 [12]晋文：指晋文公。详《亲士》2章注释[1]。舅犯：一作咎犯，即狐偃，字子犯，春秋时晋国大夫。狐突之子，晋文公之舅，故称舅犯。随从重耳在外流亡十九年。周襄王十六年（前636），助重耳回国即位，出任上军之佐。后文公平定周王室内乱，称霸诸侯，多由狐偃之谋。高偃：即郭偃，文公掌卜大夫，又称卜偃。 [13]楚庄：即楚庄王（？—前591），春秋时楚国国君。熊氏，名族，一作侣或吕。穆王子。即位后，重用孙叔敖，整顿内政，兴修水利。曾陈兵周郊，使人询问象征天子威权的九鼎的大小与重量，隐然有图周之意。后平定若敖氏叛乱，大败晋军于邲（今河南西南部唐河上游一带的别称），并陆续迫使郑、宋、陈等国归附，终至成为春秋五霸之一。在位二十三年，谥庄。孙叔：即孙叔敖，芇（wěi）氏，名敖，字叔敖。官楚令尹。邲之战，佐楚庄王，大胜晋军，政绩显赫。人称三为令尹而不喜，三罢之亦不忧。沈尹：即沈尹茎，楚沈县大夫，事庄王。邲之战，孙叔为令尹，沈尹将中军。庄王欲以为令尹，辞不受。　　[14]阖闾：一作阖庐（？—前496），春秋时吴国国君。名光。吴王诸樊子。吴王僚继其父馀眛即位为君，光不满，用武士专诸刺杀吴王僚，即位。起用楚亡臣伍员（yún）为行人、孙武为将军，国力日强。曾伐楚，大败之，攻入郢都。后与越勾践战，败于檇（zuì）李（今浙江嘉兴西南），伤重而死，在位十九年。伍员：即伍子胥（？—前484），名员，字子胥，春秋时楚国人。父奢、兄尚皆为楚平王所杀，亡于吴国，为大夫。助阖闾刺死吴王僚，夺王位，而官行人。佐吴王阖闾攻楚，五战五胜，入郢，掘平王墓，鞭尸三百。以功封于申，故又称申胥。吴王夫差时，败越，越求和，员力谏勿许，吴王不听。王攻齐，员又谏，又不听。后夫差听信伯嚭谗言，赐剑令自尽。后九年，越灭吴。文义：一作文之仪。吴国大夫。阖闾尊之为师。　　[15]句践：即越王勾践。详《亲士》2章注释[3]。范蠡（lǐ）：即陶朱公。春秋末楚国宛（今河南南阳）人，字少伯。与宛令文种为友，随种入越，为勾践谋臣。越为吴所败，文种守国，范蠡行成于吴。一内一外，救国图存，终至报仇而灭吴，擢上将军。后易名鸱夷子皮至齐，旋入宋，止于陶（今山东定陶西北），经商成巨富。卒于陶。大夫种：即文种，春秋末楚国郢人，字少禽，入越事勾践，为大夫。越为吴所败，

困守会稽，献计贿赂吴太宰嚭，得免亡国。君臣发愤图强，历
十数年，终于灭吴。后勾践听信谗言，赐剑令种自裁。 [16]范
吉射：即范昭子。春秋晋国人，范献子士鞅之子。曾为晋卿，后
在晋卿内讧中，为赵简子所败。及晋围柏人（今河北隆尧西），
范吉射奔齐。长柳朔：一作张柳朔，范吉射家臣。范氏另一家臣
王生（一作王胜）恶之，曾言诸昭子，使为柏人宰。王胜：一作
王生，亦范昭子家臣。 [17]中行寅：即中行文字，又称荀寅，
春秋晋国人，中行穆子之子。在晋卿内讧中，为赵简子所败。
及晋围柏人，逃至齐国。籍秦：晋大夫籍游之孙，籍谈之子，
中行寅家臣。晋人于潞（今山西潞城东北）败范、中行氏之师，
籍秦被擒。高彊：本为齐国子尾之子，奔晋，为中行寅家臣。
晋人于潞败范、中行氏之师，高彊亦被擒。 [18]夫差（？—
前473）：春秋末吴国国君。阖闾子。阖闾为越王勾践所伤而死，
夫差嗣立，誓报父仇。先曾大败越军，又从海上攻齐，不胜。
会诸侯于黄池（今河南封丘西南），与晋争霸。后越复元，大
举攻吴，吴败而夫差自杀，在位二十三年。王孙雒：夫差之臣。
太宰嚭（pǐ）（？—473）：春秋末楚国人，字子馀。楚大夫伯
州犁之孙。州犁被杀，嚭出奔吴。曾与伍员、孙武率吴军攻入
楚郢都，以功任太宰。吴败越，越使文种赂嚭，乃说夫差许越和，
又谗杀伍员。越败吴，嚭为越王所杀。 [19]智伯摇：一作荀瑶，
亦作知伯、智伯。知武子之玄孙，知宣子之子。春秋末、战国初
晋国人。曾与赵、韩、魏四分范、中行氏地为邑，又与韩魏联手
攻赵襄子，围晋阳而灌之。襄子夜使张孟谈与韩、魏通谋引水而
灌知伯军，杀之于高梁（今山西临汾东北），灭知氏。智国：即
知伯国。智伯摇的家臣。张武：即长武子，智伯摇的家臣。曾教
知伯围赵襄子于晋阳，并夺韩、魏之地。智伯国亡身死，武亦
被擒。 [20]中山尚：或即中山桓公。战国时中山国国君。魏

义：中山尚之臣。偃长：一作椻长，中山尚之臣。　[21]宋康：即宋康王，名偃，宋文公九世孙。攻其兄剔成，自立为王。贪酒好色，群臣谏者则射之，诸侯称之为"桀宋"。齐湣王与魏、楚伐宋，杀偃，宋亡。唐鞅：宋康王之相，后为康王所杀。佃不礼：一作田不礼，先仕宋，为宋康王所重。后又仕赵，赵主父使之相太子章。后为李兑所杀。　[22]苛扰：苛细烦忧。　[23]行理性于染当：是说行事合乎道理生于所受熏染正当。性，通生。《说文·人部》："人，天地之性最贵者也。"段玉裁注："性，古文以为生字。"《吕氏春秋·当染》正作"生"。　[24]论（lún）：选择。　[25]佚：同逸，逸乐，闲逸。　[26]逾：弥，愈。　[27]要：要道，要害。

3.非独国有染也，士亦有染。其友皆好仁义，淳谨畏令[1]，则家日益，身日安，名日荣，处官得其理矣[2]，则段干木、禽子、傅说之徒是也[3]。其友皆好矜奋[4]，创作比周[5]，则家日损，身日危，名日辱，处官失其理矣，则子西、易牙、竖刀之徒是也[6]。《诗》曰"必择所湛（堪），必谨所湛（堪）"者[7]，此之谓也。

[注释]

[1]淳谨畏令：是说淳厚谨慎，守法自律。　[2]处官得其理矣：是说为官施政合于正道。　[3]段干木：战国时魏国人。少贫，师事子夏，高尚而不仕。魏文侯欲见之，干木逾墙而避之。文侯过其庐，必凭轼示敬。秦兴兵欲攻魏，闻干木贤，乃不侵而还。禽

本章又论述"士"之"染"。意在告谕世人，交友事关身家盛衰、名声荣辱，也须谨慎从事。

子：即禽滑厘。后学尊之，以"子"相称。战国初人。初受业于子夏，后为墨子弟子。墨子止楚攻宋，命其率弟子三百人持守御之器，助守宋城。傅说：商武丁大臣。传曾为傅岩筑墙奴隶，武丁梦得圣人，名曰说，求于野，乃于傅岩得之，举以为相，国大治。 [4]矜奋：骄矜。矜，自伐，自大。奋，犹矜。 [5]创作比周：恣意造作与树党营私。创，造，犹作。比，密，犹周。 [6]子西：即公子申（？—前479），春秋时楚国人，楚平王庶子。曾与救楚秦军共破吴，使前已逃亡在随（今湖北随县）的楚昭王得归郢都，出任令尹，改革楚政。白公胜叛乱，子西被杀。易牙：春秋时齐国人，名巫。善烹饪，为齐桓公近臣。管仲谏桓公远易牙，不听。桓公将死，易牙与竖刁、开方乱齐。竖刀：一作竖刁，春秋时齐国人。自宫为宦者，官为寺人，得宠于桓公。桓公与管仲立公子昭为太子。管仲死，竖刁、易牙、开方等竟专权。桓公死，立公子无亏，太子昭奔亡，齐遂内乱。 [7]必择所堪（jiān），必谨所堪：即"必择所湛，必谨所湛"，是说必择其所熏染，必慎其所熏染。堪，读为湛，渍，染。此二句，今《诗经》所未载，当为逸诗。

[点评]

本篇以"染于苍则苍，染于黄则黄，所入者变，其色亦变"之喻，列举四明王（舜、禹、汤、武）之例，以"所染当"，故王天下；又举四暴王（桀、纣、厉、幽）之例，以"所染不当"，故国残身死。同样，诸侯、卿、大夫亦有染，列举"霸诸侯"五君（齐桓、晋文、楚庄、吴阖闾、越勾践）"与绝无后类"六君（范吉射、中行寅、吴夫差、知伯摇、中山尚、宋康）为正反之例。同样，

士亦有染，并举"得其理"三仁者（段干木、禽子、傅说）
与"失其理"三佞者（子西、易牙、竖刀）为正反之例，
反复申说"染不可不慎"之理。

　　《吕氏春秋·当染》所记与《墨子·所染》大致相同，
吕氏转引《墨子》之迹十分明显。惟篇末"非独国有染也"
以下有异。吕氏记孔子、墨子"二士"的学术渊源与统绪，
亦及于段干木、禽滑釐，并以"孔墨之后学显荣于天下
者众矣，不可胜数，皆所染者得当也"，回照"当染"之
题。后世著述转引《墨子》最多者，《所染》《公输》而已。

第四篇　七　患

1. 子墨子曰：国有七患。七患者何？城郭沟池不可守[1]，而治宫室，一患也；边国至境[2]，四邻莫救，二患也；先尽民力无用之功[3]，赏赐无能之人，民力尽于无用，财宝虚于待客，三患也；仕者持禄[4]，游者爱佼，君脩法讨臣[5]，臣慑而不敢拂[6]，四患也；君自以为圣智而不问事，自以为安彊而无守备[7]，四邻谋之不知戒，五患也；所信者不忠，所忠者不信，六患也；畜种菽粟不足以食之[8]，大臣不足以事之[9]，赏赐不能喜，诛罚不能威[10]，七患也。以七患居国[11]，必无社稷[12]；以七患守城，敌至国倾。七患之

"先尽民力无用之功"与"民力尽于无用"，同为第三患而其意有重，第六患的"所信者不忠"与第七患的"大臣不足以使之"、第三患的"赏赐无能之人"与第七患的"赏赐不能喜"意亦有重。盖墨门弟子所记不同而后辑为一帙，致有纠缭驳杂现象出现。

本章指出治理国家可能遇到的七种祸患。

所当[13]，国必有殃。

[注释]

[1]沟池：隍池，护城河。 [2]边国：边邑，九州之外。国与邑，名可互称。析言之则国大邑小。 [3]先尽民力无用之功：即"先尽民力于无用之功"，省介词"于"。下文"民力尽于无用"，可证。这句是说，先自将民力耗尽于无用之举。 [4]"仕者持禄"以下两句：为官者唯图守禄，游谈者徒爱交友，皆只为自己打算而不顾国家利益。持禄，守住俸禄。持，保，守。禄，俸禄。佼，通交。交，交友。 [5]讨：诛讨，责罪。 [6]臣慑而不敢拂：是说臣子恐惧而又不敢违逆。慑，慑服，恐惧。拂，违戾，悖逆。 [7]彊：通强。 [8]畜种菽粟：是说蓄积种植豆与谷。畜，即《杂守》"令民家有三年畜蔬食"之"畜"，又作"蓄"。积，聚。菽，豆。粟，谷食，此处泛指粮食。 [9]事：通使。古文事、使一字。使，使役。 [10]威：通畏。威、畏古字并通。 [11]居国：积蓄于国。居，积。《大戴礼记·虞戴德》："居大则治。"王聘珍解诂："居，蓄也，积也。" [12]社稷：土神与谷神，也作国家的代称。社，土神。稷，谷神。 [13]"七患之所当"以下两句：遭逢七患，国必罹殃。当，值，遭。

2. 凡五谷者[1]，民之所仰也[2]，君之所以为养也[3]。故民无仰则君无养，民无食则不可事[4]。故食不可不务也[5]，地不可不力也[6]，用不可不节也[7]。五谷尽收，则五味尽御于主[8]；不尽收，则不尽御。一谷不收谓之馑[9]，二谷不收谓之旱，三谷不收谓之凶，四谷不收谓之馈^[10]，五谷不收谓之饥。岁馑，则仕者大夫以下皆损禄五分之一。旱，则损五分之二；凶，则损五分之三；馈，则损五分之四；饥，则尽无禄，禀食而已矣^[11]。故凶饥存乎国，人君彻鼎食五分之三（五）^[12]，大夫彻县^[13]，士不入学^[14]，君朝之衣不革制^[15]，诸侯之客、四邻之使，雍食而不盛^[16]，彻骖騑^[17]，塗不芸^[18]，马不食粟，婢妾不衣帛，此告不足之至也^[19]。

此章论述五谷关系国计民生，如逢凶饥之岁，朝野上下皆须节省用度，以过难关。

[注释]

[1]五谷（穀）：指黍、稷、麻、麦、菽，或指稻、黍、稷、麦、菽。此处泛指粮食。 [2]仰：恃，望，仰赖。 [3]养：供养，奉养。 [4]事：通使。详1章注释[9]。 [5]务：趋，专力。 [6]力：用力，勤勉。 [7]节：节约，节俭。 [8]五味尽御于主：是说诸般美味都能进献给君主享用。五味，酸、咸、辛、苦、甘，此处泛指诸般美味。御，进，进献。 [9]馑（jǐn）：谷（穀）蔬不熟。古时，谷不熟曰饑，蔬不熟曰馑。谷不熟，必饥饿，故饑又通饥。今时通以饥代饑。而馑又通指谷蔬不熟。 [10]馈：通匮。匮，空乏。 [11]禀食：即廩食（禀、廩古今字），亦称稍食，赐谷，供给。 [12]彻鼎食五分之三："三"原作"五"。从孙诒让校改。这句是说，人君撤去食物三鼎，唯食两鼎。彻（徹），通撤。下文"彻县""彻"字同。鼎食，食物盛之于鼎。 [13]彻县：即撤悬，指撤去乐器钟磬之属。县，通悬。悬，悬挂，此处

指悬挂于簨虡（sǔn jù，架木）上的钟磬。　[14]学：学宫，学校。　[15]君朝之衣不革制：是说天子、诸侯入朝礼服（天子皮弁服，诸侯冠弁服）不更制作。革，更，改。　[16]雍：通饔。饔，熟食。　[17]骖騑（cān fēi）：驷马之车在旁的二马。古人车驾四马，夹辕二马，谓之服。其外二马，谓之骖。騑，义同骖。　[18]塗不芸：道路不除草（不修治）。塗，同涂。涂、塗古今字。芸，即《论语·微子》"植其杖而芸"之"芸"，通耘。耘，除草。　[19]此告不足之至也：是说凡此都是告知官吏百姓，国家谷物匮乏已达极点。

本章论述"财不足则反之时，食不足则反之用"之理，强调必须固本节用，方可抵御旱水灾害，避免冻饿祸患。

"其生财密，其用之节"两句，道出墨家"节用"包括开源和节流两个方面，而非只是注重俭用之一偏。

3. 今有负其子而汲者[1]，队其子于井中[2]，其母必从而道之[3]。今岁凶、民饥、道饿，此疚重于队其子[4]，其可无察邪？故时年岁善，则民仁且良；时年岁凶，则民吝且恶[5]。夫民何常此之有[6]？为者寡（疾）[7]，食者众，则岁无丰。故曰："财不足则反之时[8]，食不足则反之用。"故先民以时生财，固本而用财[9]，则财足。故虽上世之圣王，岂能使五谷常收，而旱水不至哉？然而无冻饿之民者，何也？其力时急[10]，而自养俭也。故《夏书》曰"禹七年水"，《殷书》曰"汤五年旱"，此其离凶饿甚矣[11]。然而民不冻饿者，何也？其生财密[12]，其用之节也。

[注释]

[1]负：背，背负。汲，汲水，取水于井。 [2]队（隊）：即坠。队、坠古今字。"坠"，墮，坠落。下文"此疚重于队其子"，"队"字同。 [3]其母必从而道之：是说他的母亲必定设法引导他，从而将他救出。道，通导。导，引导。 [4]此疚重于队其子：原作"重其子此疚于队"。从王引之校改。这句是说，这些苦难（岁凶、民饥、道饿）重于汲母坠子于井的伤痛。疚，病，伤，痛苦。 [5]吝：吝啬，贪吝。 [6]何常此之有：是说为什么常常会有这类情况呢？此之有，即"有此"，古代汉语宾语前置又加代词"之"加以复指的用例。 [7]为者寡：原作"为者疾"。从俞樾校改。陆稳本、唐尧臣本正作"为者寡"。《贵义》"食者众而耕者寡"，与此处"为者寡，食者众"义同。 [8]财不足则反之时：是说财用匮乏则应反思农作是否违天时（以致不得足收）。时，天时，时节，得时。 [9]本：指农事，农桑。古时经济运转恒以农桑为本，而工商为末。 [10]力时急：是说专力把握农时而抓紧劳作。 [11]此其离凶饿甚矣：是说这表示他们遭受凶荒饥饿十分严重。离，罹，遭。下文"故国离寇敌则伤"，"离"字同。 [12]"其生财密"以下两句：因为他们开辟财源很密集，而消费又很节俭。

4.故仓无备粟，不可以待凶饥[1]。库无备兵[2]，虽有义不能征无义。城郭不备全，不可以自守。心无备虑，不可以应卒[3]。是若庆忌无去之心[4]，不能轻出。夫桀无待汤之备，故放[5]；纣无待武之备，故杀。桀纣贵为天子，富有天下，然而皆灭亡于百里之君者^[6]，何也？有富贵而不为备也。故备者国之重也：食者国之宝也，兵者国之爪也^[7]，城者所以自守也。此三者国之具也。故曰以其极赏以赐无功^[8]，虚其府库以备车马衣裘奇怪^[9]，苦其役徒以治宫室观乐^[10]，死又厚为棺椁^[11]，多为衣裘，生时治台榭，死又脩坟墓，故民苦于外，府库单于内^[12]，上不厌其乐，下不堪其苦。故国离寇敌则伤^[13]，民见凶饥则亡，此皆备不具之罪也。且夫食者，圣人之所宝也。故《周书》曰："国无三年之食者，国非其国也；家无三年之食者，子非其子也。"此之谓国备。

本章论述"国"之"备"，即所谓"仓备粟""库备兵"和"城郭备全"，而"仓备粟"尤为重要。

[注释]

[1]不可以待凶饥：是说不能备御凶荒饥饿。待，备，御，应对。　[2]兵：兵械，武器。　[3]卒：通猝。卒、猝古今字。猝，仓猝。　[4]"是若庆忌无去之心"以下两句：这正像吴王僚之子庆忌没有去除杀手要离的心志，不能轻易离开吴国而至卫国（终至为要离所杀）。庆忌，吴王僚之子，以勇闻。公子光使专诸刺杀王僚，庆忌侍卫。公子光忧之，乃使刺客要离将其杀死。去，除，去除。　[5]放：放逐，流放。　[6]百里：指方圆仅有百里的小国。　[7]爪：爪牙，利器。　[8]极赏：至重的赏赐。极，至，尽。　[9]奇怪：指奇珍异宝。　[10]观乐：指乐舞游乐场所。　[11]椁：或作椁，外棺。古人厚葬时，定例为内棺而外

椁。 [12]单：通殚。殚，竭，尽。 [13]故国离寇敌则伤：是说国家一旦遭受敌寇入侵，必然造成巨大伤痛。

[点评]

此篇首先论列国之"七患"，就中强调"民无食则不可使"，国君必须"力时急""自养俭"，方可使"民不冻饿"，寓"节用"主张于其中。其次提出防患措施，即"仓备粟""库备兵""城郭备全"和"心备虑"，并举桀、纣"无备"而失国之例，从反面凸显"备"之不可轻忽。

墨子"国备"的战略思想与孔子"足食足兵"（见《论语·颜渊》）主张有共通之处。但他辟篇专论，又寓"节用"理念于其中，更能服人。这从后人对"国备"与"节用"的高度认同，便可看得出来。明太祖朱元璋采纳朱升"高筑墙、广积粮、缓称王"的建议，20世纪60年代，毛泽东提出"备战、备荒、为人民"的战略方针，应认为是这方面的两个例证。

此外，此篇也多见排比句式，显得语势奋强，说理透辟。

第五篇　尚贤上

1.子墨子言曰：今者王公大人为政于国家者[1]，皆欲国家之富、人民之众、刑政之治[2]。然而不得富而得贫，不得众而得寡，不得治而得乱，则是本失其所欲[3]，得其所恶[4]，是其故何也[5]？

本章提出问题：现今王公大人治理国家，都希望"国家富""人民众""刑政治"，但得到的却是国家贫、人民寡、刑政乱，其原因何在？为切入"尚贤"正题做好铺垫。

[注释]

[1]今者：现今，现在。大人：义与"王公"略同。或"王公大人"合用，或"大人"单用。其义或指天子，或指诸侯，或指卿大夫，或合天子、诸侯、卿大夫言之。王公大人为政于国家者，即"为政于国家之王公大人"，"为政于国家"为"王公大人"的后置定语，又加特殊代词"者"作为标志。　[2]刑政：刑法与政令，泛指政治。　[3]则是本失其所欲：是说那么这是原本就失去了他

们所希望得到的（指富、众、治）。是，犹此，指示代词。　[4]恶
（wù）：厌恶，憎恶。　[5]也：犹邪、耶。句末语气词。

2. 子墨子言曰：是在王公大人为政于国家
者，不能以尚贤事能为政也[1]。是故国有贤良之
士众，则国家之治厚[2]；贤良之士寡，则国家之
治薄[3]。故大人之务[4]，将在于众贤而已。

本章论述国家之治强与弱，关键在于王公大人能否做到尚贤使能。

[注释]

[1]不能以尚贤事能为政也：是说不能以尚贤使能而施政的
缘故。尚，崇尚。事，通使。古事、使一字。《尚贤中》："故古
者圣王甚尊尚贤而任使能。"正作"使"。使，使役。　[2]厚：
强。　[3]薄：弱。"贤良之士众，则国家之治厚（强）；贤良之士寡，
则国家之治薄（弱）"，相对而言。　[4]"故大人之务"以下两
句：所以王公大人的要务，就在使贤良之士增多罢了。将，乃，就。
用为副词。

3. 曰：然则众贤之术将奈何哉[1]？子墨子
言曰：譬若欲众其国之善射御之士者[2]，必将富
之贵之、敬之誉之[3]，然后国之善射御之士将可
得而众也[4]。况又有贤良之士厚乎德行、辩乎言
谈、博乎道术者乎[5]，此固国家之珍，而社稷之
佐也[6]。亦必且富之贵之、敬之誉之[7]，然后国

"必将富之贵之、敬之誉之"之"将"，与"亦必且富之贵之、敬之誉之"之"且"义同，一"将"一"且"，显词采之华懋。

本章设问而答，谓众贤之术在于使贤良之士"富""贵"，使他们受到"敬""誉"。

之良士亦将可得而众也。

［注释］

[1] 曰：然则众贤之术将奈何哉：《墨子间诂》以这一句为一章，今将其合于下章，共为第 3 章。将：当。用为副词。下文"必将富之贵之、敬之誉之"，"将"字同。奈：通奈。奈何，即奈何，义同如何。　[2] 御：御马，驾车。　[3] 富之：使之富。富，用为使动词。下文"贵""敬""誉"皆用为使动义。　[4] 将：乃，就。详 2 章注释 [4]。下文"亦将可得而众也"，"将"字同。　[5] 况又有贤良之士厚乎德行、辩乎言谈、博乎道术者乎：即"况又有厚乎德行、辩乎言谈、博乎道术之贤良之士乎"，"厚乎德行、辩乎言谈、博乎道术"为"贤良之士"的后置定语，又加特殊代词"者"作为标志。这句是说，况且又有德行敦厚、言谈雄辩、学识渊博的贤良之士呢？"乎"，犹于。用为介词。　[6] 社稷：土神与谷神，用为国家的代称。　[7] 且：犹将，当。

4.是故古者圣王之为政也，言曰："不义不富 [1]，不义不贵，不义不亲，不义不近。"是以国之富贵人闻之，皆退而谋曰 [2]："始我所恃者富贵也 [3]，今上举义不辟贫贱 [4]，然则我不可不为义。"亲者闻之，亦退而谋曰："始我所恃者亲也，今上举义不辟疏，然则我不可不为义。"近者闻之，亦退而谋曰："始我所恃者近也，今上举义不避远，然则我不可不为义。"远者闻之，亦退而谋曰："我始以远为无恃，今上举义不辟远，然则我不可不为义。"逮至远鄙郊外之臣、门庭庶子、国中之众、四鄙之萌人[5]，闻之皆竞为义，是其故何也？曰：上之所以使下者，一物也[6]；下之所以事上者，一术也[7]。譬之富者，有高墙深宫，墙立既[8]，谨止（上）为凿一门[9]。有盗人入，阖其自入而求之[10]，盗其无自出。是其故何也？则上得要也[11]。

本章论述"为义"乃臣下事奉君上的一"术"，且以高墙深宫仅凿一门相比譬。

［注释］

[1]不义不富：是说不义者不使之富，即非"厚乎德行、辩乎言谈、博乎道术"的贤良之士不使之富。富，使之富。下文"不义不贵""不义不亲""不义不近"同其句法。　[2]退而谋：回来计议。退，退归，回来，在下面。谋，谋议，计议。　[3]恃：仰仗，依恃。　[4]辟：通避。避，避开，排除。　[5]逮至远鄙郊外之臣、门庭庶子、国中之众、四鄙之萌人：是说及至边邑周郊臣僚、宫闱门庭宿卫、都中黎民、四方边远地区匹夫匹妇。逮，及。鄙，边，边邑。郊，郭外周郊。门庭庶子，路寝（天子、诸侯所居）内外朝门庭之间的宿卫子弟（宿卫子弟，已命者谓之士，未命者谓之庶子）。国，邦，都。萌，通氓，亦作甿，即民。　[6]物：事。一物，指"尚贤"之物，即"尚贤"之事。　[7]术（術）：道路，方法。一术，指"为义之路（法）"。　[8]既：毕，已，尽。　[9]谨：通仅（僅）。止，原作"上"。从孙诒让校改。　[10]阖其自入而求之：是说关闭他所从进入的这道门，然后搜寻他。阖，

关闭。　[11]要：要道，要害。

5.故古者圣王之为政，列德而尚贤[1]，虽在农与工肆之人[2]，有能则举之，高予之爵[3]，重予之禄，任之以事，断予之令[4]，曰："爵位不高则民弗敬，蓄禄不厚则民不信，政令不断则民不畏。"举三者授之贤者，非为贤赐也，欲其事之成。故当是时，以德就列[5]，以官服事[6]，以劳殿赏[7]，量功而分禄。故官无常贵，而民无终贱，有能则举之，无能则下之，举公义，辟私怨[8]，此若言之谓也[9]。故古者尧举舜于服泽之阳[10]，授之政，天下平；禹举益于阴方之中[11]，授之政，九州成[12]；汤举伊尹于庖厨之中[13]，授之政，其谋得[14]；文王举闳夭、泰颠于罝罔之中[15]，授之政，西土服[16]。故当是时，虽在于厚禄尊位之臣，莫不敬惧而施[17]，虽在农与工肆之人，莫不竞劝而尚德（意）[18]。故士者[19]，所以为辅相承嗣也。故得士则谋不困，体不劳，名立而功成，美章而恶不生[20]，则由得士也。

本章以"尧举舜于服泽之阳""禹举益于阴方之中""汤举伊尹于庖厨之中""文王举闳夭、泰颠于罝罔之中"四例，论述古者圣王"列德而尚贤""虽在农与工肆之人，有能则举之"，乃"为政"的要道。

[注释]

[1] 列德：排列道德高下的次序。列，排列，序次。　[2] 农与工肆之人：指农夫、百工与商人。肆，工场，店铺。　[3] 予：或作"与"，给予，授予。　[4] 断予之令：是说使之得有出令决断的权力。断，决，决断。　[5] 就列：登上官位。就，上，从。列，次列，官位。　[6] 服：服务，从事。　[7] 以劳殿赏：是说按功劳大小定其奖赏。殿，奠，镇，定。　[8] 辟：通避。避，避开，排除。　[9] 此若：义同"此"。同义复词。若，犹"此"。　[10] 尧举舜于服泽之阳：是说唐尧把虞舜从服泽（或即蒲泽，今山西运城一带）以北推举出来。阳，指北。古时称山南水北曰阳，山北水南曰阴。　[11] 禹举益于阴方之中：是说夏禹把伯益从阴方之中推举出来。阴方，地名，未详其地。益，即伯益，舜的虞官。详《所染》2 章注释 [3]。　[12] 九州成：是说中国得以安定。九州，古代中国设置的九个行政区域。有三种说法：其一《尚书·禹贡》"九州"为冀、兖、青、徐、扬、荆、豫、梁、雍；其二，《尔雅·释地》"九州"无青、梁，有幽、营；其三，《周礼·夏官·职方氏》"九州"无徐、梁，有幽、并。后"九州"泛指中国。"九州"亦称"九有"。成，定，平定，统一。　[13] 汤举伊尹于庖厨之中：是说商汤把伊尹从庖厨之中推举出来。伊尹，汤大臣。详《所染》2 章注释 [4]。庖厨，同义复词，庖义同"厨"，厨房。此处指厨役。　[14] 其谋得：是说商汤覆灭夏桀的计谋付诸实施并得以实现。　[15] 文王举闳（hóng）夭、泰颠于罝（jū）罔之中：是说周文王把闳夭、泰颠从猎户内推举出来。"文王"，即周文王，周族领袖。姬姓，名昌。古公亶父孙。商纣时为西伯，为崇侯虎所谗，囚于羑（yǒu）里。周臣闳夭、泰颠、散宜生等献美女名马于纣，得释。后攻灭黎、邘、崇等国。自周原迁都于丰。招贤纳士，得东海姜尚等。在位五十年。闳夭，文王贤臣，为辅佐武王

治理天下的十臣之一。泰颠，或作太颠，文王贤臣，为文王四友之一。后随武王灭商建周。罝罔，即"罝（罝）网"，同义复词，捕兽具。罝，网。罔，同网。　[16]西土服：西方诸小国都归服于周。西土，指周族定居处及其四周之地，今陕西岐山一带。服，归服，臣服。　[17]施：善。　[18]德（悳）：原作"意"。从孙诒让校改。　[19]"故士者"以下二句：是说贤士是作为辅佐君王的大臣和君王继承者的人选。辅相，同义复词，辅佐君王的大臣。承嗣，亦同义复词，承继，嗣位。　[20]美章而恶不生：是说美善彰显而恶丑止息。章，通彰。彰，显，表彰。

6. 是故子墨子言曰：得意贤士不可不举，不得意贤士不可不举，尚欲祖述尧、舜、禹、汤之道[1]，将不可以不尚贤[2]。夫尚贤者，政之本也。

本章总括全篇要义："夫尚贤者，政之本也。"

［注释］

[1]尚欲祖述尧、舜、禹、汤之道：是说如果想上宗唐尧、虞舜、夏禹、商汤治国理政之道。尚，同上。《尚贤下》"上欲中圣王之道"，正作"上"。祖述，远追，上承。　[2]将：乃，就。

［点评］

尚贤，崇尚贤士，即以贤士为上。墨子论其"十大主张"，尚贤当其首，足见其分量之重。《墨子》书《尚贤》共三篇，论述有共同之处，然又各有侧重，此篇乃墨子尚贤思想的总纲。首先论述贤良之士"厚乎德行、辩乎言谈、博乎道术"，为"国家之珍""社稷之佐"。其次论述古代圣王"列德而尚贤，虽在农与工肆之人，有能则举之，高予之爵，重予之禄，任之以事，断予之令"，并列举唐尧举虞舜，夏禹举伯益，商汤举伊尹，周文举闳夭、泰颠，天下皆得治四例以为证。最后抽绎出"尚贤者，政之本也"的主题思想。

此篇说"贤良之士""固国家之珍，而社稷之佐"，《亲士》说，"归国宝，不若献贤而进士"，可谓后前呼应之辞。古代圣王都认识到贤士的重要，并将任贤使能用于其治国理政的实践中去。至墨子才将"尚贤"问题放在理论层面，专加论述，提出"尚贤者，政之本也"的主张，从而鲜明地表达反对"任人唯亲"、提倡"任人唯贤"的态度，在用人路线方面，为后世树立了可资借鉴的规矩。即使在现代，我们的干部任用，依旧遵循"任人唯贤"这一正确路线。应该说，这一路线的贯彻执行，从根本上保证了我们国家政治生态的相对纯净性。

《尚贤》与其下《尚同》《兼爱》《非攻》《节用》《节葬》《天志》《明鬼》《非乐》《非命》诸篇，学界历来称作"十论"或"十大主张"，畅论墨子治国养民之道。原各有上、中、下三篇，文字或有出入，然大旨不殊。总计三十篇，后阙佚，存二十四篇。它们当即墨子上说下教的论说，而由其门弟子分别记述下来。《鲁问》："子墨子游，魏越曰：'既得见四方之君，子则将先语——？'子墨子曰：'凡入国，必择务而从事焉。国家昏乱，则语之尚贤、尚同；国家贫，则语之节用、节葬；国家憙音湛湎，则语之非乐、非命；国家淫僻无礼，则语之尊天、事鬼；国家务夺侵凌，则语之兼爱、非攻。'"墨家社会政治与伦理思想悉数寓于其中。墨子殁,门弟子离而为三。俞樾说,三十篇疑为相里、相夫、邓陵氏分传之本,而后人辑为一帙,合乎情理。

第六篇　尚同上

1. 子墨子言曰：古者民始生未有刑政之时，盖其语"人异义"[1]。是以一人则一义，二人则二义，十人则十义。其人兹众[2]，其所谓义者亦兹众。是以人是其义，以非人之义[3]，故交相非也。是以内者父子兄弟作怨恶[4]，离散不能相和合[5]。天下之百姓皆以水火毒药相亏害[6]，至有馀力不能以相劳，腐朽馀财不以相分[7]，隐匿良道不以相教，天下之乱，若禽兽然[8]。

本章论述往古时代，未有刑法与政令，人们言各异义，交相非毁，"天下之乱，若禽兽然"。

[注释]

[1]盖其语"人异义"：是说他们所说的话，各有自己不同的看法和道理。盖，发语词，无实义。义，看法，道理。　[2]"其

人兹众”以下两句：人数愈是众多，他们的道理愈是众多。兹，通滋。滋，滋长，增多。　[3]“是以人是其义”以下三句：所以每个人都以为只有自己的道理正确，并用以非毁别人的道理，从而形成交相非毁的局面。　[4]作怨恶：开始怨恨嫌恶。作，始。　[5]和合：同义复词，和同，调和。和，犹合。　[6]亏（虧）：损，毁坏。　[7]歼：同朽。　[8]“天下之乱”以下两句：社会的乱象，如同禽兽世界那样。然，如此。

2.夫明虖天下之所以乱者[1]，生于无政长[2]。是故选择天下之贤可者[3]，立以为天子。天子立，以其力为未足，又选择天下之贤可者，置立之以为三公[4]。天子、三公既以立[5]，以天下为博大，远国异土之民、是非利害之辩[6]，不可一二而明知[7]，故画分万国，立诸侯国君。诸侯国君既已立，以其力为未足，又选择其国之贤可者，置立之以为正长。正长既已具，天子发政于天下之百姓，言曰：“闻善而不善[8]，皆以告其上，上之所是必皆是之，所非必皆非之。上有过则规谏之[9]，下有善则傍荐之[10]。上同而不下比者[11]，此上之所赏而下之所誉也。意若闻善而不善[12]，不以告其上，上之所是弗能是[13]，上之所非弗能非。上有过弗规谏，下有善弗傍荐。下比不能上同者，此上之所罚而百姓所毁也。"上以此为赏罚，甚明察以审信[14]。是故里长者[15]，里之仁人也。里长发政里之百姓[16]，言曰："闻善而不善，必以告其乡长。乡长之所是必皆是之，乡长之所非必皆非之。去若不善言[17]，学乡长之善言；去若不善行，学乡长之善行。"则乡何说以乱哉？察乡之所以治者[18]，何也？乡长唯能壹同乡之义[19]，是以乡治也。乡长者，乡之仁人也。乡长发政乡之百姓，言曰："闻善而不善者，必以告国君。国君之所是必皆是之，国君之所非必皆非之。去若不善言，学国君之善言；去若不善行，学国君之善行。"则国何说以乱哉？察国之所以治者，何也？国君唯能壹同国之义，是以国治也。国君者，国之仁人也。国君发政国之百姓，言曰："闻善而不善，必以告天子，天子之所是皆是之，天子之所非皆非之。去若不善言，学天子之善言；去若不善行，学天子之善行。"则天下何说以乱哉？察天下之所以治者，何也？天子唯能壹同天下之义，是以天下治也。

本章论述既"明虖天下之所以乱者，生于无政长"，则分别立天子、三公、诸侯国君及置乡长、里长等，下级必以上级的是非为是非，用以齐同全里、全乡、全国乃至全天下之义，则天下必治。

[注释]

[1] 虖：通乎。乎，通于。用为介词。　[2] 政长：即正长，行政长官。政，通正。正，长，君，治。　[3] 选择：原作"选"。从王念孙校补"择"字。贤可，贤良可用。"贤可"此篇三见，《非命上》一见，可知"贤可"为《墨子》常用语。　[4] 三公：指司马、司徒和司空。　[5] 以：同已。下文"诸侯国君既已立"，正作"已"。　[6] 辩：通辨。辨，辨别。　[7] "不可一二而明知"以下两句：不能一是一、二是二地了解清楚，所以将天下划分成为数众多的诸侯国。画分，即划分，画（畫），通划（劃）。　[8] 闻善而不善：是说无论听到善言与恶言。而，与，及。《经传释词》卷六："而犹与也、及也。"下文"闻善而不善"数出，"而"字皆同。　[9] 上有过则规谏之：是说上级言行有过则应对其进行规劝谏诤。谏，谏诤，直言以悟人。　[10] 傍荐：普遍推荐。傍，溥，遍。　[11] 上同而不下比者：是说对上保持同一步调，对下又不阿比成私的人。比，亲近，阿比。　[12] 意：通抑。用为选择或转折连词。　[13] 上之所是弗能是：是说上级所赞同的不能随之赞同。弗，犹不。用为否定副词，被"弗"所否定的动词谓语一般不带宾语。　[14] 甚明察以审信：是说极其明察而实可信从。以，犹而。《天志中》："撒遂万物以利之。"吴抄本"以"作"而"。审，详，实。　[15] 里长：一里之长。里，古代基层行政区划单位名称。春秋齐制五十家为里，二千家为乡。　[16] 里长发政里之百姓："里长发政于里之百姓"之省。上文"天子发政于天下之百姓"，可证。下文"乡长发政乡之百姓""国君发政国之百姓"，皆同。　[17] 去若不善言：是说去除你的不善之言。若，汝，尔，你。　[18] 所以治：原作"所治"。从孙诒让校补"以"字。　[19] 壹：同"一"。壹、一古今字。壹（一），齐一，同一。此篇用"壹"，而《尚同中》《尚同下》用"一"。

3. 天下之百姓皆上同于天子，而不上同于天，则菑犹未去也[1]。今若天飘风苦雨[2]，溱溱而至者，此天之所以罚百姓之不上同于天者也。

本章论述天下百姓不能只是上同于天子，必须上同于天，才可使天灾不至，长保安宁。

[注释]

[1] 菑：同灾（災）。　[2]"今若天飘风苦雨"以下两句：现在假若有暴风苦雨接连来到。飘风，暴风。飘，疾。溱（zhēn）溱，一作蓁蓁，众盛的样子。

4. 是故子墨子言曰：古者圣王为五刑[1]，请以治其民[2]。譬若丝缕之有纪[3]，罔罟之有纲[4]，所以连收天下之百姓不尚同其上者也[5]。

本章论述"古者圣王为五刑"，其目的在于使天下百姓就范于"尚同"的准则。

[注释]

[1] 为五刑：制定五刑。五刑，指墨、劓（yì）、刖（fèi）、宫和大辟。墨，黥（qíng）面。劓，割鼻。刖，刖（yuè）足。宫，去势。大辟，处死。　[2] 请：即《非乐上》"请将欲求兴天下之利"之"请"，通诚。诚，实，真。用为副词。　[3] 譬若丝缕之有纪：是说好比整理丝缕的头绪。纪，丝别，端绪，综理。　[4] 罔罟（gǔ）：同义复词，即"网罟"，网罗之义。罔，同网。罟，亦网。纲，网纮（hóng），张网大绳。　[5] 所以连收天下之百姓不尚同其上者也："所"后"以"字原脱。从俞樾校补。这句是说，是一并收束天下的百姓不尚同其上级的手段。连收，一并收束。

［点评］

"同"，壹（一）同。"尚同"，言语行为壹（一）同于其正长。自下而上，由百姓、里长、乡长、国君直至天子，上同而不下比。更进一步，又须上同于天。只有如此，天下可得而治。最后补说古者圣王制作五刑，作为"尚同"的法律保证。

由百姓，而里长，而乡长，而国君，直至天子，言语行为逐级上同，极有可能造成天子的恣意妄为，即所谓"独裁政治"。先秦其他学派也未尝没认识到这一点，但都缄口不语。唯墨子尖锐地指明此弊。应该说，墨子"尚同于天"的立论，从理论上堵塞了暴君独裁之路。虽然此论不免空疏，不免脱离实际，但在当时的社会情景中，墨子敢于提出这一十分敏感的问题，实在是难能可贵。

第七篇　兼爱上

1. 圣人以治天下为事者也[1]，必知乱之所自起[2]，焉能治之[3]；不知乱之所自起，则不能治。譬之如医之攻人之疾者然[4]，必知疾之所自起，焉能攻之；不知疾之所自起，则弗能攻[5]。治乱者何独不然？必知乱之所自起，焉能治之；不知乱之所自起，则弗能治。

此章论述"以治天下为事"的圣人治理乱局，必须首先知道"乱之所自起"，才能对症下药。

［注释］

[1] 圣人以治天下为事者也：是说圣人是以治理天下作为自己事业的人。　[2] 所自：由特殊代词"所"与介词"自"组成的名词性结构，一般附于动词之上，表示来由。自，由。　[3] 焉：乃，于是。　[4] 譬之如医之攻人之疾者然：是说好比医生给人治病那样。攻，治。然，如此。　[5] 弗：不。

2. 圣人以治天下为事者也，不可不察乱之所自起。当察乱何自起[1]？起不相爱。臣子之不孝君父[2]，所谓乱也。子自爱不爱父，故亏父而自利[3]；弟自爱不爱兄，故亏兄而自利；臣自爱不爱君，故亏君而自利，此所谓乱也。虽父之不慈子[4]，兄之不慈弟，君之不慈臣，此亦天下之所谓乱也。父自爱也不爱子，故亏子而自利；兄自爱也不爱弟，故亏弟而自利；君自爱也不爱臣，故亏臣而自利。是何也？皆起不相爱。虽至天下之为盗贼者亦然[5]，盗爱其室，不爱异室[6]，故窃异室以利其室；贼爱其身，不爱人身，故贼人身以利其身[7]。此何也？皆起不相爱。虽至大夫之相乱家、诸侯之相攻国者亦然。大夫各爱其家，不爱异家，故乱异家以利其家；诸侯各爱其国，不爱异国，故攻异国以利其国。天下之乱物具此而已矣[8]。察此何自起？皆起不相爱。

此章论述天下之乱事，皆起于不相爱。

[注释]

[1] 当（尝）：通尝（嘗）。尝，尝试。　[2] 孝：指事亲、事君和立身。《孝经·开宗明义章》"夫孝，始于事亲，中于事君，

终于立身。"可证。 [3]亏：损，毁坏。 [4]虽父之不慈子：是说假若父亲不慈爱孩子。虽，若，用为假设连词。慈，上爱下。 [5]虽至天下之为盗贼者亦然：是说即使推而至于天下做窃贼强盗的人也是这样。虽，虽然，即使。用为让步连词。盗贼，偷窃者与劫杀者。然，如此。 [6]不爱异室：原作"不爱其异室"。从王念孙校删"其"字。 [7]不爱人身，故贼人身以利其身：原两"人"字下脱"身"字。从俞樾校补。 [8]天下之乱物具此而已矣：是说天下的乱事尽于此而已。物，事。具，通俱。俱，皆，尽。

3. 若使天下兼相爱[1]，爱人若爱其身，犹有不孝者乎？视父兄与君若其身，恶施不孝[2]？犹有不慈者乎？视子弟与臣若其身[3]，恶施不慈？故不孝不慈亡有[4]。犹有盗贼乎？视人之室若其室[5]，谁窃？视人身若其身，谁贼？故盗贼亡有。犹有大夫之相乱家、诸侯之相攻国者乎？视人家若其家，谁乱？视人国若其国，谁攻？故大夫之相乱家、诸侯之相攻国者亡有。若使天下兼相爱，国与国不相攻，家与家不相乱，盗贼无有，君臣父子皆能孝慈，若此则天下治。故圣人以治天下为事者，恶得不禁恶而劝爱[6]？故天下兼相爱则治，交相恶则乱。故子墨子曰：不可此章论述如果"天下兼相爱，国与国不相攻，家与家不相乱，盗贼无有，君臣父子皆能孝慈"，则天下大治。

以不劝爱人者，此也。

[注释]

[1]兼相爱：是说无所遗漏地相互关爱。兼，并，无所遗漏。兼爱是墨家社会政治和伦理思想的核心和精髓。　[2]恶（wū）施：何所用。恶，如何，怎么。用为疑问副词。施，行，用。下文"恶施"同。　[3]子弟：原为"弟子"。今据上文"父兄与君"倒转。　[4]亡：无。　[5]视：此字上原有"故"字。从孙诒让校删。　[6]恶（wū）得不禁恶（wù）而劝爱：是说怎么能不禁止互相仇恨而劝勉互相关爱呢？上"恶"，如何。详注释[2]。下"恶"，厌恶，憎恶。劝，劝勉，鼓励。

[点评]

"兼爱"为墨子十大主张的中心与重心。《兼爱上》的论旨在于，墨子认定天下之乱起于"不相爱"，因而，欲变天下之乱为天下之治，必实行"兼相爱"而后可。作者首先论述"不相爱"表现为"子自爱不爱父，……弟自爱不爱兄，……臣自爱不爱君""父自爱也不爱子，……兄自爱也不爱弟，……君自爱也不爱臣"，再表现为"天下之为盗贼者""爱其室，不爱异室""爱其身，不爱人身"，又表现为"大夫各爱其家，不爱异家""诸侯各爱其国，不爱异国"。其次论述"若使天下兼相爱"，即"爱人若爱其身""视父兄与君若其身""视子弟与臣若其身""视人之室若其室""视人身若其身""视人家若其家""视人国若其国"，则"国与国不相攻，家与家不相乱，盗贼无有，君臣父子皆能孝慈"，于是，天下归于大治。

　　作为一种区别于儒家有差等的"仁爱"的思想主张，"兼爱"以其"无差等"的特质，可以说体现出人间的爱。于是招致儒家另一代表人物孟子的猛烈攻击，说什么"杨氏（按：指杨朱）为我，是无君也，墨氏兼爱，是无父也。无父无君，是禽兽也"（见《孟子·滕文公下》）。这从反面证明了墨子兼爱思想所蕴含的人类真正的平等精神。不可否认，"兼爱"说不失为具有前瞻意义的理论建树。当然，在阶级对立极其尖锐的社会条件下，真正意义上的"兼相爱"是不可能实现的。

第八篇　非攻中

本章论述治国理政的"王公大人"诚心希望刑法政令没有过失。

王念孙云："'过失'下有脱文。"并提示或可补"故当攻战而不可不非"九字。吴毓江径将下文"故当攻战而不可为也"九字移补于此。虽然二氏各有其理，但都未出证据。为慎重起见，暂作"过失"结句处理。

1．子墨子言曰：今（古）者王公大人为政于国家者[1]，情欲毁誉之审[2]，赏罚之当，刑政之不过失[3]。

[**注释**]

[1] 今者王公大人为政于国家者：即"今者为政于国家之王公大人"。"为政于国家"为"王公大人"的后置定语，又加特殊代词"者"作为标志。今，原作"古"。从王念孙校改。　[2] 情欲毁誉之审："誉"前"毁"字原脱。从王念孙校补。这句是说，真想做到非毁与称誉精当。情，通诚。诚，真，实。审，明，信。　[3] 刑政之不过失：是说刑法政令不出现过失。

2．是故子墨子曰：古者有语："谋而不得[1]，则以往知来[2]，以见知隐[3]。"谋若此，可得而知矣。今师徒唯毋兴起[4]，冬行恐寒，夏行恐暑，此不可以冬夏为者也。春则废民耕稼树艺[5]，秋则废民获敛[6]。今唯毋废一时[7]，则百姓饥寒冻馁而死者，不可胜数。今尝计军出（上）[8]，竹箭、羽旄、幄幕、甲盾、拨劫（劫）[9]，往而靡弊腑烂（冷）不反者[10]，不可胜数；又与其矛戟戈剑乘车[11]，其列往（住）碎折靡弊而不反者[12]，不可胜数；与其牛马肥而往、瘠而反[13]，往死亡而不反者，不可胜数；与其涂道之脩远[14]，粮食辍绝而不继[15]，百姓死者，不可胜数也；与其居处之不安，食饮（饭）之不时[16]，饥饱之不节，百姓之道疾病而死者，不可胜数。丧师多不可胜数[17]，丧师尽不可胜计[18]，则是鬼神之丧其主后[19]，亦不可胜数。

本章论述征战给国计民生带来的种种灾难。

[注释]

[1]谋：计谋，谋议。　[2]以往知来：是说由既往所经之事的成败利钝推知未来将历之事的大致样态。　[3]见（xiàn）：通现。现，出现，显示。　[4]今师徒唯毋兴起：是说现今师众起而出征。唯毋，语气词，无实义。下文"今唯毋废一时"，"唯毋"

同。　[5]耕稼树艺：指耕作种植。耕，耕田。稼，种。树，种，植。艺，种，殖。"稼""树""艺"，近义词。　[6]获敛：同义复词，收获，聚敛。孙诒让云："此下依上文，或当有'此不可以春秋为者也'句。"按：不加亦通。　[7]一时：一季，一个农时。　[8]出：原作"上"。从孙诒让校改。　[9]羽旄：指旗帜，古代旗竿上端饰有旄牛尾或兼饰有五色鸟羽。幄幕：同义复词，指帷幄、帷帐。拨：通伐。伐，大盾。釫（fǔ）：原作劫。从孙诒让校改。釫，刀柄。　[10]往而靡弊腑烂（冷）不反者：是说送往前线而损坏腐烂不能返回的兵器和其他军需品。靡，通糜，烂。弊，恶，败。腑，腐字异文（上下结构、左右结构通作）。冷，与"烂"音相近，当为"烂"，采毕沅说。反，通返。下文"不反""而反""反"字同。　[11]与其：原作"与"。从孙诒让校补"其"字。　[12]列：比列。往，原作"住"。从孙诒让校改。宝历本、縣眇阁本、《绎史》本正作"往"。　[13]瘠：瘦。　[14]涂：通途。途，路途，道路。脩，通修。修，长。　[15]辍：断，止。　[16]食饮：原作"食饭"。从孙诒让校改。《非攻下》正作"食饮不时"。　[17]丧师多不可胜数：是说阵亡士卒多至不可尽数。师，兵师，师众。　[18]丧师尽不可胜计：是说兵众丧失殆尽者也多至不可尽计。尽，穷，绝。　[19]鬼神之丧其主后（後）：指鬼神也因而丧失后世的祭主。主后，主其后祭者，后嗣主祭。

3.国家发政[1]，夺民之用，废民之利，若此甚众[2]，然而何为为之？曰："我贪伐胜之名，及得之利，故为之。"子墨子言曰：计其所自胜，无所可用也。计其所得，反不如所丧者之多。今攻三里之城、七里之郭[3]，攻此不用锐[4]，且无杀而徒得此然也？杀人多必数于万[5]，寡必数于千，然后三里之城、七里之郭且可得也[6]。今万乘之国[7]，虚城数于千[8]，不胜而入[9]；广衍数于万[10]，不胜而辟[11]。然则土地者，所有余也；士（王）民者[12]，所不足也。今尽士（王）民之死[13]，严下上之患[14]，以争虚城，则是弃所不足，而重所有余也。为政若此，非国之务者也[15]。

［注释］

[1]发政：推行国政。发，兴，举，行。　[2]若此甚众：竟然如此之多。众，多。　[3]郭：城郭，外城。　[4]"攻此不用锐"以下两句：岂有攻打内城周长三里、外城周长七里的城邑不必使用精锐部队，又无所杀戮而白白得到此城这样的事呢？锐，锐利，精锐。徒，空，但，白白。然，如此。也，犹邪。　[5]数于万：其数为万。于，犹为。下文"数于千""数于万"，"于"字皆同。　[6]且：将。　[7]万乘（shèng）之国：指拥有一万辆驷马之车（属大国军事装备之列）。乘，车乘，驷（四）马之车。　[8]虚城：原作"虚"。从孙诒让校补"城"字。虚，或作墟，小城邑，小国。　[9]入：通内，即纳，收纳。内、纳古今字。　[10]衍：土地高平而美。　[11]辟：同闢，开，开辟。　[12]士民：原作"王民"。从孙诒让校改。下文"王民"同。　[13]尽：悉，全。　[14]严下上之患：是说使全国上下的忧患更加严酷。严，畏惮，严酷。

本章论述攻战者为贪伐胜之名及所获之利，而发动攻城夺邑的战争，墨子从他们攻伐取胜并无可用之处、缴获的战利品反不如自己军械辎重丧失更多，以及弃所不足（士民）、争所有余（土地）三个方面，加以批驳。

此处义为"使……严酷"，形容词的使动用法。　[15]务：趋，专力。

4.饰攻战者言曰[1]：南则荆、越（吴）之王[2]，北则齐、晋之君，始封于天下之时，其土地之方[3]，未至有数百里也；人徒之众，未至有数十万人也。以攻战之故，土地之博至有数千里也；人徒之众至有数百万人。故当攻战而不可不为也[4]。子墨子言曰：虽四五国则得利焉，犹谓之非行道也。譬若医之药人之有病者然[5]。今有医于此，和合其祝药之于天下之有病者而药之[6]，万人食此，若医四五人得利焉，犹谓之非行药也[7]。故孝子不以食其亲[8]，忠臣不以食其君。古者封国于天下，尚者以耳之所闻[9]，近者以目之所见，以攻战亡者不可胜数。何以知其然也？东方有莒之国者[10]，其为国甚小，间于大国之间[11]，不敬事于大，大国亦弗之从而爱利。是以东者越人夹削其壤地，西者齐人兼而有之[12]。计莒之所以亡于齐、越之间者，以是攻战也。虽南者陈、蔡[13]，其所以亡于吴、越之间者，亦以攻战。虽北者且（柤）、不著何^[14]，其所以亡于燕、代、胡、貊之间者^[15]，亦以攻战也。是故子墨子言曰：今者王公大人^[16]，情欲得而恶失^[17]，欲安而恶危，故当攻战而不可不非。

［注释］

[1]饰攻战者：文饰攻战的人。饰，文饰。 [2]越：原作"吴"。从孙诒让校改。《节葬下》："诸侯力征，南有楚、越之王，而北有齐、晋之君。"正作"越"。 [3]方：方圆，周匝，范围。 [4]不可不为：原作"不可为"。从俞樾校改。 [5]药：医，治疗。 [6]和合其祝药之于天下之有病者而药之：是说调和兼济经由祷祝的众药品，用之于天下的有病者而医治之。和合，同义复词，齐合，调和，兼济每一味药的作用。祝，毕沅云："谓祝由。"按：祝由，祝说病由，不劳针石而已。元、明太医院分十三科，其中有"祝由"一科。今从毕说。"祝药"，经由祷咒的药品。 [7]犹谓之非行药也：是说还得把它称作并非通行的良药。此处"非行药"承上文"非行道"（并非通行的良道）而来。 [8]孝子不以食（sì）其亲：是说孝子不会以这种药给他的父母服用。食，通饮、饮、饲，给人吃。 [9]尚：同"上"。远，久远。 [10]莒（jǔ）：古国名。西周分封的诸侯国。己姓，一说曹姓。开国君主是兹舆期。建都计斤（一作介根，今山东青岛市黄岛区西南）。春秋初年迁于莒（今山东莒县）。有山东安丘、诸城、莒县、日照等县市间地。公元前431年为楚所灭。 [11]间于：间隔于，夹于。 [12]兼：兼并。 [13]陈：古国名。妫（guī）姓。开国君主胡公（名满），相传为舜的后代。周武王灭商后所封。建都宛丘（今河南淮阳）。

本章列举东方"莒""亡于齐、越之间"，南方陈、蔡"亡于吴、越之间"，北方"且、不著何""亡于燕、代、胡、貊之间"，而其原因皆为"攻战"的事例，指出"当攻战而不可不非"的主旨，从而驳斥"饰攻战者"所谓攻战使"土地之博至有数千里也；人徒之众至有数百万人"的谬论。

有今河南东部和安徽一部分。公元前 479 年为楚所灭。蔡：古国名。西周分封的诸侯国。开国君主是周武王弟叔度。因随同武庚叛乱，被周公放逐。后改封其子于此。建都上蔡（今河南上蔡西南）。春秋时，常受楚逼，多次迁移。平侯迁新蔡，昭侯迁州来（今安徽凤台），称下蔡。公元前 447 年为楚所灭。　[14] 且、不著何：原作"且不一著何"。从孙诒让校删"一"字。"且"，孙氏谓"疑柤之借字"。今从之。据《国语·晋语》，"柤"（且）作为北部少数民族部落为晋献公所灭，但具体地望未详。不著何，即不屠何，东北少数民族部落名。不屠何，即徒河县，汉置，三国魏废。在今辽宁凌海市西北。　[15] 燕、代、胡、貊（mò）：古代燕、代北方二国和胡、貊北方二民族。燕，本作匽、郾，西周分封的诸侯国。姬姓。开国君主是召公奭（shì）。地望在今河北北部和辽宁西端。建都蓟（今北京西南隅）。战国时成为七雄之一。又以武阳（今河北易县南）为下都。公元前 222 年为秦所灭。代，公元前 475 年，赵襄子攻占代地，将其封与侄赵同，称代成君。前 228 年，秦攻灭赵国，赵公子嘉出奔代，自立为代王。后六年，为秦所灭。地望在今河北蔚县东北。胡，古时对北方和西方各族的泛称。貊，同貉，古代居住于东北地区的民族。　[16] 今：原作"古"。详 1 章注释 [1]。　[17] 恶（wù）：厌恶，憎恶。下文"恶危""恶"字同。

5. 饰攻战者之言曰：彼不能收用彼众 [1]，是故亡。我能收用我众，以此攻战于天下，谁敢不宾服哉 [2]？子墨子言曰：子虽能收用子之众，子岂若古者吴阖闾哉 [3]？古者吴阖闾教七年，奉

甲执兵 [4]，奔三百里而舍焉 [5]，次注林 [6]，出于
冥隘之径 [7]，战于柏举 [8]，中楚国而朝宋与鲁 [9]。
及至夫差之身 [10]，北而攻齐，舍于汶上 [11]，战
于艾陵 [12]，大败齐人而葆之大山 [13]；东而攻越，
济三江五湖 [14]，而葆之会稽 [15]。九夷之国莫不
宾服 [16]。于是退不能赏孤 [17]，施舍群萌 [18]，自
恃其力，伐其功 [19]，誉其智，怠于教，遂筑姑
苏之台 [20]，七年不成。及若此 [21]，则吴有离
罢之心。越王句践视吴上下不相得 [22]，收其众
以复其雠 [23]，入北郭，徙大舟（内）[24]，围王
宫，而吴国以亡。昔者晋有六将军 [25]，而智伯
莫为强焉 [26]。计其土地之博，人徒之众，欲以
抗诸侯 [27]，以为英名。攻战之速，故差论其爪
牙之士 [28]，皆列其舟车之众 [29]，以攻中行氏而
有之 [30]。以其谋为既已足矣，又攻范氏而大败
之 [31]。并三家以为一家，而不止，又围赵襄子
于晋阳 [32]。及若此，则韩、魏亦相从而谋曰：“古
者有语：‘唇亡则齿寒。’[33] 赵氏朝亡，我夕从之；
赵氏夕亡，我朝从之。《诗》曰：‘鱼水不务 [34]，
陆将何及乎？’”是以三主之君一心戮力 [35]，

辟门除道[36]，奉甲兴士，韩、魏自外，赵氏自内，击智伯大败之。

本章列举吴王阖闾、夫差自视甚高却为越王勾践所败，和晋卿智伯自视甚高却为赵、韩、魏所败之例，驳斥"饰攻战者"所谓"我能收用我众，以此攻战于天下，谁敢不宾服哉"的谬论。

[注释]

[1] 收用：指收揽民心，利用士卒。　[2] 宾服：同义复词，归顺，臣服。宾，犹服。　[3] 阖闾：春秋时吴国国君。详《所染》2 章注释 [14]。　[4] 奉甲：披甲。奉，承，此处用为"披"义，"承"义的引申。　[5] 舍：止宿，休息。　[6] 次注林：驻扎于注林。次，兵舍止，驻扎。古时兵舍止一宿为舍，再（二）宿为信，过信为次。注林，地名。具体地望未详。　[7] 出于冥隘之径：是说取道渑阸的小路。冥隘，马王堆战国帛书作"冥厄"，或作"黾塞""黾隘"。典籍或作冥阨，即渑阸，九塞之一，在今河南信阳东南的平靖关。　[8] 柏举：地名，春秋楚地。其地望说法不一。一说为今湖北麻城东北柏子山与举山的合称。　[9] 中楚国而朝宋与鲁：朝宋与鲁，原作"朝宋与及鲁"。从苏时学校改。"及"字属下句。这句是说，（吴胜楚，俨然霸主），以楚为天下之中心而又使宋、鲁来朝。中，中心，中央。朝，使……来朝，动词使动用法。宋，古国名，子姓。开国君主是商纣庶兄微子启。西周初年，周公平定武庚的反叛后，将商旧都周围地区分封给微子，建都商丘（今河南商丘南）。有今河南东部和山东、江苏、安徽间地。春秋时宋襄公一度成为五霸之一。此后，国势衰弱。公元前 286 年为齐所灭。鲁，古国名，姬姓。西周分封的诸侯国。开国君主是周公旦之子伯禽，在今山东西南部，建都曲阜（今山东曲阜）。春秋时国势衰弱。春秋后期，公室为季孙氏、孟孙氏和叔孙氏三家所分。战国时成为小国。公元前 256 年为楚所灭。　[10] 及至夫差之身：是说到夫差亲为吴王之时。身，亲，

此处指亲为吴王。 [11]汶上：地名，在今山东西南部，大汶河流贯其中。 [12]艾陵：古地名。春秋齐邑，在今山东莱芜东北。一说在今山东泰安东南。 [13]葆之大山："葆之于大山"之省，是说保守于泰山。葆，通保。大山，即大山，亦即泰山。 [14]济三江五湖：是说渡过三江（松江、钱塘江和浦阳江）和太湖。济，渡。五湖，说法很多，一说为太湖。 [15]会稽：山名，即会稽山。在今浙江中部绍兴、嵊（shèng）县、诸暨、东阳间。 [16]九夷之国莫不宾服：是说九夷诸国没有哪一个不臣服的。九夷，古时九种东方之夷，即畎夷、于夷、方夷、黄夷、白夷、赤夷、玄夷、风夷和阳夷。莫，没有谁，没有什么。用为否定性无定代词。 [17]赏孤：指抚恤阵亡者的后代。孤，孤子，死于国事者之子。 [18]施舍群萌：即"施舍群氓"，是说对民众布恩施物。萌，通氓、甿，即民。 [19]伐：自伐，夸耀。 [20]姑苏之台：台名，在姑苏山（姑苏，苏州市别称，因西南有姑苏山而得名）上，又称胥台。 [21]"及若此"以下两句：到了如此程度，于是吴人有了离散疲困之心。罢，通疲。 [22]越王句践视吴上下不相得：是说越王勾践看到吴国君臣上下不相容纳。不相得，不相投合，不相容纳。得，相亲悦。 [23]雠：通仇。 [24]徙大舟：原作"徙大内"。从王念孙校改"内"为"舟"。这句是说，移徙大舟。 [25]六将军：六卿为将者。春秋时称军将为将军。六将军，指韩康子、赵襄子、魏桓子、范吉射、中行文子和智伯。 [26]智伯莫为强：即"智伯莫与强"，是说智伯是没有谁可以与之争强的人物。智伯，即智伯瑶，晋六卿之一智氏的首领。莫，没有谁。为，犹与。 [27]欲以抗诸侯：是说想用以抗拒诸侯。抗，扞，拒。 [28]差论其爪牙之士：是说选择其勇猛士卒。差论，选择。爪牙，坚利之物，以喻武士。 [29]列：比列，排列。 [30]中行氏：即荀氏。如荀寅即中行文子。 [31]范氏：原作"兹范氏"。

从孙诒让校删"兹"字。范氏，即士氏。如范宣子即士匄。　[32]赵襄子（？—前425）：即赵无恤。春秋末晋国人，赵鞅之子。鞅以其贤，废太子伯鲁而立之。曾设计杀代王，兴兵平代地。赵襄子四年，联合智伯、韩、魏分中行氏、范氏地，并逐走晋出公。二十一年，智伯索地于赵、韩、魏，独赵不与，智伯遂率韩、魏攻赵。无恤固守晋阳，岁馀不下。智伯引水灌城。后无恤与韩、魏合谋，反灭智伯，三分其地，为此后三家分晋奠定基础。卒谥襄。晋阳，古邑名。故址在今山西太原晋源区。　[33]脣：口端，或作颐。脣，惊，假借为脣。今俗用脣为脣齿字。　[34]鱼水不务，陆将何及乎：这两句出自古逸诗，是说鱼儿在水中不专力奋游，等到被捕至岸上，再想逃脱又如何来得及呢？务，趋，专力。　[35]戮：通勠。勠，并，并力。　[36]辟门除道：是说开门清道。辟，同闢，开，开辟。

本章告诫"饰攻战者"，当以历史人物吴王阖闾、夫差和晋卿智伯为鉴，不可因贪图"攻战"之"利"而殒身丧国，回扣篇首"以往知来，以见知隐"之喻。

前章所引史鉴有二：阖闾、夫差和智伯。此章仅言"则盖尝鉴之于智伯之事乎"，疑"智伯"前有脱文。

6. 是故子墨子言曰：古者有语曰："君子不镜于水[1]，而镜于人。镜于水见面之容，镜于人则知吉与凶。"今以攻战为利，则盖尝鉴之于智伯之事乎[2]？此其为不吉而凶，既可得而知矣。

[注释]

[1]镜：照。"镜于水见面之容，镜于人则知吉与凶"，古人习见用语。　[2]盖尝鉴之于智伯之事乎：是说何不试以智伯之事作为借鉴呢？盖（蓋），同盍。何不。尝，试。

[点评]

此篇文字较长，所论问题主要有以下三方面：其一，"攻战"的人力、物力消耗至巨，即使战胜之国，计其所得，反不如所丧之多。其二，"饰攻战者"言："以攻战之故，土地之博至有数千里也；人徒之众至有数百万人。"墨子以"莒""亡于齐、越之间"，"陈、蔡""亡于吴、越之间"，"且、不著何""亡于燕、代、胡、貉之间"，指出"虽四五国则得利"，而"以攻战亡者不可胜数"，加以驳斥；"饰攻战者"又言："我能收用我众，以此攻战于天下，谁敢不宾服哉？"墨子以吴王夫差最终败于越王勾践、晋卿智伯最终败于赵、韩、魏，指出"自""伐其功"，"而不止"，终必败，加以驳斥。其三，告诫"饰攻战者"，应以"镜于人，知吉凶"自勉，认同"非攻"主张，放弃"攻战"思想。

末章指出"水镜"与"人镜"的关系问题。"君子不镜于水，而镜于人"，与《书·酒诰》"古人有言曰：'人无于水监（鉴），当于民监'"之说不异。至唐代，乃有"以铜为镜，可以正衣冠；以古为镜，可以知兴替；以人为镜，可以明得失"的信条。其实，"人镜"与"史镜"有时可以合而为一。就是说，当"人"为历史人物时，"人镜"便成为"史镜"。所以"以古为鉴（镜）"，亦即墨子所推重的"考先圣大王之事"，对于治国理政，进而推动历史发展来说，具有普适意义。

第九篇　节用上

1. 圣人为政一国 [1]，一国可倍也；大之为政天下，天下可倍也。其倍之，非外取地也 [2]，因其国家去其无用之费 [3]，足以倍之。圣王为政，其发令兴事、使民用财也，无不加用而为者 [4]。是故用财不费，民德不劳 [5]，其兴利多矣。

本章论述"圣人为政"，"因其国家去其无用之费"，"其发令兴事、使民用财"，"无不加用而为者"，实际上等同财利加倍。

[注释]

[1]"圣人为政一国"以下两句：若圣人施政于一国，则一国的财利可以成倍增加。　[2]非外取地也：是说并不是对外掠取土地。　[3]因其国家去其无用之费：是说由于他的国家省去了那些无益于实用的经费开销。　[4]无不加用而为者：是说没有任何事是不增加实用之利而作的。为，作。　[5]民德不劳：即"民得不劳"，是说民众得以不太劳苦。德，通得。下文"民德"德字同。

2.其为衣裘何？以为冬以圉寒[1]，夏以圉暑。凡为衣裳之道，冬加温、夏加清者[2]，鲜髓（芊鉏）不加者去之[3]。其为宫室何？以为冬以圉风寒，夏以圉暑雨，有盗贼加固者，鲜髓（芊鉏）不加者去之。其为甲盾五兵何[4]？以为以圉寇乱盗贼[5]，若有寇乱盗贼，有甲盾五兵者胜，无者不胜，是故圣人作为甲盾五兵。凡为甲盾五兵，加轻以利、坚而难折者[6]，鲜髓（芊鉏）不加者去之。其为舟车何？以为车以行陵陆，舟以行川谷，以通四方之利。凡为舟车之道，加轻以利者，鲜髓（芊鉏）不加者去之。凡其为此物也，无不加用而为者，是故用财不费，民德不劳，其兴利多矣。有去大人之好聚珠玉鸟兽犬马[7]，以益衣裳、宫室、甲盾五兵、舟车之数，于数倍乎[8]，若则不难[9]。

本章论述圣人制作"衣裳、宫室、甲盾五兵、舟车"的基本原则为"无不加用而为者"，"鲜髓不加者去之"，体现"用财不费，民德不劳"的治国理念。

[注释]

[1]圉：通御（禦）。御，抗御、抵御。　[2]清（qìng）：凉，冷。　[3]芊鉏：俞樾云："'芊鉏'二字凡四见，疑当作'鲜且'，……'且'读为髓。'鲜且'者，'鲜髓'也。"合体字"鲜"从鱼从羊，传写者以"鱼"与单体字且误合而为"鉏"，"羊"又

讹作"芊"，且倒在"觙"字之上，致成"芊觙"。且，通龋。鲜且，即鲜龋，同义复词，鲜亮华美。今从俞说。　[4]五兵：即五戎，五种兵器。或指刀、剑、矛、戟、矢，或指弓矢、殳（shū，杖）、矛、戈、戟。　[5]寇：寇劫，劫取。　[6]加轻以利：更加轻便而锋利。以，犹而。　[7]有去大人之好聚珠玉鸟兽犬马：是说如果又去掉王公大人们喜好的收集珠玉、鸟兽、犬马的费用。有，通又。　[8]于数倍乎：是说在数量上翻倍。乎，语气词。　[9]若则不难：是说这就不是什么难事。若，此。

3. 故孰为难倍[1]？唯人为难倍。然人有可倍也。昔者圣王为法曰："丈夫年二十[2]，毋敢不处家[3]。女子年十五，毋敢不事人[4]。"此圣王之法也。圣王既没[5]，于民次也[6]。其欲蚤处家者[7]，有所二十年处家[8]；其欲晚处家者，有所四十年处家。以其蚤与其晚相践[9]，后圣王之法十年。若纯三年而字[10]，子生可以二三人（年）矣[11]。此不惟使民蚤处家而可以倍与？且不然已[12]。

本章论述人口倍增虽难，但沿用"圣王之法"，实行"早处家"，可望达到这一目的。

[注释]

[1]孰：谁，何。　[2]丈夫：男子。　[3]毋敢不处家：是说不可不娶妻成家。毋，犹不。处，居，安止。家，成家，娶妻。　[4]事人：嫁夫而事奉之。事，奉，事奉。　[5]没：或作

殁，死。　[6]于民次也：即"于民恣也"，是说任由百姓的意愿。次，通恣。恣，纵任。　[7]蚤：同早。蚤、早古今字。　[8]有所二十年处家：是说有时二十岁娶妻成家。所，犹时，齐人之语。　[9]以其蚤与其晚相践：即"以其早与其晚相翦"，是说以他二十岁早成家与他四十岁晚成家相齐截。践，通翦。翦，齐，齐截。　[10]纯三年而字：是说皆三年而生子。纯，皆。字，生子。　[11]人：原作"年"。从苏时学校改（年，俗作"秊"。人，唐武后作"埊"，形近而讹）。　[12]且不然已：是说而人们不这样做。且，犹而。已，通矣。

4. 今天下为政者，其所以寡人之道多[1]。其使民劳，其籍敛厚[2]，民财不足，冻饿死者不可胜数也。且大人惟毋兴师以攻伐邻国[3]，久者终年[4]，速者数月，男女久不相见，此所以寡人之道也。与居处不安、饮食不时、作疾病死者[5]，有与侵掠（就）俘（偊）虏（橐）、攻城野战死者[6]，不可胜数。此不今（令）为政者所以寡人之道数术而起与[7]？圣人为政特无此[8]。不圣人为政[9]，其所以众人之道亦数术而起与？故子墨子曰：去无用之费，圣王之道，天下之大利也。

本章论述"今天下为政者"，通过"使民劳""籍敛厚""兴师以攻伐邻国"等多种"寡人之道"，使人口大为减少，因而必须效法"圣人""众人之道"拨其乱而反其正。最后归结为"去无用之费"乃为"圣王之道，天下之大利"，以收束全篇。

[注释]

[1]寡人：减少人口。寡，使……少，形容词使动用法。　[2]籍

敛：税收。籍，税（为簿籍而税之），税赋。敛，聚，聚物。　[3]惟毋：语气词，无实义。　[4]久者终年：是说时间久者竟尽一年。终，尽。　[5]作疾病：发生疾病。作，兴起，发生。　[6]有与侵掠俘虏：有，通又。侵掠俘虏，原作"侵就俟囊"。从王焕镳校改。　[7]此不今为政者所以寡人之道数术而起与：今，原作"令"。从毕沅校改。这句是说，这些难道不是现今施政者实施减少人口的错误路线所采取的种种手段而引起的吗？数术，多种方法。术，法。　[8]圣人为政特无此：是说圣人主政就单单不存在这样的问题。特，独，单。　[9]"不圣人为政"以下两句：难道不是圣人主政，实施增加人口的正确路线所采取的种种方法所引起的吗？不，犹非。众人，增加人口。众，使……多，用为使动。与"寡人"相对而言。

[点评]

此篇论述两个方面的问题：其一，节用为治国理政之道。因为"去其无用之费"，应视同增加财利。凡制作衣裳、宫室、甲盾五兵、舟车，体现其用而止，"无不加用而为者"，而"鲜髓不加者去之"。具体说来，凡"为"（制作）衣裳，"冬加温、夏加清者，鲜髓不加者去之"；凡"为"宫室，"冬以圉风寒，夏以圉暑雨，有盗贼加固者，鲜髓不加者去之"；凡"为"甲盾五兵，"圉寇乱盗贼"，"加轻以利、坚而难折者，鲜髓不加者去之"；凡"为"舟车，"通四方之利"，"加轻以利者，鲜髓不加者去之"。很明显，墨子的"节用"既"开源"又"节流"。其二，强调节省人力和增殖人口的必要性。批评"今天下为政者""使民劳""籍敛厚""兴师以攻伐邻国”的“寡人之道”，提倡“丈夫年二十”“女子年十五”结婚的“圣王之法”。很明显，墨子的“节用”不是“见物不见人”，而是既见物又见人。因为只有人才懂得发展生产，厉行节约。《辞过》也论述“宫室”“衣服”“饮食”“舟车”“蓄私”“不可不节”之事，与《节用》大旨无异。有人以为《辞过》应即《节用下》，不为无据。

　　“节用”作为墨子社会政治与伦理思想十大主张之一，历来为世人所称道。《史记·太史公序》载司马谈论六家要旨称：“要曰强本节用，则人给家足之道也。此墨子之所长，虽百家弗能废也。”《孟子荀卿列传》称：“盖墨翟……为节用。”《汉书·艺文志》称：“墨家者流，盖出于清庙之守，茅屋采椽，是以贵俭。”直到现在，“爱惜民力”“勤俭持家”已经成为我们立国和治家的基本指导思想，可以说无人不知“俭节则昌，淫佚则亡”的理念，足见墨子“节用”思想主张的深远影响。

第十篇　节葬下

1.子墨子言曰：仁者之为天下度也^[1]，辟之无以异乎孝子之为亲度也^[2]。今孝子之为亲度也，将奈何哉^[3]？曰："亲贫则从事乎富之^[4]，人民寡则从事乎众之，众乱则从事乎治之。"当其于此也^[5]，亦有力不足、财不赡、智不智然后已矣^[6]，无敢舍馀力，隐谋遗利^[7]，而不为亲为之者矣^[8]。若三务者^[9]，孝子之为亲度也，既若此矣^[10]。虽仁者之为天下度，亦犹此也^[11]。曰："天下贫则从事乎富之，人民寡则从事乎众之，众而乱则从事乎治之。"当其于此，亦有力不足、财不赡、智不智然后已矣，无敢舍馀力，隐谋遗

利，而不为天下为之者矣。若三务者，此仁者之
为天下度也，既若此矣。

本章论述"仁者之为天下度"与"孝子之为亲度"无异，都是"亲贫则从事乎富之，人民寡则从事乎众之，众乱则从事乎治之"。

[注释]

[1]度（duó）：谋，计虑。　[2]辟：通譬。无以：凝固结构"无所以"之省，意为"没有什么可以用来……"　[3]奈何：即奈何，如何。　[4]富之：使之富。富，用为使动词。下文"众之""治之"，同其用法。　[5]当其于此：即"当其为此"，是说当他们做这事之时。于，犹为，作。下文"当其于此"同。　[6]亦有力不足、财不赡、智不智然后已矣：是说也会有因能力不足、财力不丰、智力不及等原因而后停止下来。赡，赒给，丰足。智不智，即"智不知"，后"智"通知。已，止。　[7]隐谋遗利：是说隐匿智谋，保留财利。　[8]不为（wèi）亲为（wéi）之：是说不为父母去做这些事。前"为"，介词。后"为"，动词。作，行。　[9]若三务者：是说这三件事（"富""众""治"）。若，犹此。务，事。　[10]既若此矣：是说就这样了。既，犹乃，就，于是。下文"既若此矣"同。下文"而既已不可矣"，"既"字同。　[11]亦犹此也：是说也像这样。犹，如，似。

2. 今逮至昔者三代圣王既没[1]，天下失义，后世之君子，或以厚葬久丧以为仁也[2]，义也，孝子之事也；或以厚葬久丧以为非仁义，非孝子之事也。曰二子者[3]，言则相非[4]，行即相反，皆曰："吾上祖述尧、舜、禹、汤、文、武之道

者也[5]。"而言即相非，行即相反，于此乎后世之君子[6]，皆疑惑乎二子者言也。若苟疑惑乎之二子者言[7]，然则姑尝传而为政乎国家万民而观之[8]，计厚葬久丧，奚当此三利者[9]？我意若使法其言[10]，用其谋，厚葬久丧实可以富贫众寡、定危治乱乎！此仁也，义也，孝子之事也，为人谋者不可不劝也[11]。仁者将求兴之天下[12]，设置（谁贾）而使民誉之[13]，终勿废也。意亦使法其言[14]，用其谋，厚葬久丧实不可以富贫众寡、定危理乱乎！此非仁非义，非孝子之事也，为人谋者不可不沮也[15]。仁者将求除之天下，措（相）废而使人非之[16]，终身勿为。

本章论述"昔者三代圣王既没"，对于厚葬久丧出现其为仁义与非仁义、其为孝子之事与非孝子之事两种截然不同的主张，不能不明辨其是非。

[**注释**]

[1]今逮至：即及至。今，发语词，无实义。逮，及。没，或作殁，死。　[2]"或以厚葬久丧以为仁也"以下两句：是说有人以厚葬久丧而为仁为义。或，有人，有的。用为肯定性无定代词。厚葬久丧，葬礼隆重，居丧久长。后"以"，犹而。　[3]曰：发语词。　[4]则：犹即。　[5]祖述：远追，上承。　[6]于此乎：即"于是乎"。　[7]若苟：连词连用，假若。苟，犹若。　[8]姑尝传而为政乎国家万民而观之：是说姑且尝试转而观察以厚葬久丧施政于国家万千民众之事。姑，姑且。尝，尝试。传，通转。　[9]奚当此三利者：是说如何合乎"富""众""治"这三方

面的利益。奚，何，什么。当，称（chèn），合。　　[10]意：通抑，或者。下文"意亦""意"字同。　　[11]为人谋者不可不劝：是说为人谋划者便不能不劝勉。劝，劝勉，勉励。　　[12]将求：原作"将"。从俞樾校补"求"字。　　[13]设置：原作"谁贾"。从孙诒让校改。下文"仁者将求除之天下，措废而使人非之"，"兴"与"除"、"置"与"废"、"誉"与"非"，皆相对而言。　　[14]意亦：即抑。亦，语词。　　[15]沮：同阻，止。　　[16]措废：原作"相废"。从孙诒让校改。措，弃置，与"废"同义。

3. 是（且）故兴天下之利[1]，除天下之害，令国家百姓之不治也，自古及今未之尝有也[2]。何以知其然也？今天下之士君子，将犹多皆疑惑厚葬久丧之为中是非利害也[3]。故子墨子言曰：然则姑尝稽之[4]。今虽毋法执厚葬久丧者言[5]，以为事乎国家，此存乎王公大人有丧者[6]，曰棺椁必重[7]，葬埋必厚，衣衾必多[8]，文绣必繁[9]，丘陇必巨[10]。存乎匹夫贱人死者，殆竭家室[11]。存乎诸侯死者[12]，虚库（车）府[13]，然后金玉珠玑比乎身[14]，纶组节约[15]，车马藏乎圹[16]，又必多为屋幕、鼎鼓、几梴、壶滥、戈剑、羽旄、齿革[17]，寝而埋之，满意[18]，若送徙（从）[19]。曰："天子杀殉，众者数百，寡者数十。将军、大夫杀殉[20]，众者数十，寡者数人。”处丧之法将奈何哉？曰：“哭泣不秩[21]，声嗌（翁）[22]，缞绖[23]，垂涕，处倚庐[24]，寝苫枕凷[25]。”又相率强不食而为饥[26]，薄衣而为寒，使面目陷陬[27]，颜色黧黑，耳目不聪明，手足不劲强，不可用也。又曰：“上士之操丧也[28]，必扶而能起，杖而能行，以此共三年。”若法若言[29]，行若道，使王公大人行此，则必不能蚤朝晏退[30]。使士大夫行此，则必不能治五官六府[31]，辟草木[32]，实仓廪[33]。使农夫行此，则必不能蚤出夜入，耕稼树艺[34]。使百工行此，则必不能修舟车为器皿矣。使妇人行此，则必不能夙兴夜寐，纺绩织纴[35]。细计厚葬为多埋赋财者也[36]，计久丧为久禁从事者也。财以成者[37]，挟（扶）而埋之[38]，后得生者而久禁之[39]。以此求富，此譬犹禁耕而求获也，富之说无可得焉。是故求以富家，而既已不可矣。

本章论述“厚葬”实为“多埋赋财”，“久丧”实为“久禁从事”，其非“求富”之道无疑。

［注释］

[1] 是故：原作“且故”。从王念孙校改。　[2] 未之尝有：原作“未尝之有”。从孙诒让校改。　[3] 将犹多皆疑惑厚葬久

丧之为中（zhòng）是非利害也：是说或许还有很多人都在疑惑厚葬久丧究竟符合是与非、利与害的哪一方面。将，或。中，合，当。 [4]稽：考，计。 [5]今虽毋法执厚葬久丧者言：是说现今按照坚持厚葬久丧者的话。虽（雖）毋，即唯毋，语气词，无实义。虽，通唯。法，效法，按照。 [6]存：在。 [7]曰棺椁必重：是说内棺外棺必有多重。曰，发语词。椁，或作槨，外棺。《荀子·礼论》："天子棺椁十重，诸侯五重，大夫三重，士再重。" [8]衾：被。 [9]文绣：采绣。绣，采饰。此处指棺椁采饰。 [10]丘陇：即丘垄，同义复词，指冢坟。丘，坟。陇，同垅（垄），亦丘。 [11]殆竭家室：是说几乎穷尽家室财物。殆，几，近。 [12]存乎：原作"乎"。从毕沅校补"存"字。 [13]库：原作"车"。从俞樾校改。 [14]玑：不圆的珠。比乎身，指（金玉珠玑）遍于死者全身。比，周。 [15]纶组节约：是说以大小丝带捆束。纶组，同义复词，青丝绶带。纶，青丝绶。组，條，带。节约，同义复词，指捆束。节，束。约，亦束。 [16]圹（kuàng）：墓穴。 [17]屋：通幄。幄，帷幄，覆帐。屋（幄）幕，同义复词。梴：通"筵"。筵，席，垫席。滥（jiàn）：通"鉴"。鉴，用以盛水，照容之器。下文"壶滥""滥"字同。齿革：象牙与甲胄。齿，象牙。革，犀兕皮革所制甲胄。 [18]满薏：是说瘗埋地下的器物竟充满墓圹。满薏，同义复词，盈，满。薏，同"亿（億）"，满。 [19]徙：原作"从"（從）。从孙诒让校改。《公孟》"送死若徙"正作"徙"。 [20]将军：即卿。 [21]哭泣不秩：即"哭泣不迭"，是说哭泣不止。秩，通迭。迭，更。 [22]声嗌（ài）：原作"声翁"。从洪颐煊校改（嗌，籀文作"𩏵"，与"翁"形近而讹）。声嗌，发声为之噎塞。嗌，噎，喉塞。 [23]缞绖（cuī dié）：是说身披粗麻布丧服，头或腰系麻带。缞，或作衰，丧服。以布为之，长六寸，广四寸，在心前。绖，系于头或腰的麻带。　[24]处倚庐：是说居于倚壁搭建的临时木棚内。倚庐，倚于东壁的木棚。　[25]寝苫（shān）枕凷：是说身睡草垫，头枕土块。苫，居丧寝用的草垫。凷，即块（块），土块。《仪礼·既夕礼》正作"寝苫枕块"。　[26]相率：竞相争先。　[27]陷隰：即陷隔，指目瞳凹陷、面肌皲隔。隰，"隔"俗字。　[28]上士：居于上位的士人。　[29]若法若言：是说如果听从此言。法，效法，按照。后"若"，此。　[30]蚤朝晏退：原作"蚤朝"。从俞樾校补"晏退"二字。这句是说，早上朝晚退朝。蚤，同早。下文"蚤出夜入"，"蚤"字同。晏，晚。　[31]使士大夫行此，则必不能治五官六府：原作"五官六府"。从孙诒让补"使士大夫行此，则必不能治"十一字。"士大夫"与上文"王公大人"相对而言。五官，说法不一。《礼记·曲礼》作"司徒、司马、司空、司士、司寇"。六府，指金府、木府、水府、火府、土府和谷府。　[32]辟：通闢。闢，开，开辟。　[33]仓廪：粮食仓库。同义复词。廪，亦仓。　[34]耕稼树艺：是说耕作种植。详《非攻中》2章注释[5]。　[35]纺绩织纴：是说纺丝缉麻织布帛。纺，纺丝。绩，缉麻。织，织布。纴，机缕。　[36]细计厚葬为多埋赋财者也："赋财"原作"赋之财"。从苏时学校删"之"字。这句是说仔细计算一下，厚葬不过是把贡赋财物多多埋于地下。赋，地征，贡赋。　[37]财以成者：是说现今已有的财物。以，同己。　[38]挟：原作"扶"。从王引之校改。　[39]后得生者而久禁之：是说以后能够生产的财物又被长期禁锢。

4. 欲以众人民，意者可邪[1]？其说又不可矣。今唯无以厚葬久丧者为政[2]，君死，丧之三年；父、母死，丧之三年；妻与后子死[3]，五者皆丧之三年[4]；然后伯父、叔父、兄弟、孽子其[5]；戚族人五月[6]；姑、姊、甥、舅皆有数月[7]，则毁瘠必有制矣[8]。使面目陷陬，颜色黧黑，耳目不聪明，手足不劲强，不可用也。又曰："上士操丧也，必扶而能起，杖而能行，以此共三年。"若法若言，行若道，苟其饥约[9]，又若此矣。是故百姓冬不仞寒[10]，夏不仞暑，作疾病死者不可胜计也[11]。此其为败男女之交多矣[12]。以此求众，譬犹使人负剑而求其寿也[13]，众之说无可得焉。是故求以众人民，而既以不可矣[14]。

本章论述行厚葬久丧之道，必使人"毁瘠"不堪，"百姓冬不仞寒，夏不仞暑，作疾病死者不可胜计"，又多"败男女之交"，其非"求众"之道无疑。

[注释]

[1]意者：或作"抑者"。抑或，或许。下文"意者"同。 [2]唯无：同唯毋。语气词（无，犹毋），无实义。下文"唯无"同。 [3]后（後）子：即《公孟》"丧礼，君与父母、妻、后子死"之"后子"，指长子，嗣后之子。 [4]五者："五"原连上"者"字作"者五"。从王念孙校改。"君""父""母""妻""后子"，"五者"之所指。 [5]伯父、叔父、兄弟、孽子其：是说伯父、叔父、兄弟和庶子死，都服丧一年。孽子，支子，庶子。其，通期（朞）。期，期年，一年。 [6]戚族人五月：戚族人，原作"族人"。从王念孙校补"戚"字。《非儒下》："戚族人五月。"正作"戚族人"。这句是说外姓姻亲及同姓族人都服丧五个月。戚族人，指外姓姻亲

及同姓族人。　[7]数月：原作"月数"。从王念孙校倒转。《公孟》："姑、姊、舅、甥皆有数月之丧。"正作"数月"。　[8]毁瘠必有制：是说亏毁病瘠必有一定的制度。毁瘠，同义复词。毁，亏毁。瘠，臞瘠，病瘦。　[9]"苟其饥约"以下两句：果真饥饿节省，又会出现象上面所说的毁瘠的情形。苟，诚，真。约，少，节省，此处指节食。　[10]仞：通忍。下文"仞暑""仞"字同。　[11]作：兴起，发生。　[12]此其为败男女之交多矣：是说这样做实在是大量破坏男女正常交合的事情。败，毁，破。交，交合，男女交媾。　[13]负：通伏。伏，古文踣，今作仆。此处指伏剑而死。

5.欲以治刑政[1]，意者可乎？其说又不可矣。今唯无以厚葬久丧者为政，国家必贫，人民必寡，刑政必乱。若法若言，行若道，使为上者行此[2]，则不能听治；使为下者行此，则不能从事。上不听治，刑政必乱；下不从事，衣食之财必不足。若苟不足[3]，为人弟者求其兄而不得[4]，不弟弟必将怨其兄矣[5]；为人子者求其亲而不得，不孝子必且（是）怨其亲矣[6]；为人臣者求之君而不得，不忠臣必且乱其上矣。是以僻淫邪行之民[7]，出则无衣也，入则无食也，内积（续）谋（奚）诟（吾）[8]，并为淫暴而不可胜禁也。是故盗贼众而治者寡。夫众盗贼而寡治者，以此求治，譬犹使人三睘而毋负己也 [9]，治之说无可得焉。是故求以治刑政，而既已不可矣。

[注释]

[1]刑政：刑法与政令，泛言政治。　[2]使为上者行此：是说使在上者实行厚葬久丧之道。为上者，上级。此，指代厚葬久丧之道。　[3]若苟：假若。假设连词连用。苟，亦若。下文“若苟贫”等，“若苟”同。　[4]为人弟者求其兄而不得：是说弟向其兄求取而不能如愿。　[5]不弟：即“不悌弟”，不恭敬兄长之弟。前“弟”，同悌，善事兄长。　[6]且：原作“是”。从孙诒让校改。下文“不忠臣必且乱其上矣”，正作“且”。　[7]僻淫：邪僻放纵。僻，邪僻。淫，放恣。　[8]内积谋诟：原作“内续奚吾”。从俞樾校改（续、积与吾、后皆形近而讹）。奚后，“谋诟”之省。谋诟，小人怒。这句是说，内心郁积怒气。　[9]使人三睘而毋负己：是说使人三转其身于己前而后不背于己。睘，或作“圜”，即还，复返，折返。负，背。

6. 欲以禁止大国之攻小国也，意者可邪？其说又不可矣。是故昔者圣王既没，天下失义，诸侯力征 [1]，南有楚、越之王，而北有齐、晋之君，此皆砥砺其卒伍 [2]，以攻伐并兼为政于天下。是故凡大国之所以不攻小国者，积委多 [3]，城郭修，上下调和 [4]，是故大国不耆攻之 [5]。无积委，城郭不修，上下不调和，是故大国耆攻之。今唯无以厚葬久丧者为政，国家必贫，人民必寡，刑政必乱。若苟贫，是无以为积委也；若苟寡，是修城郭沟渠者寡也[6]；若苟乱，是出战不克，入守不固。此求禁止大国之攻小国也，而既已不可矣。

本章论述行厚葬久丧之道，"国家必贫，人民必寡，刑政必乱"，"贫"则"无以为积委"，"寡"则"修城郭沟渠者寡"，"乱"则"出战不克，入守不固"，以此"求禁止大国之攻小国"。

[**注释**]

[1]力征：以武力征伐。或作"力政""力正"。正、政、征并通。 [2]砥砺其卒伍：是说磨砺操练其军队。砥砺，磨石，精者为砥，粗者为砺。此处指磨砺、操练。卒伍，队伍，军队。 [3]积委：亦作委积，积聚米薪。少曰委，多曰积。 [4]调和：同义复词，和谐，不争竞。调，亦和。 [5]耆：通嗜。嗜，欲，爱好。 [6]修城郭沟渠者寡："修城郭"原作"城郭"。从孙诒让校补"修"字。这句是说，修建城郭、护城河的劳力就少。沟渠，隍池，护城河。

7. 欲以干上帝鬼神之福[1]，意者可邪？其说又不可矣。今唯无以厚葬久丧者为政，国家必贫，人民必寡，刑政必乱。若苟贫，是粢盛酒醴不净洁也[2]；若苟寡，是事上帝鬼神者寡也；若苟乱，是祭祀不时度也[3]。今又禁止事上帝鬼神，为政若此，上帝鬼神始得从上抚之曰[4]："我有是人也[5]，与无是人也，孰愈？"曰："我有是人也，与无是人也，无择也[6]。"则惟上帝鬼神降之罪厉之祸罚而弃之[7]，则岂不亦乃其所哉[8]！

［注释］

[1] 欲以干上帝鬼神之福：是说想以此来求上帝鬼神的赐福。干，求。　[2] 粢盛酒醴：指祭祀所用酒食祭品。粢盛，或作齍盛，盛于祭器中的黍稷。粢，黍稷。醴，甜酒。　[3] 祭祀不时度：是说祭祀不能按时举行。时度，同义复词，时节。度，亦时。　[4] 上帝鬼神始得从上抚之曰：是说上帝鬼神才从天上对下急疾地说。始，方，才。抚，疾，急速。《方言》卷十二："拊、抚，疾也。"　[5] "我有是人也"以下三句：我有这些人，和没有这些人，哪一方面更好？孰愈，何胜，哪一方面更好。愈，益，胜。　[6] 无择：无可选择，没有分别。　[7] 惟上帝鬼神降之罪厉之祸罚而弃之：是说虽上帝鬼神降给他们罪灾与祸罚并抛弃他们。惟，即唯，通虽（雖）。厉，灾。前、后"之"，指代"是人"。中"之"，犹与。用为连词。　[8] 岂不亦乃其所：难道不也是他们应得的吗！乃其所，固其宜，势所必然。阶，犹，犹道。

8. 故古圣王制为葬埋之法，曰："棺三寸，足以朽体；衣衾三领[1]，足以覆恶。以及其葬也，下毋及泉[2]，上毋通臭，垄若参耕之亩[3]，则止矣。"死则既以葬矣[4]，生者必无久丧（哭）[5]，而疾而从事[6]，人为其所能，以交相利也。此圣王之法也。

本章论述行厚葬久丧之道，"粢盛酒醴不净洁"，"事上帝鬼神者寡"，"祭祀不时度"，加之"禁止事上帝鬼神"，致使上帝鬼神降下罪灾与祸罚，以此"干上帝鬼神之福"，决然不可。

本章论述古昔圣王所制葬埋之法为："棺三寸，足以朽体；衣衾三领，足以覆恶"，"下毋及泉，上毋通臭，垄若参耕之亩"，"既以葬矣，生者必无久丧，而疾而从事"，大反厚葬久丧之道。

［注释］

[1]"衣衾三领"以下两句：衣服三套、被子三床，足以覆盖会令人产生恶感的尸体。衾，被子。领，套、床。覆恶，覆盖令人产生恶感的尸体。　[2]下毋及泉：是说墓穴下方不可接及地下泉水。泉，源泉，水源。　[3]垄若参耕之亩：是说坟墓宽度如同耦耕三尺的畎亩。垄，坟墓。参耕，即三耦耕。参，通三。耦，指耕宽一尺（耜宽五寸，二耜为耦）。三耦，耕宽三尺。亩，畎亩，野地起陇种植。陇中为畎，陇上为亩。下文"垄若参耕之亩"同。　[4]死则既以葬：是说死者若已埋葬。则，犹若。以，犹已。　[5]久丧（裘）：原作"久哭"。从王念孙校改。《节用中》："死者既葬，生者毋久丧用哀。"正作"丧"。　[6]疾：急，速。

9. 今执厚葬久丧者之言曰：厚葬久丧虽使不可以富贫众寡、定危治乱，然此圣王之道也。子墨子曰：不然。昔者尧北教乎八狄[1]，道死[2]，葬蛩山之阴[3]。衣衾三领，榖木之棺[4]，葛以缄之[5]，既汜而后哭[6]，满埳无封[7]。已葬，而牛马乘之[8]。舜西教乎七戎[9]，道死，葬南己之市[10]。衣衾三领，榖木之棺，葛以缄之。已葬，而市人乘之。禹东教乎九夷[11]，道死，葬会稽之山[12]。衣衾三领，桐棺三寸，葛以缄之，绞之不合[13]，道（通）之不埳[14]，堀（土）地之深[15]，下毋及泉，上毋通臭。既葬，收馀壤其上[16]，垄若参耕之亩，则止矣。若以此若三圣王者观之[17]，则厚葬久丧果非圣王之道。故三王者，皆贵为天子，富有天下，岂忧财用之不足哉？以为如此葬埋之法。

本章论述昔者唐尧、虞舜、夏禹三帝"道死"就地而葬，"衣衾三领"，"榖（桐）棺三寸，葛以缄之"，墓穴"下毋及泉，上毋通臭"，"垄若参耕之亩"，用以驳斥"厚葬久丧"为"圣王之道"的谬论。

[注释]

[1] 尧北教乎八狄：是说唐尧曾往北方教化八个狄种部族。八狄，文籍失载。或作"五狄"，一曰月支，二曰秽貃，三曰匈奴，四曰单于，五曰白屋。　[2] 道死：死于道上。　[3] 蛩山之阴：蛩山之北。蛩，潜本作巩（鞏）。巩山，当即成阳山，在今山东鄄（juàn）城西南。此地富春乡谷林寺有尧王陵。　[4] 榖（gǔ）：楮树，木恶，皮可造纸。尧死，以恶木为棺，示俭。　[5] 葛以缄（jiān）之：是说以葛藤束棺。葛，葛藟，引蔓缠绕之草。缄，棺束。　[6] 沪：字书所无。毕沅云："'沪'当为'犯'，'窆'字之假音。"犯，又作犿，通窆。今从毕说。窆（biǎn），下棺于圹。　[7] 满埳无封：是说填土满坎而不堆土为坟。埳，同坎。下文"不埳""埳"字同。封，聚土为坟。　[8] 乘：登，登踏。　[9] 七戎：指西方七个戎种部族。七戎，文籍失载。或作"六戎"，一曰侥夷，二曰戎央，三曰老白，四曰耆羌，五曰鼻息，六曰天刚。　[10] 南己：或作"纪市"，在苍梧九疑山，即今湖南宁远东南。《太平御览》卷八十一引《墨子》作"南纪"。　[11] 九夷：指东方九个夷种部族，曰：畎夷、干夷、方夷、黄夷、白夷、赤夷、玄夷、风夷和阳夷。　[12] 会稽：即今浙江会稽山。　[13] 绞之不合：即"交之不合"，是说棺盖与棺身交接处不能密合无间。绞，通交。　[14] 道之不埳：道，原作"通"。从道藏本、吴抄本改。

这句是说,棺木导入处不必掘坎状的墓道。　[15]堀地:原作"土地"。从王念孙校改。《节用中》"堀穴深不通于泉,流不发泄",可证。堀,即掘。　[16]收馀壤其上:"收馀壤于其上"之省,是说收取挖掘墓穴的馀土堆于其上。壤,土。　[17]此若:此。指示代词连用。若,犹此。

10. 今王公大人之为葬埋,则异于此。必大棺中棺[1],革阓三杂(操)[2],璧玉既(即)具[3],戈剑、鼎鼓、壶滥、文绣、素练、衣衾(大鞅)万领、舆马、女乐皆具[4],曰:必捶除(垗)羡(差)道(通)[5],垄虽凡山陵[6]。此为辍民之事[7],靡民之财[8],不可胜计也,其为毋用若此矣[9]。是故子墨子曰:乡者吾本言曰[10],意亦使法其言[11],用其谋,计厚葬久丧[12],请可以富贫众寡、定危治乱乎[13]!则仁也,义也,孝子之事也,为人谋者不可不劝也[14];意亦使法其言,用其谋,若人厚葬久丧,实不可以富贫众寡、定危治乱乎!则非仁也,非义也,非孝子之事也,为人谋者不可不沮也[15]。是故求以富国家,甚得贫焉;欲以众人民,甚得寡焉;欲以治刑政,甚得乱焉;求以禁止大国之攻小国也,而既已不可矣[16];

欲以干上帝鬼神之福，又得祸焉。上稽之尧、舜、禹、汤、文、武之道而政逆之[17]，下稽之桀、纣、幽、厉之事犹合节也[18]。若以此观，则厚葬久丧其非圣人之道也。

［注释］

[1]大棺中棺：指在外的大棺和在内的中棺。大棺，即外棺，厚八寸；中棺，即内棺（又名属），厚六寸。　[2]革阓三杂（襍）："杂"原作"操"。从孙诒让校改。杂，通币。币，周币。阓，毕沅云："同韇。"今从其说。韇，革上绣文。革阓三操，当为"革韇三杂"，即"革韇三币"，是说以绣文革带缠束三道。　[3]璧玉即具：即"璧玉既具"，是说璧玉已经具备。即，通既。　[4]滥：通鉴。衣衾万领：衣衾，原作"大鞅"。从王焕镳校改。上文"衣衾三领"，言薄葬，示俭。此处"衣衾万领"，言厚葬，示奢。舆马、女乐：车马女伎。舆，车。女乐，女伎。　[5]曰必捶除羡道：除，原作"垛"；羡道，原作"差通"。皆从孙诒让校改。这句是说，必先捶捬扫除墓道。曰，发语词。捶，击，捬。除，扫。羡道，入圹道。　[6]垄虽凡山陵：是说垄墓皆高大如山陵。虽（雖），通唯。语词。凡，皆。　[7]辍：止。　[8]靡：侈靡，靡费。　[9]其为毋用若此：是说他们做那些无用的事竟到如此程度。毋，通无。　[10]乡者：即"乡"，或作"向"。不久，先前者，语助。　[11]意亦：犹抑亦，即抑。亦，语词。抑，或者。下文"意亦"同。　[12]计：谋划，计虑。　[13]请：通诚。诚，实，真。　[14]劝：劝勉，勉励。　[15]沮：同阻，止。　[16]既：犹乃。　[17]稽：考。下文"下稽""稽"字同。政：

本章论述"今王公大人之为葬埋"，"必大棺中棺"，"衣衾万领"，戈剑、鼎鼓、壶鉴、璧玉、文绣、素练、舆马、女乐悉数陪葬，又"捶除羡道，垄虽凡山陵"。"上稽之尧、舜、禹、汤、文、武之道而政逆之，下稽之桀、纣、幽、厉之事犹合节也"，其非圣王之道明矣。

通正。　[18]节：符，符节。

　　11.今执厚葬久丧者言曰：厚葬久丧果非圣王之道，夫胡说中国之君子为而不已、操而不择哉[11]？子墨子曰：此所谓便其习而义其俗者也[2]。昔者越之东有輆沐之国者[3]，其长子生，则解而食之[4]，谓之"宜弟"[5]；其大父死[6]，负其大母而弃之，曰"鬼妻不可与居处。"此上以为政，下以为俗，为而不已，操而不择。则此岂实仁义之道哉？此所谓便其习而义其俗者也。楚之南有炎人国者[7]，其亲戚死[8]，朽其肉而弃之[9]，然后埋其骨，乃成为孝子。秦之西有仪渠之国者[10]，其亲戚死，聚柴薪而焚之，燻上[11]，谓之登遐[12]，然后成为孝子。此上以为政，下以为俗，为而不已，操而不择。则此岂实仁义之道哉？此所谓便其习而义其俗者也。若以此若三国者观之[13]，则亦犹薄矣。若以中国之君子观之，则亦犹厚矣。如彼则大厚，如此则大薄，然则葬埋之有节矣[14]。故衣食者，人之生利也，然且犹尚有节；葬埋者，人之死利也，夫何独无节于此乎？子墨子制为葬埋之法曰：棺三寸，足以朽骨；衣三领，足以朽肉；掘地之深，下无菹漏[15]，气无发洩于上，垄足以期其所[16]，则止矣。哭往哭来，反从事乎衣食之财，俦乎祭祀[17]，以致孝于亲。故曰子墨子之法不失死生之利者，此也。

本章论述墨子举"輆沐""炎人""仪渠"三国的奇异丧葬，乃出于"便其习而义其俗"，实非仁义之道，用以驳斥"执厚葬久丧者"的谬论，并提出有节度的丧葬方法。

[注释]

[1]夫（fú）胡说中国之君子为而不已、操而不择哉：是说如何解释中原各国的君子一直实行而不肯停手、始终坚持而不肯放弃呢？夫，发语词。胡，何。择，通释。释，舍，废弃。下二"择"字同。　[2]此所谓便其习而义其俗者也：是说这便是人们所说的感到自己的习惯方便、自己的风俗美善的情况。便，方便，适宜。义，善。　[3]輆（kǎi）沐：古国。《博物志》引作"骇沐"。在越东。具体地望不详。　[4]解：分解，此处指分尸。　[5]宜弟：善弟。宜，与之相善。　[6]大父：祖父。　[7]炎人：即啖人，古国名。炎，通啖。啖，食。"啖人"在楚南，具体地望不详。　[8]亲戚：指父母或指宗族兄弟。此处指父母。　[9]朽其肉而弃之：《列子·汤问》作"歹其肉而弃之"，"朽"作"歹"。"歹"有二音，一音xiǔ，同"朽"，腐朽，腐烂；一音guǎ，本作呙（咼），剐肉。呙，俗作"剐"。《太平御览》卷七百九十引《博物志》作"剈"。故此处"朽"应读为"剐"。这句是说，剐下他们的肉丢弃。　[10]仪渠：亦作"义渠"，西戎古国名。战国时期为秦所灭，置仪渠县，属北地郡。在今甘肃合水、正宁、环县、宁县、泾川一带。故城在今宁县西北。　[11]燻：即熏，火烟上出。　[12]登遐：即"升

霞"，升入云霞。登，通升。　　[13]"若以此若三国者观之"以下四句：如果以这三国的习俗来看，那也好像太薄了；如果以中原各国的君子的做法来看，那也好像太厚了。此若，即此。若，亦"此"。犹，如，似。　　[14]然则葬埋之有节矣：是说既然如此，那么葬埋之事还是有一定的节度为好。节，节度，节制。　　[15]"下无菹漏"以下两句：墓穴下面切勿潮湿渗水，上面切勿发泄臭气。菹，通沮。沮（jù），湿，渍。洩，同泄。　　[16]垄足以期其所：是说坟堆之高能使生者望其所在。期，期会。　　[17]俰（èr）乎祭祀：是说接续祭祀而不旷疏。俰，次比，接续。

12.

故子墨子言曰：今天下之士君子，中请将欲为仁义[1]，求为上士，上欲中圣王之道[2]，下欲中国家百姓之利，故当若节丧之为政[3]，而不可不察此者也。

本章告诫"今天下之士君子"，"上欲中圣王之道，下欲中国家百姓之利"，对节葬之事不可不详加考察。回扣主题，结束全篇。

［注释］

[1]中请将欲为仁义：是说心中果真希望为仁行义。中，心，心中。请，通诚。诚，实，真。将欲，能愿动词连用，即欲。将，亦欲。　　[2]中（zhòng）：合，当。　　[3]当若：对此。

［点评］

"节葬"，可以看作"节用"主张的具体化、例证化。《节葬》大旨在《节用上》《节用中》两篇中已有所论列。本篇文字较长，其内容大致可分为三部分。第一部分论厚葬久丧的危害：一是它无以富贫；二是它无以众寡；三是它无以治乱；四是它无以禁止大国之攻小国；五是它无以干上帝鬼神之福。第二部分驳斥执厚葬久丧者的谬论：一是说厚葬久丧为"圣王之道"，墨子引尧、舜、禹三圣王"道死"而就地薄葬以非之；二是说厚葬久丧，"中国之君子为而不已、操而不择"，墨子引"輆沐""炎人""仪渠"三国奇异丧葬之例以非之，指出"此岂实仁义之道哉？此所谓便其习而义其俗者也"。以上两部分为本篇的主要内容。第三部分告诫"今天下之士君子"对"节葬"一事应予以明察。《节葬》原也有三篇，上、中两篇皆佚，仅存下篇。

《论语·阳货》："宰我问：'三年之丧，期已久矣。……期（朞）可已矣。'……宰我出。子曰：'予之不仁也！子生三年，然后免于父母之怀。夫三年之丧，天下之通丧也。'"作为弟子，宰我（一名宰予）在业师孔子面前，公然提出居父母之丧"期可已"的建议，却被孔子斥为"不仁"。这说明"厚葬久丧"在孔门之中，也有质疑之声。可见，《淮南子·要略》"墨子学儒者之业，受孔子之术，以为其礼烦扰而不悦，厚葬靡财而贫民，[久]服伤生而害事，故背周道而用夏政"之记，真实有据，成为墨子脱离孔门另创新派的根本原因。墨家在《节用》篇之外，特立《节葬》篇，或许暗含自己创派原因的告白，且以厚葬久丧既浪费既有资财，又拒绝更生资财，摧残身心健康，阻滞人口生殖等一系列社会危害来警示世人。

"节葬"，应是针对天子、诸侯、公卿、士大夫而言。自战国以迄明清，"厚葬"之风，一直盛行不衰。这里仅举一例，以印证"节葬"的必要性：茂陵，即汉武帝刘彻陵墓，形如金字塔的封土高达46.5米。自武帝即位后一年（前139）开工兴建，历时53年，所用资费为全国每年税赋总额的三分之一。墓中随葬品极尽奢华，武帝生前所用金缕玉衣、玉杖以及金凫、金箱等悉数入葬。难道这不都是民脂民膏吗！

第十一篇　天志下

1. 子墨子言曰：天下之所以乱者，其说将何哉[1]？则是天下士君子皆明于小而不明于大。何以知其明于小不明于大也？以其不明于天之意也。何以知其不明于天之意也？以人之处家者知之[2]。今人若处家得罪[3]，将犹有异家所以避逃之者矣[4]。然且父以戒子[5]，兄以戒弟，曰："戒之慎之，处人之家不戒不慎之，而有处人之国者乎？"今人若处国得罪[6]，将犹有异国所以避逃之者矣。然且父以戒子，兄以戒弟，曰："戒之慎之，处人之国者不可不戒慎也。"今人皆处天下而事天，得罪于天，将无所以避逃之者矣。然而莫知以相儆（极）戒也[7]。吾以此知大物则不知者也[8]。

［注释］

[1]其说将何哉：其说法将会是什么呢？　[2]以人之处家者知之：原作"以处人之家者知之"。据下句"今人若处家得罪"，移"处"字于"之"后。《天志上》"以其处家者知之"、又"非独处家者为然"，均作"处家"。　[3]今人若处家得罪：原作"今人处若家得罪"。此处"处家"与下文"处国""处天下"保持同一辞例。　[4]犹有异家所以避逃之者矣："矣"字原脱。从毕沅校补。这句是说，还有别家处所作为避逃之地。所，处所。　[5]然且：然而。且，犹而。　[6]今人若处国得罪：原作"今人处若国得罪"。据《天志上》"虽处国亦然""处国得罪于国君"，移"若"字于"处"前。　[7]儆：原作"极"。从王引之校改。《天志上》"相儆戒犹若此其厚""忽然不知以相儆戒"，正作儆。儆，戒，戒备。　[8]大物：大事。此处指天意。物，犹事。

2. 是故子墨子言曰：戒之慎之，必为天之所欲，而去天之所恶。曰：天之所欲者何也？所恶者何也？天欲义而恶其不义者也。何以知其然也？曰：义者，正也[1]。何以知义之为正也？天下有义则治，无义则乱，我以此知义之为正也。然而正者，无自下正上者，必自上正下。是故庶人不得次己而为正[2]，有士正之；士不得次己而

为正，有大夫正之；大夫不得次己而为正，有诸
侯正之；诸侯不得次己而为正，有三公正之[3]；
三公不得次己而为正，有天子正之；天子不得次
己而为政[4]，有天正之。今天下之士君子，皆明
于天子之正天下也，而不明于天之正天子也。是
故古者圣人明以此说人曰："天子有善，天能赏
之；天子有过，天能罚之。"天子赏罚不当，听
狱不中[5]，天下疾病祸祟（福）[6]，霜露不时，天
子必且犓豢其牛羊犬彘[7]，洁为粢盛酒醴[8]，以
祷祠祈福于天[9]。我未尝闻天之祷祠祈福于天子
也[10]，吾以此知天之贵且知于天子也[11]。是故
义者不自愚且贱者出，必自贵且知者出。曰：谁
为贵？天为贵。谁为知？天为知[12]。然则义果
自天出也。

[**注释**]

[1] 义者，正也：是说义就是对人加以匡正。正，矫正，匡
正。　[2] 次己：即恣己，任由己意。次，通恣。恣，恣意。下文
诸"次己"同。为正，即为政，做政事。正，通政，下文诸"为
正"同。　[3] 三公：指司马、司徒和司空。　[4] 为政：做政事。
由此可知，上文三"不得次己而为正"，"正"皆通政。　[5] 听
狱不中（zhòng）：是说断讼不当。听，听讼，察是非。狱，狱讼，

本章论述"义
之为正"之理。"正
者……必自上正
下"，"义者……必
自贵且知者出"，而
天贵且智于天子，
故"义果自天出"。

官司。中，合，当。　　[6]天下疾病祸祟："祸祟"原作"祸福"。从王念孙校改。《天志中》："天子有疾病祸祟。"正作"祸祟"。这句是说，上天降下疾病灾祸。下，降下。祸祟，同义复词。祟，神祸，祸。　　[7]必且犓豢其牛羊犬彘（zhì）：即"必且犓其牛羊、豢其犬彘"，是说必将草饲其牛羊、谷养其犬豕。且，犹将。犓，同刍，指刍饲牛羊。豢，指谷养犬彘。彘，豕。　　[8]洁为粢盛酒醴：是说洁净备办酒食祭物。粢盛酒醴，酒食祭物。　　[9]祷祠祈福：祷请祭祀而求福。祷，祷请。祠，春祭，祭。祈，求福。　　[10]祷祠：原作"祷"。从毕沅校补"祠"字。　　[11]贵且知：原作"重且贵"。从孙诒让校改。《天志中》："义不从愚且贱者出，必自贵且知者出。"正作"贵且知"。知，通智。　　[12]谁为贵？天为贵。谁为知？天为知：原作"谁为知？天为知"。从俞樾校补"谁为贵？天为贵"六字。《天志中》作"然则孰为贵？孰为知？曰：天为贵、天为知而已矣"，可证。

3. 今天下之士君子之欲为义者，则不可不顺天之意矣。曰：顺天之意何若[1]？曰：兼爱天下之人。何以知兼爱天下之人也？以兼而食之也[2]。何以知其兼而食之也？自古及今，无有远灵孤夷之国[3]，皆犓豢其牛羊犬彘，洁为粢盛酒醴，以敬祭祀上帝山川鬼神，以此知兼而食之也。苟兼而食焉，必兼而爱之。譬之若楚越之君，今是楚王食于楚之四境之内[4]，故爱楚之人；越王食于越之四境之内[5]，故爱越之人。今天兼天下而食焉，我以此知其兼爱天下之人也。

本章论述上天"兼爱天下之人"，因为"其兼而食之"。

[注释]

[1]何若：何如，即若何，如何。 [2]兼而食之：上天无所遗漏、没有差等地享用天下人的供品（"牛羊犬彘"和"粢盛酒醴"）。 [3]无有远灵孤夷之国：是说所有远地异域孤悬蛮夷之国。无（無）有，犹所有。许，古作鄦。古文地名用字，或于其右加"邑"以为形符。"奠"之作"鄭"，"寺"之作"邿"，皆为其例。"無"之作"鄦"，亦复如是。许（鄦），通所。灵，异。孤，孤出，孤悬。 [4]今是：犹今夫，发语词。 [5]越王食于越之四境之内：原作"越王食于越"。从戴望校补"之四境之内"五字。

4.且天之爱百姓也，不尽此（物）而止矣[1]。今天下之国，粒食之民[2]，杀一不辜者，必有一不祥。曰：谁杀不辜？曰：人也。孰予之不祥（辜）[3]？曰：天也。若天之中实不爱此民也[4]，何故而人有杀不辜而天予之不祥哉？且天之爱百姓厚矣，天之爱百姓别矣[5]，既可得而知也。何以知天之爱百姓也？吾以贤者之必赏善罚暴也。何以知贤者之必赏善罚暴也？吾以昔者三代之圣王知之。故昔也三代之圣王尧、舜、禹、汤、文、武之兼爱天下也[6]，从而利之，移其百姓之意[7]，焉率以敬上帝山川鬼神[8]。天以为从其所爱而爱之，从其所利而利之，于是加其赏焉，使之处上位，立为天子以为仪法也[9]，名之曰"圣人"，以此知其赏善之证。是故昔也三代之暴王桀、纣、幽、厉之兼恶天下也，从而贼之，移其百姓之意，焉率以诟侮上帝山川鬼神[10]。天以为不从其所爱而恶之，不从其所利而贼之，于是加其罚焉，使之父子离散，国家灭亡，抎失社稷[11]，忧以及其身。是以天下之庶民属而毁之[12]，业万世子孙继嗣[13]，毁之者（贵）不之废也[14]，名之曰"失王"[15]。以此知其罚暴之证。今天下之士君子欲为义者，则不可不顺天之意矣。

此章论述上天赏"圣人"，罚"失王"，其原因在于上天兼爱天下之百姓。"今天下之士君子欲为义者，则不可不顺天之意"。

[注释]

[1]不尽此而止：原作"不尽物而止"。从王念孙校改。《天志中》"且吾所以知天爱民之厚者，不止此而已矣"，"不尽此"与"不止此"义同。　[2]粒食之民：是说以谷物为食的人。　[3]不祥：原作"不辜"。从孙诒让校改。　[4]中：心，心中。　[5]别：通偏（遍）。采王引之说。　[6]兼爱天下：原作"兼爱之天下"。从孙诒让校删"之"字。下文"是故昔也三代之暴王桀、纣、幽、厉之兼恶天下也"，"天下"上无"之"字。吴抄本正无"之"字。　[7]移其百姓之意：是说转变其百姓的心意。移，移易，转变。　[8]焉：乃，于是。　[9]以为仪法：原作"以法"。从戴望

校补"为仪"二字。仪法，同义复词，法度。仪，亦法。　[10]诟（gòu）侮：詈骂侮辱。诟，詈辱，骂。　[11]抎（yǔn）失：同义复词。抎，失，损失。　[12]属（zhǔ）而毁之：接连不断非毁他们。属，连，缀连。　[13]业万世子孙继嗣：是说延及万世子孙后继者。业，次，叙。继嗣，承继的后嗣。嗣，后继者。　[14]毁之者不之废：者，原作"贲"。从王念孙校改。这句是说，非毁他们，至今不止。"不之废"，即不废之，古代汉语否定句代词宾语前置的用例。　[15]失王：失国之王，失德之王。与上文"圣人"对言。

5. 曰顺天之意者[1]，兼也；反天之意者，别也。兼之为道也，义正[2]；别之为道也，力正[3]。曰：义正者何若？[4] 曰：大不攻小也，强不侮弱也，众不贼寡也[5]，诈不欺愚也，贵不傲贱也，富不骄贫也[6]，壮不夺老也[7]。是以天下之庶国[8]，莫以水火毒药兵刃以相害也。若事上利天[9]，中利鬼，下利人，三利而无所不利，是谓天德[10]。故凡从事此者，圣知也[11]，仁义也，忠惠也，慈孝也，是故聚敛天下之善名而加之。是其故何也？则顺天之意也。曰：力正者何若？曰：大则攻小也，强则侮弱也，众则贼寡也，诈则欺愚也，贵则傲贱也，富则骄贫也，壮则夺老也。是以天下之庶国，方以水火毒药兵刃以相贼害也[12]。若事上不利天，中不利鬼，下不利人，三不利而无所利，是谓天贼[13]。故凡从事此者，寇乱也，盗贼也，不仁不义，不忠不惠，不慈不孝，是故聚敛天下之恶名而加之。是其故何也？则反天之意也。

本章论述"顺天之意"为"兼"，"反天之意"为"别"。实行"兼"道为"义正"，乃"圣知""仁义""忠惠""慈孝"之事；实行"别"道为"力正"，乃"寇乱""盗贼""不仁不义""不忠不惠""不慈不孝"之事。

[注释]

[1]曰：发语词。　[2]义正：即义政，以德义教化人的政治。正，通政。《天志上》"顺天意者，义政也"，作"义政"。下文"义正者"，正字同。　[3]力正：即力政，以武力征服人的政治。正，通政。《天志上》"反天意者，力政也"，作"力政"。　[4]何若：何如，即若何，如何。　[5]贼：害，贼害，残害。　[6]骄：骄慢。　[7]夺：侵夺，倾夺。　[8]庶国：众国。庶，众。　[9]若事上利天：是说这样做事对上有利于天帝。若，此。　[10]"三利而无所不利"以下两句：三方面都有利而没有什么不利，这叫做"天德"。　[11]知：通智。　[12]方：始，才。　[13]天贼：原作"之贼"。从俞樾校改。《天志中》"三不利无所利，是谓天贼"，正作"天贼"。此处"天贼"与上文"天德"相对而言。天贼，天之祸害。

6.故子墨子置立天之[1]，以为仪法，若轮人之有规，匠人之有矩也。今轮人以规，匠人以矩，以此知方圜之别矣[2]。是故子墨子置立天之，以为仪法。吾以此知天下之士君子之去义远也。

何以知天下之士君子之去义远也？今氐大国之君宽然曰[3]："吾处大国而不攻小国，吾何以为大哉？"是以差论蚤牙之士[4]，比列其舟车之卒[5]，以攻伐（罚）无罪之国[6]，入其边（沟）境[7]，刈其禾稼[8]，斩其树木，残其城郭，以抑（御）其沟池[9]，焚烧其祖庙，攘杀其牺牷[10]。民之格者[11]，则到杀（拔）之[12]，不格者则系累（操）而归[13]。丈夫以为仆圉、胥靡[14]，妇人以为舂酋（酉）[15]。则夫好攻伐之君不知此为不仁义，以告四邻诸侯曰："吾攻国覆军，杀将若干人矣。"其邻国之君亦不知此为不仁义也，有具其皮币[16]，发其总（緫）处[17]，使人飨贺焉[18]。则夫好攻伐之君有重不知此为不仁不义也[19]，有书之竹帛[20]，藏之府库。为人后子者[21]，必且欲顺其先君之行，曰："何不当发吾府库[22]，视吾先君之法义[23]。"必不曰文、武之为正者若此矣[24]，曰："吾攻国覆军，杀将若干人矣。"则夫好攻伐之君不知此为不仁不义也，其邻国之君不知此为不仁不义也，是以攻伐世世而不已者。此吾所谓大物则不知也[25]。

本章论述"大国之君""好攻伐"，"其邻国之君""使人飨贺"，都"不知此为不仁不义"之举，从而证明"天下之士君子"去义甚远。

[注释]

[1] 天之：即天志。"之"，通志。　[2] 圜：同圆。　[3] 今氏大国之君宽然曰：今氏，原作"今知氏"。从俞樾校删"知"字。今氏，即今是，犹今夫，发语词。氏，通是。宽然曰，原作"宽者然曰"。从孙诒让校删"者"字。这句是说，大国的君主自得地说。宽然，即完然，自得的样子。宽，即完。《集韵·桓韵》："宽，古作完。"　[4] 差（chāi）论蚤牙之士：是说选择勇猛的士卒。差论，同义复词，选择。蚤牙，即爪牙，指武士。蚤，通爪。　[5] 比列其舟车之卒：是说并列其战船兵车的卒伍。比列，并列。　[6] 伐：原作"罚"。从孙诒让校改。　[7] 边境：原作"沟境"。从王念孙校改。《非攻下》"入其国家边境"，可证。　[8] 刈（yì）：翦，割。　[9] 抑：原作"御"。从王引之校改。抑，堙，塞。　[10] 攘（rǎng）杀其牺牷（quán）：是说夺杀被侵者的牲畜。攘，取，相侵夺。牷，纯色牲。《非攻下》作"攘杀其牺牷"。　[11] 格：拒，斗。　[12] 刭杀：原作"刭拔"。从孙诒让校改。刭，割，断首。　[13] 系累：原作"系操"。从王引之校改（累之正字。累讹作纍，纍讹为絫，又加手旁作操）。系累，缚结。　[14] 仆圉：驾车者与养马者。仆，驾车者。圉，养马者。胥靡，相系累的刑徒。胥，相。靡，系缚。　[15] 舂酋：原作"春酋"。从毕沅校改。舂酋，指舂米、酋米的女奴。舂，捣粟。酋，或作扰，酋出。　[16] 有具其皮币：是说又备办其毛皮布帛等贵重物品。有，通又。下文"有重不知""有书之竹帛"，两"有"字同。皮币，毛皮布帛等。　[17] 总（緫）处：原作"綄处"，吴抄本"綄"作"緫"。今从吴抄本改。总处，财物贮积之地，府库。总，收积，聚贮。　[18] 飨：通享。享，献。　[19] 重：深，甚。　[20] 竹帛：竹简与绢帛。　[21] 后（後）子：长子，嗣后之子。　[22] 何不当发吾府库：是说为什么不试开我的贮物府库。

当（當），通尝（嘗）。发，启，开。 [23] 法义：原作“法美”。从王念孙校改。法义（義），即法仪。 [24] 必不曰文、武之为正者若此矣：是说简帛上必定不会说文王、武王的施政情况如此。正，通政。 [25] 大物：大事。物，犹事。

7. 所谓小物则知之者[1]，何若？今有人于此，入人之场园，取人之桃李瓜姜者，上得且罚之[2]，众闻则非之。是何也？曰：不与其劳[3]，获其实，已非其所有取之故[4]。而况有逾人之墙垣[5]，抯格人之子女者乎[6]？与穴（角）人之府库[7]，窃人之金玉布（蚤）桌（絫）者乎[8]？与逾人之栏牢[9]，窃人之牛马者乎？而况有杀一不辜人乎？今王公大人之为政也，自杀一不辜人者，逾人之墙垣，抯格人之子女者，与穴人之府库，窃人之金玉布（蚤）桌（絫）者，与逾人之栏牢，窃人之牛马者，与入人之场园，窃人之桃李瓜姜者，今王公大人之加罚此也，虽古之尧、舜、禹、汤、文、武之为政，亦无以异此矣。今天下之诸侯，将犹皆侵凌攻伐兼并，此为杀一不辜人者数千万矣[10]；此为逾人之墙垣，抯格人之子女者[11]，与穴人府库，窃人金玉布（蚤）缲

（紊）数千万矣；此为逾人之栏牢[12]，窃人之牛马者，与入人之场园，窃人之桃李瓜姜者数千万矣，而自曰义也。故子墨子言曰：是蒉义（我）者[13]，则岂有以异是蒉黑白甘苦之辩者哉[14]？今有人于此，少而示之黑谓黑[15]，多示之黑谓白，必曰："吾目乱[16]，不知黑白之别。"今有人于此，少能尝之甘谓甘[17]，多尝之甘谓苦[18]，必曰："吾口乱，不知其甘苦之味。"今王公大人之为政也[19]，或杀人[20]，其国家禁之以（此）斧（蚕）钺（越）[21]，有能多杀其邻国之人，因以为之（文）义[22]，此岂有以异蒉白黑甘苦之别者哉[23]？

本章论述"今王公大人"，对"入人之场园，取人之桃李瓜姜""逾人之墙垣，挃格人之子女""穴人之府库，窃人之金玉布枲""逾人之栏牢，窃人之牛马"，以及"杀一不辜人"，皆知"加罚"，而对"今天下之诸侯""侵凌攻伐兼并""多杀其邻国之人"，"因以为之义"，可知其"小物则知之"，而"大物则不知"。

[注释]

[1]小物：小事。　[2]上得且罚之：是说在上位者抓到就惩罚他。上，居上位者。且，犹而。《非攻上》作"上为政者得则罚之"。　[3]与：参与。　[4]已非其所有取之故：原作"已非其有所取之故"。从孙诒让校倒转"有所"二字。这句是说，因为非其所有而获取的缘故。已，同以，因。　[5]而况有逾人之墙垣："逾"下原有"于"字。从孙诒让校删。下文"逾人之墙垣"，可证。这句是说，何况又翻越别人的墙垣。有，通又。下文"况有""有"字同。越，过。　[6]挃（zhā）格：同义复词，提取，拘执。挃，取。格，拘执。下文二"挃格"皆同。　[7]穴：原作"角"。从俞樾校改。下文二"角人""角"字同。　[8]布枲：原作"蚕紊"。

从王引之校改（紊，讹为条，条、枭又相乱不别）。布枭，即布缫，指布帛。缫，帛如绀色。下文二"蚤紊"皆同。 [9]栏牢：同义复词，牲牢，牲圈。下文二"栏牢"皆同。 [10]此为杀一不辜人者数千万矣：是说此罪行比杀一无罪之人深重数千万倍。为，如，义同比。《经词衍释》卷二："为训曰如，如之义同比，故为亦得作比训。"下文二"此为""为"字皆同。 [11]挝格：原作"格"。从毕沅校补"挝"字。 [12]此为逾人：原作"逾人"。据上文"此为逾人之墙垣……数千万矣"补"此为"二字。 [13]蕡义（義）：原作"蕡我"。从顾千里校改。蕡，通棼。蕡义，即棼义，纷乱义之真谛。棼，纷乱。 [14]辩：通辨。辨，辨别。 [15]谓黑：原作"谓之黑"。从王引之校删"之"字。下文"多示之黑谓白"，可证。 [16]乱：坏，错。下文"口乱""乱"字同。 [17]少能：原作"能少"。从毕沅校倒转。少能，即少而。能，通而。 [18]多尝之甘：原作"多尝"。从王引之校补"之甘"二字，与上文"多示之黑谓白"同其辞例。 [19]为政：原作"政"。从戴望校补"为"字。上文"今王公大人之为政也"，可证。 [20]或杀人：是说有人杀人。或，有的，有人。用为肯定性无定代词。 [21]以斧钺：原作"此蚤越"。从王焕镳校改。 [22]因以为之义：之，原作"文"。从孙诒让校改。"因以为之义"即"因以谓之义"，为，通谓。 [23]有以异：原作"有异"，据上文"则岂有以异是蕡黑白甘苦之辩者哉"补"以"字。

8. 故子墨子置天之[1]，以为仪法。非独子墨子以天之为法也[2]，于先王之书《大夏》之道之然[3]："帝谓文王，予怀明德[4]，毋大声以色[5]，毋长夏以革^[6]，不识不知^[7]，顺帝之则。"此诰文王之以天志为法^[8]，而顺帝之则也。且今天下之士君子^[9]，中实将欲为仁义，求为上士，上欲中圣王之道，下欲中国家百姓之利者，当天之而不可不察也^[10]。天之者^[11]，义之经也^[12]。

本章论述置立"天志"，既是墨子的主张，也有先王之书作为依据。最后告诫"今天下之士君子"，对作为"义之经"的"天志"，不可不加以详察，回扣主题，收结全篇。

[注释]

[1]天之：即"天志"。之，通志。下文诸"天之"同。　[2]天之：原作"天之志"。从王念孙校删"志"字。上文"故子墨子置天之"，可证。　[3]《大夏》：即《大雅》，指《诗·大雅·皇矣》。"夏""雅"古通用，如《左传》"子夏"作"子雅"。道之然，所说的那样。道，说。然，如此。　[4]予怀明德：是说我眷顾有光明之德的国君。予，我。此处为天帝自称。怀，归，眷顾。　[5]毋大声以色：是说他并不张大其声音、严厉其面容。以，犹与。色，容色。《天志中》引"毋"作"不"。　[6]毋长夏以革：是说也并不过于尊重华夏、更改王法。长，尊长，尊重。夏，诸夏，华夏。指中国，与蛮夷对言。革，更改。《天志中》引"毋"作"不"。　[7]"不识不知"以下两句：他似不识古又不知今，而其行事却顺天帝的法则。　[8]此诰文王之以天志为法：句末原有"也"字。从孙诒让校删。这句是说，这就是天帝所教告文王的要以天志为法则的话。诰，通告。吴抄本正作"告"。告，教，示。　[9]且：犹夫，发语词。　[10]天之：原作"天之志"。从王念孙校删"志"字。　[11]天之：原作"天之志"。从王校删"志"字。　[12]经：道，常法。

[**点评**]

此篇所论，大致说来，有以下两个方面。一是论述"今天下之士君子"知小物而不知大物，指出"天欲义而恶其不义"，"天""兼爱天下之人"，"义""必自贵且知者出"，而"天""贵且知于天子"，故"义果自天出"，并举"三代之圣王尧、舜、禹、汤、文、武"顺天之意而得赏，"三代之暴王桀、纣、幽、厉"反天之意而得罚之例以明之，从而归结出"顺天之意者，兼也；反天之意者，别也。兼之为道也，义正；别之为道也，力正"的道理，批评"大国之君""攻伐无罪之国"，并以之"告四邻诸侯"，"其邻国之君"竟"使人餫贺"，"好攻伐之君"与"其邻国之君"皆"不知此为不仁义"。此则所谓"大物则不知"。而"今王公大人"见"取人之桃李瓜姜""担格人之子女""窃人之金玉布帛""窃人之牛马"及"杀一不辜人"而必"加罚"。此则所谓"知小物"。二是论述"子墨子置天之，以为仪法"，并引《大夏》(《诗经》)为证，说明是天帝在教告文王"以天之为法"，从而落实"天之者，义之经也"的篇旨。

孔子承认"天"的存在，说"唯天为大，唯尧则之"(见《论语·泰伯》)，又说"获罪于天，无所祷也"(见《论语·八佾》)。这说明孔子认为，尽人事必须听天命。乍一看来，墨子"天志"似乎也带"天命观"色彩，但"墨子置天之"，徒是"以为仪法"，可以说是墨子为了推行其思想主张而顺手拾起的"推天道以明人事"的工具而已。就是说，墨子所说的"天"具有"人格天"和"自然天"的两重性。《天志》篇中的"天"固然是指"人格

天"，《公孟》篇中墨子回答弟子跌鼻关于"今先生圣人
也，何故有疾"的质疑时所说："人之所得于病者多方，
有得之寒暑，有得之劳苦，百门而闭一门焉，则盗何遽
无从入？"这里，"病"也"有得之寒暑"者，显指"自
然天"。人们每多认为墨子所说的"天"都属有"志"之
"天"，即"人格天"，并不正确，至少是不全面。

第十二篇　明鬼下

1. 子墨子言曰：逮至昔三代圣王既没^[1]，天
下失义，诸侯力正^[2]，是以存夫为人君臣上下者
之不惠忠也，父子弟兄之不慈孝弟长贞良也^[3]，
正长之不强于听治^[4]，贱人之不强于从事也。民
之为淫暴寇乱盗贼^[5]，以兵刃毒药水火退无罪人
乎道路率径^[6]，夺人车马衣裘以自利者并作^[7]，
由此始，是以天下乱。此其故何以然也？则皆以
疑惑鬼神之有与无之别，不明乎鬼神之能赏贤而
罚暴也。今若使天下之人偕若信鬼神之能赏贤而
罚暴也^[8]，则夫天下岂乱哉！

本章论述"昔三代圣王既没，天下失义，诸侯力正"，出现动乱。其原因在于"天下之人""疑惑鬼神之有与无之别"，不明白鬼神能赏贤罚暴。

[注释]

[1]逮：及。没：或作殁，死。　[2]力正：即力政，以武力征服人的政治。　[3]"是以存夫为人君臣上下者之不惠忠也"以下两句：因而存在为人君者不施惠臣下、为人臣者不尽忠君上，为人父者不慈爱其子、为人子者不孝顺其父、为人弟者不能对其兄敬重贞信、为人兄者不能对其弟尊重善待等现象。夫，犹乎，叹词。弟，同"悌"，善事兄长。长，尊。贞，信。良，善。　[4]正长：即《尚同上》"又选择其国之贤可者，置立之以为正长"之"正长"，或作政长，指行政长官。强（qiǎng），勉强，努力。下句"不强于""强"字同。　[5]寇：寇劫，寇攘。　[6]退无罪人乎道路率径：是说阻止无辜之人于大道小径。退，止，阻止。率径，即"术（術）径"，指大道与小径。率，通术。术，大道，车道。径，小路，步道。　[7]作：兴起，发生。　[8]偕若信：即皆顺信，指都顺从相信。偕，通皆。若，顺，顺从。信，相信。此处"今若使天下之人偕若信鬼神之能赏贤而罚暴也"，与下文"使天下之众皆疑惑乎鬼神有无之别"，相对而言。

2.今执无鬼者曰："鬼神者，固无有。"旦暮以为教诲乎天下，疑天下之众，使天下之众皆疑惑乎鬼神有无之别，是以天下乱。是故子墨子曰：今天下之王公大人士君子，实将欲求兴天下之利，除天下之害，故当鬼神之有与无之别，以为将不可以不明察此者也[1]。既以鬼神有无之别，以为不可不察已[2]，然则吾为明察此，其说将奈何而可^[3]？子墨子曰：是与天下之所以察知有与无之道者，必以众之耳目之实知有与亡为仪者也^[4]。请惑闻之见之^[5]，则必以为有；莫闻莫见^[6]，则必以为无。若是，何不尝入一乡一里而问之，自古以及今，生民以来者，亦有尝见鬼神之物^[7]，闻鬼神之声，则鬼神何谓无乎？若莫闻莫见，则鬼神可谓有乎^[8]？

本章论述察鬼神有无之道，"必以众之耳目之实知有与亡为仪"。

［注释］

[1] 以为将不可以不明察此者也：是说我以为乃不可以不对这一问题加以明察的。将，犹乃。　[2] 已：同矣。　[3] 奈何：即奈何，如何。　[4] "是与天下之所以察知有与无之道者"以下两句：这与天下之人用来察知某事的有或无的方法，必定是以众人耳闻目见的事实作为确知有与无的标准一样。是，犹之，这。用为指示代词。亡，通无。仪，度，法。　[5] 请惑闻之见之：即"诚或闻之见之"，是说确实有人听说过他，见到过他。请，通诚。诚，实，真。惑，通或。或，有的，有人。因为肯定性无定代词。　[6] 莫闻莫见：是说没有人听说过他，见到过他。莫，没有什么，没有人。用为否定性无定代词。　[7] 亦：犹若。《经词衍释》卷三："亦，义同且，且训为若，故亦又有若义。"下文"若莫闻莫见"正作若。　[8] 可：通何。

3. 今执无鬼者言曰：夫天下之为闻见鬼神之物者^[1]，不可胜计也，亦孰为闻见鬼神有无之物哉^[2]？子墨子言曰：若以众之所同见，与众之所同闻，则若昔者杜伯是也^[3]。周宣王杀其臣杜伯而不辜^[4]，杜伯曰："吾君杀我而不辜，若以死者为无知，则止矣；若死而有知，不出三年，必使吾君知之。"其后三年^[5]，周宣王合诸侯而田于圃^[6]，田车数百乘，从数千人，满野。日中，杜伯乘白马素车^[7]，朱衣冠，执朱弓，挟朱矢，追周宣王，射之车上，中心折脊，殪车中^[8]，伏弢而死^[9]。当是之时，周人从者莫不见，远者莫不闻，著在周之《春秋》^[10]。为君者以教其臣，为父者以警其子^[11]，曰："戒之慎之，凡杀不辜者，其得不祥，鬼神之诛，若此之憯遫也^[12]！"以若书之说观之，则鬼神之有岂可疑哉？

本章记述墨子举杜伯无辜而被周宣王所杀，后三年，其鬼魂射殪宣王于田车中之例，以反驳"执无鬼者"所谓"孰为闻见鬼神有无之物哉"的说法。

［注释］

[1]"夫天下之为闻见鬼神之物者"以下两句：天下作为传说听到过或见到过鬼神之物的人，多得不可尽数。"夫"，发语词。　[2]亦孰为闻见鬼神有无之物哉：是说又有谁是果真亲耳听过或亲眼见过鬼神存在与否呢。"亦"，犹又。　[3]杜伯：周宣王大夫。无罪见杀，其子适晋。裔孙后为晋国的正卿，食邑于范，为范氏。　[4]周宣王（？—前782）：西周国君。姬姓，名静，一作靖。厉王子。厉王为国人所逐时，静藏于召公虎家。厉

王死，共伯和归国，始即位。用尹吉甫击退猃狁（xiǎn yǔn）进攻，命方叔、召虎等用兵荆楚、淮夷之地，仅获小胜。其后对西戎作战，屡遭失利。在位四十六年。　　[5] 其后三年：原作"其三年"。从俞樾校于"其"下补"后"字。　　[6] 田：同畋，田猎。田、畋古今字。　　[7] 素车：无饰之车。素，物无饰。白马素车，丧服。　　[8] 殪（yì）车中：是说仆死车上。殪，死。　　[9] 伏弢（tāo）：伏在弓套上。弢，弓套。　　[10] 著在周之《春秋》：是说记载在周朝史书中。著，作，明书之。《春秋》，史书，史官编年纪事。　　[11] 警：义同戒。　　[12] 憯（cǎn）遫：惨烈疾速。遫，原作"逫"（chì，义为张，开）今改正。

8. 今执无鬼者曰：夫众人耳目之请[1]，岂足以断疑哉？奈何其欲为尚士于天下[2]，而有复信众人耳目之请哉[3]？子墨子曰：若以众人耳目之请，以为不足信也，不以断疑，不识若昔者三代圣王尧、舜、禹、汤、文、武者[4]，足以为法乎？故于此乎自中人以上皆曰[5]："若昔者三代圣王，足以为法矣。"若苟昔者三代圣王足以为法[6]，然则姑尝上观圣王之事[7]。昔者，武王之攻殷诛纣也，使诸侯分其祭[8]，曰："使亲者受内祀[9]，疏者受外祀[10]。"故武王必以鬼神为有，是故攻殷伐纣，使诸侯分其祭。若鬼神无有，则武王何祭分哉[11]！

本章记述墨子举周武王以为鬼神存在，故于攻殷伐纣后分命诸侯续行殷祀之例，又驳"执无鬼者"所谓"孰为闻见鬼神有无之物哉"的说法。

[注释]

[1] 请：通情。下文二"耳目之请"，"请"字皆同。   [2] 尚士：原作"高君子"。从孙诒让校改。   [3] 而有复信众人耳目之请哉：是说而又反而听信众人耳闻目见的情况呢？众人，原作"众之"。从孙诒让校改。有，通又。复，反。   [4] 识：知。若：如。   [5] 中人：中等才智之人，平常人。   [6] 若苟：假若。连词连用。苟，亦若。   [7] 姑：且，姑且。尝：试。   [8] 使诸侯分其祭：是说武王灭纣，分命诸侯续殷之祭祀。《非攻下》"王既已克殷，成帝之来，分主诸神，祀纣先王"，同其义。   [9] 使亲者受内祀：是说使同姓之国立祖王庙，得行大尝（秋享祭）、禘（合祭）之祭。亲者，指天子同姓之国。受，承，承受。内祀，指在祖王庙行先祖之祭。   [10] 疏者受外祀：是说使异姓之国行山川四望（指日、月、星、海）之祭。疏者，指天子异姓之国。外祀，指山川四望之祭。   [11] 何祭分：即"何祭之分"（古代汉语宾语前置又加指示代词"之"复指的用例）之省，是说有什么祭祀可分。

9. 非惟武王之事为然也，故圣王其赏也必于祖[1]，其僇也必于社[2]。赏于祖者何也？告分之均也；僇于社者何也？告听之中也[3]。非惟若书之说为然也，且惟昔者虞夏商周三代之圣王[4]，其始建国营都日，必择国之正坛[5]，置以为宗庙；必择木之脩茂者[6]，立以为菆位[7]；必择国之父兄慈孝贞良者[8]，以为祝宗[9]；必择六畜之胜腯肥倅毛[10]，以为牺牲[11]；珪璧琮璜[12]，称财为度[13]；必择五谷之芳黄[14]，以为酒醴粢盛，故酒醴粢盛与岁上下也[15]。故古圣王治天下也，故必先鬼神而后人者[16]，此也。故曰：官府选效[17]，必先祭器祭服毕藏于府，祝宗有司毕立于朝[18]，牺牲不与昔聚群[19]。故古者圣王之为政若此。

本章记述"古圣王治天下"，"必先鬼神而后人"，又驳"执无鬼者"所谓"孰为闻见鬼神有无之物哉"的说法。

［注释］

[1] 故圣王其赏也必于祖：即"古圣王其赏也必于祖"，下文"古者圣王之为政若此"，可证。这句是说，意谓古时圣王赏功必在祖庙进行。故，古。祖，指祖庙。　[2] 僇：通戮。戮，杀。社，土神。此处指祭土神之所，即神社。　[3] 中（zhòng）：合，当。　[4] 且惟昔者虞夏商周三代之圣王：是说从前虞及夏商周三代的圣王。且惟，犹"且"。惟，语词。且，复，又。虞，指虞舜时期。严格说来，不可称"夏"，可称前夏。　[5] 必择国之正坛：是说必定选取国之中央处作为设置祭坛之地。正，中，指国之中央处。坛，祭坛，祭场。　[6] 脩：通修。修，长。　[7] 菆位："菆"有两音，一音 zōu，二音 cóng。此处用其二。菆，即丛（叢），草木葳蕤（wēi ruí）之所，鬼所凭焉。菆位，当作菆社，位、社形近而讹。菆（丛）社，或作"社丛""丛祠""神丛"。《六韬·略地》"冢树社丛勿伐"，《史记·陈涉世家》"又间令吴广之次近所旁丛祠中"，《战国策·秦策三》"亦闻恒思有神丛与"，皆其例。　[8] 贞良：忠贞善良。　[9] 祝宗：大祝与宗伯。大祝，亦作"泰祝"，祝官之长。宗伯，主礼之官。　[10] 胜（勝）腯（tú）肥倅毛：六畜美盛、肥腴和毛色纯粹。胜，盛。腯，豕肥（牛羊

曰肥，豕曰腯）。倅，或作萃。萃，同粹。粹，毛色纯粹。　[11]牺牲：别养以供祭祀的纯毛六牲。　[12]珪璧琮璜：祭祀所用诸种玉器。珪，方玉。璧，圆玉。琮，圆中牙外（外八方）之玉。璜，半璧。　[13]度：尺度，法度。　[14]芳黄：芳香嘉谷。芳，香。黄，指嘉谷。　[15]酒醴粢盛与岁上下：是说酒食祭物随年成好坏而有所增减。岁，年岁，年成。　[16]故：通固。固，定，必。　[17]选效：置备，具备。选（選），通僎。僎，具。效，具。　[18]有司：官吏，职有所司。　[19]牺牲不与昔聚群：是说将用于祭祀的牺牲必别养之，而不与往日所畜聚而成群。

10.古者圣王必以鬼神为有[1]，其务鬼神厚矣[2]。又恐后世子孙不能知也，故书之竹帛，传遗后世子孙。或（咸）恐其腐蠹绝灭[3]，后世子孙不得而记，故琢之盘盂，镂之金石，以重之。有恐后世子孙不能敬君以取羊[4]，故先王之书，圣人一尺之帛，一篇之书，语数鬼神之有也[5]，重有重之[6]。此其故何？则圣王务之。今执无鬼者曰："鬼神者，固无有。"则此反圣王之务。反圣王之务，则非所以为君子之道也。

本章论述"古者圣王必以鬼神为有，其务鬼神厚"，又驳"执无鬼者"所谓"孰为闻见鬼神有无之物哉"的说法。

[注释]

[1]必以鬼神为有：原作"必以鬼神为"。从王念孙校补"有"字。上文"则必以（鬼神）为有"，与"则必以为无"对言，可

证。 [2]其务鬼神厚矣：是说圣王专力于鬼神之事可谓厚重。务，趋，专力。 [3]或：原作"咸"。从王引之校改。或，犹又。蠹（dù）：败，朽烂。 [4]有恐后世子孙不能敬莙以取羊：是说又恐后世子孙不能敬畏以求取祯祥。有，通又。下文"重有重之"，"有"字同。莙，通威。《说文·艸部》："莙，牛藻也。读若威。"威，通畏。羊，犹祥。《说文·羊部》："羊，祥也。"秦汉金石，"吉祥"多作"吉羊"。 [5]"圣人一尺之帛"以下三句：圣人所言，哪怕是一尺的帛，一篇的书，论鬼神之有，可以说语之频频。 [6]重有重之：是说重复而又重复。重，复。

11. 今执无鬼者之言曰：先王之书，圣人（慎无）一尺之帛[1]，一篇之书，语数鬼神之有，重有重之，亦何书之有哉[2]？子墨子曰：《周书·大雅》有之[3]。《大雅》曰[4]："文王在上[5]，於昭于天。周虽旧邦[6]，其命维新[7]。有周不显[8]，帝命不时[9]。文王陟降[10]，在帝左右。穆穆文王[11]，令问不已。"若鬼神无有，则文王既死，彼岂能在帝之左右哉[12]？此吾所以知《周书》之鬼也。

［注释］

[1]圣人：原作"慎无"。从王念孙校改。上文"圣人一尺之帛"，可证。 [2]何书之有：即"有何书"。古代汉语宾语前置

本章论述用《周书·大雅》(《诗经·大雅》) 记有鬼神之事，以回答"执无鬼者"关于"（鬼神）何书之有"的质疑。

又加指示代词"之"复指的用例。　[3]《周书·大雅》：即《诗经·大雅》。《周书》，指《诗经》。古人于《诗》《书》，每互称之。《论衡·正说》："五经总名为书。"可以为证。　[4]《大雅》曰：此下为《诗经·大雅·文王》开头十句："文王在上，於昭于天。周虽旧邦，其命维新。有周不显，帝命不时。文王陟降，在帝左右。亹亹文王，令闻不已。""亹亹"，《墨子》引作"穆穆"，"闻"作"问"。　[5]"文王在上"以下两句：文王既崩，其神魂在天上，德化昭明于天。於（wū），叹美词。昭，明，显。　[6]旧邦：指周邦自后稷始封，公刘而兴，大王迁岐，千有馀年而未有天命。　[7]其命维新：是说至文王开始受命于天帝。"新""命"，对"旧邦"而言。维，语词。　[8]有周不显：是说周邦的德业极其光显。有周，即周。有，字头（语助），无义。不，发语词（一说不，岂不。不显，岂不光显。又一说，不，读为丕。丕，大。不显，即丕显，大显）。　[9]帝命不时：是说天帝的授命正确。不时，时。时，通是。是，正，直。　[10]"文王陟降"以下两句：文王崩逝，其神魂在天帝的左右。陟降，升降。陟，升，登。此处用为偏义，指升遐，崩逝。在，存，存在。　[11]"穆穆文王"以下两句：威仪齐盛的文王，其善誉永世流传不绝。穆穆，威仪多盛的样子。令问，即"令闻"，善誉。令，善。问，通闻。　[12]彼岂能在帝之左右哉：是说他怎么能在天帝的左右呢？彼，他，与此对言。

14. 是故子墨子曰：尝若鬼神之能赏贤如罚暴也[1]，盖本施之国家[2]，施之万民，实所以治国家、利万民之道也。是以吏治官府之不洁廉[3]，男女之为无别者，鬼神见之；民之为淫暴寇乱盗贼[4]，以兵刃毒药水火退无罪人乎道路[5]，夺人车马衣裘以自利者，有鬼神见之。是以吏治官府不敢不洁廉，见善不敢不赏，见暴不敢不罪。民之为淫暴寇乱盗贼，以兵刃毒药水火退无罪人乎道路，夺车马衣裘以自利者，由此止[6]，是以天下治[7]。

本章论述鬼神能赏贤而罚暴，乃"治国家、利万民"之道。

［注释］

[1]尝若鬼神之能赏贤如罚暴也：是说当此鬼神之可以赏贤而罚暴之理。尝（嘗）若，即"当（當）若"，当此。尝，通当。若，此。如，通而。如、而古通用。　[2]"盖本施之国家"以下三句：本来应该是施行于国家，施行于万民，实为用以治理国家、惠利万民的公器。"实所以治国家、利万民之道也"下，原有"若以为不然"五字，从王念孙校删（涉下文"若以为不然"而衍）。　[3]洁廉：义同"廉洁"。　[4]寇：寇劫，寇攘。　[5]退：止，阻止。下文"退无罪人乎道路"，"退"字同。　[6]由此止：遥应上文"由此始"。"由此止"下，原有"是以莫放幽间拟乎鬼神之明显明有一人畏上诛罚"二十一字，从戴望校删。　[7]是以天下治：遥应上文"是以天下乱"。

16.且不惟此为然[1]。昔者殷王纣贵为天子，富有天下，上诟天侮鬼，下殃杀（傲）天下之万民[2]，播弃黎老[3]，贼诛孩子[4]，焚（楚）炙（毒）无罪[5]，刳剔孕妇[6]。庶旧鳏寡[7]，号咷无告也[8]。故于此乎天乃使武王至明罚焉[9]。武王以择车百两[10]，虎贲之卒四百人[11]，先庶国节窥戎[12]，与殷人战乎牧之野[13]，王手（乎）禽费中、恶来[14]，众畔皆（百）走[15]。武王逐奔入宫，商（万）王（年）辛（梓）株[16]，折纣而系之赤环[17]，载之白旗[18]，以为天下诸侯僇[19]。故昔者殷王纣贵为天子，富有天下，有勇力之人费中、恶来、崇侯虎[20]，指画（寡）杀人[21]，人民之众兆亿，侯盈厥泽陵[22]，然不能以此围鬼神之诛[23]。此吾所谓鬼神之罚，不可为富贵众强、勇力强武、坚甲利兵者，此也。且《禽艾》之道之曰[24]："得玑无小[25]，灭宗无大。"则此言鬼神之所赏，无小必赏之；鬼神之所罚，无大必罚之。

本章以商王纣为例，论述鬼神之罚，不可用"富贵众强、勇力强武、坚甲利兵"以御之。

[**注释**]

[1]且不惟此为然：此句对上文夏王桀受鬼神之罚而言。　[2]杀：原作"傲"。从王念孙校改。　[3]播弃黎老：是说遍弃耆老之人。播，布，遍。黎，古通耆。　[4]贼诛孩子：是说残害诛杀幼儿。贼，害，贼害，残害。孩，小儿笑。此处指幼

儿。　[5]焚炙：原作"楚毒"。从王念孙校改。焚炙，火烧。此处指殷王纣所用炮烙之刑。　[6]刳（kū）剔孕妇：是说殷王纣剖剥其臣已孕之妇以视其胎儿。刳剔，剖剥。刳，以刀挖空其中之物。剔，剥肉除骨。　[7]庶旧：众故旧。庶，众。旧，故。故旧，朋友。　[8]号（號）咷：同义复词，啼号。号，痛声。古啼號字作"号"。咷，啼呼。　[9]至：通致。致，与，给予。　[10]武王以择车百两：是说武王用精选的百辆战车。择，柬选。两，同辆。　[11]虎贲：或作虎奔，喻如虎奔走，勇士之称。　[12]先庶国节窥戎：是说武王作为同盟诸国受符节领兵军将的先驱，前往窥伺敌情。庶，众。庶国节，指同盟诸国受符节而听命于武王的领兵军将。窥戎，窥伺兵戎之情。　[13]牧之野：指商郊牧野之地。牧野，一作坶野，古地名，在商都朝歌（今河南淇县西南）。牧野一战，武王灭纣，周革殷命。　[14]王手禽费中、恶来：是说武王亲手擒获纣王的统兵费中和恶来。手，原作"乎"。从毕沅校改。禽，同擒。禽、擒古今字。费中，一作费仲，纣王宠臣。善谀好利。纣王囚西伯昌（周文王），周臣因费中献美女善马奇物，得出。恶来，纣王宠臣。详《所染》2章注释[7]。　[15]众畔皆走：是说殷纣的师众都叛逃而去。畔，通叛。走，趋，逃跑。皆，原作"百"。从王引之校改。　[16]商王辛株：即"商王辛诛"，是说商王受辛自焚而死。原作"万（萬）年梓株"。从吴毓江校改。株，通诛。诛，杀。此处指自杀。　[17]折纣而系之赤环：是说折断纣首而系于赤色旗饰之上。环（環），通缳。缳，旗饰。　[18]载之白旗：是说以白色旗幅承载之。载，承。　[19]僇：通戮。戮，杀。　[20]崇侯虎：有崇氏国君，为殷王纣之臣。详《所染》2章注释[7]。　[21]指画杀人：是说用手指点之间，就可以使人死于非命。画，原作"寡"，当为"画"（畫）之讹字。《太平御览》卷三百七十引作"画"。　[22]侯盈厥泽陵：是说充满其水泽山陵。侯，犹维，发语词。厥，其。　[23]圉：通御。御，抗御。　[24]《禽艾》：翟灏云：《逸周书·世俘解》有"禽艾侯"之语，当即此"禽艾"。　[25]"得玑（璣）无小"以下两句：行善必受赏得福，无论其善行何其微小；作恶必灭宗罹祸，无论其地位何其富贵，权势何其众强。玑，通机（機）。机，福祥。

17. 今执无鬼者曰：意不忠亲之利[1]，而害为孝子乎？子墨子言曰：古今之为鬼[2]，非他也，有天鬼神，亦有山水鬼神者，亦有人死而为鬼者。今有子先其父死，弟先其兄死者矣，意虽使然[3]，然而天下之陈物曰先生者先死[4]。若是，则先死者非父则母，非兄而姒也[5]。今洁为酒醴粢盛[6]，以敬慎祭祀。若使鬼神请有[7]，是得其父母兄姒而饮食之也[8]，岂非厚利哉？若使鬼神请亡[9]，是乃费其所为酒醴粢盛之财耳。且（自）夫费之[10]，非特注之污壑而弃之也[11]，内者宗族，外者乡里，皆得如具饮食之[12]。虽使鬼神请亡，此犹可以合驩聚众[13]，取亲于乡里。今执无鬼者言曰："鬼神者固请无有，是以不共其酒醴粢盛牺牲之财[14]。吾非乃今爱其酒醴粢盛牺牲之财乎[15]，其所得者将何哉[16]？"此上逆圣王之书，内逆民人孝子之行，而为上士于天下，此非所以为上士之道也。是故子墨子曰：今吾为祭祀也，非直注之污壑而弃之也，上以交鬼神之福[17]，下以合欢聚众，取亲乎乡里。若鬼神有[18]，则是得吾父母兄姒而饮食之也[19]，则此岂非天下利事也哉。

本章论述"洁为酒醴粢盛"，对鬼神"敬慎祭祀"，"若使鬼神请有，是得其父母兄姒而饮食之"；"若使鬼神请亡"，"此犹可以合驩聚众，取亲于乡里"。应该看到，墨子在一再强调"鬼神之有"之后，又于此处埋下"若使鬼神请亡"的伏笔，暴露出其在"右鬼"问题上的不自信。

[注释]

[1] 意不忠亲之利：是说这或许不合乎父母的利益。意，通抑。用为选择或转折连词。下文"意虽使然"意字同。忠，通中（zhòng）。中，合，当。　[2] 古今之为鬼：原作"古之今之为鬼"。从孙诒让删前"之"字。潜本正无前"之"字。　[3] 意虽使然：是说不过虽然假使如此。虽，虽然。使，假使。然，如此。　[4] 陈物：故事，常理。陈，故。物，事。　[5] 非兄而姒：即非兄则嫂。而，犹则。姒，兄妻，嫂。兄妻为姒，弟妇为娣。一说，姒，姊。先生为姒，后生为娣。此处用前者之义。　[6] 洁为酒醴粢盛：是说洁净备办酒食祭物。[7] 若使：假使。连词连用。若，犹如。请，通诚。诚，实，真。下文"请有""请亡"，"请"字皆同。　[8] 兄姒：原作"姒兄"。据上文"则先死者非父则母，非兄而姒也"倒转。　[9] 亡：通无。下文"诚亡""亡"字同。　[10] 且：原作"自"。从孙诒让校改。　[11] 非特注之污壑（hè）而弃之：是说不只是倾注于污水沟壑而丢弃它。特，或作犆，但，只。下文"非特"特字同。壑，坑沟，坑堑。下文"污壑""壑"字同。　[12] 皆

得如具饮食之：是说都得而普遍吃喝一番。具，通俱。俱，遍。如，通而。　[13]合驩聚众：指联欢群聚。驩，或作讙、欢（歡），义同悦，乐。　[14]共：通供。供，供给，供奉。　[15]吾非乃今爱其酒醴粢盛牺牲之财：是说我并非如今怜惜置办供奉酒食祭品及牺牲等物所用的钱财。乃今，如今。乃，犹如。　[16]其所得者将何哉：这句是说，（这样做）我将得到什么呢？原作"其所得者臣将何哉"。从孙诒让删"臣"字。潜本正无"臣"字。　[17]鬼神：原作"鬼"。从苏时学校补"神"字。上文"若使鬼神请有""若使鬼神请亡"，皆"鬼神"连言，可证。　[18]若鬼神有："鬼神"原作"神"。从毕沅校增"鬼"字。　[19]则是得吾父母兄姒而饮食之也：兄姒，原作"弟兄"。从俞樾校改。且补"饮"字于"食"之前。上文"是得其父母兄姒而饮食之也"，可证。

18. 是故子墨子曰：今天下之王公大人士君子，中实将欲求兴天下之利 [1]，除天下之害，当若鬼神之有也 [2]，将不可不尊明也 [3]，圣王之道也。

本章论述"今天下之王公大人士君子"应重视并明告世人，"鬼神之有"实乃"圣王之道"，用以收结全篇。

[注释]

[1]中：心，心中。将欲：能愿动词连用，即欲。　[2]当若：对此。　[3]将不可不尊明也：是说当不可不予以重视并且明告世人啊。将，当。尊，重。

[点评]

此篇围绕有鬼神且鬼神能赏贤罚暴展开论述，以

"众之耳目之实知"为基本理据，转述杜伯无辜而为周宣王所杀，变鬼"乘白马素车"射王，而王殪于车中之例，指出"古圣王治天下""必先鬼神而后人"之理，又引用《诗经》所记鬼神之事，揭露殷纣王"诟天侮鬼"而天帝乃使周武王致其"明罚"之事，再四致意，每令人深信墨子"明鬼"之坚。但在文末驳"执无鬼者"所谓"意不忠亲之利，而害为孝子乎"的论调时，却又退了一步，就"鬼神请有"和"鬼神请亡"两个方面，委曲婉转地说事，使人感到墨子之论"明鬼"，未能自圆其说。

"鬼神之有"是一个伪命题，因为它无法得到理性的论证。墨子以"众之耳目之实知"为仪，显然是乞灵于"经验论"，暴露出小生产者阶层历史观的狭隘性。试想，帝喾元妃有邰氏女姜嫄履大人迹，感而娠之，生后稷，帝喾次妃有娀氏女简狄见玄鸟堕其卵，取吞之，因孕生契。人或闻之，徒增稷、契之灵异非凡而已，岂可信从？古书所载世事人情，虽多有实录，但神话传说，往往夹杂其中，不能完全采信。《孟子·尽心下》："尽信《书》，则不如无《书》。吾于《武成》，取二三策而已矣。"孟子的评论，点到了问题的症结所在。墨子所以"明鬼"，最终未必质证鬼神的有与无，不过将"天志"顺理成章地引入人间，借以告诫"今天下之王公大人士君子"，应扬善惩恶，为"仁义"，做"上士"，求兴天下之利，除天下之害，如此而已。

第十三篇　非乐上

本章论述"仁者之事，必务求兴天下之利，除天下之害"，"亏夺民衣食之财"之事，决然不做。

"兴天下之利，除天下之害"，为"兼爱"的具体体现，亦为"仁者"之所"必务"。故"非乐"主张，以最终达成"兼爱"目标为指归。

1. 子墨子言曰：仁者之事[1]，必务求兴天下之利[2]，除天下之害，将以为法乎天下。利人乎，即为[3]；不利人乎，即止。且夫仁者之为天下度也[4]，非为其目之所美，耳之所乐，口之所甘，身体之所安，以此亏夺民衣食之财，仁者弗为也。

[注释]

[1] 仁者之事：原作"仁之事者"。从孙诒让校移"者"于"仁"字后。下文"且夫仁者之为天下度也"，可证。 [2] 务：趋，专力。 [3] 即：犹则。下文"即止""即"字同。 [4] 且夫仁者之为天下度（duó）也：是说仁者为天下人所计虑的事。且夫，发语词，度，谋，计虑。下文"下度之不中万民之利"，"度"字同。也，

犹者，表示提顿。

2. 是故子墨子之所以非乐者，非以大钟鸣鼓、琴瑟竽笙之声以为不乐也[1]，非以刻镂文章之色以为不美也[2]；非以犓豢煎炙之味以为不甘也[3]，非以高台厚榭邃野之居以为不安也[4]。虽身知其安也，口知其甘也，目知其美也，耳知其乐也，然上考之不中圣王之事[5]，下度之不中万民之利[6]，是故子墨子曰：为乐非也。

本章论述为乐"上考之不中圣王之事，下度之不中万民之利"，故必非之。

［注释］

[1] 大钟：即镛，或作庸，又名镈。鸣鼓：响鼓，打击乐器。琴：弹拨弦乐器名，五弦，或云七弦。传为神农所作。瑟：弹拨弦乐器名。二十七弦，传为庖牺所作。竽：吹奏管乐器名，笙之大者，三十六簧。笙：吹奏管乐器名，十三簧。后"以"，犹而。下文三"以为""以"字皆同。　[2] 非以刻镂文章之色以为不美也：是说并非以刻画雕镂黼黻文章的色彩而为不鲜丽。刻镂文章，原作"刻镂华文章"，从毕沅校删"华"字。潜本正无"华"字。　[3] 犓：即刍。吴抄本正作"刍"。刍，草饲牛羊。豢：谷养犬豕。煎：以火去汁。炙：火灼，炮。　[4] 厚榭：宏榭。榭，台（臺）上起屋。邃野：深邃屋宇。邃，深。野，通宇。《读书杂志·墨子第三·非乐上》王念孙按引王引之曰："野即宇字也，古读野如宇。"　[5] 中（zhòng）：合，当。下文"不中万民之利"，"中"字同。

3. 今王公大人虽无造为乐器[1]，以为事乎国家，非直掊潦水、折壤坦而为之也[2]，将必厚措敛乎万民[3]，以为大钟鸣鼓、琴瑟竽笙之声。古者圣王亦尝厚措敛乎万民，以为舟车，既以成矣[4]，曰："吾将恶许用之[5]？"曰："舟用之水，车用之陆，君子息其足焉，小人休其肩背焉。"故万民出财赍而予之[6]，不敢以为感恨者[7]，何也？以其反中民之利也[8]。然则乐器反中民之利亦若此，即我弗敢非也[9]。然则当用乐器譬之若圣王之为舟车也[10]，即我弗敢非也。

本章论述"今王公大人""造为乐器"，"将必厚措敛乎万民"，而非如"古者圣王"制作"舟车""反中民之利"，故必非之。

[注释]

[1]虽无：即唯无。虽（雖），通唯。唯无（毋），语气词。　[2]非直掊（póu）潦水、折壤坦而为之也：是说绝非仅如把取雨水、摘取壤土那样易于为之。直，特，徒，只是。掊潦水，指把取行潦之水，喻其易。掊，把，以手爬土。潦，行潦，雨落所停之水。折壤坦，即"摘壤坛"，指摘取壤土，亦喻其易。折，即《耕柱》"昔者夏后开使蜚廉折金于山川"之"折"，通晢，晢，通摘。摘（tī），发动。折金，即"晢金"，亦即"摘金"，指发掘取金。坦，通坛（壇）。坛，土。《类篇·土部》："坛，野土也。"[3]措敛：即"籍敛"，税赋，税收。措，通籍。　[4]以：同已。　[5]恶（wū）许：何所，何处。恶，何，什么。许，犹所。　[6]赍（jī）：即赍，持而遗（wèi）之，送物。　[7]感恨：

忧悔。慼，忧。恨，悔。　[8]中（zhòng）：合，当。　[9]即我弗敢非也：是说那么我就不敢非议了。即，犹则。下文"即我敢非也"同。　[10]当（當）：通尝（嘗）。尝，试。

4. 民有三患：饥者不得食，寒者不得衣，劳者不得息，三者民之巨患也。然即当为之撞巨钟、击鸣鼓、弹琴瑟、吹竽笙而扬干戚[1]，民衣食之财将安可得乎[2]？即我以为未必然也[3]。意舍此[4]，今有大国即攻小国，有大家即伐小家，强劫弱，众暴寡，诈欺愚，贵傲贱，寇乱盗贼并兴[5]，不可禁止也。然即当为之撞巨钟、击鸣鼓、弹琴瑟、吹竽笙而扬干戚，天下之乱也，将安可得而治与？即我以为未必然也[6]。是故子墨子曰：姑尝厚措敛乎万民[7]，以为大钟鸣鼓、琴瑟竽笙之声，以求兴天下之利，除天下之害，而无补也。是故子墨子曰：为乐非也。

本章论述"厚措敛乎万民""以为大钟鸣鼓、琴瑟竽笙之声"，不可得"民衣食之财"，不可治"天下之乱"，故必非之。

[注释]

[1]然即：然则。即，犹则。下文"然即"同。当（當）：通尝（嘗）。尝，试。下文"当为之"，"当"字同。扬干戚：指举盾牌、斧钺起舞。干，盾。戚，钺，斧。　[2]民衣食之财将安可得乎：是说百姓衣食所需将由此可得而具吗？安，犹焉，于是。用为兼

词（介词加代词）。下文"将安可得而治"，"安"字同。　[3] 即：犹则。　[4] 意舍此：是说然而暂舍此端而不论（更论他端）。"意"，通抑。用为转折连词。　[5] 寇乱：寇攘作乱。寇，寇劫，寇攘。　[6] 即我以为未必然也：原作"即我未必然也"。从俞樾校补"以为"二字。　[7] "姑尝厚措敛乎万民"以下五句：姑且尝试对百姓加重税赋，用来制作大钟、响鼓、琴瑟、竽笙等乐器，尽享其乐音，这对追求实现"兴天下之利、除天下之害"的宏伟目标，是完全没有补益的。姑，姑且。补，补益，帮助。

　　7. 昔者齐康公兴乐《万》[1]，万人不可衣短褐[2]，不可食糠糟[3]，曰："饮食不美[4]，面目颜色不足视也；衣服不美，身体从容不足观也[5]。"是以食必粱肉[6]，衣必文绣[7]。此掌不从事乎衣食之财[8]，而掌食乎人者也。是故子墨子曰：今王公大人惟毋为乐，亏夺民衣食之财以拊乐如此多也[9]。是故子墨子曰：为乐非也。

本章以齐康公"兴乐《万》"为例，论述乐人万数"食必粱肉，衣必文绣"，指出"王公大人""亏夺民衣食之财以拊乐如此多"，故必非之。

[注释]

[1] 齐康公（？—前 379）：战国时齐国国君。姜姓，名贷。平公孙。康公十四年，为田和迁于海滨。在位二十六年。谥康。兴乐《万》：喜好乐舞《万》。兴（xìng），喜。　[2] 短褐：即裋褐，劳役粗布襦。短，通裋。裋，布襦。褐，粗布衣。　[3] 糠糟：谷皮酒滓，比喻粗劣食物。糠，即穅，谷皮。糟，酒滓。缥眇阁本作"糟糠"。　[4] 饮食：原作"食饮"。缥眇阁本作"饮食"。

今从之。　[5]身体从容不足观也：原作"身体从容丑嬴不足观也"。从王念孙校删"丑嬴"二字。《太平御览》卷六百九十三、八百九十四两引皆作"身体从容不足观也"，可证。从容，举动。　[6]粱肉：粟肉，比喻精美食物。粱，好粟。　[7]文绣：华彩，比喻衣服鲜丽。文，青赤相杂，文采，彩绘。绣，或作繍，五采备。　[8]此掌不从事乎衣食之财：是说这些乐人经常不从事赖以取得衣食之资的生产劳动。掌，通常。下文"掌食""掌"字同。　[9]拊（fǔ）乐：拍击乐器，奏乐。拊，拍，击。

8. 今人固与禽兽麋鹿、蜚鸟、贞虫异者也[1]。今之禽兽麋鹿、蜚鸟、贞虫因其羽毛以为衣裘，因其蹄蚤以为绔屦[2]，因其水草以为饮食。故唯使雄不耕稼树艺[3]，雌亦不纺绩织纴[4]，衣食之财固已具矣。今人与此异者也，赖其力者生[5]，不赖其力者不生。君子不强听治，即刑政乱[6]；贱人不强从事，即财用不足。今天下之士君子以吾言不然，然即姑尝数天下分事[7]，而观乐之害。王公大人蚤朝晏退[8]，听狱治政，此其分事也；士君子竭股肱之力，亶其思虑之智[9]，内治官府，外收敛关市、山林、泽梁之利[10]，以实仓廪府库，此其分事也；农夫蚤出暮入，耕稼树艺，多聚叔粟[11]，此其分事也；妇人夙兴夜寐[12]，纺绩织纴，多治麻丝葛绪[13]，絪布缪[14]，此其分事也。今惟毋在乎王公大人说乐而听之[15]，即必不能蚤朝晏退，听狱治政，是故国家乱而社稷危矣。今惟毋在乎士君子说乐而听之，即必不能竭股肱之力，亶其思虑之智，内治官府，外收敛关市、山林、泽梁之利，以实仓廪府库，是故仓廪府库不实。今惟毋在乎农夫说乐而听之，即必不能蚤出暮入，耕稼树艺，多聚叔粟，是故叔粟不足。今惟毋在乎妇人说乐而听之，即必不能夙兴夜寐[16]，纺绩织纴，多治麻丝葛绪，絪布缪，是故布缪不兴。曰：孰为而废大人之听治、贱人之从事[17]？曰：乐也。是故子墨子曰：为乐非也。

[注释]

[1]蜚鸟：即"飞鸟"。蜚，同飞。贞虫：细腰蜂一类的昆虫。此处泛指昆虫。 [2]蚤：通爪。绔屦（jù）：套裤与靴鞋。绔，胫衣，套裤，或作袴。吴抄本作"袴"。屦，履，鞋。汉代以前，复底曰舃，单底曰屦。汉代以后曰履，今曰鞵（鞋）。 [3]唯：通虽（雖）。耕稼树艺，耕作种植。 [4]纺绩织纴：纺丝绩麻织布帛。 [5]赖其力者生：是说依赖自己的能力便能生存。赖，恃，依赖。下文"不赖""赖"字同。 [6]即刑政乱：是说则刑法政令混乱。即，犹则。下文"即财用""然即""即必不能"，"即"字皆同。 [7]姑尝数（shǔ）天下分事：是说我们姑且尝试历数天下人各自分工的

本章论述人固异于"禽兽麋鹿、蜚鸟、贞虫"，各有"分事"，"赖其力者生，不赖其力者不生"。如"说乐而听之"，必"废大人之听治、贱人之从事"，以致"刑政乱""财用不足"，故必非之。

职事。数，计，计算，阅数。分事，分工的职事。 [8]蚤朝晏退：早上朝而晚退朝。蚤，同早。晏，晚。 [9]亶(dàn)其思虑之智：是说用尽他们的思虑智谋。亶，通殚。殚，尽。 [10]敛：收取，聚敛。泽梁：湖泽与桥梁。 [11]叔：或作菽，即大豆。 [12]夙兴：早起。夙，早。兴，起。 [13]多治麻丝葛绪：是说多理麻、丝、葛的端绪，作为原材料。 [14]绹布縿：是说"织布绡"，即织布帛。绹，织。縿(縿)，缫之俗字。经传中从"喿"之字每因形近讹为"糸"(参)。《广韵·豪韵》："缫，俗又作縿"。缫，通绡。《礼记·檀弓上》："布幕卫也，縿幕鲁也。"郑玄注："縿，读如绡"。绡，绢，生帛。 [15]惟毋：语气词。下文诸"惟毋"皆同。说：通悦。下文诸"说"字皆同。 [16]必不能：原作"不必能"。从孙诒让倒转。上文"必不能"三出，可证。 [17]孰为而废大人之听治、贱人之从事：原作"孰为大人之听治而废国家之从事"。从俞樾校移"而废"于"大人"前，改"国家"为"贱人"。上文"君子不强听治，即刑政乱；贱人不强从事，即财用不足"，可证。

9. 何以知其然也？曰先王之书汤之《官刑》有之[1]，曰："其恒舞于宫[2]，是谓巫风。其刑，君子出丝二卫[3]，小人否[4]，似二伯[5]。"《黄径》乃言曰[6]："呜乎！舞佯佯[7]，其(黄)言孔章[8]，上帝弗常[9]，九有以亡[10]。上帝不顺[11]，降之百殃，其家必坏丧。"察九有之所以亡者，徒从饰乐也。于《武观》曰[12]："启子(乃)淫溢康乐[13]，野于饮食[14]，将将锽锽(铭)[15]，筦(苋)

磬以方（力）[16]，湛浊于酒[17]，渝食于野[18]，《万》舞翼翼[19]，章闻于天[20]，天用弗式[21]。"故上者天鬼弗式（戒）[22]，下者万民弗利。

本章以先王之书《官刑》（《汤刑》）、《黄径》（《大誓》）和《武观》之所记，印证乐舞"上者天鬼弗式，下者万民弗利"，故必非之。

[注释]

[1]汤之《官刑》：指商汤所制刑法之书。当即《左传》昭公六年："商有乱政，而作《汤刑》"的《汤刑》。 [2]"其恒舞于宫"以下两句：经常于宫中乐行歌舞，这叫做交事鬼神的巫风。恒，常。巫，交鬼神之举，或交鬼神之人。"其恒舞于宫，是谓巫风"在今本《尚书·伊训》中作"敢有恒舞于宫，酣歌于室，时谓巫风"。 [3]丝二卫（衛）：即"丝二纬"（緯），丝二束，指君子罚出织十匹帛所用的丝。卫，通纬。纬，束。《广雅·释诂三》："纬，束也"。此处用为量词。古五匹为束。 [4]小人否：是说小人之罚倍于君子。否，孙诒让云："即倍之省。"否，篆作𠤏；倍，篆作𠌰。今从孙说。 [5]似二伯：即"以二帛"，是说（小人加倍惩罚，）罚二匹帛。似，通以。古"以""似"通用。伯，通帛。 [6]《黄径》：尹桐阳云："《非命下》节引下文作《大誓》，然则《黄径》乃《大誓》别称。"黄，通皇。古"皇""黄"通用。皇，大。径，通经。古"经""径"通用。"皇经"差近"大誓"之意。今从尹说。 [7]舞佯佯：是说《万》舞洋洋然盛大。佯佯，吴抄本作"洋洋"。洋洋，规模盛大的样子。舞洋洋，《诗·鲁颂·闷宫》作"万舞洋洋"。 [8]其言孔章：原作"黄言孔章"。从孙诒让校改。这句是说，其乐音甚为响亮动人。言，或作"管"，大箫。《尔雅·释乐》："大箫谓之言"。此处以大箫之音代表伴舞的乐音。孔，甚，很。章，明。今本《尚书·伊训》作"圣谟洋洋，嘉言孔彰"。谟，应读为舞。 [9]上帝弗常：即"上帝弗尚"，是说上帝不予

佑助。尚，佑，助。上帝弗常，《伊训》作"惟上帝不常"。　[10]九有以亡：是说天下因而失去。九有，即九域、九州，指天下。有，通域。以，因。今本《尚书·咸有一德》有"厥德匪常，九有以亡"二句。　[11]"上帝不顺"以下两句：天帝感到政道不顺，便会多降灾殃以示惩罚。不顺，指不顺其政道。殃，即殃。"上帝不顺，降之百殃"，《伊训》作"作善降之百祥，作不善降之百殃"。　[12]《武观》：夏之逸书名，盖叙夏启季子武观（又作"五观"）之事，故名。　[13]启子：原作"启乃"。从惠栋校改。据《楚语》士亹（wèn）比五观于丹朱、商均、管叔、蔡叔，则五观为"淫溢"之人。　[14]野于饮食：即"饮食于野"。饮食于野，常句。野于饮食，倒句。　[15]将将锽锽：原作"将将铭"。从孙诒让校改。这句是说，乐音交响和鸣。将将（或作"锵锵"）、锽锽，皆作乐之声。　[16]筦磬以方：原作"苋磬以力"。从孙诒让校改。这句是说，管磬并作。筦，即管。方，并舟，并。[17]湛浊：沉乱。湛，古沉字。浊，乱。[18]渝：通偷。偷，苟且。[19]《万》舞翼翼：即"《万》舞奕奕"，是说《万》舞奕奕然轻丽优闲。翼，通奕。奕奕，轻丽，闲。　[20]章闻于天：原作"章闻于大"。从惠栋校改。这句是说，乐音显著，声闻于天。章，著，显。[21]天用弗式：是说天帝因而不作为法式。用，犹以，因。式，法，法式。　[22]天鬼弗式：原作"天鬼不戒"。从孙诒让校改。上文"天用弗式"，可证。

10. 是故子墨子曰：今天下士君子，请将欲求兴天下之利[1]，除天下之害，当若（在）乐之为物[2]，将不可不禁而止也。

本章劝勉"今天下士君子"，"请将欲求兴天下之利，除天下之害"，对"乐之为物"，"不可不禁"。回扣主题，结束全篇。

［注释］

[1]请：通诚。诚，实，真。将欲：能愿动词连用，即欲。　[2]当若：原作"当在"。从王焕镳校改。《节葬下》"故当若节丧之为政"，可证。当若，对此。若，犹此。

［点评］

此篇从以下六个方面展开论述：其一，"仁者之事"，在于"求兴天下之利，除天下之害"，"亏夺民衣食之财"，"仁者弗为"。其二，墨子"非乐"，其根本出发点，是今王公大人无视民之三患："饥者不得食，寒者不得衣，劳者不得息"，"必厚措敛乎万民"，"上考之不中圣王之事，下度之不中万民之利"。其三，以齐康公兴乐《万》为例，说明众乐人"食必粱肉，衣必文绣。此掌不从事乎衣食之财，而掌食乎人者也"。其四，人固异于"禽兽麋鹿、蜚鸟、贞虫"，而各有分事，"赖其力者生，不赖其力者不生"。如悦乐而听之，必废听治与从事，于是刑政混乱，财用不足。其五，以先王之书《官刑》《黄径》和《武观》所记之乐舞误国，证"非乐"之有据。其六，告诫"今天下士君子"，应以"求兴天下之利，除天下之害"相号召，践行"非乐"主张，净化社会。

墨子"非乐"，由当时的社会状况和其本人立场所决定。当时的社会状况是楚、越、齐、晋等大国炫耀武力，攻战频仍，社会动乱，民不聊生，"饥者不得食，寒者不得衣，劳者不得息"。墨子代表"农夫""妇人"等小生产者的利益，自然要为他们代言。于是从民生与功利出发，认为"王公大人""厚措敛乎万民"，而举专供自己享乐的"撞巨钟、击鸣鼓、弹琴瑟、吹竽笙而扬干戚"
的盛乐,"民衣食之财"将无可得,"天下之乱"将无可治,
这无疑是正确的。我们可以批评墨子惟考虑民生与功利
之一端,而在客观上造成了忽视音乐有陶冶性情、启迪
民智和教化群众等功能的若干弊病。但不要忘记,"王
公大人"们不应该耽溺于"为乐"享受,更不能"厚措
敛乎万民"追求这种享受。只要想到略早于墨子的孔子,
也曾因季桓子受齐所遗(wèi)女乐而不听政,遂抱恨去
鲁周游列国之事,就应对墨子的"非乐"主张给予应有
的理解,不过孔子"避"而墨子"非"而已。必须看到,
墨子实际上并不反对自娱自乐的音乐。《号令》记"无敢
有乐器、弈棋军中",说明士卒平时可以拥有乐器,只是
战时不可带入军中而已。《吕氏春秋·贵因》:"墨子见荆
王,锦衣吹笙,因也。"《淮南子·主术》:"孔丘、墨翟
修先圣之术,通六艺之论。"这表明墨子不仅娴熟笙管的
演奏,而且博通乐论。这与他所"非"的王公大人"厚
措敛乎万民",而举专供自己享受的盛乐的"乐",完全
是两回事。

第十四篇　非命下

1. 子墨子言曰：凡出言谈，则不（必）可而不先立仪而言[1]。若不先立仪而言，譬之犹运钧之上而立朝夕焉也[2]。我以为虽有朝夕之辩[3]，必将终未可得而从定也[4]。是故言有三法。何谓三法？曰：有考之者[5]，有原之者[6]，有用之者。恶乎考之[7]？考先圣大王之事；恶乎原之？察众之耳目之请[8]；恶乎用之？发而为政乎国家万民而观之[9]。此谓三法也。

本章论述"凡出言谈"，"不可而不先立仪"，而"言有三法"，即"考先圣大王之事""察众之耳目之情"和"发而为政乎国家万民而观之"。

[注释]

[1]则不可而不先立仪而言：前"不"，原作"必"。从俞樾校改。《非命中》"则不可而不先立义（仪）法"，可证。这句是说，

就不可以不事先立下标准而发表言论。可而，可以。仪，法，标准。　[2]譬之犹运钧之上而立朝夕焉也：是说譬如在制陶所用转轮之上置立测定日影的仪器以确定早晨与傍晚的时间。焉，于之。用为兼词。　[3]辩：通辨。辨，辨别。　[4]从定：随而确定。从，随，就。　[5]考：考察，考其始。　[6]原：通源。源，度，察度。　[7]恶（wū）：何，怎么。　[8]请：通情。　[9]家，原作"察"。从吴毓江校改。《节葬下》"然则姑尝传而为政乎国家万民而观之"，可证。

2. 故昔者三代圣王禹、汤、文、武方为政乎天下之时，曰："必务举孝子而劝之事亲[1]，尊贤良之人而教之为善。"是故出政施教，赏善罚暴。且以为若此，则天下之乱也，将属可得而治也[2]；社稷之危也，将属可得而定也。若以为不然，昔桀之所乱，汤治之；纣之所乱，武王治之。当此之时，世不渝而民不易[3]，上变政而民改俗。存乎桀、纣而天下乱[4]，存乎汤、武而天下治。天下之治也，汤、武之力也；天下之乱也，桀、纣之罪也。若以此观之，夫安危治乱存乎上之为政也，则夫岂可谓有命哉？故昔者禹、汤、文、武方为政乎天下之时，曰："必使饥者得食，寒者得衣，劳者得息，乱者得治。"遂得本章论述"昔者三代圣王禹、汤、文、武方为政乎天下之时","必务举孝子而劝之事亲，尊贤良之人而教之为善"，又"必使饥者得食，寒者得衣，劳者得息，乱者得治"；"今贤良之人，尊贤而好功道术"，皆"得光誉令问于天下"，非"以为其命"，而"以为其力"。由此观之，"今夫有命者"必出自"昔三代之暴不肖人"。

光誉令问于天下[5]。夫岂可以为其命哉[6]！故以为其力也[7]。今贤良之人，尊贤而好功道术[8]，故上得其王公大人之赏，下得其万民之誉，遂得光誉令问于天下。亦岂以为其命哉？又以为其力也[9]。然今夫有命者，不识昔也三代之圣善人与[10]？意亡昔三代之暴不肖人与[11]？以若说观之[12]，则必非昔三代圣善人也，必暴不肖人也。

[注释]

[1]必务举孝子而劝之事亲：是说必定专力推举孝子出来，以劝勉人们侍奉父母。务，趋，专力。劝，劝勉，鼓励。　[2]属：适，正当。　[3]渝：变。　[4]存：在。　[5]光誉令问：即"光誉令闻"，指美誉善声。光，华，美。令，善。　[6]夫岂可以为其命哉："命"上原脱"其"字。从孙诒让校补。这句是说，怎么能以为是他们的命运呢？夫，发语词。　[7]故以为其力也：是说必定认为是他们的努力。故，通固，义为本、必。　[8]功：通攻。攻，治。　[9]又以为其力也："力"上原脱"其"字。从孙诒让校补。上文"故以为其力也"，可证。　[10]识：知。《非命中》作"志"。　[11]意亡昔三代之暴不肖人与：是说或是往昔三代的暴王和愚劣不材之人呢？意亡，即意，犹抑，用为选择或转折连词。亡，同"无"，语词。不肖，不似父母、愚劣不材之人。　[12]以若说观之：原作"若以说观之"。从孙诒让校倒转。这句是说，以"昔者禹汤文武"和"今贤良之人"，皆"得光誉令闻于天下"，非"以为其命"，乃"以为其力"这些无可辩驳的事实来看。

3. 然今以命为有者，昔三代暴王桀、纣、幽、厉，贵为天子，富有天下，于此乎不而矫其耳目之欲[1]，而从其心意之辟[2]，外之敺骋田猎毕弋[3]，内湛于酒乐[4]，而不顾其国家百姓之政。繁为无用，暴逆百姓，遂失其宗庙[5]。其言不曰："吾罢不肖[6]，吾听治不强。"必曰："吾命固将失之。"虽昔也三代罢不肖之民，亦犹此也。不能善事亲戚、君长，甚恶恭俭而好简易[7]，贪饮食而惰从事，衣食之财不足，是以身有陷乎饥寒冻馁之忧。其言不曰："吾罢不肖，吾从事不强。"必曰[8]："吾命固将穷。"昔三代伪民亦犹此也[9]。

[注释]

[1] 于此乎不而（néng）矫其耳目之欲：是说在天子之位不能矫正其耳目的奢靡欲望。而，通能。矫，矫正。　[2] 辟：通僻。僻，邪僻。　[3] 外之敺骋田猎毕弋：是说外则驱骋畋猎，网禽兽射飞鸟。之，犹则。敺，同驱。田，即畋，畋猎。"田""畋"古今字。毕，田网。弋，缴（zhuó）射。　[4] 内湛于酒乐：是说内则沉湎于饮酒作乐。湛，通沉。湛、沉古今字。　[5] 遂失：即坠（墜）失，丧失。遂，通队。队，或作坠。队坠古今字。　[6] 吾罢不肖：是说我疲弱不材。罢，通疲。疲，疲弱。不肖，不似父母，愚劣不材。　[7] 恶（wù）：厌恶，憎恶。简易，简慢轻易。　[8] 必曰：原作"又曰"。从戴望校改。上文"必曰：'吾命固将失之'"，可

证。　[9]伪民：伪诈之民。

4.昔者暴王作之[1]，穷人术之[2]，此皆疑众迟朴[3]，先圣王之患之也[4]，固在前矣。是以书之竹帛，镂之金石，琢之盘盂，传遗后世子孙。曰：何书焉存[5]？禹之《总德》有之[6]，曰："允不若（著）[7]，惟天民不而葆[8]。既防凶心[9]，天加之咎[10]，不慎厥德[11]，天命焉葆[12]？"《仲虺之告》曰[13]："我闻有夏人矫天命布命于下[14]，帝式是增[15]，用爽厥师[16]。"彼用无为有[17]，故谓矫，若有而谓有，夫岂为矫哉！昔者桀执有命而行，汤为《仲虺之告》以非之。《太誓》之言也，于《太子发》曰[18]："恶乎君子[19]！天有显德[20]，其行甚章[21]，为鉴不远[22]，在彼殷王。谓人有命，谓敬不可行，谓祭无益，谓暴无伤。上帝不常[23]，九有以亡[24]，上帝不顺，祝降其丧[25]。惟我有周，受之大商（帝）[26]。"昔纣执有命而行，武王为《太誓·太子发》以非之。曰：子胡不尚考之乎商、周、虞、夏之记[27]，从十简之篇以尚皆无之[28]，将何若者也[29]？

本章论述所谓"有命"之论，乃昔者"暴王作之，穷人术之"，"此皆疑众迟朴"的货色。先圣之书如《总德》《仲虺之诰》《太誓·太子发》以及虞、夏、商、周之记亦皆以命为无。

[**注释**]

[1]作：创始，创作，造立。　[2]术（術）：通述。述，叙述，传旧，述其故事。与"作"相对而言。　[3]疑众迟朴（樸）：是说疑惑迟顿质朴的人众。迟，迟钝，性非敏速。朴，质，质朴。　[4]"先圣王之患之也"以下两句：先圣王对比感到忧虑，必在许久以前。固，必。　[5]何书焉存：即"存于何书"，倒装句。焉，犹于。用为介词。　[6]《总德》：苏时学云："《总德》，盖逸书之名。"此书今无考。　[7]允不若：原作"允不著"。从孙诒让校改。允不若，诚不顺。允，诚。若，顺。　[8]惟天民不而葆：是说即使上天的子民也不能给以保护。惟，同唯。唯，通虽（雖）。而，通能。葆，同保。　[9]既防凶心：是说既已放纵凶暴之心。防，吴毓江云："'防'，读如《尚贤下》篇：'百姓皆放心解体'之'放'。"今从之。放，放纵。　[10]天加之咎：是说上天必为之降下灾祸。咎，灾，祸。　[11]不慎厥德：是说不谨修其德操。厥，其。　[12]天命焉葆：天命何能予以保护。焉，安，何。用为疑问副词。　[13]《仲虺之诰》：即《尚书·仲虺之诰》篇。　[14]矫天命布命于下：原作"矫天命于下"。从孙诒让校补"布命"二字于"命"字下。《非命上》作"我闻于夏人矫天命，布命于下"，《非命中》作"我闻有夏人矫天命，布命于下"，皆可证。　[15]帝式是增：即"帝式是憎"，是说天帝以此憎恶之。式，用，以。增，通憎。　[16]用爽厥师：即"用丧厥师"，是说因而覆灭其师众。爽，通丧。《非命上》"龚（龚，通用）丧厥师"，正作"丧"。　[17]彼用无为有：是说他以无作为有。用，犹以。　[18]太子发：原作"去发"。从孙星衍、俞樾校改（"太子发"中"大子"合体又烂坏为"厺"）。下文《太誓·去发》"去发"同。　[19]恶（wū）乎：即乌乎（呜呼），叹词。恶，通乌。　[20]天有显德：即"天右显德"，是说天帝佑助显德之

人。有，通右。右，或作佑，助。　[21]其行甚章：是说其义行彰显仁德之心可谓甚矣。章，同彰，表彰，彰显。　[22]鉴：本作监，镜。此处指照、鑑戒。"为鉴不远，在彼殷王"，今本《尚书·泰誓中》作"厥鉴惟不远，在彼夏王"。　[23]上帝不常：即"上帝不尚"，是说上帝将不予佑助。常，通尚。尚，佑，助。"上帝不常"，见今本《尚书·伊训》。　[24]九有：即九域，亦即九州，指天下。有，通域。"上帝不常，九有以亡"，今本《尚书·咸有一德》作"厥德匪常，九有以亡"。　[25]祝降其丧：是说天将断绝其命，降下丧身之诛。祝，断。"上帝不顺，祝降其丧"，今本《尚书·泰誓下》作"上帝弗顺，祝降时丧"。《非乐上》引作"上帝不顺，降之百殃（殃）"。　[26]帝：陈乔枞云："'商'字作'帝'，非是"。此处所引"恶乎君子，……受之大帝"，应为有韵之文，帝则非韵，盖商先讹为"啇"（啇），又简省为"帝"。今从陈校作"商"。　[27]尚：同"上"。下文"从十简之篇以尚皆无之"，"尚"字同。　[28]十简之篇：即什简之篇，指篇什简书。十，即什。　[29]将何若者也：是说又将做何说法呢？何若，即若何，如何。

5.是故子墨子曰：今天下之君子之为文学、出言谈也，非将勤劳其喉（惟）舌[1]，而利其脣呡也[2]，中实将欲为其国家、邑里、万民刑政者也[3]。今也王公大人之所以蚤朝晏退[4]，听狱治政，终朝均分而不敢怠倦者[5]，何也？曰：彼以为强必治[6]，不强必乱；强必宁，不强必危，故

不敢怠倦。今也卿大夫之所以竭股肱之力[7]，殚
其思虑之知[8]，内治官府，外敛关市、山林、泽
梁之利[9]，以实官府，而不敢怠倦者，何也？曰：
彼以为强必贵，不强必贱；强必荣，不强必辱，
故不敢怠倦。今也农夫之所以蚤出暮入，强乎耕
稼树艺[10]，多聚叔粟[11]，而不敢怠倦者，何也？
曰：彼以为强必富，不强必贫；强必饱，不强必
饥，故不敢怠倦。今也妇人之所以夙兴夜寐[12]，
强乎纺绩织纴[13]，多治麻丝（统）葛绪[14]，捆布
縿[15]，而不敢怠倦者，何也？曰：彼以为强必富，
不强必贫；强必暖，不强必寒，故不敢怠倦。今
虽毋在乎王公大人[16]，藉（蒉）若信有命而致行
之[17]，则必怠乎听狱治政矣，卿大夫必怠乎治
官府矣，农夫必怠乎耕稼树艺矣，妇人必怠乎纺
绩织纴矣。王公大人怠乎听狱治政，卿大夫怠乎
治官府，则我以为天下必乱矣。农夫怠乎耕稼树
艺，妇人怠乎纺绩织纴，则我以为天下衣食之财
将必不足矣。若以为政乎天下，上以事天鬼，天
鬼不使[18]；下以持养百姓[19]，百姓不利，必离
散不可得用也。是以入守则不固，出诛则不胜。

本章论述"强必治""必宁","强必贵""必荣","强必富""必饱","强必富""必暖"。"王公大人，藉若信有命而致行之"，则"天下必乱"，"天下衣食之财将必不足"。"昔者三代暴王桀、纣、幽、厉之所以失拯其国家、倾覆其社稷"，原因正在于此。

故虽昔者三代暴王桀、纣、幽、厉之所以失（共）拯其国家[20]，倾覆其社稷者，此也。

[**注释**]

[1]喉舌：原作"惟舌"。从王念孙校改（"喉"以形近讹为"唯"，而唯又同惟）。　[2]脣呡：即唇吻。脣，音 zhēn，惊。又音 chún，通唇。呡，"吻"之俗字。　[3]中实将欲为其国家、邑里、万民刑政者也："为"字原脱。从孙诒让校补。这句是说，心中是果真希望实施其国家、邑里以及人民的刑法与政令的。中，心，心中。将欲，能愿动词连用，希望。　[4]蚤朝晏退：指早上朝晚退朝。蚤，同早。晏，晚。　[5]终朝均分：指终日忙于均衡妥善地分授职事。终朝，自旦至食时，终日，整天。　[6]强：同彊。勉强，强力，力行。　[7]股肱之力：指全身的力量。股肱，手足。此处指全身。　[8]殚其思虑之知：是说竭尽他们的思虑智谋。知，通智。吴抄本正作"智"。　[9]敛：收取，聚敛。泽梁，湖泽与桥梁。　[10]耕稼树艺：耕作种植。　[11]叔：或作菽，大豆。　[12]夙兴：早起。夙，早。兴，起。　[13]纺绩织纴：纺丝缉麻织布帛。　[14]麻丝葛绪：原作"麻统葛绪"。从孙诒让校改"统"为"丝"。《非乐上》作"麻丝葛绪"，可证。　[15]捆布縿：即"緷布縿（缫）"，即"緷布绡"，指织布帛。详《非乐上》8章注释[14]。　[16]虽（雖）毋：即唯毋，语气词。　[17]藉若：原作"黄若"。从俞樾校改"黄"为"藉"。"藉若"，假如。　[18]天鬼不使：是说天鬼不从。《尔雅·释诂下》："使，从也。"　[19]持养：同义复词，即将养。《尚贤中》"将养其万民"，作"将养"。"持""将"，义皆同"养"。　[20]失拯（yǔn）：原作"共拯"。从王念孙校改。《天志下》："拯失社稷。"正作"失"。失拯，同义复

词，丧失。抎，失。

6. 是故子墨子言曰：今天下之士君子，中实将欲求兴天下之利[1]，除天下之害，当若有命者之言[2]，不可不强非也[3]。曰：命者，暴王所作，穷人所术[4]，非仁者之言也。今之为仁义者，将不可不察而强非者此也[5]。

本章告诫"今天下之士君子"，"对有命者之言"，不可不强力反对。

[注释]

[1] "中实将欲求兴天下之利"以下两句：心中果真希望追求实现"兴天下之利，除天下之害"的宏大目标。中，心，心中。将欲，希望。 [2] 当若：对此。若，犹此。 [3] 不可不强非：是说不可不强力反对。强，力。下文"强"字同。 [4] 术（術）：通述。对"作"而言。参 4 章注释 [2]。 [5] 将：当。

[点评]

此篇驳有命之论。其内容可分五部分。第一部分论述"凡出言谈，则不可而不先立仪"，故言有"考""原""用"三法，即"考先圣大王之事""察众之耳目之请"和"发而为政乎国家万民而观之"。第二部分论述"昔者三代圣王禹、汤、文、武"与"今贤良之人"，皆"得光誉令问于天下"，乃"以为其力"，而非"以为其命"。第三部分追迹"昔三代暴王桀、纣、幽、厉"与"罢不肖之民"的行事，指出"有命"系"暴王作之，穷人术之"。先圣王患之，"是以书之竹帛，镂之金石，琢之盘盂，传遗后世子孙"。《总德》《仲虺之诰》《太誓·太子发》皆非其说，虞、夏、商、周之记亦皆以命为无。第四部分论述"若信有命而致行之"，则"王公大人""卿大夫""农夫"和"妇人"皆必怠乎其事，天鬼不从，百姓不利，而这正是"桀、纣、幽、厉之所以失抟其国家、倾覆其社稷"的原因所在。第五部分总括全篇，重申"命者，暴王所作，穷人所术"的观点，告诫"今天下之士君子"对有命之论不可不强力反对。

可以肯定，墨子"非命"，主要是针对儒家"天命"发声。《非儒下》："有强执有命以说议曰：'寿夭贫富，安危治乱，固有天命，不可损益。穷达赏罚，幸否有极，人之知力，不能为焉。'"墨子批评道："儒者以为道教，是贼天下之人者也。"就是明证。有人说，墨子在"非命"的同时，又推崇"天志"，仍未能脱离"天命"论的影响，其结果形成了其学说的矛盾。不能说这种说法没有道理，可是不要忘记，墨子不过是运用"天志"这一工具，去推行自己的"兼爱"主张。工具与信念毕竟是两回事。笔者认为，我们倒是应当十分珍视墨子"非命"的正面意义——从神本走向人本的标志。墨子用"存乎桀、纣而天下乱，存乎汤、武而天下治"，揭示"天下之治也，汤、武之力也"的真理，响亮地提出了"命"的反对物——"力"，以为"强必治""必宁""必贵""必荣""必富""必饱""必暖"，提倡"强""力""从事"，改变命运，因为"赖其力者生，不赖其力者不生"。墨子的这一思想主张影响了其后的荀子。荀子反对"天命"

决定人事的唯心主义观点，对作为自然的"天"，做了唯物主义的说明，认为"天行有常，不为尧存，不为桀亡"，主张依照自然规律办事，反对在自然规律面前无所作为，张扬"从天而颂之，孰与制天命而用之"的"人定胜天"思想，从而使先秦时期的人本思想臻于成熟。

第十五篇　耕　柱

本章论述墨子以"骥足以责"其完成"上大行"之任，喻弟子耕柱子"足以责"其完成付托之任。

1. 子墨子怒耕柱子[1]。耕柱子曰："我毋俞于人乎[2]？"子墨子曰："我将上大行[3]，驾骥与牛（羊）[4]，子将谁敺？"耕柱子曰："将敺骥也。"子墨子曰："何故敺骥也？"耕柱子曰："骥足以责[5]。"子墨子曰："我亦以子为足以责。"

[注释]

[1] 耕柱子：墨子弟子之名。　[2] 我毋俞于人乎：是说我没有胜过人的方面吗？俞，通愈。愈，益，胜。毋俞，即不愈。毋，犹不。　[3] 大行：即太行。吴抄本作"太行"。大，同太，太行，太行山。北起拒马河谷，南至晋、豫边境黄河沿岸，西缓东陡，受河流切割，多横谷（陉），为东西交通孔道，古有"太行八陉"

之称。　[4]"驾骥与牛"以下两句：用骏马或笨牛架车，你将何所驱策？牛，原作"羊"。从王念孙校改。骥，骏马，千里马。谁敺，即"谁驱"，义同"驱谁"。古代汉语疑问代词宾语前置的用例。敺，同驱。　[5]足以责：足以责成，指骥足以责成其完成上太行之任。责，要求，督促，责成。

2. 巫马子谓子墨子曰[1]："鬼神孰与圣人明智[2]？"子墨子曰："鬼神之明智于圣人，犹聪耳明目之与聋瞽也[3]。昔者夏后开使蜚廉折金于山川[4]，而陶铸之于昆吾[5]，是使益（翁）斱（难）雉已（乙）卜于白若之龟[6]，曰：'鼎成四（三）足而方[7]，不炊而自烹，不举而自臧[8]，不迁而自行，以祭于昆吾之虚[9]，上乡[10]！'已（乙）又言兆之由曰[11]：'飨矣！逢逢白云[12]，一南一北，一西一东，九鼎既成，迁于三国。'夏后氏失之，殷人受之；殷人失之，周人受之。夏后、殷、周之相受也，数百岁矣。使圣人聚其良臣与其桀相而谋[13]，岂能智数百岁之后哉[14]？而鬼神智之。是故曰鬼神之明智于圣人也，犹聪耳明目之与聋瞽也。"

本章论述墨子答儒者巫马子问，认为"鬼神之明智于圣人，犹聪耳明目之与聋瞽"，借以阐发"明鬼"之旨。

[注释]

[1]巫马子：儒者之名。或即孔子弟子巫马期，亦或其后。鲁国人。　[2]孰与：犹孰如，义同何如。指两者相比择其一。孰，何。与，犹如。　[3]瞽：盲，无目。　[4]夏后开：即夏后启。后，君。因汉人避汉景帝刘启名讳，改启为开。夏后启，亦称夏后帝启，姒姓，禹之子。相传禹以伯益为继任者，益推让避居。禹卒，诸侯奉启即位，从而确立君位传子之制。一说启以攻杀伯益得位。蜚廉：或作飞廉，夏后帝启之臣（商末亦有蜚廉，纣之谀臣。与此处蜚廉异）。折：通晢。晢，通摘（tī），发动。折金，即"晢金"，亦即摘金，指发掘取金。　[5]陶铸于昆吾：是说在昆吾地方冶熔铜矿石并将青铜液浇铸于陶范之中，凝固为铜器。陶，陶范。铸，销金而浇铸。昆吾，以人名作地名。相传昆吾为祝融之孙，陆终之第一子，己姓，名樊，封于昆吾，为夏伯制作陶器。古时昆吾亦名帝丘。相传为颛顼（zhuān xū）都城。公元前629年卫成公自楚丘迁都于此。战国时名濮阳，在今河南濮阳西南。　[6]是使益斸雉已卜于白若之龟：这句是说于是使伯益斩杀雉鸡以衅白若之龟而卜之。益（嗌，籀文作嗌，经典或假借为益），原作"翁"，"斸"作"难"，"已"作"乙"。均从孙诒让校改（"翁""嗌"、"難""斸"、"乙""已"均形近而讹）。是，则，于是。益，伯益。斸，同檕、鐯、斲。斲，斩杀。已，同以。"白若"难解，由《江淹集·铜剑赞叙》"昔夏后氏使九牧贡金，铸九鼎于荆山之下，于昆吾氏之墟，白若甘搅之地"，白若疑为地名。　[7]鼎成四足而方：这句是说，铸鼎已成，四足而方。四，原作"三"。从王念孙校改。　[8]不举而自臧：是说不须举持，自己庋藏。臧，同藏。　[9]虚（虚）：通墟。墟，丘墟。　[10]上乡（鄉）：即尚飨（饗）。上，同尚。乡，通飨。飨，享祭。　[11]已又言兆之由：这句是说，已而又视兆纹而说占辞。已，原作"乙"。从孙诒

让校改。由，同繇。繇，卦兆之占辞。以殷墟甲骨卜辞完辞一般由叙辞、命辞、占辞和验辞四段组成之例，"飨矣，……迁于三国"一段当为占辞。　[12] 逢逢：即蓬蓬。逢，通蓬。蓬蓬，茂盛的样子。　[13] 桀相：杰出的相。桀，通杰（傑）。　[14] 智：通知。下文"鬼神智之"，智字同。

3. 治徒娱、县子硕问于子墨子曰[1]："为义孰为大务？"子墨子曰："譬若筑墙然[2]，能筑者筑，能实壤者实壤[3]，能欣者欣[4]，然后墙成也。为义犹是也，能谈辩者谈辩[5]，能说书者说书[6]，能从事者从事[7]，然后义事成也。"

本章论述墨子答弟子"治徒娱、县子硕"问，借筑墙须"筑者""实壤者"和"欣者"各尽所能，以喻"为义"亦应"能谈辩者谈辩，能说书者说书，能从事者从事"，从而阐发"贵义"思想。

[注释]

[1] 治徒娱：墨子弟子之名。县子硕，亦墨子弟子之名。《吕氏春秋·尊师》："高何、县子石，齐国之暴者也，指于乡曲，学于子墨子。"县子石，即县子硕。　[2] 筑（築）：捣，以杵捣筑使坚。　[3] 实壤：将泥土充塞于筑墙所用夹版之中。实，充实，充塞。　[4] 欣：通睎。睎，望。《吕氏春秋·不屈》："惠子曰：'今之城者，或者操大筑乎城上，或负畚（běn）而赴乎城下，或操表掇以善睎望。若施者，其操表掇者也。'"此处，"能筑者筑"，盖即"或者操大筑乎城上"，"能实壤者实壤"，盖即"或负畚而赴乎城下"，"能欣（睎）者欣（睎）"，盖即"或操表掇以善睎望"。　[5] 谈辩：谈论辩说。　[6] 说书：解说经书。　[7] 从事：从事劳作。

4. 巫马子谓子墨子曰："子兼爱天下，未云利也[1]；我不爱天下，未云贼也[2]。功皆未至[3]，子何独自是而非我哉[4]？"子墨子曰："今有燎者于此[5]，一人奉水将灌之[6]，一人掺火将益之[7]，功皆未至，子何贵于二人[8]？"巫马子曰："我是彼奉水者之意[9]，而非夫掺火者之意[10]。"子墨子曰："吾亦是吾意，而非子之意也。"

本章论述墨子以"奉水"灭火之喻，驳斥儒者巫马子所谓"我不爱天下，未云贼也"的论调，从而阐发"兼爱"思想。

[注释]

[1]云：犹有。《广雅·释诂一》："云，有也。" [2]贼：害，残害，贼害。 [3]功皆未至：是说成功都还没能达到。功，成功，业绩。 [4]独：即《所染》"非独染丝然也"之"独"，特，但，只。 [5]燎：放火。 [6]奉水将灌之：是说捧持盆水将浇灭它。奉水，捧持盆水。奉，奉持。或作捧。奉、捧古今字。下文"奉水"同。灌，注，沃，浇。 [7]掺火：即"操火"，持火种。掺（捺），"操"之异文。经传中从"枭"之字每因形近讹为"条"（参）。 [8]子何贵于二人：即"子贵何于二人"，是说于二人之中更看重何人。何贵，古代汉语疑问代词宾语前置的用例。 [9]是：正，不非，肯定。下文"是吾意"，"是"字同。 [10]非：背，不是，否定。下文"非子之意"，"非"字同。

5. 子墨子游耕柱子于楚[1]。二三子过之[2]，食之三升[3]，客之不厚[4]。二三子复于子墨子曰[5]：“耕柱子处楚无益矣！二三子过之，食之三升，客之不厚。”子墨子曰：“未可智也[6]。”毋几何[7]，而遗十金于子墨子[8]，曰：“后生不敢死[9]，有十金于此，愿夫子之用也。”子墨子曰：“果未可智也。”

本章论述墨子不轻信诸弟子关于耕柱子“食之三升，客之不厚”的回复，并以耕柱子“遗十金”的事实证明耕柱子果堪信赖，以与上文“我亦以子为足以责”之语相印证。

[**注释**]

[1] 子墨子游耕柱子于楚：“耕柱子”前原有“荆”字。从王念孙校删。《鲁问》“子墨子游公尚过于越”，可证。这句是说，墨子推荐其弟子耕柱子出仕于楚。游，游说，游扬，推荐。　[2] 二三子：门人，诸弟子。　[3] 食（sì）之三升：是说耕柱子供食二三子，仅每人每日三升。食，即饲，供食，以食饲人。　[4] 客：待客，接待。　[5] 复：告，报，回复。　[6] 智：通知。下文“未可智”，智字同。　[7] 毋几何：不多久。毋，犹不。几何，俄顷。　[8] 遗（wèi）十金：赠金二百四十两（或二百两）。遗，与，赠。古时一镒（yì）为一金。一镒为二十四两（一说二十两）。　[9] 后生不敢死：是说弟子不敢因贪图财物而触犯死罪。“后生”，弟子，徒属。与“先生”对言。死，指（触犯）死罪。

6. 巫马子谓子墨子曰：“子之为义也，人不见而服[1]，鬼不见而富[2]，而子为之，有狂疾！”子墨子曰：“今使子有二臣于此[3]，其一人者见子从事，不见子则不从事；其一人者见子亦从事，不见子亦从事，子谁贵于此二人[4]？"巫马子曰：
"我贵其见我亦从事，不见我亦从事者。"子墨子
曰："然则是子亦贵有狂疾也。"

［注释］

[1]人不见而服：原作"人不见而耶"。从王引之校改（"服"坏而脱右"又"，遂讹为"耶"）。这句是说未见有人拜服于你。而，汝，你。下文"鬼不见而富"，"而"字同。　[2]鬼不见而富：是说未见有鬼降福于你。富，通福。　[3]臣：家臣，仆隶，贱役。　[4]子谁贵于此二人：即"子贵谁于此二人"，是说你于此二人中更看重谁。谁贵，古代汉语疑问代词宾语前置的用例。

本章论述墨子借巫马子亦"贵其见我亦从事，不见我亦从事者"，驳斥其对自己"有狂疾"之诬，从而宣扬"贵义"思想。

7. 子夏之徒问于子墨子曰[1]："君子有斗乎[2]？"子墨子曰："君子无斗。"子夏之徒曰："狗豨犹有斗[3]，恶有士而无斗矣[4]？"子墨子曰："伤矣哉！言则称于汤、文[5]，行则譬于狗豨，伤矣哉！"

本文论述墨子以"言则称于汤、文，行则譬于狗豨"，驳斥子夏之徒所谓"恶有士而无斗"的谬论，从而阐发"兼爱"思想。

［注释］

[1]子夏之徒：子夏的门徒。子夏（前507—？），即卜商，字子夏。春秋时卫国人。一说晋国温人。孔子弟子，以文学见称。曾为鲁国莒父宰。孔子卒，讲学于西河。李克、吴起、田子方、段干木皆从而受业。魏文侯曾师事之，受经艺。相传曾作《诗序》。　[2]斗（鬬）：斗争，相搏。　[3]豨（xī）：亦作豨，即

猪。《方言》卷八："猪……南楚谓之豨。" [4]恶（wū）有士而无斗矣：是说怎么能有士君子反而没有争斗之事呢？恶：何，怎么。矣，犹乎。用为疑问语气词。《经传释词》卷四："矣，犹乎也。" [5]汤、文：商汤与周文王。

8.巫马子谓子墨子曰："舍今之人而誉先王[1]，是誉槁骨也。譬若匠人然，智槁木也[2]，而不智生木。"子墨子曰："天下之所以生者[3]，以先王之道教也。今誉先王，是誉天下之所以生也。可誉而不誉，非仁也。"

本章论述墨子以"今誉先王，是誉天下之所以生也"，驳斥巫马子所谓"舍今之人而誉先王，是誉槁骨也"的谬论，从而维护其"言有三法"中"考先圣大王之事"的主张。

[**注释**]

[1]"舍今之人而誉先王"以下两句：舍弃现今的人而称誉先王，这是赞美死人。誉，称誉，赞美。槁（gǎo）骨，枯骨。此处指死人。槁，枯，枯槁。下文"槁木""槁"字同。　[2]智：通知。下文"不智""智"字同。　[3]"天下之所以生者"以下两句：天下人之所以得以生存，正因为有先王的导教。生，生存。道，通导（導）。

9.子墨子曰："和氏之璧[1]，隋侯之珠[2]，三棘六异[3]，此诸侯之所谓良宝也。可以富国家、众人民、治刑政、安社稷乎[4]？曰：不可。所谓贵良宝者，为其可以利民也[5]。而和氏之璧、隋

侯之珠、三棘六异不可以利人，是非天下之良宝
也。今用义为政于国家，人民必众，刑政必治，
社稷必安。所为贵良宝者[6]，可以利民也，而义
可以利人，故曰：义，天下之良宝也。"

本章论述墨子认为"和氏之璧，隋侯之珠，三棘六异""不可以利人"，"非天下之良宝"，而义"可以利人"，乃"天下之良宝"，从而阐发"贵义"思想。

[注释]

[1] 和氏之璧：省称"和璧"。春秋时楚国人和氏（卞和）所得的宝玉。　[2] 隋侯之珠：省称"隋珠"。传为汉东之国隋侯药受伤大蛇，而大蛇于江中衔以报之的明月珠。　[3] 三棘六异：即"三翮六翼"，指三足六耳的铜鼎，用作传国九鼎的别称。棘，通翮。翮又通瓹。瓹，同鬲，款（空）足的鼎。这里指款足。异（異），通翼。翼，通钺。钺（yì），鼎耳。　[4] 刑政：刑法与法令。社稷，土神与谷神，亦为国家的代称。　[5] 利民：原作"利"。从吴毓江校补"民"字。　[6] 所为：即"所谓"。为，犹谓。

10. 叶公子高问政于仲尼曰[1]："善为政者若
之何[2]？"仲尼对曰："善为政者，远者近之[3]，
而旧者新之。"子墨子闻之曰："叶公子高未得其
问也[4]，仲尼亦未得其所以对也。叶公子高岂不
知善为政者之远者近之[5]，而旧者新之哉[6]。问
所以为之若之何也[7]。不以人之所不智告人[8]，
以所智告之，故叶公子高未得其问也，仲尼亦未

得其所以对也。”

［注释］

[1] 叶公子高：即沈诸梁，春秋时楚国人，字子高，沈尹戌子。楚大夫，封于叶（葉，shè，在今河南叶县南），为叶尹，称叶公。楚惠王十年（前479），曾谏令尹子西勿召白公胜，子西不从。未几，胜为乱，杀子西，劫惠王。乃救楚，杀胜，复惠王位。自此身兼令尹、司马二职。　[2] 若之何：犹若何，义同奈何、如何。之，虚指代词。　[3]"远者近之"以下两句：对待在远地之人应亲近之，而对待旧臣应如同新交。《韩非子·难三》"叶公子高问政于仲尼，仲尼曰：'政在悦近而来远。'"与此同义。　[4]"叶公子高未得其问"以下两句：叶公子高没有问在点子（怎么施政）上，仲尼也没有答在点子（具体施政方法）上。对，答。　[5] 近之：原作"近也"。从毕沅校改。上文"远者近之"，可证。　[6] 新之：原作"新是"。从苏时学校改。上文"而旧者新之"，可证。　[7] 问所以为之若之何也：是说叶公子高是问用以为政的方法如何。所以为之，指用以为政的方法。所以，为凝固结构，表示"用来……的方法"。　[8] 智：通知。下文"所智""智"字同。

11. 子墨子谓鲁阳文君曰 [1]："大国之攻小国，譬犹童子之为马也 [2]。童子之为马，足用而劳 [3]。今大国之攻小国也，攻者农夫不得耕 [4]，妇人不得织，以守为事。攻人者亦农夫不得耕，妇人不得织，以攻为事。故大国之攻小国也，譬

本章论述墨子对孔子以"善为政者，远者近之，而旧者新之"答叶公子高"善为政者若之何"之问的事，表示自己的"叶公子高未得其问也，仲尼亦未得其所以对"的看法。

本章论述墨子告诫楚之鲁阳文君，"大国之攻小国"，"攻者"和"攻人者"两方皆"农夫不得耕，妇人不得织"，如同"童子之为马，足用而劳"，从而阐发"非攻"主张。

犹童子之为马也。"

[注释]

[1]鲁阳文君：亦称鲁阳文子、鲁阳公，即《左传》哀公十九年："夏，楚公子庆、公孙宽追越师至冥"之"公孙宽"。战国时楚人。楚平王孙，司马子期子。楚惠王以梁地与之，不受。乃与之鲁阳（今河南鲁山），为县公。相传楚与韩构难，战方酣，日将暮，公乃援戈而挥之，日为之返三舍。　[2]童子之为马：是说孩童游戏，自己以手着地，两手两脚并用，作马行走。　[3]足用而劳：是说用力甚多，足以自致疲劳。　[4]攻者：指被攻者，主方。下文"攻人者"，客方。

本章论述墨子对"荡口"的非议，表现其以行践言的义士风范。

12. 子墨子曰："言足以复行者[1]，常之；不足以举行者，勿常。不足以举行而常之，是荡口也[2]。"

[注释]

[1]复行：践言于行，践行。复，践言。《论语·学而》："言可复也。"朱熹集注："复，践言也。"下文"不足以举行"作"举行"，亦"践言"之意。　[2]荡口：徒敝口舌，说空话。荡，空，无所据。《论语·阳货》："今之狂也荡。"何晏集解引孔安国云："荡，无所据也。"

13. 子墨子使管黔激游高石子于卫[1]。卫君致禄甚厚[2]，设之于卿[3]。高石子三朝必尽言[4]，而言无行者。去而之齐[5]，见子墨子曰："卫君以夫子之故，致禄甚厚，设我于卿。石三朝必尽言，而言无行，是以去之也。卫君无乃以石为狂乎[6]？"子墨子曰："去之苟道[7]，受狂何伤！古者周公旦非关叔[8]，辞三公[9]，东处之商奄[10]，人皆谓之狂。后世称其德，扬其名，至今不息。且翟闻之，为义非避毁就誉，去之苟道，受狂何伤！"高石子曰："石去之[11]，焉敢不道也？昔者夫子有言曰：'天下无道，仁士不处厚焉。'今卫君无道，而贪其禄爵，则是我为苟啗人食也[12]。"子墨子说[13]，而召子禽子曰[14]："姑听此乎[15]！夫倍义而乡禄者[16]，我常闻之矣。倍禄而乡义者，于高石子焉见之也[17]。"

本章论述墨子称赞弟子高石子辞卫之卿为"倍禄而乡义"，与其"贵义"思想相表里。

[**注释**]

[1]潡：原作"潃"。毕沅云："疑'敖'字。"《说文》有"潡"字，云："潡，水出南阳鲁阳，入城父。从水，敖声"。"潡""潃"形近而讹。潡，借为敖。管黔潡，即"管黔敖"，墨子弟子。不知是否即《礼记·檀弓下》"黔敖左奉食，右执饮，曰：'嗟！来

食'"之"黔敖"。游,游说,游扬,推荐。高石子,墨子弟子。不知是否即《鲁问》"项子牛三侵鲁地,而胜绰三从。子墨子闻之,使高孙子请而退之"之高孙子。 [2]致:与。 [3]设之于卿:是说置之于上大夫的官位。设,置,设置。卿,上大夫。 [4]三朝:指岁朝、月朝和日朝。 [5]去而之齐:是说离开卫国而至齐国。去,违,离。之,适,至。 [6]卫君无乃以石为狂乎:是说卫国君主恐怕会以我为轻狂吧?无乃,得无,恐怕。狂,轻狂,狂妄抵触人。 [7]苟:诚,若。用为假设连词。 [8]关叔:即管叔。关,通管。管叔,姬姓,名鲜。周文王第三子,武王弟。武王灭商,封叔鲜于管。武王死,成王继位,年幼,周公旦摄政。管叔、蔡叔与武庚联合东夷作乱。周公东征,管叔与武庚同被诛。 [9]三公:司马、司空、司徒。 [10]商奄:原作"商盖"。从王念孙校改。《左传》昭公九年:"蒲姑、商奄,吾东土也。"可证。 [11]"石去之"以下两句:我离卫而走,怎么敢不合正道呢?石,高石子自称。也,同邪。 [12]苟啗人食:原作"苟陷人长"。从孙诒让校改(啗,陷声同,食、长形近)。这句是说,苟且啗食别人提供的俸禄。苟,苟且。啗,同啖,食。 [13]说:通悦。 [14]子禽子:即禽子,禽滑厘。前又加"子",极表尊敬之意。 [15]姑听此乎:是说姑且听听这些话吧。姑,姑且。 [16]倍义而乡禄:是说背弃道义而求取俸禄。倍,通背。乡(鄉),音 xiàng,同向。

14. 子墨子曰:"世俗之君子,贫而谓之富,则怒;无义而谓之有义,则喜。岂不悖哉[1]!"

本章论述墨子批评"世俗之君子"本无义,而人谓其有义则喜,实属荒谬,以阐发其"贵义"思想。

[注释]

[1]悖:或作誖,悖乱,谬误。

15.公孟子曰[1]：“先人有则[2]，三而已矣。”子墨子曰：“孰先人而曰有则三而已矣？子未智人之先有后生[3]。”

［注释］

[1]公孟子：即公明仪（“孟”“明”通）。春秋时鲁国南武城人。孔子弟子子张的门人。曾问孝于曾子。　[2]“先人有则”以下两句：先人已有法则，后人唯参验而已。三，通参。参，参验，参稽。下文“三而已”，“三”字同。　[3]子未智人之先有后生：孙诒让校“子未智人之先有”断句，语意似未完备。今从吴毓江校，连下“后生”二字共为一句，是说你不明白先人较之其更先者则为后生，因此凡事总有其创始者。此即《非儒下》“且其所循，人必或作之”之意。

本章论述墨子批评“先人有则，三而已矣”的观点，为下文提出“古之善者则诛（述）之，今之善者则作之”的主张作铺垫。

16.有反子墨子而反者曰[1]：“我岂有罪哉[2]？吾反后。”子墨子曰：“是犹三军北[3]，失后之人求赏也。”

［注释］

[1]有反子墨子而反者曰：“曰”字原脱。从孙诒让校补。这句是说，门人之中有背叛子墨子而后又返回墨团进学的人说。前“反”，反叛，背叛。后“反”，通返。返，返回，还归。　[2]“我岂有罪哉”以下两句：我难道有罪吗？我不过比别人还归稍后而已。　[3]“是犹三军北”以下两句：这有似于三军战败，败逃失

本章论述墨子一方面以三军战败失路后归之人求赏之喻，批评“反子墨子而反”的弟子所谓“我岂有罪哉，吾反后”的狡辩，一方面接纳他，以表现兼爱不排除有过者的包容精神。

路而后归之人竟然要求奖赏一样。北，败北，败逃。

17. 公孟子曰："君子不作，术而已[1]。"子墨子曰："不然，人之其不君子者[2]，古之善者不訹（诛）[3]，今之（也）善者不作[4]。其次不君子者[5]，古之善者不遂，已有善则作之，欲善之自己出也。今訹（诛）而不作，是无所异于不好遂而作者矣。吾以为古之善者则訹（诛）之，今之善者则作之，欲善之益多也。"

本章论述墨子批评公孟子所谓"君子不作，术而已"之论，与在《非儒下》中批评儒者所谓"君子循而不作"之论相呼应，并提出自己"古之善者则訹之，今之善者则作之"的主张。

[**注释**]

[1]术（術）：通述。详《非命下》4 章注释 [2]。　[2]人之其不君子者：即"人之綦不君子者"。"綦不君子"为"人"的后置定语，又加特殊代词"者"作为标志。这句是说，极其不君子的人。其，通綦。綦，极。　[3]古之善者不訹："訹"，原作"诛"。从俞樾校改。訹，通述。下文"今诛""诛之"二"诛"字同。这句是说，古代的好思想不加以传述。　[4]今之善者不作：这句是说，现今的好主张也不加以创作。"之"原作"也"。从孙诒让校改。　[5]"其次不君子者"以下四句：次一等不君子的人，古代的好言论不加以传述，而自己的好主张则加以创作，无非是表示这好的主张出于自己。遂，通"述"。《左传》襄公二十三年："毋或如东门遂"。《史记·鲁周公世家》司马贞索隐引《世本》"遂"作"述"。

18. 巫马子谓子墨子曰：“我与子异，我不能兼爱。我爱邹人于越人[1]，爱鲁人于邹人，爱我乡人于鲁人，爱我家人于乡人，爱我亲于我家人，爱我身于吾亲，以为近我也。击我则疾[2]，击彼则不疾于我，我何故疾者之不拂[3]，而不疾者之拂？故我有杀彼以利我[4]，无杀我以利彼。”子墨子曰：“子之义将匿邪？意将以告人乎[5]？”巫马子曰：“我何故匿我义？吾将以告人。”子墨子曰：“然则一人说子[6]，一人欲杀子以利己；十人说子，十人欲杀子以利己；天下说子，天下欲杀子以利己。一人不说子，一人欲杀子，以子为施不祥言者也[7]；十人不说子，十人欲杀子，以子为施不祥言者也；天下不说子，天下欲杀子，以子为施不祥言者也。说子亦欲杀子，不说子亦欲杀子，是所谓经者口也[8]，杀常之身者也[9]。”子墨子曰：“子之言恶利也[10]？若无所利而必（不）言[11]，是荡口也。”

［注释］

[1] 我爱邹人于越人：是说我爱邹国之人厚于越国之人。于，大，厚，宽。《集韵·虞韵》：“于，大也。”下文“于邹人”“于鲁

本章论述墨子批驳儒者巫马子所奉行的有差等的爱，只是关注自身和有血缘、地缘关系的人，并且声称“我有杀彼以利我，无杀我以利彼”，这样必定招致杀身之祸。实际上是从反面宣传“兼爱”主张。

人""于乡人""于我家人""于吾亲",诸"于"字皆同。邹,古
国名。本作"邾",亦称邾娄。相传颛顼后裔挟所建立。曹姓。
有今山东费县、邹城市、滕州市、济宁市、金乡县等县市之地。
建都于邾(今山东曲阜市东南南陬村)。公元前614年,邾文公
迁都于绎(今山东邹城市东南纪王城)。战国时为楚所灭。越,
古国名。相传始祖是夏代少康的庶子无余。建都会稽(今浙江绍
兴)。公元前494年,为吴王夫差所败,前473年又攻灭吴国。
疆域有今江苏北部运河以东地、江苏南部、安徽南部、江西东部
和浙江北部。约在前306年为楚所灭。　[2]疾:病,痛。　[3]"我
何故疾者之不拂"以下两句:我为什么不解除自己的病痛,而解
除与自己无关的他人的病痛。拂,去,除。疾者之不拂,即"疾
者不拂",小句,加助词"之"于主语与谓语之间,取消其句子
的独立性,而成为大句的句子成分。下文"不疾者之拂",同其
句法。　[4]"故我有杀彼以利我"以下两句:原作"故有我有杀
彼以我,无杀我以利"。从俞樾校改(前"有"字衍,"有杀彼以
利我"与"无杀我以利彼"对言)。这两句是说,对我来说,只
有杀别人以利自己,没有杀自己以利别人。　[5]意:通抑。用
为选择或转折连词。　[6]说:通悦。　[7]以子为施不祥言者
也:是说因为你是散布不祥言论的人。施,布。　[8]是所谓经
者口也:是说这就是所谓绞杀自己的正是自己的口舌。经,绞,
缢。　[9]杀常之身:杀常至身。之,适,至。　[10]恶(wū):何,
怎么。　[11]"若无所利而必言"以下两句:假若无利可道却又
非言不可,这自然是徒敝口舌。必,原作"不"。从孙诒让校改。
荡口,徒敝口舌,说空话。

19. 子墨子谓鲁阳文君曰:"今有一人于此,

羊牛牣豢[1]，雍（维）人但割而和之[2]，食之不可胜食也。见人之作饼，则还然窃之[3]，曰：'舍余食[4]。'不知耳目（日月）安不足乎[5]？其有窃疾乎？"鲁阳文君曰："有窃疾也。"子墨子曰："楚四竟之田[6]，旷芜而不可胜辟[7]，评虚（灵）数千[8]，不可胜入[9]，见宋、郑之间邑[10]，则还然窃之，此与彼异乎？"鲁阳文君曰："是犹彼也，实有窃疾也。"

本章论述墨子劝诫鲁阳文君，楚四境之内土田"不可胜辟"，却觊觎宋、郑的间邑，实无异于"有窃疾"之人，从而宣传"非攻"主张。

［注释］

[1]牣豢：即"刍豢"。牣，即刍，草饲牛羊。豢，即豢，谷养犬豕。　[2]雍人但割而和之：这句是说，厨宰除毛切割而以五味调和烹煮之。雍，原作"维"。从毕沅校改。雍人，即饔人，指食官，厨宰。但割，除牲毛而切割之。但，通袒。　[3]还（還）然窃之：是说顾视而窃之。还，顾，顾视。下文"还然窃之"同。　[4]舍余食：即"予我食"，给我吃。舍，通予。予，与，给。　[5]耳目安不足：即"耳目不足"，指贪得无厌。耳目，原作"日月"。从孙诒让校改。安，语词。　[6]竟：通境。"竟""境"古今字。　[7]辟：通闢。闢，开，开辟。　[8]评虚：原作"评灵"（靈）。从孙诒让校改。评虚，即墟墟，指间隙墟城。评，或作呼，音xià，通墟、鱗。墟，坏，裂。虚，同墟。"虚""墟"古今字。墟，小城邑，小国。呼虚数千，即"墟墟数千"，是说间隙墟城数以千计。　[9]不可胜入：原作"不可胜"。从孙诒让校补"入"字。《非攻中》"今万乘之国，虚数于千，不胜而入"，可证。　[10]间

邑：空邑。间空，空隙。

20. 子墨子曰："季孙绍与孟伯常治鲁国之政[1]，不能相信，而祝于丛社[2]，曰：'苟使我和[3]。'是犹弇其目而祝于丛社曰[4]：'苟使我皆视。'岂不缪哉[5]。"

本章论述墨子以"季孙绍与孟伯常治鲁国之政"而互不相信，不能主动请和，而至丛祠祝祷鬼神予以帮助，实为荒谬之行。

[注释]

[1]季孙绍、孟伯常：二人生平未详。苏时学云："季孙绍与孟伯常不见于《春秋》，当为季康子、孟武伯之后，与墨子同时者也。"可供参考。 [2]丛（蒬）社：鬼所凭依树丛间的神祠。详《明鬼下》9章注释[7]。"蒬""菆""叢"皆同。 [3]苟使我和：是说愿神使我们两人和好团结。苟，尚，愿，心所希望。《经传释词》卷五："苟，尚也。" [4]是犹弇其目而祝于丛社曰：这句是说，这好比蒙住自己的眼睛而在丛祠中祝祷说。曰，原作"也"。从俞樾校改。弇，又作揜、掩，指盖，蒙。 [5]缪（miù）：通谬。

21. 子墨子谓骆滑氂曰[1]："吾闻子好勇。"骆滑氂曰："然，我闻其乡有勇士焉[2]，吾必从而杀之。"子墨子曰："天下莫不欲与其所好[3]，废（度）其所恶[4]，今子闻其乡有勇士焉，必从而杀之，是非好勇也，是恶勇也。"

本章论述墨子以骆滑氂"闻其乡有勇士焉"，"必从而杀之"的行为"非好勇"，"是恶勇"，从反面宣扬"兼爱"主张。

[**注释**]

[1]骆滑氂：氂，吴抄本作"釐"，与墨子弟子禽滑釐（或作氂）异姓而同名。其人未详。骆滑氂"好勇"而"闻其乡有勇士"，"必从而杀之"，可以视为上文子夏之徒所谓"君子有斗"和巫马子所谓"我有杀彼以利我，无杀我以利彼"的实例之一。 [2]我闻其乡有勇士焉：是说我听说某乡有勇士在那里。焉，犹于是，用为兼词。 [3]与其所好：亲与其所喜好的人。与，亲与，党与。 [4]废：原作"度"。从王引之校改。恶（wù）：厌恶，憎恶。下文"恶勇""恶"字同。

[**点评**]

《耕柱》（及此下《贵义》《公孟》《鲁问》和《公输》）所记与前十四篇有所不同，并非就某一论题展开论述，而是以互不关联的若干则事例，各说各话，用来从深度和广度上凸显"兼爱""非攻"等主张和"贵义"理念，掇取首章首句的二字名篇，有似于儒家经典《论语》的体例，每每通过墨子与其门弟子或其他人的问答以及墨子就某人或某事发表评述，而对门弟子或其他人进行褒扬、劝勉、警戒或贬斥。因此，可以把这五篇看作是作为政治家的墨子从实践层面对多种多样的社会现实状况所作评析的辑录。我们从中可以看到墨子的音容笑貌，可以看到当时社会形形色色的人物的言行举止，可以看到"兼爱""非攻"等主张和"贵义"理念在社会上所产生的影响。一句话，它们是了解当时社会现实和探讨《墨子》思想真谛的鲜活材料。就本篇而言，有墨子借"上大行"需驱骥，以喻自己对弟子耕柱子极表信任的事例；

有借筑墙必"能筑者筑，能实壤者实壤，能欣者欣"之譬，以喻"能谈辩者谈辩，能说书者说书，能从事者从事，然后义事成"之理，用来答弟子治徒娱、县子硕问的事例；有借"童子之为马，足用而劳"，以喻鲁阳文君"大国之攻小国"为非义的事例；有盛赞弟子高石子去卫为"倍禄而乡义"的事例；有反对儒者公孟子所谓"君子不作，术而已"的论调，提出"古之善者则诛之，今之善者则作之"的主张的事例；有以"说子亦欲杀子，不说子亦欲杀子"为依据驳斥巫马子所谓"我不能兼爱"的论调的事例；有"和氏之璧、隋侯之珠、三棘六异""不可以利人"，"非天下之良宝"，而"义可以利人"，是"天下之良宝"的评述；有认为仲尼以"远者近之，而旧者新之"答叶公子高"善为政者若之何"之问，是"叶公子高未得其问也，仲尼亦未得其所以对"的评述，等等，无一不是与"兼爱""非攻"等主张与"贵义"理念相表里。

第十六篇　贵　义

1. 子墨子曰："万事莫贵于义[1]。今谓人曰[2]：'予子冠履[3]，而断子之手足，子为之乎？'必不为。何故？则冠履不若手足之贵也。又曰：'予子天下，而杀子之身，子为之乎？'必不为。何故？则天下不若身之贵也。争一言以相杀[4]，是义贵于其身也[5]。故曰：万事莫贵于义也。"

本章论述墨子以"冠履不若手足之贵""天下不若身之贵"和"义贵于其身"三例阐发"万事莫贵于义"之理。

［注释］

[1]万事莫贵于义：是说世间万事万物没有什么比"义"更可贵。莫，没有谁，没有什么。用为否定性无定代词。　[2]今：犹若。《经传释词》卷五："今，犹若也。"　[3]予子冠履：是说给您帽鞋。予，即与，给。冠，弁，冕，帽。履，屦，鞋。　[4]争一言以相杀：是说为争"义"而选择赴死。一言，指一字，即"义"。《汉书·伍

被传》："男子之所死者，一言耳。"《吕氏春秋·上德》："（墨者巨子）孟胜曰：'死之，所以行墨者之义而继其业者也。'"皆为其证。相（xiàng），犹择。杀，死。　[5]义贵：原作"贵义"。从孙诒让校倒转。《太平御览》卷三百七十引作"是义贵于身"，可证。

2.子墨子自鲁即齐[1]，过故人[2]，谓子墨子曰："今天下莫为义[3]，子独自苦而为义，子不若已[4]。"子墨子曰："今有人于此[5]，有子十人，一人耕而九人处[6]，则耕者不可以不益急矣[7]。何故？则食者众而耕者寡也。今天下莫为义，则子如劝我者也[8]，何故止我？"

本章论述墨子借答故人"子独自苦而为义，子不若已"之疑，表明自己在"天下莫为义"之时必行义"益急"而后可的态度，从而与其"贵义"思想相表里。

[注释]
[1]即齐：至齐国。即，至。　[2]过故人：是说探望友人。过，见，探望。故人，故旧，平生故交。　[3]莫：没有谁，没有什么。　[4]已：止。　[5]今：犹若。　[6]处：止，安处，闲居。　[7]益：饶，加甚。　[8]如：犹宜。《太平御览》卷四百二十一和八百二十二引作"子宜劝我"，皆作"宜"。

3.子墨子南游于楚，献书惠王[1]，惠王以老辞，使穆贺见子墨子[2]。子墨子说穆贺，穆贺大说[3]，谓子墨子曰："子之言则成善矣[4]，而君王天下之大王也，毋乃曰'贱人之所为'而不用乎[5]？”子墨子曰：“唯其可行。譬若药然，一草之本[6]，天子食之以顺其疾[7]，岂曰‘一草之本’而不食哉？今农夫入其税于大人，大人为酒醴粢盛[8]，以祭上帝鬼神，岂曰‘贱人之所为’，而不享哉[9]？故虽贱人也[10]，上比之农，下比之药，曾不若‘一草之本’乎？且主君亦尝闻汤之说乎[11]？昔者汤将往见伊尹，令彭氏之子御[12]。彭氏之子半道而问曰：‘君将何之[13]？’汤曰：‘将往见伊尹[14]。’彭氏之子曰：‘伊尹，天下之贱人也。若君欲见之，亦令召问焉，彼受赐矣。’汤曰：‘非女所知也[15]。今有药于此[16]，食之则耳加聪，目加明，则吾必说而强食之。今夫伊尹之于我国也[17]，譬之良医善药也。而子不欲我见伊尹，是子不欲吾善也。’因下彭氏之子，不使御。彼苟然[18]，然后可也。”

［注释］

[1] “献书惠王”以下两句：原作“见楚献惠王，献惠王以老辞”。从孙诒让校改。这两句是说，墨子要向楚惠王献书，惠王以自己年纪已老推辞了。　[2] 穆贺：惠王之臣。生平未详。　[3] 说：通悦。　[4] 成：通诚。　[5] 毋乃：即“无乃”，得无，

本章论述墨子要献书于楚惠王而未能如愿，乃以商汤重用伊尹之例，反驳王臣穆贺托故“贱人之所为”而惠王不接见的论调，换一个角度宣扬“尚贤”主张。

恐怕。　[6]一草之本：原作"草之本"。从苏时学校补"一"字。下文两言"一草之本"，可证。　[7]顺：安。　[8]大人为酒醴粢盛：是说在位者用以备办酒食祭物。大人，指在位者。酒醴粢盛，指酒食祭物。　[9]享：亦作亯、飨，指献、食、受。　[10]"故虽贱人也"以下四句：我虽是贱人，上可与农夫相比，下可与药草相比，难道竟不如一把药草根吗？曾，竟，乃。　[11]主君：或指君主、天子，或指大夫，或作对别人的敬称。此外用作对别人的敬称，指穆贺。　[12]御：亦作驭，御马，驾车。　[13]之：适，至。　[14]伊尹：汤之大臣。详《所染》2章注释[4]。　[15]女：通汝。汝，你。　[16]今有药于此：原作"今有药此"。从苏时学校补"于"字。上文"今有人于此"，可证。　[17]今夫：发语词。　[18]"彼苟然"以下两句：他（惠王）诚能如此，然后才可以用我。彼，指他人，与"此"对言。此处指楚惠王。苟，诚。

本章论述墨子劝导世人，"凡言凡动"，必中"天鬼百姓"之利，必"合于三代圣王尧、舜、禹、汤、文、武"之道。

由"三代圣王尧、舜、禹、汤、文、武""虞夏商周三代之圣王"和"三代圣王禹、汤、文、武"用例共存于《墨子》书中的事实以推，古时盖以先夏合于夏。

4. 子墨子曰："凡言凡动[1]，利于天鬼百姓者为之；凡言凡动，害于天鬼百姓者舍之。凡言凡动，合于三代圣王尧、舜、禹、汤、文、武者为之[2]；凡言凡动，合于三代暴王桀、纣、幽、厉者舍之。"

［注释］

[1]"凡言凡动"以下两句：凡言语行动有利于天帝、鬼神与百姓的就去做。天鬼，天帝鬼神。鬼，指鬼神。　[2]合于三代圣王尧、舜、禹、汤、文、武者为之：是说合乎先夏圣王唐尧、虞舜和三代圣王夏禹、商汤、周文王与周武王之道的就去做。

5. 子墨子曰："言足以迁行者[1]，常之；不足以迁行者，勿常。不足以迁行而常之，是荡口也[2]。"

[注释]

[1]"言足以迁行者"以下两句：话既说出，足以促人革故向善的，便可以经常说。迁，或作拪。指升，移，革故向善。　[2]荡口：徒敝口舌，说空话。

6. 子墨子曰："必去六辟[1]。嘿则思[2]，言则诲，动则事[3]，使三者代御[4]，必为圣人。必去喜、去怒、去乐、去悲、去爱、去恶[5]，而用仁义。手足口鼻耳目从事于义[6]，必为圣人。"

[注释]

[1]六辟：即"六僻"，指喜、怒、乐、悲、爱、恶。辟，通僻。僻，邪僻。　[2]嘿则思：是说静默时就勤于思考。嘿，同默。　[3]动则事：是说行动时就任事服务。事，任事。　[4]使三者代御：是说将"默""言""动"三方面更迭运用。代，更。御，用。　[5]去爱、去恶：原作"去爱"。从俞樾校补。《吕氏春秋·有度》"恶、欲、喜、怒、哀、乐六者，累德者也"，可证。六累德，即"六僻"。欲，即"爱"。哀，即"悲"。　[6]手足口鼻耳目从事于义："耳"下原脱"目"字。从孙诒让校补。这句是说，手足口鼻耳目一并用来为行义做贡献。《耕柱》"能谈辩者谈辩，能说

本章再度表述墨子对"荡口"的非难，体现其言必践行的教育理念。

《耕柱》篇亦有此文，仅前"迁"字作"复"，后二"迁"字作"举"，可以理解为言行合一的强调，也可以理解为《墨子》书行文有时不免重复。

本章论述墨子默言动"三者代御"、去喜怒乐悲爱思六僻而"用仁义"，向圣人看齐的修德主张，从修身角度阐发"贵义"思想。

书者说书，能从事者从事，然后义事成也"，与此同义。

7. 子墨子谓二三子曰[1]："为义而不能[2]，必无排其道。譬若匠人之斲而不能[3]，无排其绳[4]。"

本章论述墨子教诲弟子们"为义而不能，必无排其道"，以阐发"贵义"思想。

［注释］

[1]二三子：门人，诸弟子。　[2]"为义而不能"以下两句：人若不能行义时，一定不能排斥行义之道。排，排斥，抵背。无，通毋。　[3]斲（zhuó）：砍。　[4]绳：绳墨，墨线。

8. 子墨子曰："世之君子，使之为一犬一彘之宰[1]，不能则辞之；使为一国之相[2]，不能而为之。岂不悖哉！"

本章论述墨子批评"世之君子"不能宰犬彘而辞，但不能任辅相而为，实属荒谬，从反面宣传"尚贤"主张。

［注释］

[1]"使之为一犬一彘（zhì）之宰"以下两句：使他做一狗一猪的宰夫，若不能就会推辞。彘，豕，猪。宰，屠夫，宰夫。　[2]"使为一国之相"以下两句：使他做一国的宰相，虽然不能胜任，但还是去做。相，辅相，丞相。

9. 子墨子曰："今瞽曰[1]：'岂（钜）者白也[2]，黔者黑也[3]。'虽明目者无以易之[4]。兼白黑，使瞽取焉，不能知也。故我曰瞽不知白黑者，非以其名也^[5]，以其取也。今天下之君子之名仁也，虽禹、汤无以易之。兼仁与不仁，而使天下之君子取焉，不能知也。故我曰天下之君子不知仁者，非以其名也，亦以其取也。”

[注释]

[1]瞽：盲，无目。 [2]皑：原作"钜"。从俞樾校改。皑，通皑，皑，白。 [3]黔：黎，黑。 [4]无以易之：是说没有什么用来改变它。无以，作为凝固结构，可以视为"无所以"之省，"没有什么用来……"之意。 [5]"非以其名也"以下两句：不是由其白黑的名称，而是由其实际的选取。以，因，由。

本章论述墨子批评"今天下之君子"不知仁与不仁之辨，与瞽不知"白黑"之辨一样，"非以其名"，而"以其取"。

10. 子墨子曰："今士之用身^[1]，不若商人之用一布之慎也^[2]。商人用一布市（布）^[3]，不敢轻（继）苟而雠焉^[4]，必择良者。今士之用身则不然，意之所欲则为之，厚者入刑罚，薄者被毁丑^[5]，则士之用身不若商人之用一布之慎也。"

[注释]

[1]用身：即"以身"，指以身处世。用，犹以。 [2]布：钱币，亦名泉，取其如水泉流通无不遍之意。古时藏曰泉，行曰

本章论述墨子批评"今士""用身"太过轻苟随欲，（而不考虑以义用身，）从"用身"这一侧面隐然透出"贵义"思想的折光。

布。 [3]布市：原作"布布"。从孙诒让校改。下文"不敢轻苟
而讐焉，必择良者"，正是说市物。市，买卖。 [4]不敢轻苟而
讐焉：是说，不敢轻易苟且用来市物。轻，原作"继"。从王焕镳
校改。讐，即售。讐、售古今字。 [5]薄者被毁丑：是说情节较
轻的遭受非毁羞辱。丑，恶，秽，耻。

11. 子墨子曰："世之君子欲其义之成[1]，而
助之修其身则愠[2]，是犹欲其墙之成，而人助之
筑则愠也。岂不悖哉！"

本章论述墨子
批评"世之君子"，
欲成其义，又愠于
别人助之修其身，
实属悖谬，意在阐
发"贵义"思想。

[注释]

[1]欲其义之成：即欲成其义。小句"其义成"的主语"其义"
与谓语"成"之间加助词"之"，取消其句子的独立性，从而使"其
义之成"作为一个句子成分，作动词谓语"欲"的宾语。 [2]愠
（yùn）：怒。

12. 子墨子曰："古之圣王，欲传其道于后
世，是故书之竹帛[1]，镂之金石[2]，传遗后世子
孙，欲后世子孙法之也[3]。今闻先王之遗而不
为[4]，是废先王之传也。"

本章论述墨子
主张"法先王"的
原因。（当然，墨
子同样主张"法后
王"。"法先王"关
乎"述"，"法后王"
关乎"作"。）

[注释]

[1]竹帛：竹简与绢帛，为文字的载体。 [2]金石：铜器与
碑石，亦为文字的载体。 [3]法：取法，效法。 [4]遗：遗留，

遗传。此处指古之圣王传遗之道。

13. 子墨子南游使卫[1]，关中载书甚多[2]，弦唐子见而怪之[3]，曰："吾夫子教公尚过曰[4]：'揣曲直而已[5]。'今夫子载书甚多，何有也[6]？"子墨子曰："昔者周公旦朝读书百篇，夕见漆十士[7]，故周公旦佐相天子，其脩至于今[8]。翟上无君上之事，下无耕农之难，吾安敢废此？翟闻之：'同归之物，信有误者[9]。'然而民听不钧[10]，是以书多也。今若过之心者，数逆于精微[11]。同归之物，既已知其要矣，是以不教以书也。而子何怪焉[12]？"

本章论述墨子借答弦唐子问，说明自己读书是效法周公，心忧天下；自己育人是因人而异，按材施教。

[注释]

[1] 使卫：出使卫国。卫，古国名。始封之君为周武王弟康叔。公元前十一世纪周公平定武庚叛乱后，把原来商都周围地区和殷民七族分封给他，成为当时大国，建都朝歌（今河南淇县）。前660年被翟击败，靠齐国帮助，迁都楚丘（今河南滑县），从此成为小国。后又迁都帝丘（今河南濮阳）。前254年为魏所灭，后来在秦国支持下复国，迁至野王（今河南沁阳），作为秦的附庸。前209年，终为秦所灭。　[2] 关：亦称扃，车厢旁横木为阑，用以置兵、插旗之处。　[3] 弦唐子：由称墨子为"吾夫子""夫子"以推，或为墨子弟子。　[4] 吾夫子：我（们）的夫子，我（们）的老师。夫子，

古代对男子的尊称，引申为弟子对老师的专称。公尚过：或作"公上过"，氏公尚（上），名过。墨子弟子。曾仕越，并为越王迎请墨子于鲁，未果。　[5]揣曲直而已：是说揣度人事的是非罢了。揣，量，揣度。曲直，能否，是非。　[6]何有：何为。有，犹为。《经传释词》卷三："有，犹为也。"　[7]漆：或作柒，即七。《艺文类聚》卷五十五引"漆"作"七"。　[8]脩：通修。修，治，政绩。　[9]"同归之物"以下两句：虽然天下万物最终同归于一，但是在表述过程中诚有歧误出现。信，诚。《易·系辞下》："天下同归而殊涂。"孔颖达疏："言天下万事，终则同归于一。"　[10]钧：通均。均，等，齐，一致。　[11]数逆于精微：是说对于事理已钩考至精细微妙的境地。数，理，理数。逆，钩考。　[12]子何怪焉：是说您为什么对此感到奇怪？焉，于是。用为兼词。

本章论述墨子告诫公良桓子，作为小国，卫应戒止"饰车数百乘""马食菽粟者数百匹""妇人衣文绣者数百人"等奢靡行为，并指出"畜士"以备"患难"的重要性，用以宣传"节用""非攻"主张。

14. 子墨子谓公良桓子曰[1]："卫，小国也，处于齐、晋之间，犹贫家之处于富家之间也。贫家而学富家之衣食多用，则速亡必矣。今简子之家[2]，饰车数百乘，马食菽粟者数百匹，妇人衣文绣者数百人，吾取饰车、食马之费与绣衣之财以畜士[3]，必千人有馀。若有患难，则使数百人处于前[4]，数百人处于后[5]，与妇人数百人处前后孰安[6]？吾以为不若畜士之安也。"

[注释]

[1]公良桓子：卫大夫。氏公良。　[2]简：阅，察。　[3]畜：

养。　[4] 则使数百人处于前："百"前"数"字原脱。从王念孙校补。这句是说，便令数百名所养之士居前抵挡。　[5] 数百人处于后：原作"数百于后"。从王念孙校补"人处"二字于"百"字后。这句是说，又令数百士人居后压阵。　[6] 孰安：哪一个更安全。孰，谁，何，哪个。

15. 子墨子仕人于卫[1]，所仕者至而反[2]。子墨子曰："何故反？"对曰："与我言而不当[3]，曰'待女以千盆[4]'，授我五百盆，故去之也。"子墨子曰："授子过千盆，则子去之乎？"对曰："不去。"子墨子曰："然则非为其不审也[5]，为其寡也。"

本章论述墨子批评所仕之人因俸禄少而离职是背义向禄的行为，从而阐发"贵义"理念。

[**注释**]

[1] 仕人于卫：使某人为官于卫国。仕，仕于朝，为官。　[2] 反：通返。　[3] 与我言而不当：是说不能兑现对我所作的承诺。当，对，应。　[4] 盆：量名，一盆容二鬴（fǔ）。鬴，或作釜，六斗四升。　[5] 审：信，实。

16. 子墨子曰："世俗之君子，视义士不若负粟者[1]。今有人于此，负粟息于路侧，欲起而不能，君子见之，无长少贵贱[2]，必起之。何故也？曰：义也。今为义之君子，奉承先王之道以语之^[3]，纵不说而行^[4]，又从而非毁之。则是世俗之君子之视义士也，不若视负粟者也。"

[注释]

[1]视义士不若负粟者：是说看待行义之士竟然不如一个背米的人。负，背。粟，谷（穀）实，今称小米。　[2]无长少贵贱：是说无论长幼贵贱。无，无论。　[3]奉承先王之道以语之：是说秉承先王之道来告诉世俗君子。奉，秉，持。语之，告诉他。之，指代"世俗之君子"。　[4]纵不说而行：是说纵使不喜欢实行。纵，纵然，纵使。说，通悦。吴抄本正作"悦"。而，助词。

17. 子墨子曰："商人之四方^[1]，市贾倍（信）徙^[2]，虽有关梁之难^[3]，盗贼之危，必为之。今士坐而言义，无关梁之难，盗贼之危，此为倍（信）徙不可胜计，然而不为。则士之计利，不若商人之察也^[4]。"

[注释]

[1]之：适，至。　[2]市贾倍徙：这句是说，买进卖出价钱相差一倍至五倍。倍，原作"信"。从毕沅校改。市，贸易，买卖。贾，通价（價）。价，偛值，价钱。徙，通蓰。蓰，五倍。　[3]"虽有关梁之难"以下三句：虽然通过关门津梁不免多有阻难，并且不时会遭遇盗贼抢劫的危险，必定去做这事。关梁，水陆要会之

处。关，关门。梁，津梁。　[4]察：明审。

18. 子墨子北之齐，遇日者^[1]。日者曰："帝以今日杀黑龙于北方，而先生之色黑，不可以北。"子墨子不听，遂北，至淄水^[2]，不遂而反焉。日者曰："我谓先生不可以北。"子墨子曰："南之人不得北，北之人不得南，其色有黑者，有白者，何故皆不遂也？且帝以甲乙杀青龙于东方^[3]，以丙丁杀赤龙于南方，以庚辛杀白龙于西方，以壬癸杀黑龙于北方，若用子之言，则是禁天下之行者也。是围心而虚天下也^[4]，子之言不可用也。"

本章论述墨子批评日者之言"围心而虚天下"，不可信用。

[注释]

[1] 日者：占候时日者。　[2]"至淄（zī）水"以下两句：往北到了淄水，不能遂愿而返了回来。淄水，即淄河。源出山东青州西南，经淄博临淄区、寿光入渤海。　[3] 甲乙：古时以干（天干，即甲、乙、丙、丁、戊、己、庚、辛、壬、癸）与支（地支，即子、丑、寅、卯、辰、巳、午、未、申、酉、戌、亥）组合计日，成甲子、乙丑、丙寅……癸亥，总计六十日，所谓"六十化甲子"。亦有单以天干记日者，此处"且帝以甲乙杀青龙于东方，……以壬癸杀黑龙于北方"，即其一例。　[4] 是围心而虚天下：是说这是违背人心而令天下虚无一人的说辞。围，通违。

19. 子墨子曰："吾言足用矣[1]，舍吾言革思者[2]，是犹舍获而攘粟也[3]。以其言非吾言者[4]，是犹以卵投石也。尽天下之卵，其石犹是也，不可毁也。"

本章论述墨子对自己的言论、主张充满自信，无可折其锋芒，"以其言非吾言者，是犹以卵投石也"，便是真实写照。

[注释]

[1]吾言足用矣：是说我的言谈足够使用的了。 [2]舍吾言革思者："吾"字原脱。从孙诒让校补。上文"吾言足用矣"、下文"以其言非吾言者"皆可证。这句是说，舍弃我之所言而更改思路的。革，更。 [3]是犹舍获而攘粟也：是说这好比舍弃收割之所获而去拾取别人收割之后遗漏的谷穗。攘，或作攦、捃，指拾禾穗。 [4]"以其言非吾言者"以下两句：以他人的言论来攻击我的言论的，这好比以卵击石。投，掷，击。

[点评]

此篇也取首句二字名篇，其中多章论述内容与"贵义"相关。如以"争一言以相杀"论证"万事莫贵于义"；以"食者众而耕者寡"，"耕者不可以不益急"，回复故人"子独自苦而为义，子不若已"的规劝；以"南游于楚，献书惠王"，冀得其用而事与愿违，于是义辞其朝，并批驳王臣穆贺托故"贱人之所为"的谬论；主张"凡言凡动，利于天鬼百姓者为之"，"合于三代圣王尧、舜、禹、汤、文、武者为之"；主张去喜、怒、乐、悲、爱、恶六僻，默言动"三者代御"而"用仁义"，向圣人看齐；主张"为义而不能，必无排其道"；批评"世之君子"

无自知之明，"使为一国之相，不能而为之"；批评"世
之君子欲其义之成，而助之修其身则愠"；批评"世俗之
君子，视义士不若负粟者"；批评仕卫弟子去职而"反"，
非为"与我言而不当"，而为禄寡；批评"今士坐而言
义""而不为"，其"计利""不若商人之察"等。如果
说"贵义"即为本篇主题，如同尚贤、尚同、兼爱、非攻、
节用、节葬、天志、明鬼、非乐、非命一样，各为篇旨，
似无不可。当然，也有几章间插其他情事，如指出言"不
足以迁行而常之"为"荡口"；指出"天下之君子不知仁
者，非以其名"，而"以其取"；指出"闻先王之遗而不为，
是废先王之传"；作答弦唐子，说明自己读书的目的和施
教的原则；忠告卫国公良桓子，作为小国，应实行节用
和养士备患；揭露日者"帝以今日杀黑龙于北方，而先
生之色黑，不可以北"之言不可用；告知世人"吾言足
用"，"以其言非吾言者，是犹以卵投石"等。其中，少
数为问对辩理之词，而多数为类似《论语》"子曰"的"子
墨子曰"式评述或教诲之辞。

有人追问说，墨子鼓吹"兼爱"，又称"万事莫贵于
义"，那么"兼爱"与"贵义"何者为主？笔者以为，墨
子之"义"可以看作"兼爱"的代名词，因为墨子通过
非兼者之口，将二者的关系表述为："兼即仁矣，义矣"
（见《兼爱下》）。就是说，归根结蒂，墨子"贵兼"与"贵
义"实际上应该是一回事。因为"求兴天下之利而取之，
以兼为正"（见《兼爱下》）和"义，利也"（见《经上》）
毫无二致。不过，一般说来，"兼"（爱）多是见之于理
论方面，而"义"则多是见之于行为方面。

第十七篇　公　孟

1.公孟子谓子墨子曰[1]:"君子共己以待[2],问焉则言[3],不问焉则止。譬若钟然,扣则鸣[4],不扣则不鸣。"子墨子曰:"是言有三物焉[5],子乃今知其一耳(身)[6],又未知其所谓也[7]。若大人行淫暴于国家[8],进而谏,则谓之不逊[9];因左右而献谏,则谓之言议[10],此君子之所疑惑也。若大人为政,将因于国家之难,譬若机之将发也然[11],君子之必以谏[12],然而大人之利[13],若此者,虽不扣必鸣者也。若大人举不义之异行,虽得大巧之经[14],可行于军旅之事,欲攻伐无罪之国,有之也,君得之,则必用之矣。以广辟土地^[15]，籍（著）税赇（伪）材^[16]，出必见辱，所攻者不利，而攻者亦不利，是两不利也。若此者，虽不扣必鸣者也。且子曰：'君子共己以待^[17]，问焉则言，不问焉则止，譬若钟然，扣则鸣，不扣则不鸣。'今未有扣子而言，是子之所谓不扣而鸣邪^[18]？是子之所谓非君子邪？"

［注释］

[1]公孟子：即公明仪（"孟""明"通）。详《耕柱》15 章注释[1]。 [2]君子共己以待：是说君子应自己拱手以等待。共，通拱。拱，拱手，抱拳。 [3]问焉则言：是说有人问就发言。焉，犹也。用为句中语气词。 [4]扣：同叩，指扣击，击。 [5]是言有三物：是说此言有三种情况（"不扣则不鸣"者有一种情况，"虽不扣必鸣"者有二种情况。"不扣则不鸣"者，即下文"若大人行淫暴于国家，进而谏，则谓之不逊；因左右而献谏，则谓之言议，此君子之所疑惑也"。"虽不扣必鸣"者，即下文"若大人为政，将因于国家之难，譬若机之将发也然，君子之必以谏，然而大人之利，若此者，虽不扣必鸣者也"和"若大人举不义之异行，虽得大巧之经，可行于军旅之事，欲攻伐无罪之国，有之也，君得之，则必用之矣。以广辟土地，籍税赇财，出必见辱，所攻者不利，而攻者亦不利，是两不利也。若此者，虽不扣必鸣者也"）。 [6]子乃今知其一耳：这句是说，您而今仅知道其中一种情况而已。耳，原作"身"。耳后原有"也"字，衍文。从王引之校改，删。耳，犹而已。 [7]又未知其所谓：是说又不知道这种情况究为何意。谓，言之意。 [8]大人：人君，指天子诸侯为政教者。淫暴：邪

本章论述墨子批驳儒者公孟子所谓"君子共己以待，问焉则言，不问焉则止。譬若钟然，扣则鸣，不扣则不鸣"的论调，并指出"今未有扣子而言"，无异于自我否定。

乱暴恶。淫，惑，乱。暴，恶。　[9]逊：恭，顺。　[10]"因左右而献谏"以下两句：因依君王左右近臣而间接劝谏，便会说这是私议国政。因，依，就，由。言议，指议论国政。　[11]譬若机之将发也然：是说（国家之难）有如弩机将要发箭一样迫在眉睫。机，弩机。　[12]君子之必以谏：是说君子对此必进谏言。之，是，此。　[13]然而大人之利：是说此乃人君的利好。然，犹是。《大取》："一曰乃是而然。"然，吴抄本作"是"。而，犹乃。　[14]大巧之经：是说极其巧妙的治军经典，如《太公兵法》《孙子兵法》之类。　[15]辟：同闢，开，开辟。　[16]籍税贻材：原作"著税伪材"。从孙诒让校改"著"为"籍"，从毕沅校改"伪"为"贻"。这句是说，籍敛税赋资财。籍，籍敛。贻，古"货"字。材，通财。　[17]君子共己以待：原脱"以"字。据上文"君子共己以待"补。　[18]是子之所谓不扣而鸣邪："谓"上"所"字原脱。据下文"是子之所谓非君子邪"补。此两句是说，（现在无人发问而您却在说话，）不知道这是您所说的不扣而鸣呢，或是您所说的非君子呢？

2. 公孟子谓子墨子曰："实为善人[1]，孰不知？譬若良巫[2]，处而不出，有馀粮[3]。譬若美女，处而不出，人争求之。行而自衒[4]，人莫之取也[5]。今子遍从人而说之[6]，何其劳也？"子墨子曰："今夫世乱[7]，求美女者众，美女虽不出，人多求之。今求善者寡，不强说人[8]，人莫之知也。且有二生于此，善筮[9]，一行为人筮者，一处而不出者。行为人筮者与处而不出者，其粮孰多？"公孟子曰："行为人筮者其糈多。"子墨子曰："仁义钧[10]，行说人者，其功善亦多，何故不行说人也？"

［注释］

[1]实为善人：是说诚为善人。实，诚。 [2]巫：原作"玉"。从孙诒让校改。 [3]糈（xǔ）：粮，粒。 [4]自衒（xuàn）：自己作价求售。衒，一作"衔"，行卖，叫卖。 [5]人莫之取：即"人莫娶之"。古代汉语否定句中代词宾语前置的用例。莫，没有谁，没有什么。用为否定性无定代词。取，通娶。下文"人莫之知"，同其用例。 [6]遍：周遍。 [7]今夫：发语词。 [8]不强（qiǎng）说人：是说如不努力劝说人。强，勤，勉强，努力。 [9]善筮（shì）：善长以蓍（shī）草进行卜筮。筮，卜筮，以蓍问日吉凶于《易》。 [10]钧：通均。均，等，齐，一致。

3. 公孟子戴章甫[1]，搢忽[2]，儒服，而以见子墨子，曰："君子服然后行乎？其行然后服乎？"子墨子曰："行不在服[3]。"公孟子曰："何以知其然也？"子墨子曰："昔者齐桓公高冠博带[4]，金剑木盾，以治其国，其国治。昔者晋文公大布之衣[5]，牂羊之裘[6]，韦以带剑[7]，以治其国，其国治。昔者楚庄王鲜冠组缨[8]，绛衣博袍[9]，以治其国，其国治。昔者越王句践剪发文

本章论述墨子批驳公孟子所谓"今子遍从人而说之，何其劳也"的论调，指出"行说""仁义"，"功善"必多，借以宣传"贵义"思想。

身[10]，以治其国，其国治。此四君者，其服不同，其行犹一也。翟以是知行之不在服也。”公孟子曰：“善！吾闻之曰：‘宿善者不祥[11]。’请舍忽、易章甫，复见夫子，可乎？”子墨子曰：“请因以相见也[12]，若必将舍忽、易章甫而后相见，然则行果在服也。”

本章论述墨子答公孟子关于服与行孰先孰后之问，以齐桓、晋文、楚庄、越勾践四君王为例，指出“行不在服”，从而与“非儒”主张相表里。

[注释]

[1]章甫：殷冠之名。　[2]搢忽：插笏（hù）于绅带之上。《礼记·内则》：“绅，搢笏。”搢（jìn），插。忽，即笏，亦即朝笏，古时大臣朝见时手中所执持的狭长手板，记事其上，以备忽忘。　[3]行不在服：是说恪守行为仪轨并不在于注重服饰的式样。　[4]齐桓公：即小白。详《亲士》2章注释[2]。博带：大带，即绅，用以束腰。　[5]晋文公：即重耳。详《亲士》2章注释[1]。　[6]牂（zāng）羊：牡羊，公羊。　[7]韦以带剑：是说束熟皮腰带以悬挂佩剑。韦，熟皮。　[8]楚庄王：即熊旅。详《所染》2章注释[13]。鲜冠组缨：光鲜冠冕系以丝绦（tāo）。鲜，明，华美。组，绶，丝绦，其小者以为冠之系带。缨，冠系。　[9]绛衣：大衣。绛，或作缝。绛（缝）衣，又作“逢衣”。逢，大。　[10]越王句践：即勾践。详《亲士》2章注释[3]。剪发文身：剪短头发，身刺饰文。剪，或作翦，截，齐断。文，或作纹，错画，文饰。　[11]宿：止，留。　[12]请因以相见：是说请就此相见好了。因，随，就。

4. 公孟子曰："君子必古言、服然后仁[1]。"

子墨子曰："昔者商王纣卿士费仲为天下之暴人[2]，箕子、微子为天下之圣人[3]。此同言而或不仁或仁也[4]。周公旦为天下之圣人[5]，关叔为天下之暴人[6]，此同服或仁或不仁。然则不在古服与古言矣。且子法周[7]，而未法夏也，子之古非古也。"

[注释]

[1] 君子必古言、服然后仁：是说君子必须遵照古制说话，又遵照古制着装，然后才可以称为仁德之人。　[2] 费仲：或作费中。商纣王宠臣。详《明鬼下》16 章注释 [14]。　[3] 箕子：名胥馀。纣之叔父。一说纣之庶兄。封子爵，国于箕（今山西太谷东北）。纣暴虐，箕子谏不听。后见比干被杀，披发佯狂为奴，为纣所囚。周武王灭商，得释。相传武王访箕子，所对答之事见《尚书·洪范》。微子，名启（后为避汉景帝名讳改为开），纣同母庶兄，为卿士。"微"为畿内国名，"子"为封爵。纣暴虐失政，微子数谏不从。遂出走。周武王灭商，向周乞降。周公旦诛武庚后，封微子于商丘（今河南商丘南），国号宋。　[4] 或不仁或仁：原作"或仁不仁"，据下文"或仁或不仁"改。　[5] 周公旦：即周公姬旦。详《所染》2 章注释 [5]。　[6] 关叔：即管叔鲜，武王弟。详《耕柱》13 章注释 [8]。　[7] 法：取法，效法。

5. 公孟子谓子墨子曰："昔者圣王之列也[1]，

本章论述墨子以费仲与箕子、微子同言而或不仁或仁，周公与管叔同服而或仁或不仁的事例，批驳公孟子所谓"君子必古言、服然后仁"的论调，与"非儒"主张相表里。

上圣立为天子，其次立为卿大夫，今孔子博于《诗》《书》[2]，察于礼乐[3]，详于万物[4]，若使孔子当圣王[5]，则岂不以孔子为天子哉？"子墨子曰："夫知者[6]，必尊天事鬼，爱人节用，合焉为知矣[7]。今子曰孔子博于《诗》《书》，察于礼乐，详于万物，而曰可以为天子，是数人之齿[8]，而以为富。"

本章论述墨子批驳公孟子所谓"今孔子博于《诗》《书》，察于礼乐，详于万物，若使孔子当圣王，则岂不以孔子为天子哉"的说法，无异于"数人之齿，而以为富"的梦呓。

[注释]

[1]列：位序，次第。　[2]博：博通，多闻。　[3]察：明察，覆审。　[4]详：审，周备。　[5]若使孔子当圣王：是说若使孔子生值圣王之时。当，值，相值。　[6]知：通智。下文"为知""知"字同。　[7]合焉为知：是说合于此（尊天事鬼，爱人节用）方可称为智者。焉，犹于之。用为兼词。　[8]"是数人之齿"以下两句：这好比数点别人契板上的齿数，而自以为富有。齿，竹木契板上所刻之齿，用以记数。《列子·说符》："宋人有游于道得人遗契者，归而藏之，密数其齿，告邻人曰：'吾富可待矣。'"与此同类。

本章论述墨子批驳公孟子"教人学而执有命"的主张，无异于命人裹头而除其冠弁，用以宣传"非命"主张。

6.公孟子曰："贫富寿夭，齰然在天[1]，不可损益。"又曰："君子必学。"子墨子曰："教人学而执有命，是犹命人葆而去亓冠也[2]。"

[注释]

[1] 齰（zé）然在天：即"错焉在天"，是说错（措）置者在于天帝。齰，通错。错，安置，置立。然，犹焉。 [2] 是犹命人葆而去亓冠：是说这好比让人裹头而又除去他的帽子。葆，犹苞。苞，裹。亓，亦作丌，即其。

7. 公孟子谓子墨子曰："有义、不义[1]，无祥、不祥。"子墨子曰："古圣王皆以鬼神为神明，而为祸福[2]，执有祥、不祥，是以政治而国安也。自桀、纣以下，皆以鬼神为不神明，不能为祸福，执无祥、不祥，是以政乱而国危也。故先王之书《亓子》（《子亦》）有之曰[3]：'亓傲也[4]，出于子，不祥。'此言为不善之有罚，为善之有赏。"

本章论述墨子以古圣王皆以鬼神为神明，能为祸福，执"有祥、不祥"的理据，驳斥公孟子所谓"有义、不义，无祥、不祥"的论调，用以宣传"明鬼"主张。

[注释]

[1] "有义、不义"以下两句：有义、不义之说，而无祥、不祥之说。公孟子主"有义、不义"之说，认为人事有义与不义之别。墨子执"非命"之说，认为"有祥、不祥"，因为鬼神神明，实司祸福，义则降祥，不义则降不祥。公孟子执"有命"之说，认为"无祥、不祥"，因为"贫富寿夭，齰焉在天，不可损益"。 [2] 而（néng）：通能。 [3] 亓子：原作"子亦"。从戴望校改。亓子，即"其子"，亦即"箕子"。其，籀文箕。《逸周书》卷五原有《箕子解》，已亡佚。 [4] "亓傲也"以下三句：其言行倨傲，出自于你，必不祥。亓，原作"亦"。从毕沅校改。

8. 子墨子谓公孟子曰："丧礼[1]，君与父母、妻、后子死[2]，三年丧服；伯父、叔父、兄弟期[3]；戚族人五月[4]；姑、姊、舅、甥皆有数月之丧。或以不丧之间诵《诗》三百[5]，弦《诗》三百[6]，歌《诗》三百[7]，舞《诗》三百[8]。若用子之言，则君子何日以听治？庶人何日以从事？"公孟子曰："国乱则治之，国治则为礼乐。国贫（治）则从事[9]，国富则为礼乐。"子墨子曰："国之治也，治之，故治也[10]。治之废，则国之治亦废。国之富也，从事，故富也。从事废，则国之富亦废。故虽治国，劝之无餍[11]，然后可也。今子曰'国治则为礼乐，乱则治之'，是譬犹噎而穿井也[12]，死而求医也。古者三代暴王桀、纣、幽、厉，茶为声乐[13]，不顾其民，是以身为刑僇[14]，国为戾虚者[15]，皆从此道也。"

[**注释**]

[1]丧礼：指厚葬久丧的礼制。"君与父母、妻、后子死，……姑、姊、甥、舅皆有数月之丧"，《节葬下》作"君死，丧之三年；父、母死，丧之三年；妻与后子死，五者皆丧之三年；然后伯父、叔父、兄弟、孽子其；戚族人五月；姑、姊、甥、舅皆有数月"。

本章论述墨子通过与公孟子对话，批驳儒者居丧则厚葬久丧，不居丧则诵《诗》、弦《诗》、歌《诗》、舞《诗》，君子不能听治，庶民不能从事，实为三代暴王桀、纣、幽、厉所行"身为刑僇，国为戾虚"之道，从而与"节葬""非乐"主张相表里。

礼文出自《仪礼·丧服经》。 [2]后子：嗣后之子，长子。 [3]期：即朞，期年，一年。 [4]戚族人：原作"族人"。从王念孙补"戚"字。戚族人，指外姓姻亲及同姓族人。 [5]不丧：不居丧，无丧葬之事。诵诗三百：是说朗诵《诗》三百篇。《诗经》计三百零五篇，约称"《诗》三百"。诵，读诵，朗诵，指有轻重缓急、高低抑扬的讽诵。 [6]弦：鼓琴瑟。此处指按丝弦以诵《诗》。 [7]歌：咏声，歌唱。此处指引长声以咏《诗》。 [8]舞：歌舞，乐舞。此处指扬臂趋步以和《诗》。 [9]国贫：原作"国治"。从王念孙校改。 [10]国之治也，治之，故治也：原作"国之治"。从王景羲补"也，治之故治也"六字。这样，"国之治也，治之，故治也。治之废，则国之治亦废"与下文"国之富也，从事，故富也。从事废，则国之富亦废"，成为对句组。 [11]劝之无餍：是说一直劝勉而无厌足之时。餍（餍），通厌（厭）。饱，足。 [12]噎：饭窒，食塞。 [13]荼（ěr）（薾）为声乐：是说隆盛地举办声乐之事。荼，同尔，华盛，华茂。宝历本作"尔"。 [14]僇：通戮。戮，杀。 [15]戾虚：或作"虚戾"，即"虚厉"（厉，通戾），指空宅绝户。居宅无人曰"虚"，死而无后曰"厉"。

9. 公孟子曰："无鬼神。"又曰："君子必学祭礼（祀）[1]。"子墨子曰："执无鬼而学祭礼，是犹无客而学客礼也，是犹无鱼而为鱼罟也[2]。"

本章论述墨子批评公孟子"执无鬼而学祭礼"，实属荒谬，借以宣传"明鬼"主张。

[注释]

[1]礼：原作"祀"。从毕沅校改。下文"执无鬼而学祭礼"，可证。 [2]罟（gǔ）：网。

10. 公孟子谓子墨子曰："子以三年之丧为非，子之三日之丧亦非也。"子墨子曰："子以三年之丧非三日之丧，是犹保谓撅者不恭也[1]。"

本章论述墨子批评公孟子以儒者"三年之丧"的主张非难自己"三日之丧"的主张，"犹保谓撅者不恭"，借以宣传"节葬"主张。

[注释]

[1] 保谓撅者不恭也：是说赤裸者指斥揭衣者有失礼节。保，亦作赢、裸，赤身露体。撅，通揭。揭（qì），揭衣，褰衣，摄衣涉水。《晏子春秋·外篇上》："吾讥晏子，訾（zǐ，毁）犹保而高撅者也。"与此同义。

11. 公孟子谓子墨子曰："知有贤于人[1]，则可谓知乎？"子墨子曰："愚之知有以贤于人[2]，而愚岂可谓知矣哉？"

本章论述墨子借答公孟子问指出，虽愚钝者的知识有时会胜过别人，但不能称之为智者。

[注释]

[1] "知有贤于人"以下两句：知识有时胜过别人，那么这能叫做智者吗？知，通智。智，知识，智慧。下文"可谓知""愚之知"，"知"字皆同。有，犹或，有而不尽然。贤，愈，胜。 [2] 愚之知有以贤于人：是说愚钝者的知识有时可以胜过别人。有以，作为凝固结构，"有以"可以视为"有所以"之省，"有什么可以用来……"之意。

12. 公孟子曰："三年之丧，学吾子之慕父母[1]。"子墨子曰："夫婴儿子之知[2]，独慕父母而已。父母不可得也，然号而不止[3]，此亓故何也？即愚之至也。然则儒者之知，岂有以贤于婴儿子哉？"

［注释］

[1] 吾子：原作"吾"。从俞樾校补"子"字。下文"夫婴儿子之知，独慕父母而已"，可证。吾，通牙。吾子，即《方言》所说"牙子"，亦即今语的"伢子"，指小男小女（"婴儿子"）。慕，思慕，依恋。 [2] 婴儿子：即婴儿，小男小女。知：通智。 [3] 然号而不止：是说则哭号不止。然，犹则。《经词衍释》卷七："然，犹则也"。号，哭，哭号。

本章论述墨子批驳公孟子所谓"三年之丧，学吾子之慕父母"的论调，指出儒者之智如同婴儿般低下，借以宣传"节葬""非儒"主张。

13. 子墨子问于儒者曰[1]："何故为乐？"曰："乐以为乐也[2]。"子墨子曰："子未我应也[3]。今我问曰[4]：'何故为室？'曰：'冬避寒焉[5]，夏避暑焉，室以为男女之别也。'则子告我为室之故矣。今我问曰：'何故为乐？'曰：'乐以为乐也。'是犹曰：'何以为室？'曰：'室以为室也。'"

［注释］

[1] 子墨子问于儒者曰：原作"子墨子曰：问于儒者"。从苏时学校改。《三辩》"程繁问于子墨子曰"，《耕柱》"子夏之徒问于子墨子曰""叶公子高问政于仲尼曰"，皆可证。 [2] 乐以为乐：

本章论述墨子批评儒者答己之问"何故为乐"说，"乐以为乐"，乃"未我应"之辞，借以宣传"非儒"主张。

是说为音乐而习音乐。后"乐"字今读 lè，古亦读 yuè，与前"乐"同音，故墨子以"室以为室"予以驳难。　[3]子未我应也：是说您没有回应我。未我应，即"未应我"，古代汉语否定句代词宾语前置的用例。　[4]今：犹若。　[5]冬避寒焉：是说冬天于此避寒。焉，犹于之。用为兼词。

14. 子墨子谓程子曰[1]："儒之道足以丧天下者，四政焉[2]。儒以天为不明，以鬼为不神[3]，天鬼不说[4]，此足以丧天下。又厚葬久丧，重为棺椁，多为衣衾，送死若徙[5]，三年哭泣，扶后起，杖后行，耳无闻，目无见，此足以丧天下。又弦歌鼓舞[6]，习为声乐[7]，此足以丧天下。又以命为有，贫富寿夭、治乱安危有极矣[8]，不可损益也。为上者行之，必不听治矣；为下者行之，必不从事矣，此足以丧天下。"程子曰："甚矣！先生之毁儒也[9]。"子墨子曰："儒固无此若四政者[10]，而我言之，则是毁也。今儒固有此四政者，而我言之，则非毁也，告闻也[11]。"程子无辞而出。子墨子曰："还（迷）之[12]。"反，复（后）坐[13]，进复曰[14]："乡者先生之言有可间（闻）者焉[15]。若先生之言，则是不誉禹汤[16]，不毁桀纣也。"

子墨子曰:"不然,夫应孰辞[17],不称议而为之[18],敏也。厚攻则厚吾[19],薄攻则薄吾。应孰辞而称议,是犹荷辕而击蛾也[20]。"

本章论述墨子告知程子儒道有"四政""足以丧天下",又以"应孰辞,不称议而为之"反驳程子所谓"先生之言,则是不誉禹汤,不毁桀纣"的质疑,借以宣传"非儒""天志""明鬼""节葬""非乐""非命"等主张。

[**注释**]

[1]程子:即《三辩》所见程繁。盖为兼治儒墨的学者。 [2]四政:四制,四项制度。政,制。 [3]神:灵,妙不可言。 [4]说:通悦。 [5]送死若徙:是说出殡时,送葬者与随葬物都很多,如同迁居一样。徙(徙),迁,迁居。 [6]弦歌鼓舞:是说抚琴唱歌击鼓跳舞。鼓,击鼓。用为动词。 [7]习为声乐:是说学作声乐。习,学。 [8]有极:有定,有常。极,度,中,正。 [9]甚矣!先生之毁儒也:倒装句,即"先生之毁儒也甚矣",是说先生非毁儒家实在太过分了。毁,损,亏辱。 [10]此若:此。指示代词连用。若,犹此。[11]告闻:告所知闻。闻,知闻。 [12]还:原作"迷"。从孙诒让校改。 [13]复(復):原作"后"(後)。从王念孙校改。复,又。 [14]进复:进而回复于墨子。复,回复,报,告白。 [15]乡者先生之言有可间(jiàn)者焉:间,原作"闻"。从毕沅校改。这句是说,先前先生所说的话有可非议之处。乡,同向,先前,不久。间,非,毁。 [16]禹汤:原作"禹"。从曹耀湘校补"汤"字。 [17]应孰辞:应对习熟之辞。孰,通熟。下文"应孰辞"同。 [18]"不称议而为之"以下两句:不须通过辩论,率意为之即可,这是聪敏的表现。称议,称引辩议,辩论。称,举,称引。 [19]厚攻则厚吾:是说辩论时如果对方攻势强劲,则我予以强力抵御。吾,通御(禦)。下文"薄吾""吾"字同。 [20]蛾:同蛾,即蚁(蚁),蚂蚁,蚍蜉。

15. 子墨子与程子辩，称于孔子[1]。程子曰："非儒，何故称于孔子也？"子墨子曰："是亓（亦）当而不可易者也[2]。今鸟闻热旱之忧则高[3]，鱼闻热旱之忧则下，当此，虽禹汤为之谋[4]，必不能易矣。鸟鱼可谓愚矣，禹汤犹云因焉[5]。今翟曾无称于孔子乎[6]？"

本章论述墨子借答程子问，表明自己对孔子"当而不可易"的思想主张照样给予称誉的态度。

［注释］

[1] 称：称述，称誉。　[2] 是亓当而不可易者也：亓，原作"亦"。从俞樾校改。《墨子》书"亓"多以形近讹为"亦"，此其一例。亓，古文其。这句是说，这是他（指孔子）所言合理而不可改变的方面。当，合，合理。易，改。　[3] 今鸟闻热旱之忧则高：是说所以飞鸟感受到热旱的忧患必高飞而避之。今，犹故。闻，知，知闻，感受。　[4] 谋：计谋，谋议。　[5] 禹汤犹云因焉：是说圣王夏禹商汤犹或因依于此。云，犹或。《经传释词》卷三："云，犹或也。"因，依，顺。焉，犹于之，用为兼词。　[6] 今翟曾无称于孔子乎：是说现在我为何不称誉孔子呢？曾，何。《广雅·释言》："曾，何也。"

16. 有游于子墨子之门者，身体强良，思虑徇通[1]，欲使随而学。子墨子曰："姑学乎[2]，吾将仕子[3]。"劝于善言而学。其年[4]，而责仕于子墨子[5]。子墨子曰："不仕子。子亦闻夫鲁

语乎[6]？鲁有昆弟五人者[7]，亓父死，亓长子
嗜酒而不葬，亓四弟曰：'子与我葬，当为子沽
酒[8]。'劝于善言而葬。已葬而责酒于其四弟，
四弟曰：'吾末予子酒矣[9]。子葬子父，我葬吾
父，岂独吾父哉？子不葬，则人将笑子，故劝子
葬也。'今子为义，我亦为义，岂独我义也哉？
子不学，则人将笑子，故劝子于学。"

本章论述墨子
批评门生德行、学
力未及而急于求仕
的行为，勉励其为
义而学，借以宣传
"贵义"思想。

[注释]

[1]思虑徇通：是说思虑敏疾通达。徇通，犹徇通，疾敏通
达。徇，通徇。徇，疾。《史记·五帝本纪》："黄帝者，……幼而
徇齐。"裴骃集解引徐广曰："《墨子》曰：'年逾十五则聪明心虑
无不徇通矣。'"徐引《墨子》之文，今未见，盖已佚。然"心虑
无不徇通"，与此义同。　[2]姑学乎：是说姑且从我而学吧。姑，
且，姑且。　[3]仕：仕于朝，为官。　[4]其年：即朞年，一年。
其，通期（朞）。　[5]责：求。　[6]鲁语：鲁国的古语。语，指
古语。　[7]昆弟：兄弟。昆，兄。　[8]沽：同酤，买。　[9]吾
末予子酒矣：是说我不给你酒喝。末，莫，不。

17.有游于子墨子之门者，子墨子曰："盍
学乎[1]？"对曰："吾族人无学者。"子墨子曰：
"不然。夫好美者，岂曰吾族人莫之好[2]，故不
好哉？夫欲富贵者，岂曰我族人莫之欲，故不欲

本章论述墨子劝导游于己门之人勉力为义，从而与"贵义"思想、"非命"主张相观照。

哉？好美、欲富贵者，不视人犹强为之[3]。夫义，天下之大器也，何以视人[4]？必强为之。"

[注释]

[1] 盍（hé）：何不。　[2] 莫之好：即"莫好之"，没有谁爱好它。古代汉语否定句中代词宾语前置的用例。　[3] 不视人犹强为之：是说不去观察别人如何，还是努力去做。视，或作眡，观察。　[4] 何以视人：是说为什么要去观察别人如何。何以，何为。以，犹为。

本章论述墨子借答复门人关于"先生之言有不善乎？鬼神不明乎？"的质疑，宣传"明鬼"主张。

门人涉嫌"匿""人"之"善"，与"匿""人"（"刑徒"）毕竟有所不同。匿人之善，过也；匿刑徒，罪也。墨子设喻将二者等同视之，恐不能令人信服。应当认为此处论证有失严谨。

18. 有游于子墨子之门者，谓子墨子曰："先生以鬼神为明知，能为人祸福哉[1]，为善者富之[2]，为暴者祸之。今吾事先生久矣，而福不至。意者[3]，先生之言有不善乎？鬼神不明乎？我何故不得福也？"子墨子曰："虽子不得福，吾言何遽不善[4]？而鬼神何遽不明？子亦闻乎匿刑徒之有刑乎[5]？"对曰："未之得闻也[6]。"子墨子曰："今有人于此，什子[7]，子能什誉之，而无一自誉乎[8]？"对曰："不能。""有人于此，百子，子能终身誉亓善，而子无一乎？"对曰："不能。"子墨子曰："匿一人者犹有罪[9]，今子所匿者若此亓多，将有厚罪者也，何福之求？"

［注释］

[1] 能为人祸福哉：原作"能为祸人哉福"。从孙诒让校倒转。　[2] 富：通福。　[3] 意者：疑辞。意，犹疑。《广雅·释言》："意，疑也。"　[4] 何遽：何。同义复词。遽，犹何。　[5] 匿刑徒之有刑乎：原作"匿徒之刑之有刑乎"。从孙诒让校删前"之"字，又倒转"徒""刑"二字。下文"匿一人者犹有罪"，可证。匿刑徒之有刑，指藏匿刑徒触犯刑法。　[6] 未之得闻：即"未得闻之"。古代汉语否定句中代词宾语前置的用例。　[7] 什子：是说贤能十倍于您。什，同十。此处指十倍。　[8] 无一：原作"一"。从王焕镳校补"无"字。下文"百子，子能终身誉其善，而子无一乎"，可证。　[9] "匿一人者犹有罪"以下四句：藏匿一个刑徒尚且有罪，现在您藏匿（他人之善）如此之多，属将有重罪的人，还求什么福祉？何福之求，即"求何福"，古代汉语宾语前置又加代词"之"复指的用例。

19. 子墨子有疾，跌鼻进而问曰[1]："先生以鬼神为明，能为祸福，为善者赏之，为不善者罚之。今先生圣人也，何故有疾？意者[2]，先生之言有不善乎？鬼神不明知乎？"子墨子曰："虽使我有病，鬼神何遽不明[3]？人之所得于病者多方，有得之寒暑，有得之劳苦，百门而闭一门焉[4]，则盗何遽无从入？"

［注释］

[1] 跌鼻：墨子弟子之名。生平未详。　[2] 意者：疑辞。详

本章论述墨子借答门人跌鼻之问，指出"人之所得于病者多方"，"虽使我有病，鬼神何遽不明"，与"明鬼"主张相应和。

从"人之所得于病者多方，有得之寒暑"之语，可以透视出墨子了解"自然天"，"自然天"的"寒暑"变化可以使人生病。可见，墨子所说的"天"既包括"人格天"，也包括"自然天"，而"人格天"只不过是墨子为了推行其学说，借"推天道以明人事"，工具而已。

18章注释[3]。　[3] 鬼神何遽不明："鬼神"二字原脱。从孙诒让校补。上文"先生以鬼神为明"，可证。这句是说，鬼神为什么不明智？何遽，何。详18章注释[4]。下文"何遽"同。　[4] "百门而闭一门焉"以下两句：有百门而唯闭其中一门，则盗贼怎么就没有门径进入呢？《淮南子·人间》："室有百户闭其一，盗何遽无从入？"与此义同。

20. 二三子有复于子墨子学射者[1]，子墨子曰："不可，夫知者必量亓力所能至而从事焉[2]。国士战且扶人[3]，犹不可及也[4]。今子非国士也，岂能成学又成射哉？"

本章论述墨子劝谕门弟子，学宜专精，应量力而为。

[注释]

[1] 二三子有复于子墨子学射者：是说门弟子中有报告墨子加学射事的人。复，回复，报告。　[2] 知者：即智者。知，通智。　[3] 国士战且扶人：是说勇力冠国之士在作战中扶助他人。国士，勇力冠国之士。　[4] 及：兼，连及。

21. 二三子复于子墨子曰："告子曰[1]：'墨子言义而行甚恶[2]。'请弃之。"子墨子曰："不可，称我言以毁我行，愈于亡[3]。有人于此，翟甚不仁[4]，尊天、事鬼、爱人，甚不仁，犹愈于亡也。今告子言谈甚辩，言仁义而不吾毁[5]；告子毁，犹愈亡也。"

[注释]

[1] 告子：应即《孟子·告子》篇所见"告子"。告，姓，名
不害。兼治儒墨之道。　[2] 墨子言义而行甚恶："墨子"二字
原脱。从孙诒让校补。下文"子墨子曰：'不可，称我言以毁我
行'"，可证。这句（告子的话）是说墨子言语仁义而行为极其
丑恶。　[3] 愈于亡：即"愈于无"，是说胜过没有任何毁誉。亡，
通无。下文"愈于亡"（凡二），同。　[4] 仁：亲，爱。《荀子·大
略》："仁，爱也，故亲。"　[5] "言仁义而不吾毁"以下三句：告
子讲仁义而不非毁我的言论，虽然非毁我的行为，还是胜过没有
任何毁誉。不吾毁，即"不毁吾"，古代汉语否定句中代词宾语
前置的用例，指不非毁我的言论。"告子毁"之"毁"，指非毁我
的行为。

本章论述墨子
劝教门弟子，告子
"称我言以毁我行，
愈于亡"，表现出
他对自己思想主张
的无比自信。

22. 二三子复于子墨子曰："告子胜为仁[1]。"
子墨子曰："未必然也。告子为仁，譬犹跂以为
长[2]，隐以为广[3]，不可久也。"

本章论述墨子
劝教门弟子，"告
子为仁"难免做作
之嫌。

[注释]

[1] 告子胜为仁：是说告子能够胜任行仁之事。胜，胜任，堪
当。　[2] 跂以为高：即"企以为高"，是说竦身而求高。跂，通企。
企，举踵，翘脚。　[3] 隐以为广：即"偃以为广"，是说仰倒挺
身而求宽，隐，通偃，仰，仰倒。

23. 告子谓子墨子曰："我能治国为政[1]。"子墨子曰："政者，口言之，身必行之。今子口言之，而身不行，是子之身乱也。子不能治子之身，恶能治国政[2]？子姑亡[3]，子之身乱之矣。"

本章论述墨子借答告子问明确指出，"告子""口言之，而身不行"，不能治国为政。

墨子答告子问，为二人并时之证。赵岐云："告子者……兼治儒墨之道者，尝学于孟子"，则孟子、告子二人又并时。墨子先于孟子，则告子当于早年得见墨子而中晚年又师从孟子。墨子与程子亦有答辩，而程子亦兼治儒墨之道。可见，在墨子当世，儒者中至少有程子和告子两人兼治墨道。由此可证，战国之时，墨为显学。《韩非子·显学》"世之显学，儒墨也"，绝非虚言。

[**注释**]

[1]我能治国为政："能"字原脱。从孙诒让校补。下文"子不能治子之身，恶能治国政"，可证。这句是说我能治国理政。 [2]恶（wū）：何，怎么。 [3]子姑亡：是说您姑且不要这样说。姑亡，即《备梯》"子墨子曰：姑亡，姑亡"之"姑亡"，即"姑毋"，姑且不要如此。亡，通无、毋。

[**点评**]

本篇亦以首句二字名篇，论述墨子答公孟子、程子、告子和门生之问以及对他们的告白或训诫，也有少数墨子独白之辞，用以与"节葬""天志""明鬼""非乐"等主张和"贵义"思想相观照。其中与公孟子的问答占半数以上。如批驳公孟子所谓"（墨子）遍从人而说之，何其劳也"的说法，指出"强说人"，"其功善亦多"；批驳其"君子必古言、服然后仁"的说法，以"费仲"与"箕子""微子""同言"而"或不仁或仁"；"周公"与"管叔""同服"而"或仁或不仁"为例，指出"仁""不仁"不在"古言"与"古服"；驳其"有义、不义，无祥、不祥"的说法，以"古圣王皆以鬼神为神明，能为祸福，执有祥、不祥，是以政治而国安"为理据，且引《箕子》之语，以证"为不善之有罚，为善之有赏"，等等。对程子的告白，如"儒以天为不明，以鬼为不神，天鬼不说""厚葬久丧""弦歌鼓舞""以命为有"，此"四政""足以丧天下"；与告子的论辩，如"政者，口言之，身必行之。今子口言之，而身不行"，"恶能治国政"；对门生的训诫，如借答跌鼻"今先生圣人也，何故有疾"之问指出，"虽使我有病，鬼神何遽不明？人之所得于病者多方，有得之寒暑，有得之劳苦，百门而闭一门焉，则盗何遽无从入？"墨子独白之辞，如评儒者以"乐以为乐"答己"何故为乐"之问为"未我应"。

《墨子》书有《非儒》（上篇已佚，唯存下篇），论述对儒者和孔子的非议。其中"君子循而不作"之论复见于《耕柱》，"君子若钟，击之则鸣，弗击不鸣"之论、"君子必古言、服然后仁"之论，皆复见于本篇。这些观点，持论偏颇，墨子据理以驳，理所当然。至于所谓"足以丧天下"之"四政"，分别事关墨子"天志""明鬼""节葬""非乐""非命"主张的推行，墨子通过论辩于程子，批驳"四政"，以正是非，也无可非议。另外，我们不能忽视墨子在与"程子辩"时，"称于孔子"，他自己解释为"是亓当而不可易者也"。很显然，墨子在"非儒"的同时又"称""孔"。其说理偏颇之处，尤其是与"兼爱"等思想主张相悖之处，墨子当然要驳辩，而"亓当而不可易"之处，墨子同样要称举。非其当非，称其当称，足见墨子之论是十分理性的。

第十八篇　鲁　问

本章论述墨子借答鲁君之问，劝谏他"上者尊天事鬼，下者爱利百姓"，"亟遍礼四邻诸侯，歐国而以事齐"，而齐攻鲁之患可救，用以与"天志""明鬼""兼爱""非攻"等主张相观照。

1. 鲁君谓子墨子曰[1]："吾恐齐之攻我也，可救乎？"子墨子曰："可。昔者三代之圣王禹、汤、文、武，百里之诸侯也，说忠行义[2]，取天下。三代之暴王桀、纣、幽、厉，雠忠（怨）行暴[3]，失天下。吾愿主君之上者尊天事鬼[4]，下者爱利百姓[5]，厚为皮币[6]，卑辞令[7]，亟遍礼四邻诸侯[8]，歐国而以事齐[9]，患可救也。非此，顾无可为者[10]。"

[注释]

[1] 鲁君：指鲁国之君（非鲁阳文君）。俞樾云："……此篇有鲁君，又有鲁阳文君，别而书之，其非一人明甚。"孙诒让云："以

时代考之，此鲁君疑即穆公。"鲁穆公（？—前376），名显，或名不衍。悼公孙。用公孙休为相，鲁国国家安定。在位三十三年。依孙诒让推定墨子生卒年代为前468—前376，则墨子与鲁穆公为并时之人，故鲁穆公得见墨子请教政事。 [2]说：通悦。 [3]雠忠行暴：是说，仇恨忠良，施行暴虐。雠忠，原作"雠怨"。从俞樾校改。雠，通仇。 [4]主君：或指君主、天子；或指大夫；或为对他人的敬称。此处指"鲁君"。 [5]爱利：兼爱交利。 [6]皮币：指毛皮布帛等贵重物品。 [7]卑辞令：是说谦卑于外交辞令。卑，贱，谦下。 [8]亟遍礼四邻诸侯：是说疾速周遍地结交四方邻国诸侯。亟，急，疾。遍，周遍。 [9]毆国而以事齐：是说统领全国军民抵御齐军。毆，同驱，指驱使。此处指统领。事，戎事。此处指抵御、应对。 [10]顾无可为者：是说乃没有什么可行的办法。顾，通故。故，乃。

2. 齐将伐鲁，子墨子谓项子牛曰[1]："伐鲁，齐之大过也。昔者吴王东伐越[2]，栖诸会稽[3]；西伐楚，葆昭王于随[4]；北伐齐[5]，取国子以归于吴。诸侯报其雠[6]，百姓苦其劳，而弗为用[7]，是以国为虚戾[8]，身为刑戮也。昔者智伯伐范氏与中行氏[9]，兼三晋之地。诸侯报其雠，百姓苦其劳，而弗为用，是以国为虚戾，身为刑戮也[10]。故大国之攻小国也，是交相贼也[11]，过必反于国。"

本章论述墨子告诫齐将项子牛，"大国之攻小国也，是交相贼也，过必反于国"，借以宣传"非攻"主张。

[注释]

[1] 项子牛：齐田和将兵者之名。 [2] 吴王：指吴王夫差。详《所染》2 章注释 [18]。 [3] 栖诸会稽：即 "栖之于会稽"，是说越王勾践为吴王夫差所败，困于会稽，隐居而屈膝求和之事。栖，同 "楼"，指山居。诸，"之于"（之乎）合音。会稽，即会稽山，在今浙江中部。详《非攻中》5 章注释 [15]。 [4] 葆昭王于随：是说吴王攻入楚都郢，楚人保昭王奔随国避难之事。葆，同保。昭王（？—前 489），春秋末楚国国君，熊氏，名珍。平王子。即位初，使令尹子常杀谗臣费无忌，以平民怨。在位期间，吴屡败楚。昭王十年，伍子胥率吴军破郢，昭王出奔随国。大夫申包胥求得秦援师，遂得归。吴复攻楚，迁都于鄀（今湖北宜城东南）。二十七年，吴王攻陈，楚王往救，病死军中。在位二十七年。谥昭。随，古国名，西周初分封的诸侯国。姬姓。在今湖北随县。春秋后成为楚的附庸。 [5] "北伐齐" 以下两句：吴王北而攻齐，舍于汶上（在今山东汶上西南），战于艾陵（在今山东莱芜东北），大败齐人，获齐将国书以归之事。 [6] 雠：通仇。 [7] 弗为用："弗为之用" 之省，是说不肯为其所用。古代汉语 "为" 作介词，其后代词宾语 "之" 每多省略。 [8] 虚戾：即 "虚厉"，指居宅无人，死而无后。 [9] 昔者智伯伐范氏与中行氏：即《非攻中》所记 "昔者晋有六将军，而智伯莫为强焉。……以攻中行氏而有之。……又攻范氏而大败之。并三家以为一家" 之事。智伯，即智伯瑶。中行氏，即荀氏。范氏，即士氏。分别详《非攻中》5 章注释 [26]、[30] 和 [31]。 [10] 刑戮也：原作 "刑戮，用是也"。从王念孙校删 "用是" 二字。上文 "是以国为虚戾，身为刑戮也"，可证。 [11] "是交相贼也" 以下两句：这是交相贼害，其祸灾必将反过来危及本国。贼，害，贼害，残害。

3.子墨子见齐大王曰^[1]："今有刀于此^[2]，试之人头，倅然断之^[3]，可谓利乎？"大王曰："利。"子墨子曰："多试之人头，倅然断之，可谓利乎？"大王曰："利。"子墨子曰："刀则利矣，孰将受其不祥？"大王曰："刀受其利，试者受其不祥^[4]。"子墨子曰："并国覆军^[5]，贼敚百姓^[6]，孰将受其不祥？"大王俯仰而思之曰^[7]："我受其不祥。"

本章论述墨子告诫齐太公，"并国覆军，贼敚百姓"，杀人者将"受其不祥"，从而宣传"非攻"主张。

［注释］

[1]齐大王：齐太公田和。大王，即"太王"。犹"大山"即"太（泰）山"。下文"大王曰"（凡四），"大王"同。古称先祖为太公，王家或称其祖为太王，如周武王追尊其祖古公亶父为"太王"或"太公王"，齐称其祖即始有国者姜尚为"太公"，田齐也称始有国者和为"太公"。齐太公和（？—前384），田常曾孙。仕齐为卿。齐康公耽于酒色，不理朝政。太公乃迁康公于海滨，食一城，以奉其先祀。康公十九年（前386），田和立为诸侯，列于周室。在位三年。　[2]今：犹若。　[3]倅：此字有两读。其一，音 cuì，副，亦假借为粹。《明鬼下》"必择六畜之胜腯肥倅毛"之"倅"，是也；其二，音 cù，同猝。此处"倅然断之"之"倅"，是也。　[4]试者受其不祥：是说持刀试砍人头者承受不幸。不祥，不宜，不幸。　[5]并国覆军：是说兼并别国，覆灭其军。并，兼并。覆，覆灭。　[6]贼敚：即贼杀（殺），残害杀戮。贼，害，贼害，残害。敚，即杀。《说文·殳部》："殺，戮也。从殳，杀声。……敚，古

文杀。" [7] 俯仰：低首又仰首。

4. 鲁阳文君将攻郑[1]，子墨子闻而止之，谓鲁阳文君曰[2]："今使鲁四境之内[3]，大都攻其小都[4]，大家伐其小家，杀其人民，取其牛马狗豕布帛米粟货财，则何若？"鲁阳文君曰："鲁四境之内，皆寡人之臣也[5]。今大都攻其小都，大家伐其小家，夺之货财，则寡人必将厚罚之。"子墨子曰："夫天之兼有天下也，亦犹君之有四境之内也。今举兵将以攻郑，天诛亓不至乎[6]？"鲁阳文君曰："先生何止我攻郑也？我攻郑，顺于天之志。郑人三世杀其君（父）[7]，天加诛焉，使三年不全[8]，我将助天诛也。"子墨子曰："郑人三世杀其君（父）而天加诛焉，使三年不全，天诛足矣。今又举兵将以攻郑，曰：'吾攻郑也，顺于天之志。'譬有人于此，其子强梁不材[9]，故其父笞之[10]。其邻家之父举木而击之，曰：'吾击之也，顺于其父之志。'则岂不悖哉？"

本章论述墨子告诫鲁阳文君，以"顺于天之志"为托辞攻郑，实属悖谬，与"非攻"主张相观照。

［注释］

[1] 鲁阳文君：亦称鲁阳文子、鲁阳公，即公子宽。详《耕柱》11 章注释 [1]。　[2] 谓鲁阳文君曰：原脱 "鲁" 字。从毕沅校补。上文 "鲁阳文君将攻郑"，可证。　[3] 今：犹若。　[4] 都：国，（邑有宗庙先君之主者），城。　[5] 寡人：寡德之人，诸侯自称。此处，鲁阳文君实为鲁阳县公，也以 "寡人" 自指，僭越之举。　[6] 天诛亓不至乎：是说天帝的诛罚难道不会降下吗？亓，即其。其，犹岂。《集韵·之韵》："其，岂也。"　[7] 郑人三世杀其君：君，原作 "父"。从苏时学校改。下文 "杀其父"，"父" 字同。这句是说，郑人竟有三代弑其国君之事。《史记·郑世家》："哀公八年，郑人弑哀公而立声公弟丑，是为共公。" 又 "（共公）三十一年，共公卒，子幽公已立。幽公元年，韩武子伐郑，杀幽公，郑人立幽公弟骀，是为缪公。" 又 "（缪公）二十七年，子阳之党共弑缪公骀，而立幽公弟乙为君，是为郑君。" 郑人三世杀君之事指此。　[8] 不全：不顺。此处指不风调雨顺，歉年。全，犹顺。　[9] 强梁：多力，强横，使气。　[10] 笞：击，挞，杖打。

5. 子墨子谓鲁阳文君曰："攻其邻国，杀其人民 [1]，取其牛马粟米货财，则书之于竹帛 [2]，镂之于金石 [3]，以为铭于钟鼎 [4]，传遗后世子孙，曰：'莫若我多 [5]。' 今贱人也 [6]，亦攻其邻家，杀其人民，取其狗豕食粮衣裘，亦书之竹帛，以为铭于席豆 [7]，以遗后世子孙，曰：'莫若我多。' 亓可乎？" 鲁阳文君曰："然，吾以子之言观之，本章论述墨子告诫鲁阳文君，"攻其邻国，杀其人民，取其牛马粟米货财，则书之于竹帛，镂之于金石"，自伐"莫若我多"，这与"贼人"杀人越货，自夸"莫若我多"没有什么两样，用以宣传"非攻"主张。

则天下之所谓可者，未必然也。"

[注释]

[1]人民：原作"民人"。据下文"杀其人民"倒转。　[2]则书之于竹帛：是说即写在竹简与绢帛上。则，犹即。竹帛，竹简与绢帛，用以载文。　[3]金石：青铜器与石碑，亦用以载文。　[4]铭：铭记，题勒，述其功美的文字。　[5]莫若我多：是说没有谁能像我这样多。莫，没有谁，没有什么。用为否定性无定代词。多，战功多，也泛指众多。　[6]今：犹若。　[7]席豆：几席与食器。席，荐席。豆，亦作梪，高脚碗。此处指食器。

本章论述墨子面对鲁阳文君，批评"世俗之君子，皆知小物而不知大物"，用以宣传"非攻"主张。

6.子墨子为鲁阳文君曰[1]："世俗之君子，皆知小物而不知大物[2]。今有人于此[3]，窃一犬一彘则谓之不仁[4]，窃一国一都则以为义。譬犹小视白谓之白，大视白则谓之黑。是故世俗之君子知小物而不知大物者，此若言之谓也[5]。"

[注释]

[1]为：即《小取》"则为之马盼"之"为"，犹谓。吴抄本正作"谓"。　[2]皆知小物而不知大物：是说都只知道小道理而不知道大道理。物，事。此处指道理。　[3]今：犹若。　[4]彘：猪。　[5]此若：此。指示代词连用。若，犹此。

7. 鲁阳文君谓（语）子墨子曰 [1]："楚之南有啖人之国者桥 [2]，其国之长子生，则解（鲜）而食之 [3]，谓之宜弟 [4]。美，则以遗其君 [5]，君喜则赏其父。岂不恶俗哉？"子墨子曰："虽中国之俗，亦犹是也。杀其父而赏其子 [6]，何以异食其子而赏其父者哉？苟不用仁义 [7]，何以非夷人食其子也？"

[注释]

[1] 谓：原作"语"。据吴抄本改。 [2] 楚之南有啖人之国者桥：是说楚国之南极远处有一个食人之国名曰"桥"。啖（dàn），又作啗、噉，食。《节葬下》："昔者越之东有輆沐之国者，其长子生，则解而食之。"方域为"越之东"，国名为"輆沐"，盖其异传。 [3] 解：原作"鲜"。据《节葬下》改。《后汉书·南蛮传》："故曰交阯。其西有噉人国，生首子，辄解而食之，谓之宜弟。"亦作"解"，可证。解，分解，分尸。 [4] 宜弟：善弟。宜，善。 [5] 遗（wèi）：与，送。 [6] 杀其父而赏其子：是说士卒于攻战中阵亡，官府以例恤赏其子。 [7] "苟不用仁义"以下两句：假如不行仁义，为什么要去非难南裔蛮人食子的习俗呢？苟，若。非，非难。

本章论述墨子借答鲁阳文君之问，指出"中国""杀其父而赏其子"之俗，与"楚"南"桥"人"食其子而赏其父"之俗，同为"不用仁义"所致，用以宣传"贵义"思想。

8. 鲁君之嬖人死 [1]，鲁人（君）为之诔 [2]，鲁君（人）因说而用之 [3]。子墨子闻之曰："诔者，

道死人之志也。今因说而用之，是犹以来首从服
也^[4]。"

本章论述墨子
批评鲁君"因说而
用"撰写诔文者，
犹如"以来首从
服"，甚为不宜。

[注释]

[1] 鲁君之嬖人死：是说鲁国国君的爱幸者去世。鲁君，鲁国
之君。详 1 章注释 [1]。嬖，便嬖，爱幸。 [2] 人：原作"君"。
从苏时学校改。为爱幸者作诔文，不当由"鲁君"亲自执管，必
委之近臣，方合情理。诔（lěi）：铭诔，诔文，述死者生平的文
字。 [3] 鲁君因说而用之：是说鲁君因喜欢此文而起用此人。君，
原作"人"。从苏时学校改。悦而用之，非"鲁人"所能定，必
由君王勅令。说，通悦。 [4] 是犹以来首从服也：是说这好比用
貍为服马驾车。来首，即"貍首"。来，通貍。貍首，貍头，即貍。
名词后加计量单位而成的合成词，其义不变，仅表多数而已，如
"枪支"之犹"枪"，"房间"之犹"房"。服，服马，古驷车四马
中夹辕的二马。

9. 鲁阳文君谓子墨子曰："有语我以忠臣
者，令之俯则俯^[1]，令之仰则仰^[2]，处则静^[3]，
呼则应，可谓忠臣乎？"子墨子曰："令之俯则
俯，令之仰则仰，是似景也^[4]；处则静，呼则
应，是似响也^[5]。君将何得于景与响哉？若以
翟之所谓忠臣者，上有过则微之以谏^[6]；己有
善则访之上^[7]，而无敢以告^[8]。外匡其邪而入

其善[9]，尚同而无下比[10]，是以美善在上而怨
讐在下[11]；安乐在君（上）而忧戚在臣[12]。此
翟之所谓忠臣者也。”

［注释］

[1]俯：或作俛、頫，低，俯首，低头。　[2]仰：高，举，
望。　[3]处：居止，安处。　[4]是似景也：是说这似乎是影子。景，
即影。《颜氏家训·书证》："凡阴景者因光而生，故即谓为景。……
至晋世葛洪《字苑》傍始加彡，音于景反。"　[5]响（響）：或作
嚮，回声，回响。　[6]上有过则微之以谏：是说在上者有过，则
伺察相宜时机进行劝谏。微，通䙝。䙝，伺（觇）。　[7]访：归，
依附。《尚贤中》："若有美善则归之上。"正作归。　[8]无敢以告：
是说不敢以之告人。无，犹不。以告，"以之告"之省。古代汉
语介宾词组作状语，代词宾语"之"每多省略。　[9]外匡其邪
而入其善：是说外则匡正在上者的邪曲而纳之于善道。入，犹内
（纳）。　[10]尚同而无下比：是说是非一概上同于国君，又不于
下朋比结党。尚，同上。无，犹不。比，朋比，阿党。　[11]讐：
通仇。　[12]安乐在君而忧戚在臣：这句是说，安乐归在君上，
而忧悲属于臣下。君，原作"上"。据《尚贤中》"宁乐在君，忧
感在臣"改。忧感，同义复词，忧悲。感，犹忧。

10.鲁君谓子墨子曰："我有二子，一人者好
学，一人者好分人财[1]，孰以为太子而可？"子
墨子曰："未可知也，或所为赏与为是也[2]。鲂

本章论述墨
子批评鲁阳文君所
说的"忠臣"有似
"景"和"响"，表
明自己所说的"忠
臣"，为"上有过
则微之以谏；己有
善则访之上，而无
敢以告。外匡其邪
而入其善，尚同而
无下比"之士，借
以宣传"尚贤""尚
同"主张。

者之恭[3]，非为鱼赐也；饵鼠以虫[4]，非爱之也。吾愿主君之合其志功而观焉[5]。"

本章论述墨子建议鲁君评价人事宜"合其志功而观焉"，"志""功"两方面不可偏废。

《大取》："志功、为辩，……志、功不可以相从也。"亦言合志功以断事之理。

[注释]

[1]一人者好分人财：是说一个人好把财物分给别人。分人财，"分人以财"之省。　[2]或所为赏与为是也：是说或许是为奖赏、赞誉而作此事啊。所，犹可。与（與），通誉（譽）。　[3]魡（diào）：即钓。　[4]饵鼠以虫（蟲）：即"以虫饵鼠"，是说以虫为饵诱鼠食之。饵，食，以物诱食。　[5]吾愿主君之合其志功而观焉：是说我希望国君您能统合动机和效果两方面观察他们。主君，或指君主、天子；或指大夫；或作对他人的敬称。此处指鲁君。志，心志，动机。功，事功，效果。

11. 鲁人有因子墨子而学其子者[1]，其子战而死，其父让子墨子[2]。子墨子曰："子欲学子之子，今学成矣，战而死，而子愠[3]，而犹欲籴，籴（籴）雠[4]，则愠也，岂不费哉[5]！"

本章论述墨子弟子"学成""战而死"，其父让墨子，这好比"欲籴，籴雠，则愠也"，委实违背常理。

[注释]

[1]鲁人有因子墨子而学其子者：是说鲁国有因依墨子而教其子的人。因，依，循。学，即教，教。《说文·教部》："教，觉悟也。……学，篆文教省。"下文"子欲学""学成"二"学"字同。　[2]让：责让，谴责。　[3]愠：怒。　[4]籴雠：原作"糴雠"。从王念孙校改。上文言"欲籴"，必接"籴雠，则愠也"，方与上

文"子欲学子之子，今学成矣，战而死，而子愠"，意相顺接。讐，
即售。　[5]岂不费（fú）哉：是说岂不是违背常理之事吗？费，
通拂。拂，违，戾。

12. 鲁之南鄙人有吴虑者[1]，冬陶夏耕[2]，
自比于舜[3]。子墨子闻而见之。吴虑谓子墨子
曰[4]："义耳义耳[5]，焉用言之哉？"子墨子曰：
"子之所谓义者，亦有力以劳人[6]，有财以分人
乎？"吴虑曰："有。"子墨子曰："翟尝计之矣。
翟虑耕而食天下之人矣[7]，盛[8]，然后当一农
之耕，分诸天下[9]，不能人得一升粟。籍而以
为得一升粟[10]，其不能饱天下之饥者，既可睹
矣。翟虑织而衣天下之人矣[11]，盛，然后当一
妇人之织，分诸天下，不能人得尺布。籍而以为
得尺布，其不能暖天下之寒者，既可睹矣。翟虑
被坚执锐救诸侯之患矣[12]，盛，然后当一夫之
战，一夫之战，其不御三军[13]，既可睹矣。翟
以为不若诵先王之道而求其说，通圣人之言而察
其辞，上说王公大人[14]，次说匹夫徒步之士[15]。
王公大人用吾言，国必治；匹夫徒步之士用吾言，
行必脩[16]。故翟以为虽不耕而食饥，不织而衣

本章论述墨子
向隐者吴虑表明自
己"诵先王之道而
求其说，通圣人之
言而察其辞，上说
王公大人，次说匹
夫徒步之士"的弘
道志向，借以宣传
"贵义"思想。

寒，功贤于耕而食之、织而衣之者也[17]。故翟以为虽不耕织乎[18]，而功贤于耕织也。"

[注释]

[1]鲁之南鄙：鲁国南部边邑。鄙，边境，郊野，边邑。吴虑，人名。盖隐者，生平未详。　[2]冬陶夏耕：是说冬时制作陶器，夏时从事耕耘。　[3]自比于舜：是说把自己与虞舜相比拟。《尚贤中》："古者舜耕历山，陶河濒，渔雷泽。"　[4]吴虑谓子墨子曰："曰"字原脱。从孙诒让校补。下文"吴虑谓子墨子曰"，可证。　[5]义耳：行义而已。耳，犹而已。义耳义耳，强调之意。　[6]劳：代人任劳，效劳。　[7]食（sì）：即饲，饭之，给人吃。　[8]盛：充其量，丰满。下文二"盛"字同。　[9]分诸天下：是说分配之于天下。诸，"之于"（之乎）合音。　[10]籍：通藉。藉，藉设，假使。籍而，犹藉。而，助词。　[11]衣（yì）：被，穿，以衣被人。　[12]被坚执锐：披坚甲执锐兵。被，通披。　[13]御：抵御，抗御。　[14]说（shuì）：游说，说诱，劝谕。　[15]次说匹夫徒步之士："说"字原脱。从毕沅校补。这句是说，其次说服庶人百姓。匹夫，庶人。古时士大夫以上则有姜媵（yìng），庶人无，唯夫妇相匹。后虽单者也通称之为匹夫、匹妇。徒步，徒行，无车而步行。　[16]脩：通修。修，治，行，修为。　[17]贤：胜，愈。　[18]乎：犹焉。用为句末助词。

13. 吴虑谓子墨子曰："义耳义耳，焉用言之哉？"子墨子曰："籍设而天下不知耕[1]，教人耕，与不教人耕而独耕者，其功孰多？"吴虑曰：

"教人耕者其功多。"子墨子曰："籍设而攻不义之国，鼓而使众进战[2]，与不鼓而使众进战而独进战者，其功孰多？"吴虑曰："鼓而进众者其功多。"子墨子曰："天下匹夫徒步之士少知义[3]，而教天下以义者功亦多，何故弗言也？若得鼓而进于义，则吾义岂不益进哉！"

[注释]

[1]籍设而：即藉设，假设。籍，通藉。而，助词。 [2]鼓：击鼓。 [3]匹夫徒步之士：庶人百姓。详12章注释[15]。

14. 子墨子游公尚过于越[1]。公尚过说越王[2]，越王大说[3]，谓公尚过曰："先生苟能使子墨子至于越而教寡人[4]，请裂故吴之地[5]，方五百里[6]，以封子墨子。"公尚过许诺。遂为公尚过束车五十乘[7]，以迎子墨子于鲁，曰："吾以夫子之道说越王，越王大说，谓过曰：苟能使子墨子至于越而教寡人，请裂故吴之地，方五百里，以封子。"子墨子谓公尚过曰："子观越王之志何若？意越王将听吾言[8]，用我道，则翟将往，量腹而食[9]，度身而衣，自比于群臣，奚能以封

本章论述墨子向隐者吴虑表明自己"教天下以义者功亦多，何故弗言"的弘道决心，以与"非攻""非命"主张和"贵义"思想相观照。

为哉[10]？抑越王不听吾言[11]，不用吾道，而吾往焉，则是我以义粜也[12]。钧之粜[13]，亦于中国耳，何必于越哉！"

本章论述墨子在是否仕越的问题上，对弟子公尚过表明自己的为官原则是"听吾言，用我道"，"奚能以封为哉"，与"贵义"思想相观照。

［注释］

[1]子墨子游公尚过于越：是说墨子推荐弟子公尚过至越国为官。游，游说，游扬，推荐。公尚过，氏"公尚"，墨子弟子。　[2]说（shuì）越王：游说越王。说，游说，说诱，劝谕。越王，未详确为何人，盖勾践之后。　[3]大说：大悦。说，通悦。　[4]苟能使子墨子至于越："至"字原脱。从孙诒让校补。下文"苟能使子墨子至于越"，可证。宝历本正有"至"字。　[5]请裂故吴之地：是说情愿割原吴王的土地。请，犹愿，义为情愿。裂，分割。　[6]方五百里：是说方圆五百里。方，方圆，周匝，范围，区域。　[7]束车五十乘（shèng）：是说套车五十辆。束，约，套。乘，车乘，驷马车。　[8]意：通抑，用为选择或转折连词。此处"意越王将听吾言"，与下文"抑越王不听吾言"，一"意"一"抑"，互相呼应。　[9]"量腹而食"以下两句：就腹容而进食，因身高而着衣。喻洁身自俭、不嗜奢华之意。　[10]奚能以封为哉：是说怎么能以得封地为目的呢？奚，何，怎么。　[11]抑越王不听吾言："王"字原脱。从孙诒让校补。上文"意越王听吾言"，可证。　[12]是我以义粜：是说这便成了我把义出卖了。粜（糶），出谷（穀），卖。　[13]钧：通均。均，等，齐，一致。

15. 子墨子游，魏越曰[1]："既得见四方之君[2]，子则将先语——[3]？"子墨子曰："凡入国，必择务而从事焉[4]。国家昏乱，则语之尚贤、尚同；国家贫，则语之节用、节葬；国家憙音湛湎[5]，则语之非乐、非命；国家淫僻无礼[6]，则语之尊天、事鬼；国家务夺侵凌，即语之兼爱、非攻[7]。故曰择务而从事焉。"

[注释]

[1]魏越：墨子弟子。生平不详。　[2]四方之君：指各地诸侯。君，诸侯。　[3]子则将先语——：是说先生将先告说——，盖弟子言未毕，墨子已晓其意，抢先说"凡入国……"[4]必择务而从事焉：必定选择须专力经办的事，施以游说。务，趋，专力。　[5]憙音湛（chén）湎：是说悦于歌舞，沉于酒肉。憙，通喜。湛湎，同义复词，即沉湎。湛，通沉。湎，沉，沉于酒。　[6]淫：惑乱。　[7]即：犹则。

16. 子墨子士（出）曹公子于宋[1]，三年而反，睹子墨子曰："始吾游于子之门，短褐之衣[2]，藜藿之羹[3]，朝得之则夕弗得[4]，弗得祭祀鬼神[5]。今而以夫子之教，家厚于始也。有家享（厚）[6]，谨祭祀鬼神。然而人徒多死，六畜不蕃[7]，身湛于病[8]，吾未知夫子之道之可用也。"子墨子曰："不然，夫鬼神之所欲于

本章论述墨子借答弟子魏越问，申明自己"凡入国，必择务而从事焉"的游说方针，以与"尚贤""尚同""兼爱""非攻""节用""节葬""天志""明鬼""非乐"非命"等十大主张相观照。

人者多，欲人之处高爵禄则以让贤也，多财则以分贫也，夫鬼神岂唯擢黍（季）拑肺之为欲哉[9]？今子处高爵禄而不以让贤，一不祥也；多财而不以分贫，二不祥也。今子事鬼神唯祭而已矣，而曰：'病何自至哉？'是犹百门而闭一门焉，曰：'盗何从入'？若是而求福于有怪之鬼[10]，岂可哉？"

本章论述墨子告诫曹公子，"人徒多死，六畜不蕃，身湛于病"，乃其"处高爵禄而不以让贤""多财而不以分贫""事鬼神唯祭而已"所致，以与"天志""明鬼""尚贤""兼爱"主张相观照。

[注释]

[1]子墨子士曹公子于宋：原作"子墨子出曹公子而于宋"。从俞樾校改"出"为"士"，从王念孙校删"而"。这句是说，墨子推荐曹公子至宋国为官。士，通仕。仕，进仕，为官。曹公子，墨子弟子名，生平不详。　[2]短褐：即裋褐，劳役粗布襦。　[3]藜藿：蒿叶与豆叶。藜，蒿叶。藿，豆叶。　[4]朝得之则夕弗得：是说早晨能吃得上，晚上就吃不上。　[5]弗得祭祀鬼神：原脱"弗得"二字。从孙诒让校补。这句是说，（"藜藿之羹"，粗劣之食）不能用以祭祀鬼神。　[6]有家享：原作"有家厚"。从孙诒让校改。这句是说，又于家进行享祀。有，通又。享，献，祀。　[7]蕃：通繁。繁，多。　[8]湛（jiān）：渍，染。　[9]岂唯擢（zhuó）黍拑肺之为欲：黍，原作"季"。从王引之校改。这句是说，鬼神岂唯以拔取黍稷、夹取肝肺作为自己的欲念。擢，拔取。拑，通钳，夹取。　[10]若是而求福于有怪之鬼：是说这样求福祉于对你有所疑怪的鬼神。怪，惑，疑。曹公子"处高爵禄而不以让贤"，"多财而不以分贫"，故鬼神疑之。鬼，兼鬼神而言。

17.鲁祝以一豚祭[1]，而求百福于鬼神。子墨子闻之曰："是不可[2]。今施人薄而望人厚，则人唯恐其有赐于己也。今以一豚祭，而求百福于鬼神[3]，鬼神唯恐其以牛羊祀也。古者圣王事鬼神，祭而已矣[4]。今以豚祭而求百福，则其富不如其贫也[5]。"

本章论述墨子批评鲁祝"以一豚祭，而求百福于鬼神"的行为，是"施人薄而望人厚"，鬼神将不会如其所愿，用以与"明鬼"主张相观照。

[注释]

[1]鲁祝以一豚祭：是说鲁国主祭者仅以一头小猪致祭。祝，主祭者，接神者。豚，小猪。 [2]是不可：是说这样做不可以。是，此。 [3]而求百福于鬼神，鬼神唯恐其以牛羊祀也：下句"鬼神"二字原脱。从孙诒让校补。这两句是说，（以一豚致祭）而求百福于鬼神，那么鬼神便唯恐他以牛羊致祭了（岂不是要求千福万福吗？）。 [4]祭而已矣：是说只是祭祀罢了（绝无任何祈求）。 [5]其富不如其贫：是说其祭品丰富还不如贫乏为好。

18.彭轻生子曰[1]："往者可知，来者不可知。"子墨子曰："籍设而亲在百里之外[2]，则遇难焉[3]，期以一日也[4]，及之则生，不及则死。今有固车良马于此，又有奴马四隅之轮于此[5]，使子择焉，子将何乘？"对曰："乘良马固车，可以速至。"子墨子曰："焉在矣，来[6]！"

本章论述墨子批驳弟子彭轻生子所谓"来者不可知"的论调，告诫人们不可人云亦云，应学会独立思考。

[注释]

[1]彭轻生子：墨子弟子。生平不详。　[2]籍设而：即藉设，假设。而，助词。　[3]则：犹即。　[4]期以一日也：是说约定以一日为期。期，期限。　[5]奴马四隅之轮：劣马与棱车。奴，通驽。驽，驵，恶马。四隅之轮，四角的轮车，指方轮车，棱车。　[6]焉在矣，来：是说所谓"不可知"的"来"何在呢？焉，安，何。

19.孟山誉王子闾曰[1]："昔白公之祸[2]，执王子闾，斧钺钩要[3]，直兵当心[4]，谓之曰：'为王则生，不为王则死！'王子闾曰：'何其侮我也！杀我亲而喜我以楚国[5]，我得天下而不义，不为也，又况于楚国乎？'遂死而不为[6]。王子闾岂不仁哉？"子墨子曰："难则难矣，然而未仁也。若以王为无道[7]，则何故不受而治也？若以白公为不义，何故不受王，诛白公然而反王[8]？故曰：难则难矣，然而未仁也。"

本章论述墨子不认可孟山谬誉王子闾之"仁"，认为其行为"难则难矣，然而未仁"。

[注释]

[1]孟山：疑亦为墨子弟子。王子闾：名启。楚平王子。　[2]白公之祸：指楚惠王六年（前483），大夫白公胜杀令尹子西、司马子期，袭惠王而占楚都之事。　[3]斧钺（yuè）钩要：即"斧钺钩腰"，是说以兵器斧钺钩住其腰间。钺，即戌，圆刃大斧。要，

即腰。"要""腰"古今字。 [4]直兵当心：是说以剑矛等直兵器对向心口。直兵，直兵器，如剑矛之属。当，对。 [5]杀我亲而喜我以楚国：是说杀死我的亲人子西、子期，又以楚国来戏弄我。亲，指令尹子西、司马子期，皆为王子闾之兄。喜，通嬉。嬉，戏，戏弄。 [6]遂死而不为："死"字原脱。从孙诒让校补。《左传》哀公十六年："白公欲以子闾为王，子闾不可。……遂杀之，而以王如高府"，可证。这句是说，结果被白公杀死而不肯作楚王。 [7]"若以王为无道"以下两句：如认为惠王为无道之君，那么为什么不接受王位治理楚国呢？王，楚惠王（？—前432），名章。昭王子。 [8]诛白公然而反王：是说诛戮白公后而将王位返还惠王。然，犹焉。用为助词。

20. 子墨子使胜绰事项子牛 [1]。项子牛三侵鲁地 [2]，而胜绰三从。子墨子闻之，使高孙子请而退之 [3]，曰："我使绰也，将以济骄而正嬖也 [4]。今绰也禄厚而谲夫子 [5]，夫子三侵鲁，而绰三从，是鼓鞭于马靳也 [6]。翟闻之：'言义而弗行，是犯明也。'绰非弗之知也，禄胜义也。"

[注释]

[1]胜绰：墨子弟子。生平不详。项子牛，齐田和将兵者之名。 [2]三侵鲁地：以《史记·六国年表》《田齐世家》考之，齐宣公四十四年（鲁元公十九年，前412年），田庄子伐鲁，攻葛及安陵。宣公四十五年（元公二十年，前411年），取鲁之一城。宣

本章论述墨子批评弟子胜绰三从齐将项子牛侵鲁，是"言义而弗行""禄胜义"的行为，使弟子"高孙子请而退之"，以与"贵义"思想相观照。

墨子门弟子价值取向和品德修养也有不同。仅就对待"义""禄"而言，"高石子"，为墨子所说的"倍禄而乡义"者；胜绰，为墨子所说的"言义而弗行""禄胜义"者。

公四十八年（穆公二年，前408年），田和伐鲁取郕。田齐"三侵鲁地"指此。 [3]高孙子：墨子弟子。生平不详。 [4]济骄而正嬖：止骄纵而正邪僻。济，止。嬖，通僻。僻，邪僻。 [5]谲（jué）夫子：诳诈项子牛。谲，诳，诈。 [6]是鼓鞭于马靳也：是说欲使马前行而鞭击行马的当胸处（会适得其反）。毕沅云："言马欲行而鞭其前，所以自困，犹使人仕而反来侵我也。"所言极是。这是毕沅站在鲁国人墨子的立场上，以墨子的口吻说事论理的例证。

21. 昔者楚人与越人舟战于江。楚人顺流而进，迎流而退[1]，见利而进，见不利则其退难。越人迎流而进，顺流而退，见利而进，见不利则其退速。越人因此若埶[2]，亟败楚人[3]。公输子自鲁南游楚[4]，焉始为舟战之器[5]，作为钩拒（强）之备[6]，退者钩之，进者拒（强）之，量其钩拒（强）之长，而制为之兵。楚之兵节[7]，越之兵不节，楚人因此若埶，亟败越人。公输子善其巧[8]，以语子墨子曰："我舟战有钩拒（强），不知子之义亦有钩拒（强）乎？"子墨子曰："我义之钩拒（强），贤于子舟战之钩拒（强）[9]。我钩拒（强）我[10]，钩之以爱，拒（揣）之以恭[11]。弗钩以爱则不亲，弗拒（揣）以恭则速狎[12]，狎而不亲，则速离。故交相爱，交相恭，犹若相利也。今子钩而止人；

人亦钩而止子，子拒（强）而距人，人亦拒（强）而距子。交相钩，交相拒（强），犹若相害也。故我义之钩拒（强），贤子舟战之钩拒（强）。"

本章论述墨子针对公输子造"舟战""钩拒"而自伐之事，指出"我义之钩拒，贤于子舟战之钩拒"，借以宣传"非攻"主张和"贵义"思想。

［注释］

[1]迎流：逆流。迎，逆。 [2]因此若埶：因此势，因依这种形势。此若，此。指示代词连用。若，犹此。埶，同势（勢）。 [3]亟（qì）：数，频，屡。 [4]公输子：即公输般。般，一作盘（盤）。也称鲁班。春秋末鲁国人，工匠。自鲁至楚，造舟战之具钩拒。又曾削竹木为䧿，飞三日不下。后为楚造云梯，将以攻宋，墨子由鲁至楚说止之。相传发明多种木匠工具，建筑工匠尊为祖师。 [5]焉：乃，于是。 [6]钩拒：原作"钩强"。从毕沅、孙诒让校改。强，彊之借字。彊，金文或作恇（九年郑令矛），形近"拒"而致讹。《太平御览》卷三百三十四引作"谓之钩拒，退则钩之，进则拒之也"，可证。下文诸"钩强"强字皆同。 [7]兵节：兵器适用。节，节制，适宜。 [8]善：美，誉。此处指自美，自誉。 [9]贤：胜，愈。 [10]我钩拒我：即"我钩拒义（義）"，是说我所谓"钩拒"是指"义"（而非兵）。我，通义。《说文·我部》："我，施身自谓也。"朱骏声《通训定声》："我，假借为義。" [11]拒：原作"揣"。从孙诒让校改。下文"弗揣""揣"字同。 [12]速狎：迅速轻慢。狎，易，轻慢，轻侮。

22. 公输子削竹木以为䧿[1]，成而飞之，三日不下，公输子自以为至巧。子墨子谓公输子曰："子之为䧿也，不如匠之为车辖[2]，须臾劉（刘）

三寸之木[3]，而任五十石之重[4]。故所为巧，利于人谓之巧，不利于人谓之拙。”

本章论述墨子认为“公输子削竹木以为䧿”，“不如匠之为车辖”，指出“利于人谓之巧，不利于人谓之拙”这一评价“所为”的标准。

[注释]

[1]䧿：即鹊。　[2]辖：亦作舝，车辖，竖贯轴头制毂之铁。《抱朴子·应嘲》：“墨子刻木鸡以戾天，不如三寸之车辖。”亦言刻木为飞行器，不如斫三寸之木为车辖事。一为鹊，一为鸡；一为公输子，一为墨子。盖传闻之异。　[3]斲（zhuó）：原作刘（劉）。从王念孙校改。斲，斫。俗书作“劉”，讹作劉。　[4]五十石：六千斤。《吕氏春秋·仲春》：“钧衡石。”高诱注：“石，百二十斤。”

23. 公输子谓子墨子曰：“吾未得见之时，我欲得宋。自我得见之后[1]，予我宋而不义，我不为。”子墨子曰：“翟之未得见子之时也[2]，子欲得宋，自翟得见子之后，予子宋而不义，子弗为，是我予子宋也。子务为义[3]，翟又将予子天下。”

本章论述墨子劝勉公输子“务为义”，宣传“贵义”思想。

[注释]

[1]“自我得见之后”以下三句：自我得以见到您墨夫子以后，即使给我宋国，倘不合乎道义，我也不取。　[2]翟之未得见子之时：“子”字原脱。从王焕镳校补。下文“自翟得见子之后”，可证。　[3]子务为义：是说您专力行义。务，趋，专力。

[点评]

《鲁问》，应理解为鲁君（而非鲁阳文君）之问，乃撮首句"鲁君谓子墨子曰"之意"鲁问"二字以名篇。篇中既有墨子答鲁君之问或对鲁君行为加以评议的事例，也有墨子答鲁阳文君之问或对鲁阳文君意欲行侵予以告诫的事例。二者较然分明，绝不混淆。例如，前者有墨子对鲁君"上者尊天事鬼，下者爱利百姓""亟遍礼四邻诸侯，敺国而以事齐"，可救齐犯之患的答复；有对鲁君"合其志功"评价人事的答复；有对鲁君因喜欢为自己已死的爱幸女人所撰诔文而起用作者的评述。后者有对鲁阳文君以"顺于天之志"为由谋划攻郑的告诫；有借批评"世俗之君子，皆知小物而不知大物""窃一犬一彘则谓之不仁，窃一国一都则以为义"而对鲁阳文君做出的警告；有指出"中国""杀其父而赏其子"之俗，与"夷人""食其子而赏其父"之俗，同为"不用仁义"所致，作为对鲁阳文君关于"恶俗"的答复；有评述"令之俯则俯，令之仰则仰，是似景也；处则静，呼则应，是似响也"，作为对鲁阳文君关于"忠臣"的答复。此外，也有墨子劝诫齐太王、齐将项子牛、弟子曹公子和向隐者吴虑表明心迹的事例。所有这些，大都围绕宣传"兼爱""非攻"等十大主张和"贵义"思想而展开。

在答弟子魏越时，墨子说明自己"凡入国，必择务而从事焉"的弘道方针，所列"尚贤""尚同""兼爱""非攻""节用""节葬""尊天"（"天志"）"事鬼"（"明鬼"）"非乐""非命"，与此前篇名完全一致。这说明墨子社会政治与伦理思想的"十大主张"已尽于此，而"非儒"不与焉。墨子当年授学内容,《尚贤》至《非命》十题,每题因三派门弟子所记不尽相同,原各有三篇,计三十篇,后《节用》《节葬》《明鬼》《非乐》各有所佚,余二十四篇。而《非儒》原只上、下两篇(后上篇缺佚),不在其中。

第 1 章"鲁君"下,毕沅注云:"当是鲁阳文君,楚县之君。"第 4 章"今使鲁四境之内"下,毕云:"谓鲁阳。"前者非而后者是。就是说,毕氏视全篇之"鲁"为"鲁阳",说:"本书多有鲁阳文君问答,又亟称'楚四境',非鲁卫之鲁。"显系错误。不仅如此,毕氏还将《吕氏春秋·慎大》:"墨子为守攻。"高诱注:"墨子,名翟,鲁人也"的"鲁",当作"楚鲁阳,汉南阳县,在鲁山之阳",同样错误。

第十九篇　公　输

1.公输盘为楚造云梯之械成[1]，将以攻宋。子墨子闻之，起于齐[2]，行十日十夜，而至于郢[3]，见公输盘。公输盘曰：“夫子何命焉为[4]？”子墨子曰：“北方有侮臣者[5]，愿藉子杀之[6]。”公输盘不说[7]。子墨子曰：“请献十金[8]。”公输盘曰：“吾义固不杀人[9]。”子墨子起，再拜曰[10]：“请说之。吾从北方闻子为梯，将以攻宋。宋何罪之有[11]？荆国有馀于地，而不足于民，杀所不足，而争所有馀，不可谓智。宋无罪而攻之，不可谓仁。知而不争，不可谓忠。争而不得，不可谓强。义不杀少而杀众，不可谓知类[12]。"公输盘服。子墨子曰："然胡（乎）不已乎[13]？"公输盘曰："不可，吾既已言之王矣。"子墨子曰："胡不见我于王[14]？"公输盘曰："诺[15]。"

本章叙述墨子不远千里，自鲁国至楚都郢，说服公输盘同意停止攻宋。

[注释]

[1]公输盘为楚造云梯之械成：是说公输盘为楚国制造一种叫做云梯的攻城器械已经完成。公输盘，即公输般。详《鲁问》21章注释[4]。云梯，攀城之梯，以木梯迭架，高入云表，故名。　[2]起于齐：毕沅云："《吕氏春秋·爱类篇》曰：'墨子闻之，自鲁往'。"《淮南子·修务》作"自鲁趋而往"。《世说新语·文学》："殷（渊源）曰：'恶卿不欲作，将善云梯仰攻。'"刘孝标注："《墨子》曰：'……自鲁往。'"以上所引，皆宗《吕氏春秋》作"自鲁往（趋）"。该书乃秦时之作，其为《墨子》原文，应无可疑。"起于齐"，盖后人删改之辞。　[3]郢（yǐng）：古都邑名。在今湖北江陵市西北。春秋楚文王定都于此。昭王时曾迁都鄀。惠王初又迁都鄢，不久又迁回。公元前278年，为秦将白起攻破，地入秦。地在纪山之南。自昭王、惠王后都、鄢等地亦称郢，故称此为纪郢。又因地在楚国南境，亦称南郢。　[4]夫子何命焉为：是说先生有什么教命呢？命，教命。焉，犹乎。为，语助词。《经传释词》卷二："为，语助也。"　[5]北方有侮臣者："者"字原脱。从俞樾校补。《渚宫旧事》二："（墨翟）曰：'北方有侮臣者'"，有"者"字。　[6]藉：即借。　[7]说：通悦。　[8]请：愿，情愿。　[9]吾义固不杀人：是说我行道义，绝不随便杀人。固，坚，必。　[10]再拜：拜而又拜，古时隆礼。再，二，重。　[11]何罪之有：即"有

何罪"。古代汉语宾语前置又加代词"之"复指的用例。　[12]知
类：分清事物性质的类别。类，即《大取》"立辞而不明于其类，
则必困矣"之"类"。一般来说，墨家的"类"已具逻辑学意义，
为墨辩逻辑"三物（故、理、类）论"的一"物"。　[13]然胡
不已乎：胡，原作"乎"。从孙诒让校改。下文"胡不见我于王"，
可证。这句是说，然而为什么不停止攻宋呢？　[14]胡不见我于
王：是说何不使我谒见楚王。见，谒，谒见。　[15]诺：应，应声。

2. 子墨子见王，曰："今有人于此，舍其文
轩[1]，邻有敝舆[2]，而欲窃之；舍其锦绣[3]，邻
有短褐[4]，而欲窃之；舍其粱肉[5]，邻有糠糟[6]，
而欲窃之。此为何若人？"王曰："必为有窃疾
矣。"子墨子曰："荆之地，方五千里[7]，宋之地，
方五百里，此犹文轩之与敝舆也；荆有云梦[8]，
犀兕麋鹿满之[9]，江汉之鱼鳖鼋鼍为天下富[10]，
宋所为无雉兔鲋鱼（狐狸）者也[11]，此犹粱肉之
与糠糟也；荆有长松、文梓、梗、枏、豫章[12]，
宋无长木[13]，此犹锦绣之与短褐也。臣以三事
之攻宋也[14]，为与此同类，臣见大王之必伤义
而不得。"王曰："善哉！虽然，公输盘为我为云
梯，必取宋。"

本章叙述墨子
以"三事"设喻，
试图说服楚王放弃
攻宋之想，楚王口
称善而实未从。

［注释］

[1]文轩：饰有花纹的大夫用车，华美的车。文，或作纹，错画，文饰。轩，大夫车。下文"文轩"同。　[2]敝舆：敝旧的车。舆，同舆，指车。"舆""舆"古今字。下文"敝舆"同。　[3]锦绣：五采华丽之衣。下文"锦绣"同。　[4]短褐：即裋褐，劳役粗布襦。下文"短褐"同。　[5]粱肉：即粟肉，精美的食物。下文"粱肉"同。　[6]穅糟：即糟穅，酒滓谷皮，粗劣的食物。穅，即糠。下文"穅糟"同。　[7]方：方圆，周匝，范围，区域。　[8]云梦：古泽名。在今湖北潜江县西南。　[9]犀兕（sì）：犀牛与野牛。犀，犀牛，形似水牛，猪头，大腹，卑脚，脚有三蹄，黑色，有三角。兕，或作兕，野牛，青色，有一角，重千斤。　[10]鼋（yuán）鼍（tuó）：大鳖与鳄鱼。鼋，大鳖。鼍，扬子鳄，或称土龙，俗名猪婆龙。　[11]为：犹谓。鲋鱼，原作"狐狸"。从毕沅校改。"无雉兔"对上文"荆有""犀兕麋鹿"而言，"无鲋鱼"对上文"荆有""鱼鳖鼋鼍"而言。《战国策·宋卫策》引作"宋所谓无雉兔鲋鱼者也"，可证。　[12]长松：大松。长，大。文梓，木质有细密文理的梓树。梗，杞，梓，即今黄梗木。楠，即楠。豫章，即樟，亦称香樟。　[13]长木：大树。　[14]三事：即上述以文轩与敝舆、粱肉与穅糟、锦绣与短褐三方面作比喻论楚、宋优劣的事。

3.于是见公输盘。子墨子解带为城[1]，以牒为械[2]，公输盘九设攻城之机变[3]，子墨子九距之[4]。公输盘之攻械尽，子墨子之守圉有馀[5]。公输盘诎[6]，而曰："吾知所以距子矣，吾不言。"

子墨子亦曰："吾知子之所以距我，吾不言。"楚王问其故，子墨子曰："公输子之意，不过欲杀臣。杀臣，宋莫能守，可攻也。然臣之弟子禽滑厘等三百人[7]，已持臣守圉之器，在宋城上而待楚寇矣[8]。虽杀臣，不能绝也。"楚王曰："善哉！吾请无攻宋矣[9]。"

[注释]

[1]子墨子解带为城：是说墨子解下腰带摆成城池之状。带，绅，腰带。 [2]以牒为械：是说（墨子）以木札布列为守城器械。牒，小木札。 [3]机变：同义复词，机巧多变。此处指机巧多变的器械。机，变，巧。 [4]距：即拒。距，古字。拒，俗字。 [5]圉：通御（禦）。御，抗御，抵御。 [6]诎：通屈。吴抄本正作屈。屈，屈服，折服。 [7]禽滑厘：即禽子，墨子弟子。详《所染》3章注释[3]。 [8]寇：贼寇，敌寇。古时兵作于外为寇，兵作于内为乱。 [9]请：愿，情愿。

4.子墨子归，过宋，天雨，庇其闾中[1]，守闾者不内也[2]。故曰："治于神者[3]，众人不知其功，争于明者，众人知之。"

[注释]

[1]庇于闾中：是说托庇于里门之中。庇，依荫，自蔽，托

本章叙述墨子最终以模拟实战攻防战术，并配合劝谕说理，使公输盘和楚王先后表示折服，楚王宣布放弃攻宋之举。这是墨子践行"非攻"主张和"贵义"思想的成功范例。

本章叙述墨子止楚攻宋，其功至巨，然不为众人所知。这也许可以印证《尸子·贵言》"圣人治于神，愚人争于明"的道理吧。

身。闾，里门。   [2]内（nà）：同纳，指接纳，收容。   [3]"治于神者"以下四句：将灾祸消弭于神机之中的，众人也许不会知道他的伟功，而竞争于明处的，众人却都会知道是怎么一回事。

[点评]

　　此篇亦取首句二字名篇，而以全新的记叙文的面目出现，描述墨子为达止楚攻宋的目的，起于鲁，行十日十夜，而至于郢，通过斗智斗勇的口舌辩论与实战模拟，先后说服业已制成云梯的公输盘和决意进犯弱宋的楚王，放弃攻宋之想，化解干戈于无形，表现出作为政治家、思想家、军事家和社会活动家的墨子，为践行"兼爱""非攻"主张与"贵义"思想，"摩顶放踵"而"为之"的救世情怀和大无畏胆魂，即使自己的思想和行为一时还不能为全社会所理解，也义无反顾。所记故事的时间、地点、人物、情节以及事由、结果无一缺漏。古今中外，墨子"止楚攻宋"的义举被多所称述和引用，至今不衰。可以说，人们认识墨子与墨家思想主张，往往从《公输》开始。

第二部分　墨　经

　　这一部分共六篇，包括《墨子》书第四十篇《经上》、第四十一篇《经下》、第四十二篇《经说上》、第四十三篇《经说下》和第四十四篇《大取》、第四十五篇《小取》。其中前四篇亦称《墨经》，这是沿用了晋鲁胜《墨辩注叙》的说法，后世习称狭义《墨经》，加上二《取》，习称广义《墨经》。《墨子》初本，经文两篇皆上下两截，即《经上》《经下》的前半篇（上截）和《经上》《经下》的后半篇（下截），分条编次，旁行读之（所谓"读此书旁行"）。经说文两篇，解经文上截者分别为《经说上》《经说下》的前半篇，解经文下截者分别为《经说上》《经说下》的后半篇。高亨《墨经校诠》"墨子经说表"再现了这种文字编排体制。至清孙诒让撰《墨子间诂》，承道藏本体制，则直下连录，不再旁

行读之,《经上》《经下》各自成篇,《经说上》《经说下》
亦各自成篇。由于经文个别条目无经说文,所以经文与经
说文未能完全对应。如按鲁胜所说"《墨辩》有上下经,经
各有说"来做比对,时或遇到梗阻。胡适、梁启超研讨《墨
经》,皆做分条处理。经文、经说文同出,原无或后佚经说
文者从阙。为便于比对,以加深理解,兹从梁启超先生《墨
经校释》之例,经文与相关经说文并列,即引说附经,且
编号明次。《墨经》字约意奥,加以错讹殊多,长期以来,
被士人们称作"奇书""天书",向称难读,淹博如孙诒让
者亦嗟叹"此书最难读者莫如《经》《经说》四篇"。为此,
笔者几乎对每一条都做了串讲。《墨经》所论,涉及社会政
治、伦理思想、认识论、形(几何)学、数学、时空观、
力学、光学、经济学、逻辑学等方面。着眼局部,依稀有"类
别"存在,但通观全书,内容穿插交互,又似乎无类别畛域。
《墨子间诂》于《经》与《经说》四篇直下连录,未分章节。
今参酌前贤时彦,间出己意,不改或尽量少改原文,将《经
上》《经说上》匹配作97条,《经下》《经说下》匹配作82条,
总计179条,而经文、经说文接续编号,逐一注释。至于
《大取》《小取》,所论关乎伦理学、逻辑学与方法论等。其
中《大取》部分内容或与"兼爱"主张相表里,或与《小取》
比辞类推模式相迭合,为节省篇幅,将做选录处理,而有
些所删内容,出于某种需要,又会相机出现在所选内容的
注释之中。

第二十篇　经　上
第二十一篇　经说上

《经上1》故^[1]，所得而后成也。

《经说上1》故^[2]。小故^[3]，有之不必然，无之必不然。体也^[4]，若有端。大故，有之必然，无之必不然^[5]。若见之成见也^[6]。

[注释]

[1]"故"以下两句：原因（理由）是有了它才能形成某一事物或产生某一结果的条件。故，（事物的）原故、原因；（逻辑推证的）理由、论据。　[2]故：牒经标目字（以下称"标目字"）。通常以经文第一字或两个字充当，间或有四字之例。标目字用以标示经说文与经文在意义方面的联系。不与其下经说文连读。下同。　[3]"小故"以下三句：小故是有了它不一定形成某一事

墨家关心社会政治与民生，发现问题，究索原因，常以"何故也""是何故也""此其何故也"等表述之。因为只有察明事物之"故"，方可提出解决方案。例如墨子认定天下动乱之"故"在"不相爱"，于是提出"兼爱"主张来对治，就是其中一例。

物或产生某一结果，而没有它一定不会形成某一事物或产生某一结果的条件。显然，"小故"只是出现某一事物或产生某一结果的必要（而非充分）条件。　[4]"体也"以下两句：是"小故"的例证，是说例如有了点不一定成线，而没有点一定不会成线。体，指事物的部分，对"兼"（指事物的全体）而言，正如肢体是整个身躯的一部分一样。端，指点。陈澧《东塾读书记》："此所谓端，即西人算法所谓点也。……《几何原本》云：'线之界是点。'"陈氏将《墨经》之"端"看作几何学之"点"，甚有见地。　[5]有之必然，无之必不然：原作"有之必无然"。从孙诒让校改。这三句是说，"大故"是有了它一定形成某一事物或产生某一结果，而没有它一定不会形成某一事物或产生某一结果的条件。显然，"大故"是形成某一事物或产生某一结果的充分必要条件。　[6]若见之成见也：这句是"大故"的例证，是说例如同时具有足够光照、正常视力和目物间适当距离等条件，人眼一定见到外物。前"见"，指目见物的功能。后"见"指目见物的事实。

《经上2》体[1]，分于兼也。

《经说上2》体。若二之一[2]，尺之端也。

[注释]

[1]"体"以下两句：分量出自全量。兼，并，整体。如就"故"而言，"兼"为"大故"，"体"为"小故"。　[2]"若二之一"以下两句：是"体""兼"关系的例证，是说例如"二"是"一"的整体，"线"是"端"的整体。"尺"，由《经说上64》"尺前于区而后于端"可知，即几何学的"线"。梁启超云："凡《墨经》

所谓尺，皆当几何学之线。"其说至确。

《经上 3》知^[1]，材也。

《经说上 3》知材^[2]。知也者，所以知也，而不必知^[3]。若明^[4]。

[注释]

[1]"知"以下两句：智能是人们认识客观事物的官能和材质。知，通智。材，官能，材质。　[2]知材：标目字取二字之例，以别于《经说上 5》"知。知也者，……"的标目字"知"。　[3]知也者，所以知也，而不必知："而不必知"，孙诒让《间诂》作"而必知"。今从胡适校改。这三句是说，智能是人们认识外物的条件，但有了这种条件而不用，也未必能认识外物。前"知"，通智，智能。后二"知"，知道，认识。　[4]若明：是说正如眼可以见物，但不用眼或心不在焉地用眼，就看不见或看不清外物一样。明，即《孟子·梁惠王上》"舆薪之不见，为不用明焉"之"明"，眼睛。

《经上 4》虑^[1]，求也。

《经说上 4》虑。虑也者^[2]，以其知有求也，而不必得之。若睨^[3]。

[注释]

[1]"虑"以下两句：思虑是基于实际需要而在大脑中进行

的谋虑探求过程。 [2]"虑也者"以下三句：思虑是人们以其认识外物的材质对未知事物有所探求，但一时未必得知事物的真貌。 [3]若睨：是说例如睥睨视物就是这样。睨，即《庄子·庚桑楚》"知者之所不知犹睨"之"睨"，邪视。

《经上5》知[1]，接也。

《经说上5》知。知也者[2]，以其知遇物，而能貌之。若见[3]。

［注释］

[1]"知"以下两句：感性知识，来源于人们的感官对外物的接遇。知，知道，认识。相当于现代认识论的感觉和表象。"知，接"是求知过程的第一阶段（从"虑，求"开始），相当于现代认识论的感性认识阶段。 [2]"知也者"以下三句：感性认识是人们的感官接遇外物而留其貌象于大脑中。《小取》："摹略万物之然。"正明此义。前"知"，知道，认识。后"知"，通智。遇，接遇，交接。貌，摹写，取象。 [3]若见：是说正如眼睛见物一样。

《经上3》"知，材也"、《经上4》"虑，求也"、《经上5》"知，接也"和《经上6》"恕，明也"四条，似乎可以看作墨家关于认识论的一个"小组合"。很明显，在这方面，墨家的认识水准已经达到相当的高度，因为其诠解与现代认识论有若干相契之处。

《经上6》恕[1]，明也。

《经说上6》恕。恕也者[2]，以其知论物，而其知之也著。若明[3]。

[注释]

[1] "恕"以下两句: 理性知识是人们对外物更加明彻的认识。恕, 字书所无, 墨家自创用字。顾千里云:"恕, 即智字。"《墨子》书多见异体字,"智"作"恕"而外, 有"比"作"仳""吡","同"作"侗","虎"作"俿","正"作"舌","疟"(瘧)作"痎"等。恕, 进一步地知道、认识, 相当于现代认识论的概念和判断。 [2]"恕也者"以下三句: 理性知识是人们以其认识材质对通过接遇外物而得的感觉和表象加以分析论议, 进而对事物及其属性的认识更加明晰。前"知", 通智。后"知", 知道, 认识。论, 论议, 分析。著, 明, 显著。"恕, 明"是求知过程的第二阶段, 相当于现代认识论的理性认识阶段。 [3] 若明: 是说正如细察外物可以得到明晰的认识一样。明, 明晰。与《经说上 3》"若明"之"明"义异。

《经上 7》仁[1], 体爱也。

《经说上 7》仁。爱己者[2], 非为用己也。不若爱马者[3]。

[注释]

[1] "仁"以下两句: 仁就是践行兼爱思想。仁, 爱人, 亲爱。体, 实行, 履践。 [2]"爱己者"以下两句: 他人爱己, 并非因其将用于己。《韩非子·解老》:"仁者谓其中心欣然爱人也, 其喜人之有福而恶人之有祸也, 生心之所不能已也, 非求其报也。"可作注脚。 [3] 不若爱马者:"者", 原作"著若明"。从孙诒让校改。宝历本正作"者"。这句是说, 不像人爱马是为了用马那样。

《经上8》义^[1]，利也。

《经说上8》义。志以天下为芬^[2]，而能能利之，不必用。

现在，社会上大力提倡的"义利双兼，以义为先"的经营原则，应视为墨家正确义利观的继承和弘扬。

[注释]

[1]"义"以下两句：义就是使天下人交相利。义，仁义，善正。利，利益，公利。儒家重义轻利。《论语·里仁》："君子喻于义，小人喻于利。"墨家既贵义，又重利。从"兼即仁矣，义矣"（见《兼爱下》）的理念出发，以《易·文言》"利者，义之和"为宗，径以"利"释"义"，这与《左传》昭公十年"义，利之本也"、《国语·周语中》"夫义所以生利也"等说法一致，应视为正确义利观的代表。 [2]"志以天下为芬"以下三句：矢志以"兴天下之利，除天下之害"作为自己的职分，而自己的才能又能够做到利天下，只是未必能为知遇者所任用。芬，通分。分（fèn），职分。前"能"，才能，名词。后"能"，能够，能愿动词。用，指被任用。

《经上9》礼^[1]，敬也。

《经说上9》礼。贵者公^[2]，贱者名，而俱有敬僈焉。等异论也^[3]。

[注释]

[1]"礼"以下两句：礼是发自内心的恭敬情感的外现。礼，礼敬，礼仪。敬，敬肃，恭敬。 [2]"贵者公"以下三句：对尊

贵者称公，卑贱者自称其名，而被称公者、自称名者都有敬与不敬之心和礼与非礼之举。慢，一作慢，轻慢。　[3]等异论也：是说在以礼表敬方面，应无尊贵卑贱，地位完全一样。论，通伦。伦，类别，等次，这里指地位。

《经上10》行[1]，为也。

《经说上10》行。所为不善名[2]，行也。所为善名[3]，巧也，若为盗。

［注释］

[1]"行"以下两句：躬行就是为了有所作为。　[2]"所为不善名"以下两句：有所作为而不图取善名，是正道直行的表现。　[3]"所为善名"以下三句：有所作为为了图取善名，是弄巧伪诈的表现，正如盗贼为非作歹一样。巧，工巧，伪诈。

《经上11》实[1]，荣也。

《经说上11》实。其志气之见也[2]。使人如己[3]。不若金声玉服[4]。

［注释］

[1]"实"以下两句：实质外现就是华荣。实，实质，蕴涵，内容。"实"既对"名"而言（"实"为"名"之体，"名"为"实"之称），又与荣对言。荣，华荣，外观，形式。"实"为"荣"之

质，"荣"为"实"之文。　[2]其志气之见也：是说华荣是事物本质、特征的表现。志气，人的意志、气血。此处指事物的本质、特征。见，通现。现，表现，显露。　[3]使人如己：是说用人从事与自己亲为一样，都本于内心，推诚就实。使人，用人。　[4]不若金声玉服：是说不像钟鸣之声和玉制之饰（仅是外表光鲜）。金，青铜器，此处特指钟。服，佩饰。

《经上12》忠[1]，以为利而强低也。

《经说上12》忠。不利弱孙[2]。足将入正容[3]。

[注释]

[1]"忠"以下两句：忠诚就是自己认为有利于天下而强谏君上。忠，忠诚，忠义，尽忠。低，通抵。抵，抵拒。强抵，犹强谏。《论语·宪问》："忠焉能勿诲乎？"与此同义。　[2]不利弱孙：孙（孙），原作"子亥"。从刘师培校改。这句是说，软弱退让有时于事不利。孙，通逊。逊，谦逊，退让。　[3]足将入正容：正，原作"止"。从孙诒让校改。这句是说，举足将入见君上而正其容仪。正容，指虽犯颜直谏，然尽直臣的职分，取对策的常容。

《经上13》孝，利亲也。

《经说上13》孝。以亲为芬[1]，而能能利亲，不必得。

[注释]

[1] "以亲为芬"以下三句：以爱利其双亲作为自己应尽的职分，而自己的能力又能够做到这一点，即使不中双亲之意，也不失为孝。芬，通分。分，职分。前"能"，才能。后"能"，能够。不必得，不一定得到双亲认可。

《经上14》信[1]，言合于意也。

《经说上14》信。不以其言之当也[2]，使人视城得金。

此条论言（言语）、意（思维）、事（事实）三者的关系，即"信"与"当"的涵义。"信"指言、意相合，"当"指言、事相合。应是墨子后学对"信"的涵义的修正与发展，与其先师墨子有所不同。

[注释]

[1] "信"以下两句：信是指言语合乎心之所想。信，诚信，心口如一。意，心志。　[2] "不以其言之当也"以下两句：言（只需合意）不问其与事实相合与否，例如，闻言城上有金，使人往视，果然得金（这是"言"、事相合，与"信"无关）。

《经上15》佴[1]，自作也。

《经说上15》佴。与人遇[2]，入众偱。

[注释]

[1] "佴（ěr）"以下两句：互助风气的形成，有赖于人们都从自身做起。佴，副贰，佐助。　[2] "与人遇"以下两句：孙诒让作"与人，遇人，众偱"，难通。从曹耀湖校改。这两句是说，与少数人相处应亲密相偶，入于众人之中应顺从大家的意愿。遇，通偶。偶，指二人相对遇。偱，通循。循，

循行，顺从。

《经上 16》谄[1]，作嗛也。

《经说上 16》：谄。为是之台彼也[2]，弗为也。

[注释]

[1]谄：孙诒让云：“'谄'当为'獧'之借字，字又作'狷'。”今从孙说。这两句是说，谨介守节者的所作所为，追求自心快意。狷（juàn），拘谨，与“狂”对言。《论语·子路》：“必也狂狷乎！狂者进取，狷者有所不为。”嗛（qiè），即慊，厌足，快意。　[2]为是之台彼也：“为是”原作“为是为是”。从孙诒让删下“为是”二字。以下两句是说，如果做此事去欺骗对方，狷者决不会去做。台，通诒。诒（dài），欺诒，相欺。彼，对方，与此（己方）对言。

《经上 17》嫌（廉）[1]，作非也。

《经说上 17》嫌。己惟为之，知其愢（𢡡）也[2]。

[注释]

[1]嫌：原作“廉”。从孙诒让校改（孙云：“'廉'疑当作'慊'”；“慊”，今字多作“嫌”）。以下两句是说，士人对非礼的行为感到不安。嫌，不平于心。　[2]己惟为之，知其愢也：愢，原作“𢡡”。从孙诒让校改。这两句是说，他们自己虽也不免出现非礼行为，但都能知其戒惧。惟，即唯。唯，通虽（雖）。𢡡，字书所无，墨家自造用字。愢（xǐ），惧。

《经上 18》令[1]，不为所作也。

《经说上 18》所令[2]。非身弗行[3]。

[注释]

[1]"令"以下两句：命令是使别人干事，而自己不亲力亲为。 [2]所令：标目字为二字的又一例，且将"令"字置后。 [3]非身弗行：是说不过所发命令非自身先行之，则不能通行于众人。弗，不。用为否定副词。被"弗"否定的动词谓语一般不带宾语。吴抄本正作"不"。

《经上 19》任[1]，士损己而益所为也。

《经说上 19》任。为身之所恶[2]，以成人之所急。

[注释]

[1]"任"以下两句：士担当大任就是抛掉一己之私利而增加天下之公利的行为。任，胜任，担当，以为己任。 [2]"为身之所恶"以下两句：自己承担诸种痛苦去拯救天下人于急难之中。所恶，所厌恶之事，指诸种痛苦。急，病，困难。《孟子·尽心上》"墨子兼爱，摩顶放踵利天下，为之"，正是"任"的真实写照。

《经上 20》勇[1]，志之所以敢也。

《经说上 20》勇。以其敢于是也命之[2]，不以其不敢于彼也害之。

[**注释**]

[1]"勇"以下两句：勇毅表现为敢于进取的坚强决心和意志。　[2]"以其敢于是也命之"以下两句：他敢于完成这件事，固然应当名之为勇，即使他不敢去完成那件事，也并不损害其为勇毅的美名。命，名。

《经上 21》力[1]，刑之所以奋也。

《经说上 21》力。重之谓[2]，下、与。重，奋也[3]。

墨家关于"力"的定义，可以说，已经接触到牛顿第二定律的核心，即力可以改变物体运动状态的问题。不要忘记，英国物理学家牛顿创立力学三定律，时在公元 1687 年，与墨家关于"力"的界说的表述悬隔两千年之久。墨家对力学研究如此精深，令人感佩不已。

[**注释**]

[1]"力"以下两句：作用力是改变物体运动状态的根本原因。力，力量，作用力。刑，通形。形，形体，物体。此处指作用力的承受者。奋，飞动，振起。此处指运动状态的改变。牛顿第二定律说，作为物理量，力表示一物体对另一物体所施加的作用，并使该物体运动状态发生变化，即迫令该物体脱离静止状态或匀速直线运动状态。　[2]"重之谓"以下两句：通常力由物体的重量体现出来，例如由物体亲地之势而垂直向下的重力、克服重力而推物向上的举力。下，指垂下的重力。与（與），通举（舉）。举，指推上的举力。　[3]"重"以下两句：重力是"刑之所以奋也"的各种力中的一种。

《经上 22》生[1]，刑与知处也。

《经说上22》生。楹之生[2]。商[3]，不可必也。

[注释]

[1]"生"以下两句：生命现象就是形骸与灵智并存。生，生命，生存。刑，通形。形，形体，躯体，形骸。知，通智。智，知觉，灵智。处，居。此处指同在。　[2]楹之生：是说形骸、灵智充盈于整个生命过程之中。楹，通盈。盈，充盈，弥满。之，指代"形""智"。　[3]"商"以下两句：（尽管如此，人之不能永寿）正如商人赚赔未必有定一样。

《经上23》卧[1]，知无知也。

《经说上23》卧[2]。

[注释]

[1]"卧"以下两句：人在睡眠状态，其智能不与外物接遇而无法认识它们。卧，寐，眠。前"知"，即《经上3》"知，材也"之"知"，通智，指官能和材质。后"知"，即《经上5》"知，接也"之"知"，指认识。　[2]卧：标目字。经说文脱。

《经上24》梦[1]，卧而以为然也。

《经说上24》梦[2]。

[注释]

[1]"梦"以下两句：梦境是睡眠时浮现于脑际的似然而非然的幻觉。梦（夢），通寢。《说文·寢部》："寢，寐而有觉

《庄子·天下》载惠施"历物之意"有"日方中方睨，物方生方死"一则，认为生与死无以相分。墨家与之针锋相对，主张"刑与知处"为"生"，自然形与智离为死，生与死本质属性各不相同。

另外，既然"形与知""处"为生，"形与知"离为死，这就意味着人死"知"不存在，换言之，人死变鬼之事不存在。这可以看作后期墨家对墨子"明鬼"思想的修正。

也。"　[2] 梦：标目字。经说文脱。

《经上 22》"生，刑与知处也"、《经上 23》"卧，知无知也"、《经上 24》"梦，卧而以为然也"和《经上 25》"平，知无欲恶也"四条可视为一个"小组合"。由此可见，墨家已经开始心理学方面的探讨与研究。

《经上 25》平 [1]，知无欲恶也。

《经说上 25》平。恢然 [2]。

[注释]

[1]"平"以下两句：心平气和时，人虽也与知其事却不生好恶之情。平，平和，安定。恶（wù），厌恶，憎恶。　[2] 恢然：是说心意恬淡。恢，同淡，恬淡。

"兴天下之利，除天下之害"是墨子"兼爱"的具体体现。墨子后学先曾以"利"定义"义"。这里，又以"所得而喜""所得而恶"分别定义"利"与"害"。所有这些，都可以从中看出墨家学说的功利性质。冯友兰先生把墨家哲学称为功利主义哲学盖出于此。

《经上 26》利 [1]，所得而喜也。

《经说上 26》利。得是而喜，则是利也。其害也 [2]，非是也。

[注释]

[1]"利"以下两句：利是人们得到它以后会感到喜悦的东西。利，指公利，天下之利，应"兴"之物。　[2]"其害也"以下两句：得到它以后会感到得害的东西就不是利。

《经上 27》害 [1]，所得而恶也。

《经说上 27》害。得是而恶，则是害也。其利也 [2]，非是也。

［注释］

[1] "害"以下两句：害是人们得到它以后会感到厌恶的东西。"害"，"利"之反，天下之害，应"除"之物。　 [2] "其利也"以下两句：得到它以后会感到得利的东西就不是害。

《经上 28》治[1]，求得也。

《经说上 28》治。吾事治矣[2]，人有治南北。

［注释］

[1] "治"以下两句：治是求而得之。治，理，化，"乱"之反。　 [2] "吾事治矣"以下两句：（治必先己而后人）吾事既治，而后及人，人事有南北东西之纷繁（必须谨慎从事才行）。南北，南方与北方。此处举"南北"以赅"东西"。

墨家"吾事治矣，人有治南北"之论，与儒家"修身、齐家、治国、平天下"的修治理念有相似之处，无非先正己而后正人。

《经上 29》誉[1]，明美也。

《经说上 29》誉。必其行也[2]。其言之忻[3]，使人督之。

［注释］

[1] "誉"以下两句：称誉别人就是显示其言行之美善。誉，称誉，奖赏。明，著见，显示，[2] 必其行也："必"前原有"之"字。从伍非百校删。这句是说，称誉的目的在于使人坚持其嘉言懿行。必，期必，不已。　 [3] "其言之忻"以下两句：称美之词会使人欣喜（也会使人就此怠惰），必须随时加以督责。忻，同欣，喜。督，监督，督责。

《经上 30》诽[1]，明恶也。

《经说上 30》诽。止（必）其行也[2]。其言之怍（忻）[3]。

[注释]

[1]"诽"以下两句：非议别人就是显示其言行之丑恶。诽，非议，批评。恶（è），丑恶，"美"之反。 [2]止其行也：止，原作"必"。从谭戒甫校改。这句是说，非议的目的在于使人止恶迁善。 [3]其言之怍（zuò）：怍，原作"忻"。从梁启超校改。这句是说，非议之词必定使人感到惭愧不已。怍，惭愧。

《经上 31》举[1]，拟实也。

《经说上 31》举。告以之（文）名，举彼实故也[2]。

[注释]

[1]"举"以下两句：称举某一事物之名，应摹拟该事物之实。举，言，称引。拟，摹拟，比象。实，实物，本体，与"名"对言。 [2]告以之名，举彼实故也：之，原作"文"。从孙诒让校改。"故"，孙诒让以此字断属下条，则《说》文首句作"故言也者"，"故"字殊觉突兀，与经说文例不合。今从曹耀湘校移于此，并与"也"倒转，作"举彼实故也"。这两句是说，以此名表述，必须称举彼物真实性状的缘故。告，告知，表述。名，名称，符号，与"实"对言。"之名"与"彼实"亦对言。

《经上 32》言[1]，出举也。

《经说上 32》言。言也者，诸口能之，出名（民）者也，名（民）若画俿也[2]。言也谓[3]，言犹名（石）致也[4]。

[注释]

[1]"言"以下两句：言语的内容用若干表述事物的称名连缀起来的意义表达出来。言，言语，言辞，语句。举，即《经上 31》"举，拟实也"之"举"，指以称名表述事物。　[2]言也者，诸口能之，出名者也，名若画俿也：两"名"字，原皆作"民"。从孙诒让校改。这四句是说，言语是人们通过口舌能够说出来的事物之名来了解事物之实的工具，犹如画虎能与真虎的状貌相同那样。俿，虎之繁文。　[3]言也谓：即"言者谓"，是说言语就是用来对人事得失加以议论。也，犹者。言者谓，古代汉语判断句"言者谓也"的变式（主语后有表示提顿语气的特殊代词"者"，谓语后无表示肯定语气的语气词"也"）。谓，说，评说，议论。　[4]言犹名致也：名，原作"石"。从孙诒让校改。这句是说，言语由表述事物的称名连缀而成。犹，通由。致，至，得。

《经上 33》且[1]，言然也。

《经说上 33》且。自前曰且[2]，自后曰已，方然亦且。若名（石）者也[3]。

此条经文和经说文，既可视为逻辑学材料，又可视为语法学材料。

［注释］

[1]"且"以下两句：使用时间模态词"且"，是表示事情将然或方然的形态（即作为时间模态词"且"有二义，一是将，二是今）。然，如此。 [2]"自前曰且"以下三句：自事前预言未来的或然判断用"且"，自事后追言过去的实然判断用"已"，在事物进行过程中断言结果如何的实然判断也用"且"。 [3]若名者也：名，原作"石"。从俞樾校改。这句是说，这些虚词的语法功能有似于表述实在事物的称名。

《经上34》君[1]，臣萌通约也。

《经说上34》君，以若名者也[2]。

［注释］

[1]"君"以下两句是说，国君是对天下臣民统制约束的人。君，国君，天子。与"臣""萌"对言。萌，通氓，即民。《尚同中》："……明乎民之无正长以一同天下之义而天下乱也，是故选择天下贤良圣知辩慧之人，立以为天子，使从事乎一同天下之义。……是故靡分天下，设以为万诸侯国君，使从事乎一同其国之义。""一同天下之义""一同其国之义"，非"通约"而何！ [2]以若名者也：是说"臣萌"以认同天子、国君的是非来服从"君"的统制与约束。若，顺，服从。名，指"君"这一称名。

《经上35》功[1]，利民也。

《经说上35》功。不待时[2]，若衣裘。

[注释]

[1]"功"以下两句：有功就是兴利造福于天下之民。 [2]"不待时"以下两句：凡事应预为之备，切勿临时应付，像夏需衣才制衣、冬需裘才制裘那样。

《经上36》赏[1]，上报下之功也。

《经说上36》赏。上报下之功也[2]。

[注释]

[1]"赏"以下两句：赏赐是君上褒奖臣下立功的措施。
[2]赏：此标目字下《说》文"上报下之功也"六字，原误窜下条《说》文"殆姑"之后，今移于此。此条经说文与经文全同。盖原仅有经文而无经说文，因为经文易解，无需诠说。后人为全其前经后说体例，照录经文以为经说文。

《经上37》罪[1]，犯禁也。

《经说上37》罪。不在禁[2]，惟害无罪，殆姑。

[注释]

[1]"罪"以下两句：罹罪是由于触犯国家禁令所致。罪，犯罪，罪恶。罪，本作"辠"，秦以为似"皇"字，改为"罪"。禁，禁忌，禁令。 [2]"不在禁"以下三句：如不在触犯国家禁令之列，虽有妨害他人的过失，不能据以定罪。不过，过失已邻于犯罪。惟，即唯，通虽（雖）。殆，几，近。姑，通辜。辜，罪。

从《经上 7》至《经上 38》论"仁""义""礼""行""实""忠""孝""信""任""勇""利""害""誉""诽""君""功""赏""罪""罚"等社会政治和伦理思想问题，当然，其间或阑入物理学、心理学方面的某些条目，不过大致说来可以视为一个"小组合"。用先下定义，后举例说明的方式，不作展开讨论。揣摩其意，应是墨子后学用以阐发墨子"尚贤""尚同""兼爱"等主张和"贵义"思想的类乎词典式的概念术语纂集。

《经上 38》罚[1]，上报下之罪也。

《经说上 38》罚。上报下之罪也[2]。

[注释]

[1]"罚"以下两句：惩罚是君上儆戒臣下犯罪的措施。 [2]上报下之罪也：经说文与经文全同。详《经上 36》注释[2]。

《经上 39》同[1]，异而俱于之一也。

《经说上 39》：侗[2]。二人而俱见是楹也[3]，若事君。

[注释]

[1]"同"以下两句：同是众异之中所同具的共相。俱，通具。具，具备，具有。之，此。一，一个方面，指同。 [2]侗：同之繁文，用作标目字。 [3]"二人而俱见是楹也"以下两句：甲、乙二人同时望见这根楹柱，正同众臣同时听命于国君一样。甲、乙二人，是"异"，同时望见这根楹柱是"异"中有其"同"。众臣是"异"，同时听命于国君，是"异"中有其"同"。

《经上 40》久[1]，弥异时也。

《经说上 40》久。古今旦莫[2]。

［注释］

[1]"久"以下二句：时间遍指各种不同的具体时间形式。久，长久。此处指时间。《淮南子·齐俗》："往古来今谓之宙，四方上下谓之宇"。宙，时间。久，即宙。弥，遍。 [2]古今旦莫：是说例如时间可以指古昔、当今、清晨和傍晚等。莫，同暮。"莫""暮"古今字。

《经上41》宇[1]，弥异所也。

《经说上41》宇。东西南北[2]。

［注释］

[1]"宇"以下两句：空间遍指各种不同的具体空间形式。宇，方所。此处指空间。 [2]东西南北："南北"前原有"家"字。从顾千里校删。这句是说，例如空间可以指东方、西方、南方和北方等。

《经上42》穷[1]，或（域）有前不容尺也。

《经说上42》：穷。或不容尺[2]，有穷。莫不容尺，无穷也。

［注释］

[1]"穷"以下两句：穷是指一个区域那怕又向前拓展一尺之地也不能容纳。穷，穷尽，有穷。或，即域，区域，地域。下文"或不容尺"，"或"字同。有，通又。 [2]"或不容尺"以下四句：区域有所限定，短如一尺之距也不能拓展，这是有穷；空间漫无

墨家素重生产劳动，必然留意机械运动。物体的机械运动既表现为运动物体空间位置的移徙，也表现为运动过程先后的变化。前者墨家名之为"宇"，即今物理学的"空间"，后者名之为"久"，即今物理学的"时间"。

墨家关于"穷"（"有穷"）、"无穷"的论述在数学发展史上的意义不容低估。

涯际，长如尺尺相续永无终止之距，依然包含其中，这是无穷。莫，没有谁，没有什么。用为否定性无定代词。

《经上43》尽[1]，莫不然也。

《经说上43》尽。但止、动[2]。

[注释]

[1]"尽"以下两句：尽是指没有什么不如此。尽，竭，包举所有，为表示全称判断的全称量项，与表示特称判断的特称量项"或"对言。　[2]但止、动：是说物体只有静止和运动两种存在形式。但，独，徒，只是。

墨家论"始"，盖有所为而发。《庄子·齐物论》："有始也者，有未始有始也者，有未始有夫未始有始也者。"这一迹近诡辩的说法，旨在抹杀"有始"与"未始有始"的界限，确有倒向相对主义和不可知论之嫌。墨家明确指出"始，当时也""始当无久"，说明"始"乃客观存在，不容否定。

《经上44》始[1]，当时也。

《经说上44》始。时或有久[2]，或无久。始当无久。

[注释]

[1]"始"以下两句：有限时间的开始，是指正值所考察时段的开始那一刹那。始，初始，开始。当，值，对。　[2]"时或有久"以下三句：有限时间或指时段之时，或指瞬息之时。而初始是指瞬息之时。有久，持续一段时间，时段。如1年、1日、1分、1秒等，常人习知。无久，持续时间几近于零，瞬息。如1毫秒（10^{-3}秒）、1微秒（10^{-6}秒）等。

《经上45》化[1]，征易也。

《经说上45》化。若蛙为鹑[2]。

[注释]

[1]"化"以下两句：物化是指事物形质特征有所变易。化，物化，进化。征（徵），征象，特征。《列子·周穆王》："穷数达变，因形移易者，谓之化。"与此同义。　[2]若蛙为鹑：是说例如青蛙可以变为鹌鹑。应当说明，"蛙为鹑"，如同"田鼠化为鴽"，均为古代"物化"常举之例。但传说之事，并不可信。以现代生物学观点而论，"蛙"属两栖类动物，"鹑"属鸟类动物，二者不同纲，"蛙"不能变而为鹑。生物进化之论，《墨经》仅此一条。

《经上46》损[1]，偏去也。

《经说上46》损。偏也者[2]，兼之体也。其体或去或存，谓其存者损。

此条盖墨家以"全"（"兼"）、"偏"（"体"）关系驳斥名家所谓"缺器不损"的诡辩说法。

[注释]

[1]"损"以下两句：损是全（兼）中有偏（体）减去。损，损失，减损，与"益"对言。偏，局部，部分，即"体"，与"全"（"兼"）对言。　[2]"偏也者"以下四句：局部（偏）是全体（兼）的部分，"全"（兼）者有"去"有"存"，"去"者对"存"者而言为"损"。

《经上 47》益，大也 [1]。

《经说上 47》（无） [2]

[注释]

[1]益，大也：原作"大益"。从高亨校改。这两句是说，益是增大。　[2]高亨云："无说，因其义简也。"下同。

《经上 48》儇 [1]，秪秪。

《经说上 48》儇。俱（昫）氏（民）也 [2]。

[注释]

[1]"儇"以下两句：直立圆环滚于地上，无处不是以唯一的着地点作为其秪（切点）。"儇"与"环"（環）"秪"与"俱""秪"与"秪"皆相通。环，圆环。俱，皆。秪，根，本。此处指圆环的唯一着地点，即圆与直线（或平面）的切点。　[2]俱氏也："俱氏"原作"昫民"。从孙诒让校改。这句是说，圆环上每一点依次着地，成为秪（切点）。氏，"秪"之省文。

此条诸家所解多有分歧。笔者直解如此。揣摩其意蕴，盖以"库"喻宇宙，以万事万物喻"库"之所贮。宇宙中万事万物变动不已，而宇宙不易，永恒存在。

《经上 49》库 [1]，易也。

《经说上 49》库。区穴若斯貌常 [2]。

[注释]

[1]"库"以下两句：库舍所贮物品是常有更易的。库，库舍，贮物之所。易，变易，改变。　[2]区穴若斯貌常：是说虽然贮物

屡有更易，但库舍之所容依旧如此，其貌如常。区，面。穴，窟，土室。此处指容间。若斯，如此。

《经上 50》动，或徙（从）也[1]。

《经说上 50》动。偏祭徙（从）者[2]，户枢免瑟。

[注释]

[1]动，或徙也：徙，原作从（從）。从孙诒让校改。说文"偏际从"，"从"字同。这两句是说，运动表现为物体在空间中的位置移徙。动，运动。或，即域，地域，空间。现代物理学认为，物体之间或物体内各部分之间相对位置发生变化的过程为机械运动，机械运动是自然界最普遍、最简单的运动。对照本条经文，"域徙"之"动"，显然指机械运动。 [2]"偏际徙者"以下两句：门户之所以绕轴转动而开启，是因为除去了门闩。偏，部分。祭，通际（際）。《广雅·释言》："祭，际也。"偏际徙，指物体一部分发生位置移徙，即转动。户枢，门的木轴，轴转动而门开启。瑟，通闳。闳，闭门。《说文·门部》："关，以木横持门户也。"闭门，即"横持"之"木"，亦即闩。免瑟，即免闳，除去门闩。

依现代物理学分类，机械运动包括移动、转动和振动，墨家对它们都曾加以研讨。移动，人所习知，不烦举例。转动和振动，人所难明。转动在本条经说文中以"户枢免瑟"的"偏际徙"来揭示。振动则在下文《备穴》中以"瓮听"来体现。

《经上 51》止[1]，以久也。

《经说上 51》止。无久之不止[2]，当牛非马，若矢过楹；有久之不止[3]，当马非马，

《庄子·天下》:"镞矢之疾,而有不行不止之时。"这一极富哲理的命题可以表述为:就整个飞行过程而言,镞矢呈急疾飞行之状;就疾飞的每一瞬间而言,镞矢又呈既不止(运动)又止(静止)之状,即镞矢既在某一位置又不在这一位置而在别的位置。换言之,疾飞镞矢的运动状态实为止(不行)与不止(行)的辩证统一。墨家"无久之不止"之论,正是指疾飞镞矢瞬时运动的一面。

若人过梁。

[注释]

[1]"止"以下两句:物体静止时,只有时间的流逝(而没有空间位置的移徙)。止,静止,与"动"对言。久,时间。　[2]"无久之不止"以下三句:速度大的运动,容易察知,有类于对牛与马的分辨,例如飞矢呼啸穿楹柱间而过,极易辩认其运动状态。无久之不止,指瞬息时间的运动,即速度大的运动。无久,瞬息之时。不止,运动。当,对,面对。楹,柱。　[3]"有久之不止"以下三句:速度小的运动,难于察知,有类于面对所谓"白马非马"之在疑似间,例如行人缓步走过桥梁,不易辩认其运动状态。有久之不止,指历有限时间的运动,即速度小的运动。有久,有限时间,时段。梁,桥。

《经上 52》必[1],不已也。

《经说上 52》必。谓臺执者也[2],若弟兄。一然者一不然者[3],必、不必也,是非必也。

[注释]

[1]"必"以下两句:必是不如此决不停止和改变。必,必定,必然。已,止讫,停止。　[2]"谓臺执者也"以下两句:必是一经决定将坚执而不变,例如弟兄辈分关系就是这样。臺,执持,支撑。《淮南子·俶真》:"臺简以游太清。"高诱注:"臺犹持。"　[3]"一然者一不然者"以下三句:至于那种有的是这样,有的又不是这样,是"必"和"不必"两种情况同时存在,这就

不是纯然的"必"。

《经上 53》平[1]，同高也。

《经说上 53》（无）

[注释]

[1]"平"以下两句：平就是高度相同。

《经上 54》同长[1]，以缶相尽也。

《经说上 54》同。楗（捷）与狂之同长也[2]。

[注释]

[1]"同长"以下两句：长度相同是指被测长度与标准长度重合。以，犹与。缶，即正。下同。正，法，标准。相尽，重合，互相涵容而无出入。　[2]楗与狂之同长也："楗"原作"捷"。从毕沅校改。緜眇阁本、堂策槛本正作"楗"。楗，门楗，木锁。这句是说，例如门楗与门框的同长。狂（狴），通匡（匡）。匡，俗称匡当，指物的腔子，今作框子，如门框之类。

《经上 55》中[1]，同长也。

《经说上 55》中。心，自是往相若也[2]。

[注释]

[1]"中"以下两句：圆周上每一点到圆心的连线都是等长的。

墨家"平，同高也"之论，系立于有限地域的发声。

此条经文、经说文与其下《经上 59》《经说上 59》皆论"圆"，而着重点有所不同。此条着重从"圆"的界说立言，所以先出。《经上 59》《经说上 59》着重从"圆"的作法立言，所以后出。

中，正中，中心，圆心。　[2]中。心，自是往相若也："中。心"，原作"心。中"。从高亨倒转。中，为标目字。圆心是自这一点到圆周上任何一点距离都相等的点。

《考工记·匠人》："置槷（按：即桌，木表，木杆）以县，视以景，为规识日出之景与日入之景。昼参诸日中之景，夜考之极星，以正朝夕。"郑玄注："……于所平之地中央树八尺之桌，以县正之，视之以其景，将以正四方也。"详记直立木表，视日影以定方位之事。东西南北方位有定，则朝夕朔望、二分二至、春夏秋冬，无不可定。

《经上 56》厚[1]，有所大也。

《经说上 56》厚。惟无所大[2]。

[注释]

[1]"厚"以下两句：体积才可以论其大。厚，厚度，体积（有长、宽二维度的"面"，又加厚度，则成有长、宽、高三维度的"体"）。梁启超云："以几何学名词释《墨经》，点谓之'端'；线谓之'尺'；面谓之'区'；体谓之'厚'。'体'有长短、广狭、厚薄。其有厚薄，所以别于面也。以厚得名，故谓之厚。"其说至确。　[2]惟无所大：是说这里强调的是"所大"。惟无，语气词，无实义。

《经上 57》日中[1]，	㡰南也。

《经说上 57》（无）

[注释]

[1]"日中"以下两句：日中时直立木表于地，其影指示正南正北方向。此条论立木表以测日影之事。直立木表于地，大半面积位于北回归线以北的中国大地受日光斜照，表影自然恒指正北方向，而其反方向即为正南。

《经上 58》直，参也[1]。

《经说上 58》（无）

[注释]

[1]直，参也：是说垂直就是竖直向上。参，直，高。上条"日中，正南也"说日中时木表之影指正南正北方向。而欲使所测之影正确无误；必令木表直立于平地而后可，即郑注"于所平之地中央树八尺之臬，以县正之"之意，故此条补说"直，参也"。

《经上 59》圜[1]，一中同长也。

《经说上 59》圜。规写交（攴）也[2]。

[注释]

[1]"圜"以下两句：圆是只有一个圆心并且半径都相等的几何图形。圜，即圆。《说文》有"圜""圆""圆"三字，天圜为"圜"，平圆为"圆"，浑圆为"圆"。今字多作方圆、方员、方圜，而"圆"字废。浑圆，今立体几何的球体。平圆，今平面几何的圆。"圆"字既废，则"圆"或指球体，或指平面圆。由下文"规写交"可知，此处"圜"指平面圆。　[2]规写交：交，原作"攴"。从孙诒让校改。这句是说，以圆规一脚支于圆心处，另一脚自圆周上某一点起始，以该点至圆心的距离为半径描写曲线，直至最终与始点相交为止，所得封闭曲线为圆。

《庄子·天下》载惠施"历物之意"有"规不可以为圆"一则。辩者认为，圆指一般意义的圆，即抽象圆，而圆规所画之圆为特殊意义的圆，即具体圆，二者有所不同。应该说，辩者指出一般与特殊、概念与事物的差异性，此其合理成分，但无视一般与特殊、概念与事物的统一性，又使其所论邻于诡辩。墨家"圜，一中同长也""规写交也"，使二者同出，从而避免了辩者的片面性。

同上条一样，墨家"方，柱隅四讙也""矩见交也"之论，意在驳斥辩者所谓"矩不方"的诡辩。

《经上 60》方[1]，柱隅四讙也。

《经说上 60》方。矩见交（攴）也[2]。

[注释]

[1]"方"以下两句：方是像四棱楹柱横断面那样四个角都是直角的几何图形。柱隅，楹柱的四角。隅，角。讙，通权（權）。《大取》："权，正也。"四边形四内角皆正，必同为 90°，即直角。　[2]矩见交：交，原作"攴"。从孙诒让校改。这句是说，用矩尺描写一方折线，再描写一方折线与其端点两两相交（接），此二方折线所构成的几何图形为方。矩，矩尺。

《经上 61》倍[1]，为二也。

《经说上 61》倍。二尺与尺[2]，但去一。

[注释]

[1]"倍"以下两句：翻倍就是原数二次相加。倍，本义为反，引伸义为加倍。　[2]"二尺与尺"以下两句：由被减数量二尺中只减去减数量一尺，得差数量一尺。"但去一"，"但去一尺"之省。但，独，只是。

《经上 62》端[1]，体之无序而最前者也。

《经说上 62》端。是无同也[2]。

[注释]

[1]"端"以下两句：端是线上排列在最前面的、没有其他任何一点可以取而代之的点。端，点，特指几何元素点，其特点是无长短、广狭和厚薄。体之无序而最前者，即"无序而最前之体"，定语"无序而最前"后置，又加特殊代词"者"作为标志。无序，无与之相比序者，即无取而代之者。序，次序。　[2]是无同也：是说它是没有其他任何一点与之相同的点。是，此，指"端"。

《经上63》有间[1]，中也。

《经说上63》有间。谓夹之者也[2]。

[注释]

[1]"有间"以下两句：有间是指二物并立而相离，间隙在中。　[2]谓夹之者也：是说"有间"是就夹"中"的二物来说的。之，指代"有间"。

《经上64》间[1]，不及旁也。

《经说上64》间。谓夹者也[2]。尺前于区而后于端[3]，不夹于端与区内。及及[4]，非齐之及也。

[注释]

[1]"间"以下两句：论间隙并不涉及旁边的物体。间，即上

条"有间"之"间"，指间隙。 [2]谓夹者也：是说"间"指"夹者"（即被夹者）。两物夹"间"而立，两物为"夹之者"，"间"为"夹者"（被夹者）。 [3]"尺前于区而后于端"以下两句：通常我们说端尺区，端在前，区在后，而尺在中，这可不是说尺被夹于端与区之间。"区"后原有"穴"字。从梁启超校删。 [4]"及及"以下两句：若"不及旁"之"及"，不是作"齐"解的"及"。前"及"，犹若。这两句补述经文"及"的涵义。"间"既指"夹者"（被夹者），"夹者"与"夹之者"界必齐及。经说文申明"及""非齐之及"，意在强调并非"间"之际"不及旁"，实乃"间"之义"不及旁"，即论"间"并不涉及夹"间"之物。孙诒让云："此似言所谓'不及旁'者，非不齐旁之谓'及'，止谓彼此相次，齐则尽其边际。"甚得其旨。

《经上65》纻[1]，间虚也。

《经说上65》纻。间虚也者[2]，两木之间，谓其无木者也。

[注释]

[1]"纻"以下两句：柱上两小方木之间，有间虚存在。纻，通栌。栌，柱端小方木，方木似斗形，在短柱上拱承屋栋。 [2]"间虚也者"以下三句：这间虚是指两小方木之间没有方木之处。如果说上两条论"夹之者"为并立而相离的二物，"夹者"（被夹者）为二物中间的间隙，都具有定义性质，那么此条言"栌"为"间虚"，则具有举例性质。

《经上66》盈[1]，莫不有也。

《经说上66》盈。无盈无厚[2]。

[注释]

[1]"盈"以下两句：物体呈现充盈状态，是它无不收摄、无不涵容而为己所用的结果。盈，充盈，充满，涵容。莫，没有谁，没有什么。　[2]无厚无盈：是说对于平面来说，如果不在第三维度上积累其厚，便无体积可言。厚，体积，特指几何体。

《经上67》坚白[1]，不相外也。

《经说上67》坚[2]。于石（尺）无所往而不得[3]，得二。异处不相盈[4]，相非，是相外也。

[注释]

[1]"坚白"以下两句：石的坚性与白性，处处相盈而不相离。坚，坚硬，刚性。此处特指石的坚性。白，白色，白性。此处特指石的白性。石之为物，坚其质，白其色，坚与白皆涵容于石。坚与白亦互相涵容，有坚处必有白，有白处必有坚，坚不外于白，白不外于坚。石的整体如此，石的颗粒亦如此。　[2]坚：作为标目字，原倒在"二"字后。从伍非百校移至"于"字之前。　[3]"于石无所往而不得"以下两句：对石来说，坚白二性无处不同时存在，得坚性自得白性，得白性自得坚性。石，原作"尺"。从孙诒让校改。　[4]"异处不相盈"以下三句：如果认为坚性和白性各有所处之地，而不是互相涵容，得坚性处不得白性，得白性处不得坚性，那岂不成了处处相离了吗？

此条经文、经说文是对名家公孙龙子"离坚白"之论的反驳。《公孙龙子·坚白论》："视不得其所坚，而得其所白者，无坚也；拊（按：拊，通抚）不得其所白，而得其所坚者，无白也。……得其白，得其坚，见与不见离。一（按：指石）二（按：指坚白）不相盈，故离。"墨家针锋相对地予以批驳。因此，可以认为墨家是持"盈坚白"之论的。

《经上 68》撄 [1]，相得也。

《经说上 68》撄。尺与尺俱不尽 [2]。端与端俱尽 [3]。尺与端或尽或不尽 [4]。坚白之撄相尽 [5]，体撄不相尽 [6]。

[**注释**]

[1]"撄"以下两句：撄是相值、相交或重合。撄，触。《说文·彳部》："得，行有所得也。""有所得"，人与物相值。相得即相值。相值（触）即撄。部分涵容的相值为相交，完全涵容的相值为重合。　[2] 尺与尺俱不尽：是说直线与直线相交、直线与曲线相交、曲线与曲线相交，唯交点相值，可谓"尽"，线上其他点皆不相值，则谓"不尽"。应该指出，线与线迭合，对短线而言为尽相值，而对长线而言为不尽相值。这一情况，墨家未曾虑及。　[3] 端与端俱尽：这句是说点与点相值，必相重合，自属"俱尽"。　[4] 尺与端或尽或不尽："端"字原在经说文之末。从孙诒让校前移至"与"字之后。这句是说，线与点相交，对点而言，为重合，可谓"尽"。对线而言，除交点为相值外，其他各点均不相值，则谓"不尽"。　[5] 坚白之撄相尽：是说石的坚性和白性处处相涵容，可谓完全相值，即兼撄。　[6] 体撄不相尽：是说线与线相交，线与点相交，唯交点相值，可谓部分相值，即体撄。

《经上 69》仳（似）[1]，有以相撄，有不相撄也。

《经说上 69》仳。两有端而后可 [2]。

[注释]

[1]"仳"以下三句：两不等长线段相比，有长短二线段已重合的部分，也有长线段多出的不重合部分。仳，原作"似"。从孙诒让校改。仳，同比，并列，相比。以，犹已。撄，指重合。　[2]两有端而后可：是说只有始点和终点都固定的不等长线段才可以相比。

《经上 70》次，无间而不相（撄）撄也[1]。

《经说上 70》次。无厚而厚可[2]。

[注释]

[1]次，无间而不相撄也："相"，原作"撄"。从孙诒让校改。这两句是说，诸形相次就是形间既无空隙而又不相重合。　[2]无厚而厚可：后"厚"，道藏本如此作，毕沅改为"后"，而孙诒让因袭之。厚，通"后"（後）。（此或为毕氏校改之由。）这句是说，这只有在诸形相连相续，没有任何厚度的空隙的情况下才有可能。

《经上 71》法[1]，所若而然也。

《经说上 71》法。意、规、员[2]，三也俱可以为法。

[注释]

[1]"法"以下两句：法是人们依循它行事制器而必定得到这样的结果的样本。法，法则，程式，规范，方法，样本。若，顺。然，如此。　[2]"意、规、员"以下两句：意识中的圆、圆规所

《经上 70》与《经上 69》分别为"次"和"比"下定义，而《经说上 70》与《经说上 69》分别出"次"和"比"的前提条件，应当说辞例相同。

墨家关于"端""尺""区""厚"（几何元素）"方""圆"（几何图形）以及"平""直""撄"（几何元素或几何图形的位置关系）的论述，使我们有理由相信，墨家平面几何学的基本框架已经初步形成。虽然它远不如古希腊欧几里得几何学来得全面和系统，但它的存在不容否认，因此论几何"言必称希腊"有失公允。

画的圆和已成之圆，三者都可以作为画圆的样本。意，意识，意
象。此处指意识中的圆，即"一中同长"之圆。规，圆规，可以
画圆，此处指圆规所画的圆。员，通圆，指已成之圆。也，犹者。
俱，皆。

《经上 72》佴[1]，所然也。

《经说上 72》佴。然也者[2]，民若法也。

[注释]

[1]"佴（èr）"以下两句：佴是人们依循样本复制出来的副本。
如果说"法"是能然，那么"佴"就是所然。佴，副贰。此处指
复制品、副本。　[2]"然也者"以下两句：例如民众依循法律（而
出现国泰民安的社会现实）就是这样。若，顺，依循。

《经上 73》说[1]，所以明也。

《经说上 73》（无）

[注释]

[1]"说"以下两句：推理是阐明命题或结论所以能够成立的
手段和依据。说，解说，说明，推理。例如，《经说上 74》"凡牛，
枢（区）非牛，两也，无以非也"为《经上 74》"彼，不可两不可也"
的经说文。

《经上 74》彼（攸），不可两不可也[1]。

《经说上74》彼。凡牛枢非牛，两也，无以非也[2]。

[注释]

[1]"彼"以下两句：对同一论题，辩论双方不能同时认为假。后"不可"，不能成立，假。显见，"彼，不可两不可也"是在说形式逻辑的"排中律"（在同一时间、同一关系下，对同一对象所作的两个矛盾判断不能同时都假，必有一真）。原作"攸"，从张惠言校改，指对方。此处指论题。 [2]"凡牛枢非牛"以下三句：凡一方指牛说是牛，一方指马说是非牛，先自有所区分，这是完全不相干的两个论题，没有什么可以用来相非难的。枢，通区。区，别。无以，"无所以"之省，"没有什么可以用来……"之意。

《经上75》辩[1]，争彼也。辩胜，当也。

《经说上75》辩。或谓之牛，或谓之非牛，是争彼也[2]。是不俱当[3]。不俱当，必或不当。不若当犬[4]。

[注释]

[1]"辩"以下四句：辩论就是甲乙两方就某一论题开展论争。论争胜出的一方自然合乎事理。辩，辩论，论争。彼，指论题。当（dàng），得当，合理。 [2]或谓之牛，或谓之非牛，是争彼也："或谓之非牛""或"字，原脱。从孙诒让校补。緜眇阁本、

堂策槛本、宝历本正作"或谓之非牛"。这三句是说，面前一物
为牛，甲方说这是牛，乙方说这不是牛，这才是名副其实的辩论。
或，表示选言判断的连词。 [3]"是不俱当"以下三句：这两方
所说并不都合理，不都合理，则必有一方不合理。显见，"不俱当，
必或不当"是在说形式逻辑的矛盾律（矛盾判断不能同真，必有
一假）。 [4]不若当犬：不像甲乙两方同见一狗，甲方说这是狗，
乙方说这是犬那样，因为狗和犬是二名一实，双方所说都合理。
若，如，像。

《经上 76》为[1]，穷知而悬于欲也。

《经说上 76》为。欲斲（斵）其指，智不知
其害，是智之罪也[2]。若智之，慎之（文）也，
无遗于其害也[3]。而犹欲斲（斵）之[4]，则离之。
是犹食脯也[5]，骚之利害，未可知也。欲而骚，
是不以所疑止所欲也。墙外之利害，未可知也。
趋之而得刀（力），则弗趋也，是以所疑止所欲
也[6]。观"为，穷知而悬于欲"之理，斲（斵）
脯而非恕也，斲（斵）指而非愚也，所为与所不
为相疑也，非谋也[7]。

[注释]

[1]"为"以下两句：人们出现错误行为，其原因在于，心智
穷尽而为欲望所左右。为，行为，作为。穷，穷尽，泯没。知，

通智。悬，原作缢，同悬（懸），悬系，系累，受制。　[2]欲斩其指：
斩，原作"斲"。从孙诒让校改。斩，砍，破。下文诸"斲"字皆同。
以下三句是说，例如想砍伤手指，理智不了解这种做法的害处，
这是理智的过错。　[3]若智之，慎之也，无遗于其害也：慎之，
原作"慎文"。从孙诒让校改。这三句是说，假若理智了解其害
处之所在，审慎处理此事，便不会给自己留下什么伤害。智，通
知。慎，谨慎，审慎。　[4]"而犹欲斩之"以下两句：但是还是
要蛮干，砍伤手指，便一定要遭受苦痛。离，通罹。罹，遭受，
蒙受。　[5]"是犹食脯也"以下五句：这像吃干肉一样，连味道
好坏都不知道，自然应表示疑惑。可是为满足自己的欲望，还是
把它吃了下去。这种做法是属于不以自己之所疑放弃自己之所欲
一类情况。脯，干肉。骚，通臊。《说文·肉部》："臊，豕膏臭也。"
此处指味道。下文"欲而骚"，"骚"字同。骚之利害，即"臊之
利害"，指脯味的美恶。　[6]墙外之利害，未可知也。趋之而得刀，
则弗趋也。是以所疑止所欲也：墙，原作廧，同墙。得刀，原作
"得力"。从孙诒让校改。这五句是说，有人说墙外有钱币，去那
里就可以得到，自己不是不想得到钱币，但因不明究竟是利是害，
有所疑惑，于是决定不去凑热闹。这种做法属于以自己之所疑放
弃自己之所欲一类情况。刀，即《经说下30》"刀籴相为贾"之
刀，泉刀，刀币。　[7]观"为，穷知而悬于欲"之理，斩脯而
非恕也，斩指而非愚也，所为与所不为相疑也："所不为"，原作
"不所与为"。从张惠言校倒转"不所"为"所不"，又删"与"字。
这五句是说，认真观察分析由于理智穷尽而被欲望所左右出现错
误行为的事实，砍脯而食不能说是明智，砍指自伤也不能说是愚
蠢，其实是人们有时会失去理智而受欲望支配，对所为之事与所
不为之事心存疑惑，不免举措失宜。显然，这不是遇事用心谋虑
正确处置的做法。斩脯，指砍脯而食之。恕，即智。详《经上6》

注释 [1]。

《经上 77》已[1]，成、亡。

《经说上 77》已。为衣[2]，成也；治病，亡也。

[注释]

[1]"已"以下两句：作为模态词，"已"表示两种意义，一是事成，二是消失。已，即《经说上 33》"自后曰已"之"已"，已经，已然。　[2]"为衣"以下四句：例如制衣而成，是事成之"已"；治病而无，是消失之"已"。亡，犹无。

《经上 78》使[1]，谓，故。

《经说上 78》使。令谓[2]，谓也，不必成；湿，故也，必待所为之成也。

[注释]

[1]"使"以下三句：作为使令动词，"使"表示两种意义，一是令谓（使令），二是原故（致使）。　[2]"令谓"以下六句：令谓是指口出命令，[因其为非充分条件（小故），] 不能期其必成；地湿，必有原故，[或因天雨下落，或因泉水上浸，因其为充分条件（大故），] 或立时，或稍待，必成地湿的事实。

《经上 79》名[1]，达、类、私。

《经说上 79》名。物，达也，有实必待之（文）

名（多）也^[2]。命之马^[3]，类也，若实也者必以是名也。命之臧^[4]，私也，是名也止于是实也。声出口，俱有名，若姓字（宇）洒^[5]。

［注释］

[1]"名"以下两句：事物之名可以分为达名、类名和私名三种。名，名称，称谓，与"实"对言。　[2]物，达也，有实必待之名也：之名，原作"文多"。从孙诒让校改。这三句是说，物是达名，凡有物质之实的一切事物都必用这一达名。之，指代"达"（名）。　[3]"命之马"以下三句：马是类名，凡有四蹄浓鬣长尾特征的动物都必用这一类名。若，犹此。　[4]"命之臧"以下三句：臧是私名，这一私名一定用来称叫某一家奴。臧，家奴名。是，此。止，定。　[5]声出口，俱有名，若姓字洒：字，原作"宇"。从张惠言校改。渍洒（灑），孙诒让断属下条，且改为"鹿"，非是。今从曹耀湘作"若姓字丽"。这三句是说，声音出之于口，都表述这样或那样的名，正像人的姓字与其人相附丽一样。洒，通丽。丽，附丽，相偶。

《经上80》谓^[1]，移、举、加。

《经说上80》谓。谓狗犬^[2]，命也。狗、犬^[3]，举也。叱狗^[4]，加也。

［注释］

[1]"谓"以下两句：令谓有三种用法，一是移转之谓，二是

举实之谓，三是外加之谓。　[2]谓狗犬：原脱"谓"字。从高亨校补。以下两句是说，用犬之名以命狗之实，这是"移转"之谓。狗与犬有同有异。自其同者言之，狗可名之犬，犬可名之狗。自其异者言之，小者名狗，大者名犬。《说文·犬部》："犬，狗之有县蹄者也。"可证。狗自狗，犬自犬，今乃称狗为犬，非"移转"而何！命，指"移转"之命。　[3]"狗、犬"以下两句：称此为狗，称彼为犬，这是"举实"之谓。用狗之名表狗之实，用犬之名表犬之实，非"举实"而何！　[4]"叱狗"以下两句：厉声呵叱道：狗！这是"外加"之谓。厉声叱狗，不但有"狗"名的涵义，还加上斥责这一层言外之意，非"外加"而何！

《经上81》知[1]，闻、说、亲，名、实、合、为。

《经说上81》知。传受之[2]，闻也；方不廧，说也；身观焉，亲也。所以谓[3]，名也；所谓，实也；名实耦，合也；志行，为也。

墨家提倡"身观焉"的"亲"知和"志行"的"为"知，将重客观、贵实践提升到认识论的高度加以论述。很明显，实践为检验知识真假的标准，自在不言之中。

[注释]

[1]"知"以下两句：知识的种类有七：闻知、说知、亲知（以上三种是从知识来源立言）；名知、实知、合知和为知（以上四种是从知识内容立言）。知，知识。　[2]"传受之"以下六句：从知识来源来说，人传我受，是"闻"得的知识；经由推论阐说而不为时空所限，是论"说"的知识；躬自观察体验是"亲"历的知识。方，地方，方域。廧，同障。身观焉，身观于之。身，亲身，躬自。观，谛视。焉，犹于之，用为兼词。之，指代所观事物。　[3]"所以谓"以下八句：从知识内容来说，用以称说事物

的符号，是"名"的知识；符号所称说的事物，是"实"的知识；符号与事物恰相符合，是"合"的知识；将学之所得付诸实行，是"为"的知识。名，称名，就事物属性约定的称述符号，与"实"对言。耦，同偶，偶合，符合。

《经上82》闻[1]，传、亲。

《经说上82》闻。或告之[2]，传也。身观焉，亲也。

[注释]

[1]"闻"以下两句：单就"闻"得的知识而言，其取得途径有二，一是"传""闻"，二是"亲""闻"。　[2]"或告之"以下四句：通过书籍或他人之口告诉自己的信息、知识，是"传""闻"；自己身临其境观察体验获得的信息、知识，是"亲""闻"。

《经上83》见[1]，体、尽。

《经说上83》见。特（时）者，体也；二者，尽也[2]。

[注释]

[1]"见"以下两句：人之所见有二，一是仅见局部的"体""见"，二是见到全体的"尽""见"。体，即《经上2》"体，分于兼也"之"体"，指"偏"，亦指"一"。尽，即《经上43》"尽，

《经上81》论"知"（知识），而"知"必恃"闻""见"二渠道方能获得，故《经上82》论"闻"，《经上83》论"见"。

莫不然也"之"尽"，指"兼"，亦指"二"。　[2]特者：特，原作"时"。从孙诒让校改。以下四句是说，只见到事物的一个方面，这是"体""见"；见到事物的正反两个方面，才是"尽""见"。特，奇，一。

《经上84》合，丢、宜、必[1]。

《经说上84》合（古）[2]。兵立、反中、志工[3]，正也；臧之为[4]，宜也；非彼必不有[5]，必也。圣者用而勿必[6]，必也者可勿疑。

[注释]

[1]合：此条专论《经上81》"知，闻、说、亲，名、实、合、为"之"合"。以下两句是说，相合情况有三，一是"正"直的"合"，二是适"宜"的"合"，三是"必"定的"合"。丢，即正，正直。详《经上54》注释[1]。宜，适宜。必，必定。　[2]合：标目字原作"古"。从杨葆彝校改。　[3]"兵立、反中、志工"以下两句：士卒执持兵器站立而行列得正、不偏不倚返归中道而行为得正、动机先导事功相随而名实得正，都是"正""合"之例。兵，兵器。反中，返归中正之道。反，通返。志工，"志功"，即《大取》"志功为辩"之"志功"，指动机与效果。工，通功。　[4]"臧之为"以下两句：奴仆所为，总是追求适合主人之意，这是"宜""合"之例。臧，指奴仆。详《经上79》注释[4]。　[5]"非彼必不有"以下两句：如无论题，必定没有辩论发生，这是"必""合"之例。彼，指论题。详《经上74》注释[1]。有，指有辩。　[6]"圣者用而勿必"以下两句：圣明者行事不敢言其必成，因为"必"有

决然无疑之义。用，为，行。《论语·子罕》："子绝四：毋意，毋必，毋固，毋我。"与此义同。

《经上85》权，欲壬权利，且恶壬权害[1]。

《经说上85》权[2]。权（仗）者两而勿偏[3]。

《大取》："于所体之中而权其轻重之谓权。权，非为是也，亦非为非也。权，正也。断指以存腕，利之中取大，害之中取小也。"可以视为此条旨意的发挥。

[注释]

[1] 权：此字原脱。从高亨校补。以下三句是说，权衡情况有两个方面，既有"欲"得其"正"，权衡利的一面必取其大；且有"恶"得其正，权衡害的一面必取其小。权，即《大取》"于所体之中而权其轻重之谓权"之"权"，权衡。　[2] 权：标目字原脱。今据经说文体例补。　[3] 权者两而勿偏：权，原作"仗"。从孙诒让校改。这句是说，权衡就是要把利和害两方面都考虑在内，切勿有所偏废。

《经上86》为，存、亡、易、荡、治、化[1]。

《经说上86》为。甲（早）台，存也[2]。病[3]，亡也。买鬻[4]，易也。霄尽[5]，荡也。顺长[6]，治也。蛙鼠（买），化也[7]。

[注释]

[1] 为：此条专论《经上81》"知，闻、说、亲，名、实、合、为"之"为"。以下两句是说，人或自然的作为有六个方面的表现，一是"存"在之"为"，二是消"亡"之"为"，三是交"易"

之为，四是"荡"涤之"为"，五是"治"理之"为"，六是变
"化"之"为"。 [2]甲台："甲"，原作"早"。从孙诒让校改。
以下两句是说，制作铠甲，建筑楼台，是"为"在存在方面的表
现。 [3]"病"以下两句：有病求医，直至治愈，是"为"在消
亡方面的表现。 [4]"买鬻（yù）"以下两句：购入售出，互通
有无，是"为"在交易方面的表现。鬻通卖，卖，售出。 [5]"霄
尽"以下两句：事物消除，至于殆尽，是"为"在荡涤方面的表
现。霄，通消。 [6]"顺长"以下两句：顺少长之序，得礼孝之道，
是"为"在治理方面的表现。 [7]蛙鼠："鼠"原作"买"。从孙
诒让校改。以下两句是说，青蛙变鹑、田鼠变鹑，是"为"在变
化方面的表现。《经上45》"若蛙为鹑"（实则不可能）、《列子·天
瑞》"田鼠之为鹑"，皆为其例。化，物化，进化，变化。

《经上87》同[1]，重、体、合、类。

《经说上87》同。二名一实[2]，重同也。不
外于兼[3]，体同也。俱处于室[4]，合同也。有以
同[5]，类同也。

[注释]

[1]"同"以下两句："同"有"重""同"、"体""同"、"合""同"
和"类""同"四种。同，相同，相合，与"异"对言。 [2]"二
名一实"以下两句：二名而一实之同是"重""同"。 [3]"不外
于兼"以下两句：部分隶属于整体之同是"体""同"。《经上2》：
"体，分于兼也。"正明此理。 [4]"俱处于室"以下两句：众多
事物共处一所之同是"合""同"。《荀子·正名》"（物）有异状

而同所者"，与墨家"合同"义同。 [5]"有以同"以下两句：
几种事物有其共同点之同是"类""同"。"有以"，"有所以"之省，
"有什么可以用来……"之意。类，即《经上79》"名，达、类、私"
之"类"。

《经上 88》异[1]，二、不体、不合、不类。

《经说上 88》异。二必异[2]，二也。不连
属[3]，不体也。不同所[4]，不合也。不有同[5]，
不类也。

[注释]

[1]"异"以下两句："异"有"二"之"异"、"不体"之
"异"、"不合"之"异"和"不类"之"异"四种。 [2]"二
必异"以下两句：二名二实的两个事物必定不同，是"二"之
"异"。 [3]"不连属"以下两句：两个事物各自独立，不存在一
事物是另一事物的一部分的问题，是"不体"之"异"。 [4]"不
同所"以下两句：几个事物在不同场所，是"不合"之"异"。
[5]"不有同"以下两句：几个事物完全没有共同点，是"不类"
之异。

《经上 89》同异交得[1]，放有无。

《经说上 89》同异交得[2]。于福家良恕（恕），
有无也[3]。比度[4]，多少也。免蚵还园[5]，去就
也。鸟折用桐[6]，坚柔也。剑戈（尤）甲（早）[7]，

死生也。处室子^[8]，子母，长少也。两绝胜^[9]，白黑也。中央^[10]，旁也。论行、学实^[11]，是非也。难宿^[12]，成未也。兄弟^[13]，俱适也。身处志往^[14]，存亡也。霍^[15]，为姓故也。贾宜^[16]，贵贱也。长短、前后、轻重，援^[17]。

[注释]

[1]"同异交得"以下两句："同"和"异"有时可以从同一人身上或同一事物中一并得到，比方从同一事物中可以一并得到"有"和"无"一样。同，指同一人或同一事物。异，指人或事物相异的性质。交得，互得，一并得到。交，互，共，俱。放，通仿。仿，比，依。　[2]同异交得：四字为标目字。这是特例。　[3]于福家良恕：恕，原作恕。从孙诒让校改。以下两句是说，例如有家资的可能没有良知，这是"有"与"无"并存于同一人。于，通如。"于"（如）字下贯说文诸例。福，通富。恕，即智，通知。　[4]"比度"以下两句：乙物比甲物数量多，同时又可能比丙物数量少，这是"多"与"少"并存于同一事物。　[5]"免轫还园"以下两句：除轫驱车，自此地至彼地，对此地为去，对彼地为就，这是"去"与"就"并存于同一事物。免，除。轫，通轫。轫，碍车，止轮转之木。园（園），通辕。还，复，旋。还园，即还辕，犹言旋车。以"辕"代车，修辞借代格的用例。　[6]"鸟折用桐"以下两句：砍伐桐木，一定折断缠绕其上的茑草，桐木质坚，茑草性柔，这是"坚"与"柔"并存于同一事物。鸟，通茑。茑，树上寄生之草。　[7]剑戈甲：戈，原作"尤"；甲，原作"早"。皆从孙诒让校改。以下两句是说，士

卒手执剑戈，身披铠甲，进击敌师，其目的是杀伤寇仇，保全自己，这是"死"与"生"并存于同一人。 [8]"处室子"以下三句：处女年少在家，年长嫁人，生子而为母，这是"长"与"少"并存于同一人。处室子，处女。 [9]"两绝胜"以下两句：有白黑两种颜料，白多掩黑而显白，白少被黑所掩而显黑，这是"白"与"黑"并存于同一事物。绝，断，决。 [10]"中央"以下两句：中央和旁侧，系相对而言。对某一参照物来说，此为中央，彼为旁侧。对另一参照物而言，此又可能成为旁侧，彼又可能成为中央。这是中央与旁侧并存于同一事物。 [11]论行、学实：原作"论行行行学实"。从孙诒让删两"行"字。以下两句是说，人的言论和行动、学识和实践，有时是对的，有时又可能是错的，这是"是"与"非"并存于同一人。 [12]"难宿"以下两句：难鸟孵卵时，难卵将成难雏而又未成难雏，这是"成"与"未"并存于同一事物。难，鸟名。《说文·鸟部》："难，鸟也。" [13]"兄弟"以下两句：兄弟三人，老二既是老大之弟，又是老三之兄，顺乎少长之序，这是"兄"与"弟"并存于同一人。 [14]"身处志往"以下两句：一个人身在此处而心往别处，可以说身存于此而心亡于此，这是"存"与"亡"并存于一人。 [15]"霍"以下两句：某人姓霍，是以霍为家族呼号，而不能认为此人是霍（鹤）这种水鸟，否则就会令人啼笑皆非，这是"姓"（呼号）与"故"（事物）并归于同一人（所造成的误解）。霍，通鹤。鹤，同鹤。故，事，故事。 [16]"贾宜"以下两句：价格合适是对买卖双方而言的。若就卖方而言，当然想更贵些。若就买方而言，当然想更贱些。这是"贵"与"贱"并存于同一事物。贾，通价（價）。 [17]长短、前后、轻重，援：此七字原在《经说上93》"执难成"前。从高亨校移至"贵贱也"之后。这两句是说，至于"长"与"短"并存、"前"与"后"并存、"轻"与"重"

并存的用例，也可以援引上述诸例，从某一人身上或某一事物中而一并得到。援，援引。

《经上 90》闻[1]，耳之聪也。

《经说上 90》闻[2]。循所闻而得其意[3]，心之察也。

[注释]

[1]"闻"以下两句：闻知是人的耳朵特有的接受外界信息的官能。聪，察。　[2]闻：孙诒让云："经说上无说，疑有缺佚。"孙氏以"闻，耳之聪也""循所闻而得其意，心之察也""言，口之利也""执所言而意得见，心之辩也"四条皆作经文，又皆无经说文，颇有可疑之处。细揣文意，"循所闻而得其意，心之察也"中，"循所闻而得其意"正以说解经之"闻"，"心之察"正以说解经之"聪"。故知其为经文"闻，耳之聪也"的说文，应无可疑。唯其前依体例应补标目字"闻"。同样，"执所言而意得见"正以释经之"言"，"心之辩"正以释经之"口之利"，故知"言，口之利也"与"执所言而意得见，心之辩也"也当为一经一说。唯说文前依例应补标目字"言"。　[3]"循所闻而得其意"以下两句：依循闻知的信息，经过辨析，可以理解其意义，这是大脑覆察的结果。察，覆，审察。

《经上 91》言[1]，口之利也。

《经说上 91》言[2]。执所言而意得见[3]，心之辩也。

[注释]

[1]"言"以下两句：言语是人的口舌特有的用以表情达意的便利工具。　[2]言：此标目字依例补。详上条注释[2]。　[3]"执所言而意得见"以下两句：精准执持自己之所言，通过切中事实而又符合语法的表述，把自己的思想表达出来，这是大脑智慧的外现。辩，慧。

《经上92》诺[1]，不一利用。

《经说上92》诺。趋（超）城负（员）正（止）也[2]。相从、相去、先知、是、可[3]，五也（色）。正五诺[4]，皆人于知有说。过五诺，若负，无知（直）无说[5]。用五诺[6]，若自然矣。

[注释]

[1]"诺"以下两句：表示应答的诺，根据语气之别，有各种不同的用法，其目的在于便利交流和交际。诺，应。　[2]趋（cù）城负正：趋，原作"超"。从张其锽校改。负正，原作"员止"。从孙诒让校改。这句是说，诺是客方对主方之言立表然否。趋，疾，速。城，通成。《经义述闻·左传上·隰郧》"古'城'字多作'成'。"负正，即正负，指然否。　[3]相从、相去、先知、是、可，五也：也，原作"色"。从孙诒让校改。这两句是说，应诺可分为五种，一是"相从"之"诺"，即对主方提出的问题，客

方不知道，姑且表示依从而做应诺。二是"相去"之"诺"，即对主方提出的问题，客方表示反对，但又暂做应答，得其地步之后，陈述己见，予以辩驳。这是以退为攻的应诺。三是"先知"之"诺"，即对主方提出的问题，客方表示事先已经知道而做应答。四是"是"之"诺"，即客方对主方提出的问题表示完全赞同而做应诺。五是"可"之"诺"，即客方对主方提出的问题表示尚可接受而做应诺，而后将有所补充。　[4]正五诺："正五诺"至"若自然矣"计二十五字，原在《经说上97》"若圣人有非而不非"之后，从孙诒让校前移至"五也"之后。以下二句是说，凡属使用正确的"五诺"，都是因为客方具备回答主方所提出的问题的有关知识，并且可以据以进行论证。正，正确。说，即《小取》"以说出故"之"说"，论说。　[5]过五诺，若负，无知无说：知，原作"直"。从孙诒让校改。以下三句是说，使用不正确的"五诺"，则如"正五诺"之反，客方不具备回答主方所提出的问题的有关知识，当然也就无从进行论证。过，误。若，如。负，背，反。　[6]"用五诺"以下两句：使用上述五种不同的应诺，应尽量求其"正"而避其"过"。久而久之，就像出于自然一样了。

《经上93》服，执、說，言（音）利[1]。

《经说上93》服[2]。执难成[3]。言务成之[4]。說（九）则求执之[5]。

[注释]

[1]服，执、說（nì），言利：言，原作"音"。从孙诒让校改。这三句是说，在辩论过程中，欲使对方心服自己的意见，必须采用坚持己见据理论证和說伺对方漏隙加以反驳两种方法，而

且论证和反驳都以正确运用语言作为便利工具。上条言"诺"，此条言"服"，可谓顺而次之。服，心服。执，执持。說，刺探。《说文·言部》："說，言相說司也。"朱骏声《通训定声》："言时刺探人意而睨伺。"言利，即《经上 91》"言，口之利也"的撮要。　　[2] 服：作为标目字，原在"执"字之后。从谭戒甫校倒转"执服"二字。　　[3] 执难成：是说若辩争双方皆固执己见，孰是孰非，难以论定。成，定。　　[4] 言务成之：是说双方辩争，以言抒意，言毕而务求是非之定。务，趋，专力。　　[5] 說则求执之：說，原作"九"。从孙诒让校改（"九"疑"說"之坏字）。这句是说，相反，若双方全无所执而专事說伺，也有悖"言务成之"之旨。因此，应于說伺对方漏隙时，求执定见，贯彻始终。

《经上 94》法同则观其同，巧转则求其故[1]。
《经说上 94》法。法取同[2]，观巧传。

[**注释**]

[1] 法同则观其同：这句与下句"巧转则求其故"原分作两条，且"巧转"条在前，而"法同"条在后。从高亨校合并且两句倒转。这两句是说，用同一个标准为研究对象划分类别，或用同一个法则对研究对象加以论证，必须认真观察它们的相同点之所在，遇到奇巧的转换，例如偷换概念导致改变论题性质的例外情况，必须仔细追寻其原因。法，即《经上 71》"法，所若而然也"之"法"，标准，法则。巧，奇巧，邪巧。此处指偷换概念。　　[2]"法取同"以下两句：既要注意采用相同标准或法则对研究对象加以分类或论证，又要注意出现奇巧的转换的例外情况。传，通转。可以说，"法取同"是经文首句"法同则观其同"之义的撮要，"观巧转"

是经文次句"巧转则求其故"之义的撮要。撮经文之要义作为经说文，应视为经说文写法的变式。

《经上95》法异则观其宜[1]。

《经说上95》法。取此择彼[2]，问故观宜。以人之有黑者有不黑者也，止黑人，与以有爱于人有不爱于人，止（心）爱人，是孰宜[3]？

［注释］

[1]法异则观其宜：是说研究对象不同，所用分类标准或论证法则自然有所不同，这就要求对它们进行认真观察，采用适宜的分类标准或论证法则。宜，适宜，合适。　[2]"取此择彼"以下两句：采用某种或放弃某种分类标准或论证方法，必须以搞清研究对象的差异及其原因为前提，以确保分类标准或论证法则适宜于这一研究对象。择，通释。释，舍，废弃。　[3]以人之有黑者有不黑者也，止黑人，与以有爱于人有不爱于人，止爱人，是孰宜：后"止"原作"心"。从张惠言校改。这五句是说，例如用人有面黑者（暗喻墨者）和面不黑者（暗喻非墨者）为由来限制面黑者，和用有被人爱的人和不被人爱的人为由来限制爱人，这算什么合适呢？止，限止。孰，何，什么。宜，合宜，适宜。

《经上96》止[1]，因以别道。

《经说上96》止（心）[2]。彼举然者[3]，以为此其然也，则举不然者而问之。

[注释]

[1]"止"以下两句:作为"止"式推理术语,"止"是用以区别不同的道术主张的。止,停止。此处指使对方停止论辩,即反驳对方。因,依。道,道术,道理。 [2]止:原作"心"。从张惠言校改。 [3]"彼举然者"以下三句:对方举出几个属于某种情况的事物具有某种性质的例子,轻率地加以归纳,就得出凡属这种情况的事物都具有这种性质的一般性结论。那么我就举出一个属于同种情况而不具有这种性质的例子来问难,从而使对方哑口止辩。以为,个人认为,想当然。此,指代这类事物。

《经上 97》丕[1],无非。

《经说上 97》丕[2]。若圣人有非而不非[3]。

[注释]

[1]"丕"以下两句:正确当然没有错误。非,是之反,错误。"丕,无非"上原有"读此书旁行"五字。毕沅云:"言此篇当旁行读之。"孙诒让云:"唯'读此书旁行'五字,为后人校书者附记篇末,传写者误屬入正文,又移箸'丕,无非'三字之上,而其义遂莫能通矣。"今从孙说,将五字视为后人附记之语,不作校注。 [2]丕:作为标目字,此字原脱,依例补。 [3]若圣人有非而不非:例如圣人,有时对某一事物做出与常人不同的判断,会被误认为认识有误。其实并非其认识有误,只不过常人一时不能理解而已。

[点评]

我国先秦典籍可谓浩如烟海,但以研讨自然科学和逻辑学为主要内容的却寥若晨星。屈指算来，不过《考工记》和《墨经》而已。如果说《考工记》的特点是技术性强，那么《墨经》的特点是科学性强。难怪胡适先生称其为"中国古代的第一部奇书"。单就《经上》《经说上》两篇97条而言，它们大多以定义或划分的形式出现。虽未展开讨论，但通过简短的说解或例证，多数条目的旨意大致可以明了。其中，关于社会政治和伦理思想的"仁""义"等一组定义，实际上是与墨子"兼爱"等主张和"贵义"思想相呼应。关于"故"的说解，提出了"小故""大故"的概念，与现代逻辑学"必要条件"和"充分必要条件"完全一致。关于"知"的说解，提出了"知，接"和"恕（智），明"的判断，可以说是现代认识论中"感性认识"和"理性认识"的初阶。关于"力"的解说，可以说已经接触到大约两千年后才出现的牛顿第二定律的核心内容。关于"久""宇"和"动""止"的解说，确立了墨家时空观的辩证唯物属性。关于几何元素"端""尺""区""厚"的初设和几何图形"方""圆"的定义以及对几何元素或几何图形位置关系"平""直""撄"的描述，都足以证明墨家平面几何学的基本框架已经初步形成。关于"名"的"物""达""私"的划分，可以说是后世逻辑学"范畴""类概念"和"单独概念"的滥觞。

还应该指出，不少条目当系墨家有所为而发，例如，针对《庄子·天下》所载惠施"历物之意"和"辩者"之"应"中的若干则命题进行驳辩（《经下》《经说下》也有类似情况）。这从一个方面说明，《墨经》当出于后期墨家之手。

第二十二篇　经　下
第二十三篇　经说下

《经下 1》止，类以行之（人），说在同 [1]。

《经说下 1》止。彼以此其然也 [2]，说是其然也。我以此其不然也 [3]，疑是其然也。此然是必然，则俱 [4]。

[注释]

[1] 止，类以行之，说在同：之，原作"人"。从孙诒让校改。这三句是说，欲在辩论中胜出，必须以属于同类事物的反面例证同对方进行反驳，其原因在于，同类事物中的反面例证可以推翻对方通过简单枚举归纳推理而得到的错误结论。止，指"止"式推理方式。同，同类，指"我"的反面例证与"彼"（对方）的"此"为同类。"说在……"，《经下》格式用语，指示此前的经文

所述命题所以成立的理由。　[2]“彼以此其然也”以下两句：对方以为此类事物都具有某一性质，例如，看到牛有四足、马有四足、犬有四足，便以为“凡兽必有四足”为真（其实此乃由简单枚举归纳推理得出的假结论），于是推出（演绎出）该类事物中的某一个体也必具有这一性质为真的结论。彼，指对方。此其然，同于《经说上96》“彼举然者，以为此其然也”之“此其然”，意为凡同类事物都必具有这种性质。是，指同类事物中的某一个体。　[3]“我以此其不然也”以下两句：我却认为此类事物并非都必具有这种性质，从而对这一个体也必具有这种性质表示质疑，例如海象、海狗是兽而无足，从而推翻对方的结论。　[4]此然是必然，则俱：此七字，孙诒让置于下条经说之末，疑非是，今从梁启超校移于此。这两句是说，如果对方能举出同类事物中的所有个体都具有这一性质的例证，那便是完全归纳推理论证，其结论自然正确无误。俱，皆。此处指同类事物中的所有个体都具有这一性质。

《经下2》推类之难[1]，说在之大小。

《经说下2》推[2]。谓四足兽，与牛（生）、马（鸟）异（与）。物尽异（与），大小也[3]。

[注释]

[1]“推类之难”以下两句：按类进行推理论证并非易事，其原因在于，事物类别的大小有所不同。推，即《小取》“推也者，以其所不取之同于其所取者，予之也”之“推”，推论，推理。　[2]推：此标目字原脱。从高亨校补。　[3]谓四足兽，与牛、马异。物尽异，大小也：“牛马异（异）”，原作“生鸟与（与）”，

"物尽异"，"异"亦作"与"。并从孙诒让校改。这四句是说，例如我们说"四足兽"的类与"牛""马"的类有所不同，因为"四足兽"是属概念，"牛""马"是种概念。而"物"的类与"四足兽"的类以及"牛""马"的类都有所不同，因为"物"的类外延最大，"四足兽"的类外延较小，"牛""马"的类外延最小。

《经下3》物尽同名[1]，说在二与斗、子与爱、食与招、白与视、丽与暴、非夫与屦（履）[2]。

《经说下3》同名[3]。马（为）麋俱斗[4]，不俱二，二与斗也。包、肺肝，子与爱也[5]。梂（橘）茅，食与招也[6]。白马多白[7]，视马不多视，白与视也。为丽不必丽，为暴不必暴，丽与暴也[8]。为非以人是不为非，若为夫以勇不为夫，为屦以买不（衣）为屦，非夫与屦也[9]。

[注释]

[1]物尽同名：是说世间事物多有名同而实异者［包括多义词（同一名称而意义不同）、同义词（两词大致同义又小有不同）、同音词（两词同音而意义不同）三种情况］或辞式相同而意义不同者，必须穷究而明之。尽，穷，皆。　[2]说在二与斗、子与爱、食与招、白与视、丽与暴、非夫与屦（履）：疑"说在"二字原脱，今以经下文例补。"子与爱"原作"爱"。依经说文，"爱"前补"子与"二字。丽与暴，原作"丽与"。依经说文，"与"后补"暴"字。屦，原作"履"。依经说文改。"非夫"原作"夫"。依经说文，"夫"

此条经文、经说文错讹殊多，董理不易。今参酌诸家之说，间出己意，求其略通文义而已，不敢自必。谨以请教于同行专家。

前补"非"字。这句是说，其原因可以用二与斗、子与爱、食与招、白与视、丽与暴、非夫与屡来说明。　[3]同名：作为标目字，原误置"马（为）麋"后。从高亨校移前。　[4]马麋俱斗（鬪）："马"（馬）原作"为"（為）。从孙诒让校改。以下两句是说，一马与一麋相斗，可以说"马麋俱斗"，不可以说"马麋俱二"。因为"马麋俱二"是指二马二麋。"马麋俱斗""马麋俱二"，两者辞式相同，但意义不同。二与斗，这是辞式相同而意义不同之例。　[5]包、肝肺，子与爱也："与"字原脱。从谭戒甫校补。这两句是说，腹中胎儿为其母所慈爱，腹中肝肺，亦为自己所宝爱。慈爱胎儿是对别人，宝爱肝肺是对自己。子，慈。《别雅》卷二："子谅，慈良也。"包，即胞。"包""胞"古今字。"子"（慈）"包"（胞）之"子"（慈），"爱""肝肺"之"爱"，两者是同义词，但意义小有不同。"子（慈）与爱"，这是同义词而其义小有不同之例。　[6]楙（mào）茅：楙，原作"桔"（橘）。从孙诒让校改。以下两句是说，木瓜之"楙"供人食用，菅草之"茅"用以招神。"楙""茅"两字是同音词，但意义不同。"食与招"，这是同音词而意义不同之例。楙，木瓜，可食。茅，菅草，可用作祭祀缩酒以招神。　[7]"白马多白"以下三句：白色之马，身多白毛，可以说"白马多白"。至于看马，一看而知，勿需多看，不可以说"视马多视"。"白马多白""视马多视"，两者辞式相同，但在意义表达上有可有不可。"白与视"，这是辞式相同而意义不同之例。　[8]为丽不必丽，为暴不必暴，丽与暴也：为暴不必暴，原作"不必"。从张其锽校补。这三句是说，作为偶丽的双方，未必长相美丽，横施暴虐的人，一时未必暴露其残忍的本性。"偶丽"之"丽"与"美丽"之"丽"、"暴虐"之"暴"与"暴露"之"暴"，都是一词多义。"丽与暴"，都是同一名称而意义不同之例。　[9]为非以人是不为非，若为夫以勇不为夫，为屡以买不为屡，非夫与屡也："以勇""以"字原脱，"不为屦""不"字原作"衣"。并从孙诒让或补或改。又"为非……""若为夫……""为屦……"三句辞式相同，"夫与屦也"前当补"非"字。这四句是说，自己的行为虽有过失，但系受人指使而为，如从宽要求可以不以为过，就像某人在战场上表现勇武，不愧勇夫称号，但他未必是家中对妻子善尽责任的好丈夫，又像声称自己制鞋，而从市场上买来，当然不是自己制作一样。"为……以……不为……"是前三句共同的辞式。"非夫与屦"，这是辞式相同而意义各不相同之例。

《经下4》一偏弃之[1]，谓而固是也，说在因。

《经说下4》一[2]。一与[3]，一亡。不与，一在，偏去未。有之（文）实也，而后谓之；无之（文）实也，则无谓也[4]。不若敷与美[5]。谓是，则是固美也[6]；谓非（也），则是非美。无谓则报也[7]。

［注释］

[1]"一偏弃之"以下三句：一个整体留下了一部分，当然也去掉了一部分，这是说事物的面貌原本就是这样，所以我们在分析问题时必须依据这一客观事实。一，即《经说上2》"若二之一"之"一"，指部分，对"二"而言。偏，体。谓，言，说。而，犹其。因，依。　[2]一。一与：原作"二与"。从梁启超校改"二"为"一一"，前"一"为标目字，后"一"为经说文首字。　[3]"一与"以下五句：把一个整体分成留下的和去掉的两

部分，这一部分留下，那一部分去掉。这一部分去掉，那一部分留下，去掉的部分是偏去，留下的部分是未偏去。与，通举，即《经上 31》"举，拟实也"之"举"，指以言称举。不与，指不称举的部分，去掉的部分。一在，指留下的部分。偏去未，"偏去未偏去"之省。　[4] 有之实也，而后谓之；无之实也，则无谓也：两"之实"的"之"，原皆作"文"。从孙诒让校改。这四句是说，有这样的事实，就用这样的称名去称叫它；没有这样的事实，就不用这样的称名去称叫它。之，此。　[5] 不若敷与美：是说绝不能像敷陈和夸美事物那样，随意加以夸大。敷，敷陈，铺陈。美，赞美，夸美。　[6] 谓是，则是固美也；谓非，则是非美："谓非""非"字原作"也"。从王树枬校改。这四句是说，如果说某事正确，那是因为这事物原本是好的；如果说某事错误，那是因为这事物原本是不好的。　[7] 无谓则报：是说倘遇无所谓是也无所谓非的事，则依例据实作报，不夹杂个人偏好于其中。

《经下 5》不可偏去而二[1]，说在见与俱、一与二、广与脩。

《经说下 5》不。见不见不离，一二相盈，广脩坚白[2]。

此条亦当为墨家以"盈坚白"驳公孙龙子"离坚白"之辞。

[**注释**]

[1]"不可偏去而二"以下两句：坚和白是石的两种性质，它们同时存在，不可偏废，其原因在于，在手感其坚之际，大脑参与作用，同时可知其白；在眼见其白之际，大脑参与作用，同时可知其坚。坚白二性相涵于一石之中，犹如宽与长相涵于一个平

面中。《公孙龙子·坚白论》:"曰:'于石,一也;坚白,二也,而在于石。故有知焉,有不知焉;有见焉,有不见焉。故知与不知相与离,见与不见相与藏。藏故,孰谓之不离?'"于是,知"见与俱"之"见",指唯得见石之坚白二性之一,俱,指俱见石之坚白二性。"一与二"之"一",指一石,"二"指坚白二性。广,宽。脩,通修。修,长。《几何原本》:"面者止有长有广。"[2]不。见不见不离,一二相盈,广脩坚白:标目字"不"字原脱。兹补"不"字于经说文之前。"见不见不离,一二相盈",原作"见不见离,一二不相盈"。从高亨校移"相"前"不"字于"离"前。这三句是说,所谓见坚不见白、见白不见坚的"坚白""相离"的说法不能成立,坚白二性相涵于一石,坚白涵容于石的情形,正像宽长相涵于平面一样。

《经下6》不能而不害[1],说在害。

《经说下6》不[2]。举重[3],不与箴,非力之任也。为握者之觭(觬)倍[4],非智之任也。若耳目[5]。

[注释]

[1]"不能而不害"以下两句:人们都可能有不能胜任的事,这没有什么害处,其原因在于,人们不去干力不胜任的事,并不妨害他们去干力能胜任之事。害,伤害,妨害。　[2]不:作为标目字,原置"举"字之后。从梁启超校倒转。　[3]"举重"以下三句:例如有人能力举千钧之重,却不能运针缝衣,因为运针缝衣并非用力之事。举,手举。与(與),通举(擧)。箴,同鍼,

俗作针。任，事。　[4] 为握者之觭倍：觭，原作"颟"。从孙诒让校改。觭，通奇。奇（jī），单，不偶。以下两句是说，计数的人手握筹码，使人猜是奇数还是偶数，智者也未必猜中，因为射覆中否并非运智之事。倍，指偶数（数无分奇偶，加倍总为偶数）。　[5] 若耳目：这正如耳只主听目只主视一样。

《经下 7》异类不吡 [1]，说在量。

《经说下 7》异。木与夜孰长 [2]？智与粟孰多 [3]？爵、亲、行、贾四者孰贵 [4]？麋与霍孰高 [5]？蚓与瑟孰悲 [6]？

[注释]

[1] "异类不吡"以下两句：不同类别的事物不能相比，其原因在于，计算单位不同。吡，同比。比较，比度。　[2] 木与夜孰长：例如树木和夜晚哪一个更长。　[3] 智与粟孰多：智力和粟米哪一个更多。　[4] 爵、亲、行、贾四者孰贵：爵级、亲情、德行和物价四者哪一个更贵。贾，通价（價）。价，价值，物价。　[5] 麋与霍孰高：地上麋鹿和空中仙鹤哪一个更高。霍，通鹤。鹤，同鹤。此下原有"麋与霍孰霍"句。从孙诒让校删。　[6] 蚓与瑟孰悲：原作"蚓与瑟孰瑟"。从高亨校改。这句是说蝉鸣和瑟调哪一个更为悲切。蚓，蚓蝼，蝉名。此处指蝉鸣。瑟，二十五弦琴。此处指弹瑟声调。

《经上 8》偏去莫加少 [1]，说在故。

《经说上 8》偏。俱一无变 [2]。

[注释]

[1] "偏去莫加少"以下两句：一个整体去掉一部分，留下一部分，从总量来说没有减少，其原因在于，去掉的部分和留下的部分加在一起，就是原来的整体。偏，即《经说上 46》"偏也者，兼之体也。其体或去或存，谓其存者损"之"偏"，亦即"损"。加少，指减少。《孟子·梁惠王上》"邻国之民不加少，寡人之民不加多，何也"之"加少"，与此同义。故，旧，本来。　[2] 俱一无变：去掉的和留下的，都是整体的一部分。就量而言，各部分量之和与原来整体之量没有什么不同。

《经下 9》假必悖 [1]，说在不然。

《经说下 9》假。假必非也而后假 [2]。狗假霍也 [3]，犹氏霍也。

[注释]

[1] "假必悖"以下两句：虚假不实之辞，必定有悖真理。其原因在于，事物的真相原本不是这样。假，虚假，真之反。悖，淆乱，悖逆。　[2] 假必非也而后假：凡属假借之辞，必定是事物的真相本非如此，只有这样，假借才可以进行。假借不是的事物而以为是，就方法而言是假借，就结果而言是虚假。假，借，假借。　[3] "狗假霍也"以下两句：例如狗可以假借鹤以为己名，但狗毕竟不是鹤，这与人假借鹤为姓但人毕竟不是鹤一样。霍，通鹤。鹤，同鹤。

《经下10》物之所以然[1]，与所以知之，与所以使人知之，不必同，说在病。

《经说下10》物。或伤之[2]，然也。见之，智也。告之，使智也。

［注释］

[1]"物之所以然"以下五句：形成某一事物或产生某一结果的原因，与了解该事物或结果之成因的途径，以及把它转告别人的方法，都不一定相同，人生病便是一例。　[2]"或伤之"以下六句：某人受到意外伤害，这是生病的原因。亲眼看见他受伤致病的情景，这是了解其病因的途径。把病因转告别人，这是使别人也知道的方法。或，有人，有的。用为肯定性无定代词。智，通知。经文正作"知"。

《经下11》疑[1]，说在逢、循、遇、过。

《经说下11》疑。逢为务则士[2]，为牛庐者夏寒，逢也。举之则轻，废之则重，若石羽，非有力也；柿（沛）从削，非巧也，循也[3]。斗者之敝也[4]，以饮酒，若以日中，是不可智也，愚也。智与？以已为然也与？过（愚）也[5]。

［注释］

[1]"疑"以下两句：人们对缺少证据的事常持某种怀疑态

度。怀疑的表现方面有四，一是遭"逢"之疑，二是"循"顺之疑，三是偶"遇"之疑，四是已"过"之疑。逢，遭逢。循，循顺。遇，偶遇，不期而会。过，过去，以往。　[2]"逢为务则士"以下三句：遇到勤勉工作的人，就猜想他可能是任职的小吏，遇到有人建造牛棚，就联想到盛夏季节牛棚可以为牛纳凉。这类遇上事情加以推想而产生的某些怀疑，叫做遭"逢"之"疑"。为务，做事勤勉。务，趋，专力。士，任事者，臣下掌事者。庐，春夏居而秋冬去的寄所。　[3]举之则轻，废之则重，若石羽，非有力也；柿从削，非巧也，循也：若石羽，原在"非巧也"句后。从谭戒甫校移至"废之则重"句后。柿，原作"沛"。从张惠言校改。这七句是说，轻如羽毛之物，举之必飘扬上天，重如石头之物，置之必闷然落地，这与是否用力无关；以刀削木，木屑随而散落，这与是否工巧无关。它们都是依循事物的情理协调动作的结果。这类因不明白依循事物的情理而产生的某些怀疑，叫做"循"顺之"疑"。《说文·木部》："柿，削木札朴也。"札，木片。朴，木皮。　[4]"斗者之敝也"以下五句：偶然遇到殴斗者失败，或怀疑他饮酒过量，同人打斗而失败，或怀疑他在市场上谈生意，同人发生争执厮打而失败。这类由于偶遇其事，不明缘由而产生的某些怀疑，叫做偶"遇"之疑。敝，败，失败。若，或。用为连词。日中，即《易·系辞下》"日中为市"之"日中"，指设市场作买卖。智，通知。愚，通遇，经文正作遇。　[5]智与？以已为然与？过也：过，原作"愚"。从孙诒让校改。这三句是说，今有智者于此，每每临事而能自明。有人怀疑他有非凡的聪明才智，有人怀疑他惯于仰仗经验，而将既往之事都视为正确。（其实，将既往之事都视为正确，本身就值得怀疑。）这种怀疑，叫做"已过"之疑。二"与"，通欤。用为疑问语气词。

《经下 12》合，与一或复否，说在矩（拒）[1]。

《经说下 12》（无）

[注释]

[1]合，与一或复否，说在矩：矩，原作"拒"。从孙诒让校改。这三句是说，几何图形是否与方相合，须视其与矩形是否重合而定，其原因在于，矩形即方。合，会合，相合。此处指几何图形相合。一，即《经下 65》"一法者之相与也尽类，若方之相合也"之"一"，"一法"之省。或复否，即或复或否，指重合、不重合。复，相重，重合。

《经下 13》欧物一体也[1]，说在俱一、惟是。

《经说下 13》伛（俱）[2]。俱一[3]，若牛马四足。惟是[4]，当牛、马。数牛数马[5]，则牛、马二；数牛马，则牛马一。若数指[6]，指五而五一。

[注释]

[1]"欧物一体也"以下两句：人们可以区分物种，分别考察事物的特殊性，也可以归纳物类，综合考察事物的统一性，其原因在于，各种事物既共具统一性，又各具特殊性。欧，"区"之繁文。区，区分，区别。区物，区分物种，分别考察。一体，归纳物类，综合考察。俱一，《经上 39》"同，异而俱于之一也"中"异而俱于之一"之省，指"同"，即统一性。惟是，指"异"，即特殊性。 [2]伛：作为标目字，原作"俱"。从谭戒甫校改。"伛"

亦"区"之繁文。　[3]"俱一"以下两句：事物共具统一性的例子，可以举牛和马。它们同是四足之畜，属一类。　[4]"惟是"以下两句：事物各具特殊性的例子，也可以举牛和马。牛有两角而马却没有，它们属不同物种。　[5]"数（shǔ）牛数马"以下四句：从不同物种角度来说，数牛又数马，则牛和马是两个物种；从属于同类角度来说，数牛马，牛马只是一类。数，计算。下文"数指""数"字同。　[6]"若数指"以下两句：这如同人们数算手指，五个指头同在一只手上，分而数之，是五指，合而言之，五指共一手。

《经下 14》宇[1]，或徙，说在长宇久。

《经说下 14》长宇[2]。徙而有处[3]，宇。宇南北在旦有在莫[4]，宇徙久。

[注释]

[1]"宇"以下三句：空间由物体运动的位置移徙体现出来，而位置移徙又与时间迁延相对应。空间之大，无边无际，对应着时间之长，绵延不绝。宇，指空间。或，即域。徙，移徙。久，指时间。　[2]长宇：标目字为二字，为避《经说上 41》标目字"宇"之重，故增"长"以别之。　[3]"徙而有处"以下两句：尽管运动物体的位置不断移徙，但无论何时，它总处于某一固定位置。可以说，无穷多固定位置的总和，构成了硕大无朋的空间。　[4]"宇南北在旦有在"以下两句：空间和时间通过物质运动紧紧地联系在一起。具体的空间如东西南北，总是属于具体的时间如古今旦暮。南北，统"东西"而言之。旦暮，统"古今"而言之。莫，即"暮"。有，通又。

"长宇久""宇南北在旦有在莫"和"宇徙久"，皆墨家时间、空间一同考察和时间、空间联系物体运动一同考察的实录。这使我们得以对上文《经上 40》"久，弥异时也"、《经上 41》"宇，弥异所也"、《经上 50》"动，或徙也"、《经上 51》"止，以久也"诸条有更深切的理解。很明显，墨家时空观从一出现，就与唯心主义时空观或形而上学唯物主义时空观划清了界限。

此条系墨家从时空观角度驳公孙龙子"离坚白"之辞。

《经下15》不坚白，说在无久与宇[1]。
《经说下15》（无）

[注释]

[1]不坚白，说在无久与宇："不坚白说在"五字原在《经下25》"鉴团，景一"之后。"无久与宇"四字又截而属后，使之与《经下16》"坚白，说在因"共条。今从吴毓江校作"不坚白，说在无久与宇"共条，置《经下14》"宇，或徙，说在长宇久"之后。这两句是说，所谓"视不得其所坚，而得其所白者，无坚也；拊不得其所白，而得其所坚，无白也"的观点，是由对时间空间因依关系的无知造成的，因为这等于说"得白""无坚"是"白"所在的时间、空间，"坚"不存在；"得坚""无白"是"坚"所在的时间、空间，"白"不存在。换言之，"白"与"坚"存在于不同的时间、空间，显然十分荒谬。

此条亦为墨家以"盈坚白"驳公孙龙子"离坚白"之辞。

《经下16》坚白[1]，说在因。
《经说下16》坚[2]。无坚得白[3]，必相盈也。

[注释]

[1]坚白：《墨子间诂》"坚白"前有"无久与宇"四字。从吴毓江校移至上条。详《经下15》注释[1]。以下两句是说，石之坚白二性不可分割，其原因在于，坚、白时时处处互相涵容、互相因依。因，依，随。　[2]坚：作为标目字，此字原脱。从高亨校补。　[3]"无坚得白"以下两句是说，通过大脑的综合作用，拊石得坚，同时知白；视石得白，同时知坚，说明坚白二性相盈

于石。无，通抚。抚，按，摩。《经说下 5》："见不见不离，一二相盈，广脩坚白。"与此同义。

《经下 17》在诸其所然未然者[1]，说在于是推之。

《经说下 17》在。尧善治[2]，自今在诸古也。自古在之今，则尧不能治也。

[注释]

[1] 在诸其所然未然者：未然者，原作"未者然"。从梁启超校倒转。以下两句是说，想对已经出现的和尚未出现的社会现象做一番综合考察，就必须从已经出现的社会现象出发，运用类推手段，推而及于尚未出现的社会现象。在，察。诸，之于（乎）。下文"在""诸"同。然，如此。　[2] "尧善治"以下四句：我们说"尧善治"，是站在当今立场上去考察古代而得到的结论。如果换一个立场，从古代考察当今，恐怕就不能说尧是"善治"的了。之，犹诸。

《经下 18》景不徙[1]，说在改为。

《经说下 18》景。光至景亡[2]。若在，尽古息。

[注释]

[1] "景不徙"以下两句：物体遮蔽日光而成影子，影子是不

墨家追慕唐尧而不阿誉其治。世情变，治国之道应随之而变。《韩非子·五蠹》："今有美尧、舜、禹、汤、武之道于当今之世者，必为新圣笑矣。是以圣人不期修古，不法常可。论世之事，因为之备。"可谓至理名言，此论导源于墨家应无可疑。

此条论述物蔽日光而成影及物不移则影不徙之理。借助"视觉暂留"效应，物动过程中所得无数单影依序出现且达到某一速率时，则产生"影徙"的错觉。这便是近代电影、电视机理之所在。

动的。有时人们以为影子可以移动，那是因为物体移动不断生成的新影与由于视觉暂留效应而感觉尚未消失的旧影相接相续而造成的一种错觉。景，通影。影，物体的阴影。下文"景"字同。徙，移徙。改，改易。为，作，造，生成。 [2]"光至景亡"以下三句：如果物体移徙，日光重又照至原处，则原处的影子必定消失，如果物体不动，则影子将永远停留在原处。亡，犹无。此处指消失。尽古，终古。息，止，停留。

《经下 19》景二[1]，说在重。

《经说下 19》景。二光夹一光[2]。一光者景也。

[注释]

[1] 景二：《墨子间诂》作"住景二"。从高亨校移"住"（"位"之讹字）字于下截"说在建"之后。以下两句是说，一物体有时出现两个影子，其原因在于，同时存在两个光源。重，迭。此处指两个光源。 [2]"二光夹一光"以下两句：如果将两个光源对称地置于物体两边，物体的两旁先后两次得到光照，而物体的右方只能得到右边光源的一次光照，又因背左边光源之光而生成物影。同样，物体的左方只能得到左边光源的一次光照，又因背右边光源之光而生成物影。这样，就出现了受两次光照的物体两旁夹受一次光照的物体右方和物体左方而存在的情况。受一次光照的物体右方和物体左方，正是形成物影的地方。

《经下 20》景到[1]，在午有端，与景长，说在端。

《经说下 20》景。光之人煦若射[2]。下者之人也高[3]，高者之人也下。足蔽（敝）下光，故成景于上；首蔽（敝）上光，故成景于下。在远近有端与于光[4]，故景庠内也。

[注释]

[1]"景到"以下四句：论小孔成像（影）之理说，光线交穿隔屏小孔，必定在映幕上成一倒影。发光（或反光）物体、映幕与隔屏上小孔的距离关系到倒影的长短（大小）。就是说，假若隔屏小孔距光体近而距映幕远，则所成倒影较大；假若隔屏小孔距光体远而距映幕近，则所成倒影较小。无论如何，生成倒影的关键在于屏上小孔极小。到，通倒。午，交午，相交。端，点。此处指光线在隔屏上的交汇点。与，通预。预，干预，涉及，关系到。下文"与于光"，"与"字同。　[2]光之人煦若射：就小孔成人影而言，日光照至人身，必走直线，正如矢从弓上射出一样。之，至。下文二"之"字同。煦，指日出之时气蒸腾光四射之状。　[3]"下者之人也高"以下六句：经过人体下部的光线，穿过隔屏小孔，投影在映幕上部；经过人体上部的光线，穿过隔屏小孔，投影在映幕下部，这是因为人足遮蔽射至人体下部的光线，所以成影于映幕上部；人首遮蔽射至人体上部的光线，所以成影于映幕下部。敝，通蔽。蔽，遮蔽。　[4]"在远近有端与于光"以下两句：因为有了小孔，并且使小孔与人体、映幕的距离远近适宜，这是日光在隔屏小孔处交穿而过的关键。只有具备这一条件，才能保证人体在映幕上生成倒影。庠，即《经说上 81》

此条论述"小孔成像"（影）实验的过程与结果，物体交穿屏孔而成像（影），源于光的直线传播特性。可以说，"光之人煦若射"，是世界上关于光的直线传播特性的最早而又最科学的描述。由此，我们有理由说，中国墨家既是光的直线传播特性的发现者，又是照相机初始模型的发明者。

"方不廧"之"廧"，同障，障碍。此处指日光受到人身遮蔽。内，内面，指隔屏后面的映幕。

《经下 21》景迎日，说在转（抟）[1]。

《经说下 21》景。日之光反烛人[2]，则景在日与人之间。

[注释]

[1]景迎日，说在转：转，原作"抟"。从孙诒让校改。这两句论光的反射现象说，日光射至平面镜，又反转来照至人身，就会形成人影向日的现象。　[2]"日之光反烛人"以下两句：经过平面镜反射的光线照至人身，人影必在日与人之间。

《经下 22》景之小大，说在柂（地）壬远近[1]。

《经说下 22》景。木柂[2]，景短大；木正，景长小。光（大）小于木，则景大于木[3]。非独小也[4]。远近[5]。

[注释]

[1]景之小大，说在柂壬远近：柂，原作"地"。从孙诒让校改。经说文"木柂"，正作"柂"。这两句是说，同一物体，为光所照，影之大小会有所不同，其原因在于，物体置立的斜正和光源距离物体的远近。柂，通迤。迤，同地。地，斜，斜行。　[2]"木柂"以下四句：以烛光临照立木而言，如立木斜向，则生成较短

且较粗较深的影子；如立木正直，则生成较长且较细较浅的影子。大，指阔浓。小，指狭淡。　[3] 光小于木，则景大于木：光小于木，原作"大小于木"。从孙诒让校改"大"为"光"。这两句是说，如果烛光长度小于立木长度，则生成长度大于立木的影子（如果烛光长度大于立木长度，则生成长度小于立木的影子）。　[4] 非独小也：这句承"光小于木，则影大于木"语意而来，是说不独有"光小于木，则影大于木"之例，亦有光大于木则影小于木之例。　[5] 远近：《墨子间诂》将"远近"二字断属下条，非。因为经说文绝不会不对经文"远近"作诠解。这句承"光小于木，则景大于木。非独小也"语意而来，是说不独"光小于木"或大于木可生成"大于木"或小于木之影，且光距木远或近亦可生成较小或较大之影。

《经下 23》临鉴而立[1]，景到，多而若少，说在寡区。

《经说下 23》临。正鉴[2]，景寡。貌能、白黑、远近、椹正，异于光。鉴景当俱，就去亦（尒）当俱，俱用北[3]。鉴者之臬（臭）于鉴[4]，无所不鉴。景之臬（臭）无数[5]，而必过正。故同处[6]，其体俱然，鉴分。

[注释]

[1]"临鉴而立"以下四句：论平面镜（由经说文"正鉴"知之）成像之理说，物体放置在平面镜之前，必在镜后生成倒置的

虚像。如用二平面镜，则其交角愈大，所生成的虚像数愈少。相反，其交角愈小，所生成的虚像数愈多。其原因在于，较小的交角所夹的区面较小，可以多次反射而成虚像（用谭介甫说）。临，视，照。鉴，即镜。此处指平面镜。景到，即影倒。《经下20》"景到"指物影倒立，此处"景到"指物像倒立。寡，少。区，面。此处指二平面镜所夹的区面。　[2]"正鉴"以下四句：一个平面镜只能生成单一的虚像，而其状貌形态、像体淡浓、距镜远近和位置斜正的不同，无一不是光体的真实反映。正鉴，指平面镜，以其平正面对物体得名。寡，独，特。此处指单影。能，通态（態）。白黑，指像体淡浓。柂，迤，斜。光，指发光体，即临照物体。　[3]鉴景当俱，就去亦当俱，俱用北：亦，原作"尒"。从毕沅校改。这三句是说，平面镜后的虚像，处处与镜前物体相对当，如果移动镜前物体，使之靠近或背离镜面，镜后虚像亦随之靠近或背离镜面，就是说，虚像时时都用背逆物体进退方向的移动，来保持它与物体间永远存在的对当关系。当，相当，对当。俱，皆。就，即，从。去，离，违。北，通背。　[4]鉴者之臬于鉴："臬于鉴"与下文"影之臬"，二"臬"字，原皆作"臭"。并从谭戒甫校改。以下两句是说，对于平面镜来说，凡有物体临照，必定生成虚像，没有任何例外。鉴者，指被鉴者，即物体。臬，射矢之的，此处指影。鉴者之臬，指物影，因为物影犹似射物而至于鉴后之臬。　[5]"景之臬无数"以下两句：如果想生成许多虚像，就必须使二平面镜交角逐渐减小，直至小于90°才可以。正，正直，方正，此处指两正鉴直交。无数，极言其多（非无穷）。　[6]"故同处"以下三句：不论一平面镜成像，还是二平面镜成像，镜前物体和镜后虚像都同时存在。单一虚像或众多虚像虽属倒置，但其形体与镜前物体完全相同，物体与虚像分别处在镜面前后，为轴对称图形。处，居处，此处指存在。然，如此。

鉴分，指虚像与物体似为鉴面所分。

《经下 24》鉴洼（位）[1]，景一小而易，一大而玉，说在中之外内。

《经说下 24》鉴。中之内[2]：鉴者近中，则所鉴大，景亦大；远中，则所鉴小，景亦小，而必正。起于中缘正而长其直也。中之外：鉴者近中，则所鉴大，景亦大；远中，则所鉴小，景亦小，而必易。合于中缘易而长其直也[3]。

[注释]

[1] 鉴洼：洼，原作"位"。从张之锐校改。以下四句论凹面镜（由经文"鉴洼"即"鉴凹"知之）成像之理说，凹面镜成像有两种情况，一是物体置于球心之外，在镜前生成一个比物体小而倒立的实像，二是物体置于焦点之内，在镜后生成一个比物体大而正立的虚像，关键在于物体置于球心之外还是焦点之内。鉴洼，即鉴窪，亦即镜凹，指球面镜中反射面之凹下者，即凹面镜。中，既指圆心，即《经上 59》"圜，一中同长也"之"中"，又指焦点。　[2]"中之内"以下九句：如果将物体置于焦点之内，成像情况有两种，一是物体靠近焦点，那么，物体发射（或反射）的光线在镜面上所占的面积较大，在镜后生成的正立虚像也较大。二是物体远离焦点，那么，物体发射（或反射）的光线在镜面上所占的面积较小，在镜后生成的正立虚像也较小。不过，无论物体靠近或远离焦点，生成的像必定是比物体大的正立虚像。因为

经由物体上某一点且平行于中轴的光线被镜面反射而过焦点，然后沿着在镜后生成正像的方向反向延长，并与过球心和物体上这一点所作连线的延长线汇交而成物体上这一点的像，无数像点聚合为整个物体的像。中，指焦点。鉴，指凹面镜。鉴者，指被鉴者，即物体。所鉴，指镜面所受物体发射（或反射）光线的面积。直，通值，指相交。下文"长其直""直"字同。　[3] 中之外，鉴者近中，则所鉴大，景亦大；远中，则所鉴小，景亦小，而必易。合于中缘易而长其直也："缘易"二字原脱。从杨葆彝校补。这九句是说，如果将物体置于球心之外，成像情况亦有两种，一是物体靠近球心，那么，物体发射（或反射）的光线在镜面上所占的面积较大，在镜前生成的倒立实像也较大。二是物体远离球心，那么，物体发射（或反射）的光线在镜面上所占的面积较小，在镜前生成的倒立实像也较小。不过，无论物体靠近或远离球心，生成的像必定是比物体小的倒立实像。因为经由物体上某一点且平行于中轴的光线被镜面反射而过焦点，然后沿着在镜前生成倒像的方向正向延长，汇交于过物体上这一点和球心所作连线的延长线而成物体上这一点的像，无数像点聚合为整个物体的像。中，指球心。

《经下 25》鉴团，景一小一大，而必壬，说在得 [1]。

《经说下 25》鉴。鉴者近 [2]，则所鉴大，景亦大；亓远，所鉴小，景亦小，而必正。景过正，故招 [3]。

［注释］

［1］鉴团，景一小一大，而必正，说在得："鉴团景一"四字原在《经下15》"不坚白，说在"之前，依经说文移此。详《经下15》注释［1］。"天（一大）而必正，说在得"，原独作一条，栾调甫将"鉴团景一"与"天（一大）而必正，说在得"合为一条。今从之。一小一大，原作"一天"。从高亨校（小字误脱，一大两字误并为天）补改，这四句论凸面镜（由经文"鉴团"知之）成像之理说，凸面镜成像有两种情况，一是物体置于离镜面较远处，在镜后生成较小而正立的虚像，二是物体置于离镜面较近处，在镜后生成较大而正立的虚像。不过，无论物体置于较远处还是较近处，都必定生成比物体小的正立虚像，其关键是物体与镜面的距离关系必须得当。团，團，指球体。鉴团，指球面镜中反射面之凸上者，即凸面镜。　　［2］"鉴者近"以下七句：如果物体离镜面较近，那么，物体发射（或反射）的光线在镜面上所占的面积较大，在镜后生成的正立虚像也较大；如果物体离镜面较远，那么，物体发射（或反射）的光线在镜面上所占的面积较小，在镜后生成的正立虚像也较小。不过，无论如何，生成的像必定是比物体小的正立虚像。亓，即其。　　［3］景过正，故招："故招"二字，《墨子间诂》断属下条。从栾调甫校移此。这两句是说，如果物体在距离镜面极远处，超过了生成较小的正立虚像的限度，像将变得模糊不清。招，通招。招（sháo），树摇，摇动。

《经下26》负（贞）而不挠[1]，说在胜。

《经说下26》负。衡木[2]，加重焉而不挠，极胜重也。右校交绳，无加焉而挠，极不胜重也。

衡加重于其一旁[3]，必捶，权重相若也。相衡则本短标长[4]。两加焉[5]，重相若，则标必下，标得权也。

大致与中国墨家同时代的古希腊学者阿基米德（前287—前212）研究杠杆平衡原理得到如下结论：重量成正比的两物体如果到杠杆支点的距离反比于它们的重量，将彼此平衡。而墨家将这一原理表述为"相衡则本短标长"，虽亦属正确结论，但其精准度有所逊色。

[注释]

[1]负而不挠：负，原作"贞"。从孙诒让校改。经说文标目字"负"，可证。以下两句论杠杆平衡原理说，杠杆负重后能保持平衡而不致发生偏斜，其原因在于，支点选得适当，重臂和力臂按反比例承担各自的重量。挠，通桡。桡，曲，桡曲。此处指偏斜。胜，任，当，承担。　[2]"衡木"以下六句：对于称衡的横木来说，如果在系重物的一端加挂重量，并且保证横木不致发生偏斜，就要将称权向左边移动，以保持力矩相等。就是说，使称权以较长的力臂来支撑较大的重量。如果将称权的交绳调向右边，而又不在系称权的一端加挂重量，横木必定向重臂一边偏下。因为这时力臂长度减短，较短的力臂不能支撑较大的重量。衡，称衡。极，栋，横梁。此处指称衡横木。校，校正，调节。交绳，指系称权之绳。　[3]"衡加重于其一旁"以下三句：称衡平衡时，无论在系称权一端加挂重量，还是在系重物一端加挂重量，加挂重量的一端必定下垂。因为称衡平衡时，称权之重与物体之重是相匹配的，即权重与物重之比等于力臂长度与重臂长度的反比。捶，通垂。相若，指相当，相匹配（而非相等，与下文"重相若"的"相若"义异）。　[4]相衡则本短标长：是说称衡平衡时重臂较短而力臂较长。本，重臂，即称衡支点至系重物一端的长度。标，力臂，即称衡支点至系称权一端的长度。　[5]"两加焉"以下四句：如果在系称权一端和系重物一端加挂相同重量，那么，力臂一端必定偏下，其所以如此，当然是得益于加权，须知称权

加一分，物体应加数分，才可与之相匹配。

《经下 27》挈（契）与收（枝）仮（板）[1]，说在薄。

《经说下 27》挈[2]。挈[3]，有力也；引，无力也。不必（正）所挈之止于施也[4]。绳制挈之也，若以锥刺之。挈，长重者下，短轻者上。上者愈得，下者愈亡[5]。绳直权重相若，则止（心）矣[6]。收[7]，上者愈丧，下者愈得，上者权重尽，则遂。

[注释]

[1] 挈与收仮：挈，原作"契"。收，原作"枝"。并从张惠言校改。仮，原作"板"。从孙诒让校改。以下两句论定滑轮［由经说文"绳制（挈）"知之］升降物体之理说，利用简单机械定滑轮来使物体上升或下降，提拉的力与收引的力方向相反，其原因在于，地心引力迫使物体下落（一物体下落，牵扯另一物体上升）。挈，悬持，提拉。收，曳取，下引。仮，"反"之繁文。薄，逼迫，迫近。 [2] 挈：作为标目字，此字原脱。从高亨校补。 [3]"挈"以下四句：看起来，提拉物体之力是外物所加，而使物体下落的力是地心引力，似乎并非外物所加。 [4] 不必所挈之止于施也：不必，原作"不心"，《墨子间诂》作"不正"。从谭戒甫校改。以下三句是说，提升物体或使物体下落，不必死定在直接施力于物体一种方式上，用绳绕于定滑轮上，也可以通

过牵掣作用使物体上升或下落。其方便使用，如同以尖器刺入物体使之劈裂的尖劈一样。所掣，指所提升的重物。施，施加，用。制，通掣。掣，牵掣。绳掣，以绳绕过定滑轮，一边系权，一边系物，相互牵掣，以便升降重物的简单机械。锥刺，以尖器刺入物隙而使其劈裂的器具，类似简单机械尖劈。　[5]掣，长重者下，短轻者上。上者愈得，下者愈亡：下者，原作"下下者"。从张惠言校删一"下"字。这五句是说，利用定滑轮提升重物时，可使下落物体的重量略大于被提升物体的重量。这样，较重物体受到地心引力，自然缓缓下落，系绳也逐渐加长。与此同时，较轻的被提升物体通过绕绳的提拉，缓缓上升，系绳也逐渐减短。较轻物体愈升愈高，而较重物体愈降愈低。这正符合提升物体的要求。　[6]绳直权重相若，则止矣：止，原作"心"，《墨子间诂》作"正"。从张惠言校改。这两句是说，如果定滑轮两边的绳长相等，权重和物重也相等，则处于静止状态，既不上升，也不下降。　[7]"收"以下五句：利用定滑轮使物体下降时，可使上升物体的重量略小于被下降物体的重量。这样，较轻物体缓缓上升，系绳也逐渐减短。与此同时，较重物体缓缓下降，系绳也逐渐加长。较轻物体愈升愈高，而较重物体愈降愈低。这正符合使物体下降的要求。当作为"权"的较轻物体升到最高点时，它对作为"重"的较重下降物体的牵掣作用已经丧失殆尽，较重物体正好坠落于地面上。遂，通队（隊）。队，即坠。"队""坠"古今字。则遂，指下者（被下降物体）坠落于地面上。

《经下 28》倚者不可正，说在梯（剃）[1]。

《经说下 28》倚。倍、拒、坚（坚）、射（舳）[2]，倚焉则不正。掣[3]，两轮高，两轮为輲，车梯也。

重其前，弦其前，载弦其轴，而县重于其前^[4]。是梯^[5]，挈且挈则行。凡重^[6]，上弗挈，下弗收，旁弗劫，则下直。扡^[7]，或害之也，沶。梯者不得沶^[8]，直也。今也废石（尺）于平地，重不沶（下），无蹗也^[9]。若夫绳之引轱也^[10]，是犹自舟中引横也。

[注释]

[1] 倚者不可正，说在梯：梯，原作"剃"。从孙诒让校改。经说文"车梯""是梯"可证。这两句论斜面（由经说文"两轮高，两轮为輲，车梯"知之）升物之理说，要将重物升至高处，可以利用偏倚而不平正的斜面。后轮高而前轮低的车梯，正是依据简单机械斜面原理设计制造出来的。倚，斜，偏倚。正，平正，"倚"之反。 [2] 倚。倍、拒、挈、射，倚焉则不正：此十字，孙诒让置本条之末，难通。今从梁启超校移于此。挈，原作"坚"。从孙诒让校改。射，原作"鉏"。从谭戒甫校改。这两句是说，人负物行走，背部必须前倾。墙壁将要坍塌，必须用支撑物斜向抵拒。马拉车前进，牵绳与地平面必须保持一定倾斜角度。人开弓射箭，身子必须略微后仰。所有这些，都是作势斜倚不正才便于施力的例子。倍，背。拒，抵拒。挈，通牵。牵，牵引。射，射箭。 [3] 挈：此字孙诒让断属上条经说之末，疑非是，今依高亨校移于此。以下四句是说，提升重物，可以利用以斜面原理制成的车梯，它是前面两个无辐之轮低矮而后面两个有辐之轮高大，并装长形木板于车轴之上的斜面梯形器械。輲（quán），同轮，无辐低矮的车轮。 [4] 重其前，弦其前，载弦其轴（gū），而县重于其前："弦

其前"后原衍"载弦其前"四字。从孙诒让校删。这四句是说，设计制造车梯时，要注意使其前部较重（以免重物升至高处，车体发生倾覆）。车前长板边缘作平直状，又于长板外沿接以竖向拄地撑板，其底部边缘也作平直状，将重物置之车前，并用绳悬系（以便提拉）。弦，指弦直，与弧曲对言。载，通再。轵，孙诒让以为"前胡"之借字，指车辕前下垂拄地之木。今从其说。县，通悬。悬，系。 [5]"是梯"以下两句：利用这种车梯提升重物，必须由人执绳引拉。人不断引拉，重物随之前行升高。挈，引，提拉。 [6]"凡重"以下五句：一切物体，如果上方不施力引拉，下方不施力曳收，旁边不施力胁迫，物体必定自行垂直下落。劫，以力胁止。 [7]"拕"以下三句：凡发生物体斜向下落的情况，必有什么外力加于其上，妨害了垂直下落，使其下落方向有所改变。拕，即拖，通迤。迤，斜，斜行。沛，同流，义为流转、移徙。 [8]"梯者不得沛"以下两句：车梯上的重物下滑时，只能沿斜向木板做直线运动，不会改变运动方向，因为木板是平直的。 [9]今也废石于平地，重不沛，无蹗也：石，原作"尺"；沛，原作"下"。并从孙诒让校改。这三句是说，现在我们把一块石头放在地上，它本身的重量换得了地面对它的支撑力，除此而外，没有任何从旁边施加的胁迫力，所以石头安立于地，不曾移徙。废，置，放。蹗，通旁。 [10]"若夫绳之引轵也"以下两句：假如想使车梯移徙，必须用绳牵引车前拄地的撑木，正如要使船体移徙，必须用绳牵引船前的横木一样。若夫，更端之词。横，同桄，船前横木。

《经下29》堆（推）之必柱（往）[1]，说在废材。

《经说下29》堆（谁）[2]。骈石[3]，絫石耳，夹帠者法也。方石去地尺^[4]，关石于其下，县丝于其上，使适至方石，不下，柱也。胶丝去石^[5]，挈也。丝绝^[6]，引也。未变而石（名）易^[7]，收也。

[注释]

[1] 堆之必柱：堆，原作"推"；柱，原作"往"。并从谭戒甫校改。经说文"并石，累石耳"，可证"堆"是。"方石，不下"，可证"柱"是。以下两句论砌墙累石受力情况说，堆石砌墙，石头既受来自上面的正压力，又受来自下面的撑挂力，其原因在于，石材上下迭放，必然呈现这种受力态势。柱，即挂，支，拒。废，置，放。　[2] 堆：作为标目字，此字原作"谁"。从谭戒甫校改。　[3] "骈石"以下三句：堆砌就是排列和迭累石材，这自然是修筑东西夹室和正中寝居所使用的方法。骈，"并"之繁文。十年陈侯午錞"永荳毋忘"，"荳"亦"世"之繁文。絫，即累，迭增。夹，指夹室。《释名·释宫室》："夹室，在堂两头，故曰夹也。"帠，同"寝"，指居室。者，犹之。　[4] "方石去地尺"以下六句：打制一块方形石头，用绳索将它悬挂在离地面一尺的高度上，绳索的竖直长度正好就是从悬挂点到方形石头上表面的距离。然后，将另一块石头放置在方形石头下面，使之上下相靠。这样，方石在接石之上而不下落，自然是接石撑挂使然。关，关联，联贯。县，通悬。丝，绳索。　[5] "胶丝去石"以下两句：以悬绳系紧方石，抽去其下的接石，绳索的提挈力使方石悬于空中。胶，固结，系紧。挈，上提，提拉。　[6] "丝绝"以下两句：如果绳索拉断而方石落在地上，这是地心引力使然。绝，断绝。引，引力，地心引力。　[7] 未变而石易：石，原作"名"。从曹耀湘校改。以下两句是说，后面两种情况都是"胶丝去石"，条

件未变，但前者是方石悬于空中，后者却是因"丝绝"，方石被地心引力所收曳，落在地上。

《经下 30》买无贵[1]，说在仮其贾。

《经说下 30》买。刀籴相为贾[2]。刀轻则籴不贵[3]，刀重则籴不易。王刀无变[4]，籴有变，岁变籴则岁变刀。若鬻子。

[注释]

[1]"买无贵"以下两句：货物买卖，可以说本不存在贵与贱的问题，其原因在于，物价可以根据买卖双方心理状态和市场供求关系而有所反复。买，购入。对"卖"而言。贵，价高。对"贱"而言。仮，反之繁文。贾，即《经说下 7》"爵、亲、行、贾四者执贵"之"贾"，通价（價）。价，物价。《史记·货殖列传》："无敢居贵。论其有馀不足，则知贵贱。贵上极则反贱，贱下极则反贵。"与此同义。　[2]刀籴相为贾：是说用钱币购买谷物时，钱币多少可以作为谷物价格的体现。反之，谷物多少也可以作为钱币价格的体现。刀，刀币。籴（糴），通糴。糴，谷物。下文诸"籴"字皆同。　[3]"刀轻则籴不贵"以下两句：当钱币贬值而变贱时，谷物也并没有因而变贵；当钱币升值而变贵时，谷物也并没有因而变贱。轻，指贱。与"重"对言。易，指轻贱。　[4]"王刀无变"以下四句：国家统一铸造货币，意在控制市场，尽量避免升值、贬值之类的现象发生，但年景好坏往往不是决定于人而是决定于天，谷物的丰歉递年发生变化，势必影响到钱币的贵贱也会递年有所不同。这正如孩子本不可以买卖，自然无所

谓价格贵贱，但遇到歉年，民间偶或出现卖子之事，其价格也随岁时歉收程度有所不同。王刀，法货，国家统一铸造的货币。鬻，买。

《经下 31》贾宜则雠[1]，说在尽。

《经说下 31》贾。尽也者，尽去其所以不雠也[2]。其所以不雠去[3]，则雠，正贾也。宜不宜[4]，正欲不欲。若败邦鬻室嫁子。

《经下 30》和《经下 31》论交易、钱币、价格等，可以视为墨家论经济的一个小组合。

[注释]

[1]"贾宜则雠"以下两句：买卖双方都认为价格合宜，商品便可以卖出，其原因在于，他们的心理障碍和市场供求矛盾都已经解决。雠，同售，指卖出。下文诸"雠"字同。尽，即《经上 43》"尽，莫不然也"之"尽"，指包举一切。　[2]尽也者，尽去其所以不雠：所以，"所"字原脱。从孙诒让校补。下文"其所以不雠去"，可证。这两句是说，所谓"尽"，就是妨碍销售的种种因素尽数去除。　[3]"其所以不雠去"以下三句：那些妨碍销售的因素都去除了，商品销售出去了，这销售价格就应当认为是正当的价格。　[4]"宜不宜"以下三句：价格适宜不适宜，有时由卖者愿不愿意卖或买者愿不愿意买来决定。这正如国家破败时人们卖妻出妾嫁女，即使付资很少也觉得合算一样。正，定。邦，国家。室，妻室。子，此处指女子。

《经上 32》无说而惧，说在弗必（心）[1]。

《经说上 32》无。子在军[2]，不必其死生。闻战，亦不必其死生[3]。前也不惧[4]，今也惧。

[注释]

[1]无说而惧，说在弗必：必，原作"心"。从孙诒让校改。这两句是说，无需乎在没有证据的情况下，就以为事情会结局不好，从而感到恐惧，因为事情的结局未必是那样。 [2]"子在军"以下两句：孩子参军，开赴前线。开战之前，他虽无战死的可能，但也有可能因其他原故死去。 [3]闻战，亦不必其死生："死"字原脱。从孙诒让校补。这两句是说，听说开战了，他虽有可能战死，但也不是没有生还的希望。 [4]"前也不惧"以下两句：先前（未开战）不担心他有生命危险，现在（已开战）又害怕他必死无疑（都是没有根据的臆想）。

《庄子·天下》记"历物之意"有"我知天下之中央，燕之北越之南是也"一则。墨家以为大谬不然。实为身居中原之地所局限，而未解其用意，强论"南""北"之"实"。如放眼宇宙，则天下无穷之大，凡所在皆可为"中"。"南""北"亦然。

《经下 33》或[1]，过名也，说在实。

《经说下 33》或。知是之非此也[2]，有知是之不在此也，然而谓此南北，过而以已为然。始也谓此南方[3]，故今也谓此南方。

[注释]

[1]"或"以下三句：对空间方位，人们常常在从某地至另一地后，依旧误用以往的名称来称叫，其原因在于，这名称现在所指的地域与其以往所指的地域实际上已经有所不同。或，即域，指地域，区域。详《经上 42》注释[1]。 [2]"知是之非此也"

以下四句：人们明明知道现在所处的地域不是以往的南或北所指的地域，又知道现在所处的地域不在以往的南或北所指的地域，却依旧习惯地把现在所处的地域称做南或北，这显然是将转换过后的情况看做以往那样的情况。是，指"此"之名，即作为方位名词的"南"或"北"。此，指"此"之实，即作为实际地域的"南"或"北"。有，通又。　[3]"始也谓此南方"以下两句：因为开始将某地称作南方或北方，所以现在将转换过后的另一地依旧称作南方或北方。南，兼"北"而言。

《经下34》知知之否之足用也悖（谆），说在无以也[1]。

《经说下34》智。论之[2]，非智无以也。

［注释］

[1] 知知之否之足用也悖：悖，原作"谆"。从张惠言校改。以下两句是说，在对待知识这一问题上，有人主张"知道多少算多少，不知道的知识不必再知道"，有人主张"把已经知道的知识当作不知道"，而且认为这样就够了，显然都是十分荒谬的观点，其原因在于，没有足够的知识，便没有什么用来推理论事，辨明是非。前"知"，通智。后"知"，知道。"否"，指不知。悖，悖谬。无以，作为凝固结构，可视为"无所以"之省，"没有什么可以用来……"之意。下文"无以"同。　[2]"论之"以下两句：推理论事，如果没有必备的知识便没有条件顺利进行。

《经下35》谓辩无胜[1]，必不当，说在辩。

《经说下 35》谓。所谓^[2]，非同也，则异也。同则或谓之狗^[3]，其或谓之犬也。异则或谓之牛^[4]，亓（牛）或谓之马也。俱无胜^[5]，是不辩也。辩也者^[6]，或谓之是，或谓之非，当者胜也。

《庄子·齐物论》有"辩无胜"之说，墨家坚决反对，针锋相对地指出："谓辩无胜，必不当"，"辩也者，或谓之是，或谓之非，当者胜也"。

[注释]

[1]"谓辩无胜"以下三句：甲乙两方就同一论题分别发表意见，意见不合情理的一方必不能取胜，其原因在于，针对同一论题而互相对立的意见不可能同真，必有一假。当，当理，合乎情理。下文"当"字同。　[2]"所谓"以下三句：双方所发表的意见，可能相同，也可能相异。　[3]"同则或谓之狗"以下两句：假设意见相同，如面对一条狗，甲说它是一条狗，乙说它是一条犬，不能形成辩论。　[4]"异则或谓之牛"以下两句：假设意见相反，如面对一头牛，甲说它是一头牛，乙说它是一匹马，于是形成辩论。亓，原作"牛"。从孙诒让校改。上文"同则或谓之狗，其或谓之犬也"，可证。　[5]"俱无胜"以下两句：甲乙双方就同一论题发表的意见都对或都不对，不能形成辩论。　[6]"辩也者"以下四句：辩论双方就同一论题发表相反的意见，一方说是，一方说不是，那么合乎情理的一方取胜。

《经下 36》无不让也，不可，说在殆（始）^[1]。

《经说下 36》无。让者^[2]，酒未让。殆（始）也，不可让也。若殆于城门、与于臧也。

[注释]

[1] 无不让也，不可，说在殆：殆，原作"始"。从孙诒让校改。经说文"若殆于城门"，可证。这三句是说，无论什么事都要谦让一番，大可不必，其原因在于，在某些场合，谦让反倒不合时宜，甚至招致危殆。殆，危，危殆。　[2] "让者"以下五句：虽说人们在交往中应以谦让为先，但在宴会上主宾献酬之酒就无需谦让。凡容易出现危殆情况的场合，都不必谦让。例如出入城门应循序而行，以避免挤踏之害；亲与臧仆，须警惕其谋财害命之举。与，亲与，相善。

《经下 37》于一 [1]，有知焉，有不知焉，说在存。

《经说下 37》于。石 [2]，一也；坚白，二也，而在石。故有智焉，有不智焉，可。

此条亦为墨家以"盈坚白"驳公孙龙子"离坚白"之辞。

[注释]

[1] "于一"以下四句：以手抚石，可知其坚性，但白性也涵容于石中；以目视石，可知其白性，但坚性也涵容于石中，其原因在于，坚性白性原本同在。存，在，存在。　[2] "石"以下八句：一石是涵容坚白二性的实体，这种涵容时时处处都是如此。说以手抚石知坚而一时不知其白（非不存在）；以目视石知白而一时不知其坚（非不存在），倘就不同感官各自的特定功能言之，倒也可以（但其存在不容否认）。二"智"，通知。

《经下 38》有指于二，而不可逃，说在以二参（絫）[1]。

《经说下 38》有指。子智是，有智吾所先举，是重[2]。则子智是[3]，而不智吾所先举也，是一，谓"有智焉，有不智焉"也。若智之[4]，则当指之智告我，则我智之。兼指之，以二也。衡指之[5]，参直之也。若曰："必独指吾所举，毋指（举）吾所不举"，则二者固不能独指。所欲指（相）不传，意若未校[6]。且其所智是也[7]，所不智是也，则是智是之不智也，恶得为一，谓而"有智焉，有不智焉"？

[注释]

[1]有指于二，而不可逃，说在以二参：参，原作"絫"。从张惠言校改。这三句是说，在二人同时参加感知活动的情况下，石的坚白二性都能为人所知，而不是仅有一性被感知，另一性逃离感知之外，其原因在于，将二人的不同感知加以参合验证便可以一并得到。指，指示，告示。参，合。下文"参"字同。　[2]子智是，有智吾所先举，是重："是"字原误置"吾"前。从孙诒让校移于此。这三句是说，您既知石的某一属性，又知我此前已称举的石的另一属性，这便是坚白二性相合。智，通知。下文诸"智"字皆同。有，通又。重，迭。此处指"二"。与"一"对言。　[3]"则子智是"以下四句：那么您仅知石的某一属性，而不知我此前已称举的石的另一属性，这只能是唯知坚白二性之一。在这种情况

下，才说您是仅知石的某一属性而不知另一属性的。　[4]"若智之"以下五句：如果您知石的某一属性，就应指出这一所知告诉我，于是我也就知道了。这样，石的坚白二性也就兼而知之了。若，汝，你。之，此。　[5]"衡指之"以下两句：您和我平其所指，例如您指坚（白），我指白（坚），那么坚白二性互相参合而得相值。衡，平。直，通值。　[6]若曰："必独指吾所举，毋指吾所不举"，则二者固不能独指。所欲指不传，意若未校：毋指，原作"毋举"。从梁启超校改。"二"字原脱。从张惠言校补。欲指，原作"欲相"。从孙诒让校改。这六句是说，如果你声称只对我已称举的某一属性予以指认，而对我未称举的另一属性则不予以指认，显然，这种说法，因坚白二性统涵于石，不可分割，而无法做到。其实，我已感知而未称举的另一属性同样想得到您的指认，既然您声言对此不予指认，我自然觉得自己的意思似乎没有表达清楚。校，通较。较，明。　[7]"且其所智是也"以下五句：况且按照您的说法，您的指认必将以我称举、不称举为凭据，就是说，我称举坚（白），您也随之知坚（白），我不称举坚（白），您也随之不知坚（白）。其结果必然是您之所知是坚（白），您之所不知也是坚（白）。对坚（白）来说，是既知而又不知。这怎么能叫做您知石的某一属性而不知另一属性呢！且，更端之词。恶（wū），何，怎么。而，尔，你，用为代词。

《经下 39》所知而弗能指，说在春也、逃臣、狗犬、遗（贵）者[1]。

《经说下 39》所。春也[2]，其执固不可指也。逃臣不智其处。狗犬不智其名也。遗者，巧弗能两也。

[注释]

[1] 所知而弗能指,说在春也、逃臣、狗犬、遗者:遗,原作"贵"。从张惠言校改,经说文正作"遗者"。这两句是说,人们所知之事也有不能加以指认的实例,譬如仆人春现在何所执役、臣妾究竟逃往何处、狗犬到底如何分辨和遗失之物可否复制如初等。春,人名,指执役之仆。由《经说下50》"臧也今死,而春也得之又死也可"中"臧""春"同出知之。臣,臣妾,奴隶。 [2]"春也"以下六句:作为执役之仆,春现在做什么原本就难以指明。逃亡的臣妾不知现在藏身何处。虽说小称狗、大称犬,但大小是相对的,实际上狗与犬有时难于区分。遗失某一物品,即使找来能工巧匠,加以仿制,也不可能同原物完全相同。执,执守。二"智",通知。巧,工巧。两,成双。

《经下 40》知狗而自谓不知犬 [1],过也,说在重。

《经说下 40》智。智狗重智犬 [2],则过。不重,则不过。

[注释]

[1]"知狗而自谓不知犬"以下三句:知道狗而又说不知道犬,是不对的,其原因在于,就狗犬同种意义上来说,狗和犬是二名同实。过,误。重,指异名同实。 [2]"智狗重智犬"以下四句:如从狗犬同种意义而言,知道狗就是知道犬,如果说知道狗而不

《庄子·天下》记辩者二十一论题有"狗非犬"一则,意在强调"小犬非犬",有类于公孙龙子"白马非马"之论,割裂一般与个别的关系,以致流于诡辩。墨家以"知狗而自谓不知犬,过也,说在重",予以驳辩。同时也以"不重,则不过",肯定辩者之论的正确部分。

知道犬，不对。如从狗小犬大意义而言，狗和犬应认为二名二实。如果说知道狗而不知道犬，倒也可以。

《经下 41》通意后对[1]，说在不知其谁谓也。

《经说下 41》通。问者曰[2]："子智㸚乎？"应之曰："㸚何谓也？"彼曰："㸚施"。则智之。若不问㸚何谓[3]，径应以弗智，则过。且应必应问之时[4]。若应长，应有深浅大小不（常）中，在长（兵）人长[5]。

[**注释**]

[1]"通意后对"以下两句：别人问我，我必须通晓他问的是什么，然后给以回答，其原因在于，不这样，必将出现不知所问而盲目作答的弊端。通，通晓。对，对答。谁，孰，何。　[2]"问者曰"以下七句：某人问道："您知道㸚吗？"我回应道："㸚指什么？"他解释道："骆驼。"这样我就明白他的意思了。"㸚"当为"嬴"之省讹（省月，盲讹罒）。施，通它。嬴施，即骆驼。智，通知。　[3]"若不问㸚何谓"以下三句：如果不问清楚嬴指什么，径直应答说自己不知道，当然不对。径，径直。　[4]且应必应问之时：是说况且应答问话必须在别人向自己提问之时，不可拖延。　[5]若应长，应有深浅大小不中，在长人长：小不，原讹作"常"；"长人长"前"长"，原讹作"兵"。皆从曹耀湘校改。这三句是说，例如某人问长，这时我必须通晓要应答的是长短意义的"长"，或是深浅意义的"长"，或是大小意义的"长"。如果不

能通晓这一点，就盲目应答为深浅意义的"长"，或大小意义的"长"，必定都不切中问旨，因为他问的是长人的"长"。

《经下 42》所存与存者，於存与孰存，驷异，说在主[1]。

《经说下 42》所。室堂[2]，所存也；其子，存者也。据在者而问室堂[3]，恶可存也？主室堂而问存者，孰存也？是一主存者以问所存[4]，一主所存以问存者。

［注释］

[1] 所存与存者，於（wū）存与孰存，驷异，说在主：与存者，原脱"存"字；说在主，原脱"在主"二字。皆从张惠言校补。这四句是说，陈述所居之处和居处之人，询问居于何处和何人居处，这四种意义应由四种不同的句式来表达，其原因在于，陈述和询问的侧重点不同。於，同乌，即恶（wū），何。驷，四马，四。主，为主，侧重点。　[2]"室堂"以下四句：室堂是陈述所居之处；某人，是陈述居处之人。这是两个不同意义的陈述句。室，内室，房间。堂，户外，殿堂。其子，某人，在室堂之人。"室堂"是主居所而言，"其子"是主居者而言。　[3]"据在者而问室堂"以下四句：依据居处之人而询问其所居之处，一定要问："何处可以居住？"侧重所居之处而询问居处之人，一定要问："谁居处于此？"这是两个不同意义的疑问句。在，存。恶，或作乌，何。孰，谁。　[4]"是一主存者以问所存"以下两句：这是前一个疑问句

为侧重居处之人询问所居之处，而后一个疑问句为侧重所居之处询问居处之人。

《经下 43》五行毋常胜[1]，说在宜。

《经说下 43》五。金（合）水土木（火）火，离[2]。然火铄金[3]，火多也；金靡炭，金多也。合之成（府）水，木离土（木）[4]。若识麋与鱼之数[5]，惟所利。

[注释]

[1]"五行毋常胜"以下两句：金、木、水、火、土五行之间，没有什么常胜可言，无论那一行取胜，都需要具备得胜的环境或条件。五行，古人以金、木、水、火、土为五种基本物质。五行常胜，指水胜火、火胜金、金胜木、木胜土、土胜水，乃天地之性，固定不易（见班固《白虎通义·五行》）。胜，克。　[2]金水土木火，离：金水土木火，原作"合水土火火"。从谭戒甫校改。这两句是说，五行金、水、土、木、火是互相分离独立存在的。　[3]"然火铄金"以下四句：炭火可以使金属销铄，是足够多的炭火熔化了它；金属也可以使炭火死灭，是足够多的金属耗尽了它。然，同燃。"然""燃"古今字。铄，销铄，熔化。靡，灭，散。　[4]合之成水，木离土：成，原作"府"；土，原作"木"。皆从孙诒让校改。这两句是说，足够多的炭火与金属合在一处，固态金属熔化而变为如水般的液态（不过是因为具备了熔金的条件）。草木附丽于大地而生长（不过是因为具备了益生的环境）。离，丽，附丽。　[5]"若识麋与鱼之数"以下两句：这正如认识

麋出没于山林、鱼升沉于川泽，只不过是因为具备了便利于它们各自生长的环境或条件的道理一样简单。数，道数，道理。

《经下 44》无欲恶之为益损也[1]，说在宜。

《经说下 44》无。欲恶[2]，伤生损寿，说以少连，是谁爱也？尝多粟，或者欲有不能伤也，若酒之于人也[3]。且恕人利人[4]，爱也。则唯恕弗治也。

[注释]

[1] "无欲恶（wù）之为益损也" 以下两句：不能说有所欲恶必有益损，其原因在于，这欲恶的满足是否适宜。无，不，不是。恶，厌恶，憎恶。　[2] "欲恶" 以下四句：说什么有所欲恶必将伤生损寿，也许少连提倡此说，因而主张对欲恶持淡化态度。可是，少连居丧时，"三日不怠，三月不解，期悲哀，三年忧"（见《孔子家语·子贡问》）。孔子称少连达于礼。分明是 "伤生损寿"，这究竟是爱父母呢，还是爱自己呢？少连，人名。　[3] 尝多粟，或者欲有不能伤也，若酒之于人也：有不能伤，原作 "不有能伤"。从孙诒让校倒转 "不有" 二字。这三句是说，吃饭是人之所欲，有人（如青少年）饭量大，多吃出于身体之所需，不能造成什么伤害，正如饮酒是人之所欲，如适乎其量，于人有益一样。　[4] "且恕人利人" 以下三句：况且智人们也认为多给人粟以保证他们的基本生活需求，是爱利人的表现。这样看来，唯有智人们不去搞所谓 "欲恶，伤生损寿" 的说教。恕，即《经上 6》"恕，明也" 之 "恕"，同智。治，修治。

《经下 45》损而不害[1]，说在余。

《经说下 45》损。饱者去馀，适足不害，能
害，饱，若伤糜（糜）之无脾也[2]。且有损而后
益者，若痎病之人（之）于痎也[3]。

[注释]

[1]"损而不害"以下两句：有时去掉事物的一部分，不会造成
什么损害，其原因在于，去掉的部分本来是多余的。 [2]饱者去馀，
适足不害，能害，饱，若伤糜之无脾也：糜，原作"糜"。从曹耀
湘校改。这五句是说，吃得过饱，就要减掉多余的食量，正好吃饱，
当然就没有害处。能伤害人的情况，必定是吃得过饱，例如食用糜
粥过量，脾脏就会生病。糜，指糜烂粥食。无脾，指脾病而丧失功
能。 [3]且有损而后益者，若痎病之人于痎也：益后原衍"智"字；
人，原作"之"。皆从孙诒让校删改。这两句是说，况且更有去掉
多余部分之后反倒有益的实例，譬如染上疟疾的人经过治疗，去掉
疾患，成为健康人。痎，同疟（瘧），宝历本正作"疟"。

《经下 46》知而不以五路[1]，说在久。

《经说下 46》智。以目见[2]，而目以火见，
而火不见。惟以五路智[3]。久[4]，不当以目见若
以火见。

[注释]

[1]"知而不以五路"以下两句：有些知识并非经由目耳口鼻

《庄子·天下》记辩者二十一论题有"目不见"一则。墨家认为，感性认识（感觉和表象）通过"五路"感知外物而得，此所谓"惟以五路智"者。同时也不排斥经由时间积累而成的经验，此所谓"知而不以五路"者，但后者不能否定前者。"目不见"的诡辩性暴露无遗。

身五路去认识，比如时间就是这样。知，通智。智，知识。五路，五官，指目耳口鼻身。久，即《经上 40》"久，弥异时也"之"久"，时间。 [2]"以目见"以下三句：外间物形用眼睛才能看到，而眼睛见物必须借助光线，当然光线本身不能见物。火，此处指火发出的光。 [3]惟以五路智：是说将"以目见"推而及于耳、口、鼻、身，所得感觉和表象，即感性认识，惟以五官得而知之。智，通知。 [4]"久"以下两句：对时间的认识，并不源于五官的感受，而是凭借过往时间积累起来的经验，因而不应视同以眼睛见物或眼睛借光见物的感性认识。若，犹或。用为连词。

《经下 47》火（必）热 [1]，说在顿。

《经说下 47》火。谓火热也，非以火之热我有，若视日（曰）[2]。

《庄子·天下》记辩者二十一论题中有"火不热"一则，其意盖谓火能热我而火本身不热。墨家主张"火热"，并用"非以火之热我有"为理据，与之进行针锋相对的论辩。

[注释]

[1]火热：火，原作"必"。从孙诒让校改。以下两句是说，有火必热，其原因在于，可燃物质内屯聚热质。顿，通屯。屯，聚。 [2]谓火热也，非以火之热我有，若视日：日，原作"曰"。从曹耀湘校改。这三句是说，有火必热，是火的固有性质使然，而不以火之热被我感受到与否为转移，这正如太阳的热是本身固有的，看到它，觉得它在辐射热量，没看到它，也同样如此。

《经下 48》知其所知（以）、不知 [1]，说在以名、取。

《经说下 48》智。杂所智与所不智而问之 [2]，则必曰："是所智也，是所不智也。"取、去俱能之，是两智之也。

[注释]

[1] 知其所知、不知：所知，原作"所以"。从高亨校改。以下两句是说，如何了解别人所知道的事物和所不知道的事物，回答是这人必须做到不仅知道事物的名称，还要在实物中选取出来。名，即《经说上 81》"所以谓，名也"之"名"，名称。取，选取。　[2]"杂所智与所不智而问之"以下六句：如将某人所知道的事物和所不知道的事物掺杂在一起，向他发问，他必定指自己之所知说："这是我所知道的。"指自己之所不知说："这是我所不知道的。"这样，他所知道并选取的事物和他所不知道并除去的事物两方面加在一起，就算是全都知道了。智，通知。

《经下 49》无不必待有 [1]，说在所谓。

《经说下 49》无。若无焉 [2]，则有之而后无。无天陷，则无之而无。

[注释]

[1]"无不必待有"以下两句："无"可以不必相对于"有"而存在，其原因在于，这种情况的"无"是说的绝对的"无"。　[2]"若无焉"以下四句：如果我们说无焉（鹥，凤类）鸟，是指往时有之，后来变"无"，这是与"有"相对待的"无"。我们说"无天陷"之事，

《贵义》："子墨子曰：'今瞽曰："钜者白也，黔者黑也。"虽明目者无以易之。兼白黑，使瞽取焉，不能知也。故我曰瞽不知白黑者，非以其名也，以其取也。'"系墨子论"名、取"关系。本条经文、经说文系墨子后学论"名、取"关系，一脉相承，而经文、经说文的理性化程度似乎更高。这说明墨家在其所划分的"名、实、合、为"四种知识内容中，历来是重视"为"知的，其实"取"就是统合"名""实"而用于实践的"为"。

是指往时既无，后来亦无，这是不与"有"相对待的、绝对的"无"。焉，通鹓，传说中凤类之鸟，黄色，生于江淮。

《经下50》擢虑不疑[1]，说在有无。

《经说下50》擢。疑无谓也[2]。臧也今死，而春也得之（文）又（文）死也可[3]。

[注释]

[1]"擢（zhuó）虑不疑"以下两句：通过认真考虑，从具有典型意义的事物中抽引出来的规律无可怀疑，可以适用于其他同类事物。同类与否，要看推而及之的事物与典型事物有没有相同的性质。擢，拔，抽取。虑，即《经上4》"虑，求也"之"虑"，思虑，探求。　[2]疑无谓也：是说怀疑生于无实可说。无谓，即《经说下4》"有之实也，而后谓之；无之实也，则无谓也"之"无谓"，指无如此之实，则不以如此之名谓之。　[3]臧也今死，而春也得之又死也可：之又，原作"文文"。从胡适校改。这两句是说（有实可说，便不必怀疑），例如仆人臧得了某种不治之症，现在已经死去，由此可以推知仆人春得了同样的病，也必死无疑。"臧""春"，皆仆役人名。

儒家主张"有命"，墨家提倡"非命"，强调"力""强"。此条"用工"之论，又是一例。

《经下51》且然不可已（正）[1]，而不害用工，说在宜。

《经说下51》且。宜犹是也[2]。且然必然[3]，且已必已。且用工而后已者，必用工而后已。

[注释]

[1]且然不可已：已，原作"正"。从张其锽校改。经说文"已"字四出，可证。以下三句是说，没有什么力量能够使按照某种规律发展变化的事物停止下来，但这并不妨害人们有所作为，关键在于，这种作为必须适度。且，即《经说上33》"自前曰且"之"且"，将。工，通功。功，事功，作为。宜，适宜，适度。　[2]宜犹是也："宜"字原脱。从高亨校补。这句是说，适度就是合理的。是，正，理。　[3]"且然必然"以下四句：凡是将要这样的过程，一定会这样；将要完成的过程，也一定会完成；将要通过人们有所作为而完成的过程，也一定会通过人们有所作为而完成。然，如此。已，讫，结束，完成。

《经下52》均之绝[1]，不，说在所均。

《经说下52》均。发县轻重而发绝[2]，不均也。均，其绝也莫绝。

[注释]

[1]"均之绝"以下三句：如果认为粗细、坚柔均一的头发悬挂重物后会发生断裂，这是不可能的，其原因在于，粗细、坚柔均一的头发受力处处相等，不可能有断裂点。均，均一，均平，此处指头发粗细、坚柔均一。绝，断绝，断裂。不，通否。吴抄本正作"否"。　[2]发县轻重而发绝："县"前原衍"均"字。从高亨校删。以下四句是说，头发悬挂或轻或重的重物后断裂开来，这一定是头发粗细、坚柔不均一造成的。如果均一，上面所说的出现断裂的地方就不会断裂了。县，通悬。后"也"，犹者。其绝也莫绝，即"其绝者莫绝"。莫，不。用为否定副词。

《列子·仲尼》："公子牟曰：'……发引千钧，势至等也。'"墨家赞同其说，并进而指出"势至等"源于"发""均"。

《经下 53》尧之义也，声（生）于今而处于古，而异时，说在所义二[1]。

《经说下 53》尧[2]。或以名视人[3]，或以实视人。举友富商也[4]，是以名视人也；指是臛也，是以实视人也。尧之义也[5]，是声也于今，所义之实处于古。

[注释]

[1] 尧之义也，声于今而处于古，而异时，说在所义二：声，原作"生"，从王树枏校改。说文正作"声地于今"。这四句是说，唐尧的义行，直至现今仍然很有声名，而事实却发生于古代。时世发生了变化，义的涵义也就有所不同。声，声名。 [2] 尧：标目字，原作"尧霍"。从梁启超校删"霍"字。 [3] "或以名视人"以下两句：人们表情达意，或者以事物之名告知别人，或者以事物之实告知别人。视，通示。示，语之，以事告人。 [4] "举友富商也"以下四句：例如说自己的朋友是富商，这是以事物之名告知别人；指肉羹说这是肉羹，这是以事物之实告知别人。举，即《经上 32》"言，出举也"之"举"，言，言说。臛（huò），肉羹。 [5] "尧之义也"以下三句：唐尧义行之名传于今，而其行义之实却处于古，这是一个以事物之名告知别人，使他们知道时势发生了变化，义的内涵也就有所不同的事例。

《经下 54》狗[1]，犬也，而杀狗非杀犬也，可，说在重。

《经说下54》狗。狗，犬也，谓之杀犬，可。若两脾（腿）[2]。

此条又驳辩者"狗非犬"之论。《经下40》在驳辩之余，还肯定辩者之论的合理成分（从狗小犬大意义上说），此条则否。

[注释]

[1]"狗"以下五句：狗，就是犬，如果以为说"杀狗非杀犬"是可以的，（当然不对）其原因在于，狗与犬是二名一实的重同。而，如。重，即《经下40》"知狗而自谓不知犬，过也，说在重"之"重"。 [2]狗，犬也，谓之杀犬，可。若两脾：脾，原作"腿"。从杨葆彝校改。这五句是说，狗就是犬，因而说杀狗是杀犬，是可以的。这正如人有左大腿和右大腿，却都是大腿一样。脾，同髀，股。

《经下55》使殿（殷）义（美）[1]，说在使。

《经说下55》使。令，使也。我使使我，我不使亦使我。殿义（戈）亦使殿，不义（美）亦使殿[2]。

此条意义晦涩。诸家疏解多有出入。笔者试释如上，谨以请教于同行专家。

[注释]

[1]使殿义：殿，原作"殷"。从张惠言校改。义，原作"美"。从孙诒让校改。以下两句是说，上级委派我担任部队的殿后，出于全局的需要，无论对我合适与否，我都必须服从，因为这是命令。使，任使，委派。殿，殿后，军在后为镇。义，宜。此处指合乎需要。 [2]令，使也，我使使我，我不使亦使我。殿义亦使殿，不义亦使殿：我使使我，原作"我使我"。从孙诒让重"使"

字。殿义，原作"殿戈"；不义原作"不美"。并从孙诒让校改。这六句是说，上级的命令，就是对我的指派，我情愿接受指派，他要委派我去执行，我不情愿接受指派，他也要委派我去执行。换言之，这殿后的任务对我适宜，他要委派我去担当，对我不适宜，他也要委派我去担当。

《经下 56》荆之大[1]，其沈浅也，说在具。

《经说下 56》荆。沈，荆之具也，则沈浅非荆浅也。若易五之一[2]。

《庄子·天下》记辩者二十一题中有"郢有天下"一则，墨家出此条以驳辩之。就具体（而非抽象）言之，"沈，荆之具"；郢，天下之有，同一道理。如"郢有天下"成立，岂非"沈具荆"成立？荒唐！

[注释]

[1]"荆之大"以下三句：楚国幅员极其广袤，而沈县地面相对褊小，因为沈县只是楚国拥有的若干县中的一个。荆，楚国别称。沈，楚国县名。浅，褊，小。具，备，备有。　[2]沈，荆之具也，则沈浅非荆浅也。若易五之一："荆之具"，"具"，孙诒让作"贝"，今从伍非百校改。经文正作"具"。这四句是说，沈仅是楚拥有的一个县，沈地褊小不是楚国褊小。如作交易，沈只不过是楚的五分之一。易，交易。

《经下 57》以楹（槛）为抟[1]，于以为无知也。说在意。

《经说下 57》以。楹之抟也[2]，见之，其于意也，不易先智。意[3]，相也，若楹轻于秋，其于意也洋然。

［注释］

[1] 以楹为抟：楹，原作"槛"。从孙诒让校改。以下三句是说，如果未曾见过楹柱，就以为它是圆形的，对于这种凭主观的"以为"妄下结论的做法，只能说是无知，因为这是在用意度做判断。抟，俗作团，圆形，下文"抟"字同。于，对于。意，意度。下文三"意"字皆同。　　[2]"楹之抟也"以下四句：楹柱的圆形，须以亲见为断，此事只凭意度，不易预先知道。智，通知。　　[3]"意"以下四句：意度之事，只是出于想象，未必真实，例如以为楹柱轻于蒿柱，仅是出于想象，只会让人感到洋洋然不着边际。相，象。秋，通萩。萩，蒿。洋然，即洋洋然，无涯的样子。

《经下 58》意未可知[1]，说在可用、过仵。

《经说下 58》意[2]。段、椎、锥俱事于履[3]，可用也。成绘屦过椎，与成椎过绘屦同，过仵（件）也[4]。

［注释］

[1]"意未可知"以下两句：意度的结果，一时还不得而知，因为它有时可用，有时错误。后"可"，可以，许可。仵，逆于事理。　　[2] 意：作为标目字，此字原脱。从高亨校补。　　[3]"段、椎、锥俱事于履"以下两句：如果依据制鞋工艺的需要，推断砧石、棒椎和针锥都是制鞋工艺流程中必不可少的工具，显然是正确的、可用的推断。段，即碫，砧石。椎，棒椎。锥，鍼（针）锥。　　[4] 成绘屦（jǔ）过椎，与成椎过绘屦同，过仵也：仵，原

《经下 57》《经下 58》两条皆论"意"（意度）之不足凭。此亦孔子"毋意、毋必、毋固、毋我"（见《论语·子罕》）之义。

作"仕"。从张惠言校改。这三句是说，如果依据制成绘花绣鞋必须经过椎打（使帮底平易，适于穿用）这一工序，就意度完成椎打同样必须经过绘制绣鞋这一工序，显然是错误的意度。因为制成绘鞋固然经过椎打，而完成椎打则不经过绘鞋。人们的语言表述词语换位每多出现悖论。原因何在？无非意度而已。例如，说"（自济南）至北京必过天津"，则是；而说"（自济南）至天津必过北京"，则非。《淮南子·说山》："先针而后缕，可以成帷；先缕而后针，不可以成衣。"义与此同。绘屦，彩绘之鞋。屦，履，鞋。过，经过，通过。

《经下 59》一少于二而多于五，说在建位（住）[1]。

《经说下 59》一。五有一焉[2]，一有五焉。十，二焉。

[注释]

[1]一少于二而多于五，说在建位：位，原作"住"。从曹耀湘校改。这两句是说，个位数的 1 自然少于个位数的 2，但十位数的 1 却大于个位数的 5，其原因在于，定位有所不同。　[2]"五有一焉"以下三句：例如个位数的 5 包括五个个位数的 1，而十位数的 1 却包括两个个位数的 5。因为十位数的 1，其数值为 10，而 10 包括两个 5。

《经下 60》非半弗斱则不动[1]，说在端。

《经说下 60》非。斫半[2]，进前取也。前则中无为半，犹端也。前后取[3]，则端中也。斫必半[4]。毋与非半，不可斫也。

《庄子·天下》记辩者二十一论题中有"一尺之捶，日取其半，万世不竭"一则，意谓定长半分，永无竟日。墨家出此条以赞同其说，从"前取""前后取"两方面作了精准的论述。这说明墨家对"无穷小"概念已有颇为深入的认知。

[注释]

[1]"非半弗斫（zhuó）则不动"以下两句：一条木杖从中点处分为两半，余下的一半再分为两半，连续进行无数次以后便成为不能变动、不能再分为两半的最小质点——端。斫，即"斲"，斫，破析。动，变动。 [2]"斫半"以下四句：木杖无限半分方法有二，一是从木杖一端开始，截中留半，渐次向另一端推进。经过无数次截留，最后余下的必然是一个最小质点，犹似几何学的"端"，它本身既是中点，又不能再分。 [3]"前后取"以下两句：二是从木杖两端同时开始，截中留半，渐次向木杖中点推进。经过无数次截留，最后余下的必然是两个最小质点，它们本身也都是中点，并且与木杖中点重合。 [4]"斫必半"以下三句：要将木杖半分，必须施以截中之工，并且连续进行下去，直到分得最后的物质最小质点为止。这质点可以视为一个点（端），它不能再分割为两半。

《经下 61》可无也[1]，有之而不可去，说在尝然。

《经说下 61》可。无也[2]；已给则当给，不可无也。

［注释］

[1]"可无也"以下三句：可以有绝对的"无"，但过去有的，就无法将它抹掉，其原因在于，曾经有过。尝，曾经。《经说下49》："若无焉（鸥），则有之而后无。无天陷，则无之而无。""无天陷"之"无"，"可无"之"无"，绝对的"无"。"无焉"之"无"，"尝""有之"之"无"，相对的"无"。　[2]"无也"以下三句：绝对的"无"，是指过去没有，现在也没有。那些过去曾经具备而现在已经不具备的事物，应当作为具备的事物来看待，不能视同绝对的"无"。给，具，备。

《经下 62》壬而不可儋（擔）[1]，说在抟。

《经说下 62》正。丸（九）[2]，无所处而不中县，抟也。

"丸，无所处而不中县"，亦可视为墨家关于"垂直"的定义。

［注释］

[1]壬而不可儋：儋，原作"擔"。从方孝博校改。以下两句是说，球体在平面上可以自由转动而不定止下来，其原因在于，它是圆丸之物。壬，中正，此处指球体，不论转动至何处，一如原状。儋，安。抟，俗作团，圆形。　[2]丸：原作"九"。从高亨校改。以下三句是说，不论球丸转动至何处，过切点的半径都垂直于平面，这是由球体的特性决定的。中县，即《考工记·舆人》"立者中县"之"中县"，即中悬，指过球心和切点（球与平面唯一接触点）的悬垂线。

《经下 63》宇进无近[1]，说在敷。

《经说下 63》宇。伛不可偏举，宇（字）也[2]。进行者[3]，先敷近，后敷远。

[注释]

[1]“宇进无近”以下两句：在至为广大的空间中行进，本无远近可言，但就某一具体区域而言，在选定起点的前提下，又可以说有远有近，因为举步行走时，步数少的距起点较近，步数多的距起点较远。近，此处言近以兼远。敷，铺陈，布列。下文二“敷”字同。　[2]宇。伛不可偏举，宇也：标目字“宇”，原在“伛”字后；后“宇”，原作“字”。并从伍非百校倒改。后两句是说，任何具体区域的偏称都不可能包举整个空间的全域，空间毕竟是无穷无尽的。伛，区之繁文。　[3]“进行者”以下三句：凡在某一具体区域中论远近，自然是从选定的起点开始，先举步至近处，后举步至远处。

《经下 64》行脩（循）以久[1]，说在先后。

《经说下 64》行。者行者[2]，必先近而后远。远近，脩也；先后，久也。民行脩必以久也。久有穷无穷[3]。

[注释]

[1]行脩以久：脩，原作“循”。从张惠言校改。以下两句是说，在某一具体区域中行进，必经历或少或多的时间，如行进速度恒定，行程短，历时少；行程长，历时多。脩，通修。修，长。

下文"脩"字同。　[2]"者行者"以下七句：凡是恒速行进，必定先至近处，后至远处。行程的远近，是指在某一具体区域中的长短；到达的先后，是指经历时间的多少。人们行程的远近，决定于经历时间的多少。前"者"，通诸。诸，众，凡。　[3]久有穷无穷：此五字，原在"已给则当给，不可无也"之后。从孙诒让校移于此。这句是说，就某一具体时段而言，时间可以自定起讫，它是有穷的；就时间绵长悠远、无始无终而言，它又是无穷的。

《经下 65》一法者之相与也尽类 [1]，若方之相合也，说在方。

《经说下 65》一。方尽类 [2]。俱有法而异，或木或石，不害其方之相合也。尽类犹方也 [3]，物俱然。

[注释]

[1]一法者之相与也尽类："类"字原脱。从孙诒让校补。以下三句是说，符合同一标准的若干事物都是同类，如方形都是方类，其原因在于，用矩尺所作的方形是共同的标准。一，齐一，同。法，标准，规范。相与，犹相如，相像。与，如。　[2]"方尽类"以下四句：一切方形尽归方类。方类之中，所有事物都有共同的标准，而彼此之间仍有差异，或为方木，或为方石，但这并不妨害它们作为方形的互相统合。合，统合。　[3]"尽类犹方也"以下两句：我们说凡方形即相类，是由于以方形作为同一标准统括了所有的方形事物。实际上，所有事物的归类都是如此。犹，通

由。然，如此。

《经下 66》狂举不可以知异[1]，说在有不可。

《经说下 66》狂。牛与马惟异[2]，以牛有齿、马有尾，说牛之非马也，不可。是俱有，不偏有、偏无有。曰："牛（之）与马不类，用牛有角、马无角。"是类不同也[3]。若举牛有角、马无角[4]，以是为类之不同也，是狂举也，犹牛有齿、马有尾。

[**注释**]

[1]"狂举不可以知异"以下两句：狂乱说出的属性不可能认识物类的实质区别，其原因在于，这些属性不能将物类区分开来。狂，痴狂。举，即《经上 32》"言，出举也"之"举"，指言，言说。　[2]狂。牛与马惟异：原作"牛狂与马惟异"。从梁启超校倒转"牛狂"二字，使"狂"为标目字。以下五句是说，例如牛马虽不同类，但若以牛有牙齿、马有尾巴来说明牛马之不同，不能成立，因为牙齿、尾巴为牛、马所共有，不是一方有而另一方没有。惟，同唯。唯，通虽（雖）。　[3]曰："牛与马不类，用牛有角、马无角。"是类不同也：前"牛"原作"之"。从谭戒甫校改。这四句是说，如果说："牛与马不同类，因为牛有双角而马没有双角。"这确实是它们不同类的依据。　[4]"若举牛有角、马无角"以下四句：如果以为用牛有双角、马没有双角来说明牛与马不同类，这倒属狂乱说辞了，那么，这种错误正如上述以牛

有牙齿、马有尾巴来说明牛马不同类的情形一样。

《经下67》牛马之非牛 [1]，与可之同，说在兼。

《经说下67》牛 [2]。或不非牛或非牛而非牛也 [3]，可，则或非牛或牛而牛也，可。故曰："'牛马非牛也'，未可；'牛马牛也'，未可。"则或可或不可 [4]，而曰："'牛马牛也'，未可"亦不可。且牛不二，马不二，而牛马二，则牛不非牛，马不非马，而牛马非牛非马，无难。

本条通过墨者对难者的驳辩，阐释兼名与单名的关系问题，即"牛（单名）不二，马（单名）不二，而牛马（兼名）二"。

[注释]

[1]"牛马之非牛"以下三句：说牛马群体中的每个个体都不是牛，与说牛马群体中的每个个体都是牛，同样错误，其原因在于，"牛马"是一个集合概念，其内涵既包括牛也包括马。可，即《经下58》"意未可知，说在可用、过仵""可用"之"可"，指可以，许可。　[2]牛：作为标目字，此字原脱。从高亨校补。　[3]或不非牛或非牛而非牛也：原作"或不非牛而非牛也"。从沈有鼎校补"或非牛"三字。以下九句是说，（难者说）牛马群体中的一部分是"不非牛"的牛，一部分是"非牛的"马，而你们却认可了牛马群体中的所有部分都不是牛的说法，那么，牛马群体中的一部分是"非牛"的马，一部分是牛，你们也应该认可牛马群体中所有部分都是牛的说法。这两个判断正相矛盾，所以说"牛马非牛也"是不对的，"牛马牛也"也是不对的。　[4]"则

或可或不可"以下十一句:(墨者说)我们则认为,"牛马非牛也"
与"牛马牛也"这一对矛盾判断中,"牛马非牛也"是成立的,
而"牛马牛也"是不成立的,因为按照我们的说法,"牛马非牛
也",是指牛马群体中的一部分不是牛,既然难者以为"牛马非
牛也"未可,根据对同一对象所做的两个矛盾判断必有一真一假
("不可两不可")的原则,就必须认定"牛马牛也"可。如此说来,
难者"'牛马牛也',未可"的说法自然也就不对了。况且,"牛"
是单独概念,只指牛,而不指"非牛"的马;"马"也是单独概念,
只指马,而不指"非马"的牛。"牛马"是集合概念,指牛、马。
这样,论证牛是牛、马是马而牛马非牛也非马的命题自然不会遇
到困难。

《经下 68》彼（循）此彼（循）此与彼此同[1],
说在异。

《经说下 68》彼。正名者"彼此"[2]。
"彼""此"可:彼"彼"止于"彼",此"此"
止于"此"[3];"彼""此"不可:彼且此也,此
亦且彼也[4];"彼此"亦可:"彼此"止于"彼此"。
若是而"彼此"也,则"彼"亦且"此"也[5]。

[注释]

[1]彼此彼此与彼此同:前二"彼",原皆作"循"。从梁启超
校改。以下两句是说,一种是彼定指彼、此定指此的"彼""此",
一种是彼不定指彼也可指此、此不定指此也可指彼的"彼""此",

一种是彼不定指彼也可指此加此不定指此也可指彼的"彼此"，其称名虽然相同，但其所指却又各不相同，其原因在于，第一种"彼""此"是使用正确的单指代名词，第二种"彼""此"是使用不正确的单指代名词，第三种"彼此"是使用正确的兼指代名词，即使用正确的单指代名词的集合。"彼"，指对方，与"此"对言。　[2]正名者"彼此"：是说我们来讨论"彼""此"和"彼此"的正名问题。名，即《经说上81》"所以谓，名也；所谓，实也"之"名"。《公孙龙子·名实论》："其正者，正其所实也。正其所实者，正其名也。……其名正，则唯乎其彼此焉。"与此同义。　[3]"'彼''此'可"以下三句：作为单指代名词，用"彼"这一称名来指"彼"的事物，并且仅仅限于指"彼"的事物；用"此"这一称名来指"此"的事物，并且仅仅限于指"此"的事物，这样的单指代名词"彼""此"使用正确。例如，用"此"指牛，仅指牛，用"彼"指"马"，仅指马。《公孙龙子·名实论》："彼彼止于彼，此此止于此，可。"与此同义。　[4]"'彼''此'不可"以下三句：作用单指代名词，用"彼"这一称名既可指"彼"的事物，又可指"此"的事物；用"此"这一称名既可指"此"的事物，又可指"彼"的事物，这样的单指代名词"彼""此"使用不正确。例如，用"此"指牛，又指马，用"彼"指马，又指牛。《公孙龙子·名实论》："彼此而彼且此，此彼而此且彼，不可。"与此同义。　[5]"彼此"亦可：彼此止于彼此。若是而"彼此"也，则"彼"亦且"此"也："彼亦且此也"，原作"彼亦且此此也"，"此"字吴抄本不重，兹从之。这四句是说，用兼指代名词"彼此"来指"彼"和"此"二单指代名词所指事物的复合，当然也正确。因为这只要求二单指代名词所指事物的复合内容一样。不过，这时"此"之称名既可指"此"之事物，也可指"彼"之事物，"彼"之称名既可指"彼"之事物，也可指"此"之事物。因为作为事物的复合，彼"此"复合与"此"彼复合之所指，实际上没有什么两样。例如，用"此"指牛，"彼"指马。或用"此"指马，"彼"指牛。牛、马复合与马、牛复合，所指相同。如果说上述"彼""此"可和"彼""此"不可两种情况，墨家说法同于公孙龙，那么这里"彼此"亦可的情况是墨家独有的。

《经下 69》唱和同患[1]，说在功。

《经说下 69》唱[2]。唱无遇（过）。无所用（周），若稗（粺）[3]。和无遇（过）[4]，使也，不得已。唱而不和，是不学也。智少而不学，功必寡[5]。和而不唱，是不教也。智多而不教，功适息[6]。若使人夺人衣，罪或轻或重；使人予人酒，功或厚或薄[7]。

[注释]

[1]"唱和同患"以下两句：唱和（喻教学）是两方相需而存在。如果同时参与，功效会很显著。如果缺少一方，必会造成忧患，其原因在于，功效将会甚小甚至完全没有。　[2] 唱：作为标目字，此字原脱。从高亨校补。　[3] 唱无遇，无所用，若稗：遇，原作过（過）；用，原作"周"；稗，原作"粺"。并从孙诒让校改。这三句是说，只有唱者，没有和者，对世人无所用，就像稗草不能食用。遇，通偶。此处指和者。下文"和无遇"，"遇"字同。　[4]"和无遇"以下三句：只有和者，没有唱者，不过是和者受指使而歌唱，是不得已而为之的行为。　[5] 唱而不和，是

不学也。智少而不学，功必寡："功"字原脱。从杨葆彝校补。这四句是说，只有唱（喻教），没有和（喻学），就是不肯学习。知识少却又不肯学习，在立身行事方面，其功必少。　[6]和而不唱，是不教也。智多而不教，功适息："多"字原脱，从孙诒让校补。这四句是说，只有和（喻学），没有唱（喻教），就是不肯教人。知识多却又不肯教人，"有道者劝以教人"之功恰好纤毫未见。适，恰好。息，止。　[7]若使人夺人衣，罪或轻或重；使人予人酒，功或厚或薄："若""功"二字原脱。并从张纯一校补。这四句是说，例如唆使某人去抢夺别人的衣服，唆使者与被唆使者两方都有罪责，虽然罪责或有轻重之别；让某人送酒给别人，指使者与被指使者两方都有功劳，虽然功劳或有大小之分。[这与唱（喻教）与和（喻学）两方相需共事的情况相类似。]

《经下70》闻所不知若所知[1]，则两知之，说在告。

《经说下70》闻。在外者，所知也；在室者，所不知也[2]。或曰[3]："在室者之色若是其色"，是所不智若所智也。犹白若黑也[4]，谁胜？是若其色也，若白者必白。今也智其色之若白也，故智其白也。夫名以所明正所不智[5]，不以所不智疑所明。若以尺度所不智长。外[6]，亲智也；室中，说智也。

[注释]

[1]"闻所不知若所知"以下三句：听到自己所不知道的事物正如自己所知道的事物，这样，所知道的事物和所不知道的事物便都知道了，因为有人告诉了自己。 [2]在外者，所知也；在室者，所不知也："所知也；在室者"六字原脱。从梁启超校补。这四句是说，在室外的物品颜色我知道，在室内的物品颜色我不知道。 [3]"或曰"以下三句：有人告诉自己说："在室内的物品颜色像这（指室外物品）一样"，这等于告诉自己所不知道的颜色与所知道的颜色相同。二"智"，通知。下文七"智"字同。 [4]"犹白若黑也"以下六句：比如有白与黑两种颜色，究竟哪一种当室内物品的颜色呢？因为得知其色与室外物品相同，就是说，如果室外物品是白色，那么室内物品也必是白色。现在既知室内物品如室外物品之白色，那么它也一定是白色。胜，任，当。前"若"，或。后三"若"，如。 [5]"夫名以所明正所不智"以下三句：求知之道，就在于用已经知道的去推求所不知道的，而不是用所不知道的去怀疑已经知道的，正像用法定长度单位的尺去度量某一未知长度一样。名，名知。此处指"名""实""合""为"所有知识内容。正，通证，证明，推论。 [6]"外"以下四句：室外物品的颜色是"亲知"的，室内物品的颜色是"说知"的。"亲""说"，即《经上81》"知，闻、说、亲"之"亲"与"说"，指"亲知"与"说知"。

《经下71》以言为尽悖[1]，悖，说在其言。

《经说下71》以。悖，不可也。之（出）人（入）之言可，是不悖，则是有可也[2]。之人之言此条"言为尽悖"悖论，与古希腊逻辑"说谎者悖论"、古印度因明"一切言皆妄"，有异曲同工之妙。由此可以说明人类思维的某些一致性。

不可 [3]，以当，必不审。

[注释]

[1]"以言为尽悖"以下三句：如果以为"一切言论都是错误的"，这话当然错误，其原因在于，它本身正是一句话。言，即《经上32》"言，出举也"之"言"，指言辞，命题，言论。悖，淆乱，错误。下文"悖"字同。　[2]悖，不可也。之人之言可，是不悖，则是有可也：之人，原作"出人"。从孙诒让校改。下文"之人之言不可"，正作"之人"。这五句是说，言论错误，是指所说不合乎事理。如果某人的言论合乎事理，自然就是不悖，那么这是说有些言论是正确的。之人，"此人"，虚拟的"某人"。　[3]"之人之言不可"以下三句：如果某人的言论不合乎事理，却以为它合理，必定是未作深究的评价。当，即《经上75》"辩胜，当也"之"当"，正当，当理。审，评审，明察。

《经下72》唯吾谓 [1]，非名也则不可。说在仮。

《经说下72》惟 [2]。谓是霍可 [3]，而犹之非夫霍也。谓 [4]，彼是，是也。不可谓者，毋惟乎其谓。彼犹惟乎其谓，则吾谓行。彼若不惟其谓，则不行也 [5]。

[注释]

[1]"唯吾谓"以下三句：答应我说的话（中的称名），如果

它不能反映真实的名实关系，就不会被认可，其原因在于，它违反"所以谓，名也；所谓，实也"的约定。唯，应。谓，即《经说上78》"令谓，谓也"之"谓"，称，说。仮，反的繁文。　[2]惟：同唯。吴抄本正作"唯"。此字为标目字。下文三"惟"字同。　[3]"谓是霍可"以下两句：本来我称这动物为鹤，应该说没有什么不可以，而这正如不用那霍的名（而用其他名）一样。霍，通鸖。鸖，即鹤。犹，若，如。夫，犹彼，义为那。　[4]"谓"以下三句：说话中的称名正确与否，决定于别人，别人认为正确，才是正确。彼，对方，别人。与"此"对言。下文二"彼"字同。　[5]不可谓者，毋惟乎其谓。彼犹惟乎其谓，则吾谓行。彼若不惟其谓，则不行也：则吾谓行，原作"则吾谓不行"。从孙诒让校改。这六句是说，说话中不能反映真实的名实关系的称名，不要认可而去答应。这样，如果别人还能答应我说的话（中的称名），说明我的称名行得通（正确）。如果别人不答应我说的话（中的称名），说明我的称名行不通（不正确）。

《经下73》无穷不害[1]，兼说在盈否。

《经说下73》无。"南者有穷则可尽，无穷则不可尽。有穷无穷未可智，则可尽不可尽未可智[2]。人之盈之否未可智[3]，而必人之可尽不可尽亦未可智。而必人之可尽爱也，悖。""人若不盈无（先）穷[4]，则人有穷也。尽有穷，无难。盈无穷，则无穷尽也。尽有穷，无难。"

"盈无穷，则无穷尽也"，"盈无穷"的假设，实际上是不可能的。因此，不能不说墨者于此略带诡辩意味。

[注释]

[1] "无穷不害兼"以下两句：地域无穷和实行兼爱并不矛盾，其关键在于，人是否充满整个地域。盈，充满。　[2] 南者有穷则可尽，无穷则不可尽。有穷无穷未可智，则可尽不可尽未可智：可尽不可尽，原作"可尽不可尽不可尽"。从毕沅校删"不可尽"三字。这四句连同此下四句是反对兼爱者的话。这四句是说，"如果南方地域有穷尽，尽数爱人可能做到，如果没有穷尽，尽数爱人就不可能做到。现在南方地域有穷尽、没穷尽尚且不知道，当然尽数爱人能做到、不能做到也就不知道"。二"智"，通知。下文二"智"字同。　[3] "人之盈之否未可智"以下四句（接续上面四句）："人是否能充满整个南方地域不知道，那么能达到尽数爱人的目标还是不能达到这一目标也就不知道。在这种情况下，一定要说尽数爱人的目标能达到，当然不合乎情理。"　[4] 人若不盈无穷：无，原作"先"。从孙诒让校改。以下八句是墨家的话，是说"人们如果不能充满整个南方的无穷地域，说明人是有穷尽的，兼爱有穷尽的人，没有困难。人们如果充满整个南方的无穷地域，而这所谓无穷地域被人所穷尽，实际上是有穷尽地域，地域既有穷尽，人也必有穷尽，兼爱有穷尽的人，没有困难"。

《经下74》不知其数而知其尽也，说在问（明）者[1]。

《经说下74》不。不（二）智其数，恶智爱民之尽之（文）也[2]？或者遗乎其问也[3]。尽问人则尽爱其所问，若不智其数而智爱之尽之（文）

也，无难。

[注释]

[1] 不知其数而知其尽也，说在问者：问，原作"明"。从孙诒让校改。经说文"遗乎其问""尽问人则尽爱其所问"，可证。这两句是说，虽然不知道人的数目，但知道尽爱所有的人，其方法是问人。　[2] 不智其数，恶（wū）智爱民之尽之也：不，原作"二"，从曹耀湘校改。王闿运本正作"不"。"尽之"的"之"，原作"文"。从孙诒让校改。下文"尽之""之"字同。这两句是说，不知道人的数目，怎么知道所有的人尽得其爱呢？二"智"，通知，下文二"智"字同。恶，何，怎么。　[3]"或者遗乎其问也"以下五句：也许有漏问的人吧，我们会问遍所有的人，问一人，爱一人，当然就会爱遍所有的人，那么虽然不知道确定的人数，也不难知道所有的人尽得其爱。若，犹则。

《经下 75》不知其所处[1]，不害爱之。说在丧子者。

《经说下 75》（无）

[注释]

[1]"不知其所处"以下三句：不知道人们的住所，不妨害对他们施爱。例如父母对于失踪孩子的爱同对在身边的孩子的爱没有什么两样。丧子，走失孩子。丧，失，走失，失踪。

《经下 76》仁义之为内外也病（内）[1]，说在仵颜。

《经说下76》仁。仁[2]，爱也；义，利也。爱、利，此也；所爱、所利，彼也。爱、利不相为内外，所爱、所利亦不相为外内[3]。其为"仁，内也；义，外也"[4]，举爱与所利也，是狂举也。若左目出右目入。

[注释]

[1]仁义之为内外也病：病，原作"内"。从伍非百校改。以下两句是说，所谓"爱出于自己，义得自外加"的说法是有毛病的，正如说作为颜面器官的两只眼睛功能不同一样。仵，逆于事理。《孟子·告子上》："告子曰：'……仁，内也，非外也；义，外也，非内也。'"显见，此条是驳斥告子"仁内义外"之论。 [2]"仁"以下八句：仁是爱人，义是利人。施爱者、施利者都是自己，受爱者、受利者都是别人。 [3]爱、利不相为内外，所爱、所利亦不相为外内：所爱、所利，原作"所爱利"。从谭戒甫校，于"利"前补"所"字。这两句是说，施爱者与施利者不是互为内外方的关系，受爱者与受利者也不是互为外内方的关系。 [4]"其为'仁，内也；义，外也'"以下四句：那种"爱出于自己，义得自外加"的说法，是举出自己施爱与别人受利而加以牵合，实在是悖谬事理的"狂举"，正像把左眼见物说成是视觉自内出，把右眼见物说成是物象自外入一样。为，犹谓。

《经下77》学之益也[1]，说在诽者。

《经说下 77》学也[2]。以为不知"学之无益"也[3]，故告之也，是使知"学之无益"也，是教也。以学为无益也教，悖。

[注释]

[1]"学之益也"以下两句：学习之有益处，从批评者的言行中就可以得到证实。《公孟》："有游于子墨子之门者。子墨子曰：'盍学乎？'对曰：'吾族人无学者'。""游于子墨子之门者"，主张"学之无益"者。"子墨子"，"诽者"，劝学者。　[2]学也：标目字为二字之例。　[3]"以为'学之无益'也"以下六句：以为别人不知道"学习没有益处"，所以去告诉他，这是使他知道"学习没有益处"，这岂不就是在施教。以为"学习没有益处"，而又去施教，言与行自相矛盾。悖，悖谬。

《经下 78》诽之可否[1]，不以众寡，说在可非。

《经说下 78》诽。论诽之可不可以理[2]。之可非（诽）[3]，虽多诽，其诽是也；其理不可非，虽少诽，非也。今也谓多诽者不可[4]，是犹以长论短。

[注释]

[1]"诽之可否"以下三句：批评的正确与否，不在于话语多

少，而在于其理可非与否。诽，即《经上30》"诽，明恶也"之"诽"，批评，非议。　[2]诽。论诽之可不可以理：作为标目字"诽"，原在"论"字之后。从曹耀湘校倒转。这句是说，评论批评的正确与否，要看人家的说法是否当理。　[3]之可非：非，原作"诽"。从张惠言校改。以下六句是说，如其说法不当理，应予批评，批评的话语虽多，这种批评也是正确的；如其说法当理，不应批评，批评的话语虽少，这种批评也是错误的。之，犹其。　[4]"今也谓多诽者不可"以下两句：现今竟然有人声称凡是批评话语多的必定错误，这就好比以短作为标准断事，凡长为非，凡短为是。

《经下79》非诽者悖（谆）[1]，说在弗非。

《经说下79》非（不）[2]。诽非[3]，己之诽也，不非。诽，非可非也。不可非也，是不非诽也。

春秋战国之时，诸子论议，百家争鸣，如果墨家驳惠施、公孙龙等，可以说都是"诽"，庄子吹冷风说"大辩不言"。墨家或有感而发，出上条与此条以驳之。

［注释］

[1]非诽者悖：悖，原作"谆"。从张惠言校改。以下两句是说，不分青红皂白地对批评者横加非难是错误的，其原因在于，他的意见没有错误。悖，悖谬。　[2]非：作为标目字，此字原作"不"。从孙诒让校改。　[3]"诽非"以下七句：对别人的错误说法提出非议，就是在表达自己的批评意见，这种批评应当认为是正确的。因此，正确的批评是不能横加非难的。正确的批评不能非难，这是不可无端非难批评者的缘由所在。

《经下80》物甚、不甚[1]，说在若是。

《经说下80》物。甚长甚短[2]，莫长于是，莫短于是，是之是也。非是也者[3]，莫甚于是。

[注释]

[1]"物甚、不甚"以下两句：物性的最甚还是不甚，都是通过与最甚之物相比较后才得而知之的原本如此的样态（例如，"长"有"甚长"、不甚长、不甚短、"甚短"诸般样态）。甚，殊甚，极致。 [2]"甚长甚短"以下四句："甚长"是指其他任何长度都不能长于它，"甚短"是指其他任何长度都不能短于它，这才是"莫长于是"（"甚长"）、"莫短于是"（"甚短"）这样的"是"的涵义。之，此。此处指"莫长于是""莫短于是"。 [3]"非是也者"以下两句：凡不是这样的"是"，都不甚于"甚长""甚短"，即其所指长度都在"甚长"与"甚短"之间。

《经下81》取下以求上也[1]，说在泽。

《经说下81》取。高下以善不善为度[2]，不若山泽。处下善于处上，下所谓（请）上也[3]。

[注释]

[1]"取下以求上也"以下两句：选取下位以求上同圣贤的德操，正如湖泽虽卧居峰峦之下，但比峰峦更有涵量。 [2]"高下以善不善为度"以下两句：人品的高下，应以从善与否为衡量尺度，不像峰峦湖泽那样有地势的高差。 [3]处下善于处上，下所谓上也：谓，原作"请"。从孙诒让校改。宝历本、緜眇阁本、堂策槛本正作"谓"。这两句是说，对讲求道德的人来说，处于

下位比上位更好，这便是人们所说的处下就是处上。

《经下 82》不（是）是与是同，说在不州[1]。

《经说下 82》不。是是[2]，则是且是焉。今是之（文）于是，而不之于是，故是不之（文）[3]。是不之（文）[4]，则是而不之（文）焉。今是不之（文）于是，而之（文）与是，故之（文）与是不之（文）同说也[5]。

此条经文、经说文恐均有脱误，殊难校释。今参孙诒让之校和吴毓江之释，间出己意，试解如上。谨以请教于专家同行。

[注释]

[1] 不是与是同，说在不州：不原作"是"。从谭戒甫校改。标目字"不"，可证。这两句是说，两个物种虽同属一个物类，但它们毕竟有所不同（例如白马和黑马，令白马为是，则黑马为不是，反之亦然）。因为每一个物种都不能周延其物类。州，通周。周，周延，周遍。　[2]"是是"以下两句：是是，即是加是。（例如，一个群体由确定为"是"的同一物种的个体构成，如果一定要分成两部分，也只能是"是"加"是"。）[3] 今是之于是，而不之于是，故是不之："是之于是""是不之"两"之"字，原皆作"文"。从孙诒让校改。下文六"之"字皆同。不之于是，"之"字原脱。从孙诒让校补。这三句是说，现今的情况是"是之于是而不之于是"，即既有"是"，又有"不是"，这可以叫做"是"和"是之否"。（例如，一个群体由确定为"是"的一个物种和确定为"不是"的另一个物种构成。）不，通否。　[4]"是不之"以下两句：既然一"是"一"不是"，自然为"是"加"是之否"。　[5] 今是

不之于是，而之与是，故之与是不之同说也：这三句是说，至于"是不之于是而之于是"（"是之否"和"是"）的情况，也是如此。（例如，一个群体由确定为"不是"的一个物种和确定为"是"的另一个物种构成）所以这与"是"和"是之否"涵义没有什么不同。（"是"和"是之否"，亦即有"是"有"不是"。就物种而言，"是"和"不是"不同，就物类而言，它们又相同，这就是"不是与是同"的涵义。）前"与"，宝历本、嘉靖本并作"于"。按：与，通于。《耕柱》："犹聪耳明目之与聋瞽也。"与，吴抄本作"于"。"故之"的"之"，犹是，此。

[点评]

如果说《经说》《经说上》97条多半是定义、划分而附简短例证，那么《经下》《经说下》82条则几乎全为命题又加详细论证。就内容而言，有少数伦理、经济类条目，如"无穷不害，兼说在盈否""不知其数而知其尽也，说在问者""不知其所处，不害爱之。说在丧子者"和"仁义之为内外也病，说在仵颜"等，宣传"兼爱"主张和"贵义"理念。"买无贵，说在仮其贾""贾宜则雠，说在尽"等，探讨交易、价格和货币问题。而多数属科技、逻辑类。在科技方面，最为醒目的是"光学八条"（《经下18》至《经下25》），它们分别论述单影的生成、双影的生成、小孔成像（影）、影的大小所关涉的条件、光的反射、平面镜成像、凹面镜成像和凸面镜成像，俨然成为战国时期几何光学实验成果专辑，尤其是光的直线传播特性的描述、光的反射现象的记录以及平面镜、球面镜（含凹、凸）成像原理与结果的说明，可以说标志着那个时代几何光学研究的最高成就。尤其是"光之人煦若射"所表述的光的直线传播特性，用之于"墨子号"通信卫星的研发，体现了墨家科技思想和成果的现代价值。"衡木"（杠杆）、"绳掣"（滑轮）和"车梯"（斜面）的力学分析，足以证明墨家在简单机械研制和使用方面有着与古希腊学者不相上下的巨大贡献。"一少于二而多于五，说在建位"的表述向世人宣告，"十进位法"和珠算原理的揭示，由中国墨家首先完成。"斱半，进前取也。前则中无为半，犹端也。前后取，则端中也"的论列，将"尺捶半分"的哲学思辨命题置于"无穷小"的数学理论层面上，以两种方法予以推理论证，毫无夸饰地讲，这为"极限"概念的创立做了不可或缺的前导和铺垫。在逻辑方面，墨家关于"辩""类""止""指""同异""名实""损益""坚白""有无""彼此"等论辩诸多命题的探讨和阐发，常常针对惠施、公孙龙以及战国其他辩者来展开，可谓有为而发，如"石，一也；坚白，二也，而在石"，显然是驳公孙龙"离坚白"之说，"已给则当给，不可无也"，显然是破辩者"孤驹未尝有母"之论，"若无焉（鸥），则有之而后无。无天陷，则无之而无"，无疑是阐发"无不必待有"之理。应当说，它们论理透辟，入木三分，具有极强的说服力。从这些驳辩内容和经文"……说在……"行文形式两方面来说，《墨经》应是墨子后学之作。

第二十四篇　大　取

2. 于所体之中而权其轻重之谓权[1]。权，非为是也，亦非为非也。权，正也[2]。断指以存腕，利之中取大，害之中取小也。害之中取小也[3]，非取害也[4]，取利也。其所取者，人之所执也。遇盗人，而断指以免身，利也；其遇盗人，害也。断指与断腕[5]，利于天下相若，无择也。死生利若[6]，一无择也。杀一人以存天下，非杀人以利天下也，杀己以存天下，是杀己以利天下[7]。于事为之中而权其轻重之谓求。求为之，非为之也[8]。害之中取小[9]，求为义，非为义也。为暴人语天之为是也，而惟（性）为暴人歌天之为非也^[10]。诸陈执既有所为^[11]，而我为之陈执，执之所为，因吾所为也；若陈执未有所为，而我为之陈执，陈执因吾所为也。暴人为我为天之^[12]，以人非为是也，而惟（性）不可正而正之。利之中取大，非不得已也；害之中取小，不得已也。于所未有而取焉^[13]，是利之中取大也；于所既有而弃焉，是害之中取小也。

本章论述伦理领域权衡利害的基本原则，是利之中取其大，害之中取其小。篇名《大取》或由此而来。

[**注释**]

[1]于所体之中而权其轻重之谓权："其"字原脱。从孙诒让校补。吴抄本正有"其"。这句是说，在所体察的事物中考量诸多情形的轻重而决定去取，这叫做权。体，体察，体认。所体，体察事物。所，用为特殊代词，作为宾语前置于动词"体"之前，指"体"的对象，即事物。权，权衡，考量。　[2]权，非为是也，亦非为非也。权，正也：亦，原作"非"。从孙诒让校改。这五句是说，权，既不是为是而设，也不是为非而设。权，只是为了让人们将事物之间的轻重关系考量得当，从而正确决定去取而已。正，是，正确。此处指正确决定去取。　[3]"害之中取小也"以下三句：在祸害中选取轻的，不是选取了祸害，实际上是获取了利益。也，语气助词，表示提顿。　[4]"其所取者"以下两句：因为他所能选取的利益，控制在别人手中（实为情非得已之事）。执，执持，控制，操纵。　[5]"断指与断腕"以下三句：如果断指与断腕，对天下同样有利，就没有什么可选择的了。相若，即《经说下26》"两加焉，重相若，则标必下"之"相若"，

相等。　[6] 死生利若：以下两句是说，如果个人的死和生对天下同样有利，也就没有什么可选择的了。利若，上句"利于天下相若"之省。一，皆。《经传释词》卷三："一，犹皆也。"　[7] 杀一人以存天下，非杀人以利天下也，杀己以存天下，是杀己以利天下：杀人，原作"杀一人"。从孙诒让校删"一"字。下文"杀己以存天下，是杀己以利天下"，可证。这种推理属于《小取》"一是而一非"比辞类推方式，本篇中用例甚多，下面不再一一说明。这四句是说，用杀死一个人来保存天下，并非杀人是利天下之方，而用牺牲自己来保存天下，则是杀己而利天下之道。　[8] 于事为之中而权其轻重之谓求。求为之，非为之也："其"字原脱。依例补。详注释 [1]。非为之，原脱"为之"二字。从孙诒让校补。这三句是说，在所从事的实务中，考量诸多情形的轻重而求取，这叫作求。怀着有所求的褊狭心理去做某件事，不是真正意义上的为大众服务。　[9] "害之中取小"以下三句：在众害之中选择较轻的是对的，但仅仅是为了求取"义"的美名，显然未得"义"的真谛。　[10] 为暴人语天之为是也，而惟（性）为暴人歌天之为非也：惟，原作"性"。从孙诒让校改。下文"而惟""惟"字同。这两句是说，对暴虐之人讲述"天志"，（从而使他们去恶迁善，）是正确的；而只有对暴虐之人诋毁"天志"，才是错误的。天之，即天志。之（ㅂ），通志（ㄹ）。下文两"天之"皆同。歌，通诃。诃，诃责，诋毁。曹耀湘云："'谓'（按：即歌）与'诃'同。原作'歌'。"蔡侯钟："自作诃钟。"诃钟，即"歌钟"。　[11] "诸陈执既有所为"以下七句：我们长期以来坚持的某些主张，既然已经取得了明显的社会效益，对此，我们将继续勉力其事，以期社会效益更加提高，果能如此，当然是由于我们的不懈努力而收到的功效；如果说某种长期以来坚持的主张，出于种种原因，迄今未能取得明显的社会效益，对此，我们尤当勉力其事，以期获得应有的社会效益。果能如此，同样是由于我们的不懈努力而收到的功效。陈执，久执，长期坚持的主张。陈，久。执，持。有所为，有所成。为，成。《广雅·释诂三》："为，成也。"吾所为，我们所作。为，作，行。 [12]"暴人为我为天之"以下三句：暴虐之人把为我作为"天志"，这是以天人之所非当作是，而我们一定要把这种看似不可矫正的错误思想主张矫正过来。 [13]于所未有而取焉："于"字原脱。从张纯一校补。下文"于所既有而弃焉"，可证。以下四句是说，在前所未有的广大利益空间中进行选择，这要以利益最大的作为选择对象；在今所已有的众害并存的环境中，必须有所舍弃，（才能保存根本利益，）这要以祸害最小的作为选择对象。焉，于之。用为兼词。

9. 小圜之圜与大圜之圜同[1]。不（方）至尺之不至也，与不至钟之不至异[2]。其不至同者[3]，远近之谓也。

本章论述异类事物没有可比性。《经下7》："异类不吡，说在量。"与此义同。

[注释]

[1] 小圜之圜与大圜之圜同：是说小圆与大圆，虽半径大小不同，但就其几何图形为圆这一点而言，它们还是相同的（类别相同）。圜，即《经说上59》"圜，规写交也"之"圜"，即圆（用规画出的几何图形）。《吕氏春秋·别类》："小方，大方之类也。"一"圆"一"方"，论旨不异。 [2] 不（方）至尺之不至也，与不至钟之不至异："不至尺""不"字，原作"方"。后"之不至"，原作"之至不"。并从孙诒让校改正或倒转。这两句是说，不到"一尺"的"不到"，与不到"一钟"的"不到"，二者没有任何可比性（类别不同）。钟（鍾），量器名，容六石四斗。 [3]"其不至

同者"以下两句：要使两个"不到"可相比较，除非使用相同度量单位，例如都是用长度单位来计算远近的事物才可以。

10. 是璜也[1]，是玉也。意楹，非意木也，意是楹之木也。意指之人也，非意人也。意获也，乃意禽也。志、功不可以相从也[2]。

本章论述人之思虑行事，动机、效果有时相顺，有时则否。

[注释]

[1]"是璜也"以下九句：这既是璜，这就是玉。揣度楹柱，并不是揣度全木，而是揣度制作这根楹柱的分材。揣度作为特指的这个人，并不是揣度一般的人。但是，揣度猎获物，就是揣度禽兽之类。璜，瑞玉制成的半璧。意，意度，揣度。楹，楹柱。前"木"，指树木，即全木。后"木"，指制成楹柱所用的木材，即分材。指之人，手所指的人，特定的人。人，统称的人，一般人。 [2]志、功不可以相从也：是说动机和效果并不总是一致的。志，意求之，即动机。功，求得之，即效果。

13. 诸圣人所先，为人效（欲）名实，实不必名[1]。苟是石也白[2]，败是石也，尽与白同。是石也唯大，不与大同，是有便谓焉也。以形貌命者[3]，必智是之某也，焉智某也。不可以形貌命者[4]，唯不智是之某也，智某可也。诸以居运命者[5]，苟人于其中者，皆是也。去之，因非也。

本章先论述石之同在性谓（白）、不同在量谓（大小），后论述以形貌命名、不以形貌命名和以居运命名之不同。

诸以居运命者^[6]，若乡、里、齐、荆者，皆是。诸以形貌命者^[7]，若山、丘、室、庙者，皆是也。

［注释］

[1]诸圣人所先，为人效（欲）名实，实不必名：效，原作“欲”；实不必名，原作“名实不必名”。并从孙诒让校改“欲”为“效”、删“实”前“名”。这三句是说，凡圣人的首务，是为世人考正“名”“实”，使“名”必副“实”，但“实”不一定有名。诸，凡。先，先行。此处指首务。效，征验，考较。　[2]“苟是石也白”以下六句：如果这块石头是白的，那么打碎它，成为小块，每块也同样是白的。与此不同，这块石头虽然大，但其大与另一些大石之大可能并不相同，这是因为这块石头大，仅仅是对比它小的石头便宜称说的。苟，若。下文“苟人”“苟”字同。败，损坏，破碎。唯，通虽（雖）。下文“唯不智”，“唯”字同。便，方便，便宜。　[3]“以形貌命者”以下三句：那些用有形之物的形态体貌来命名的（实体名称），一定要事先知道它是什么物件，然后才能确定给它定个什么名称。形貌，事物的形态体貌。命，指命名。智，通知。下文三“智”字同。是之某，即“是为某”。之，犹为。《经词衍释》卷九：“之，犹为也。”某，指某事物。下文“是之某”同。焉智某，即“乃知某”。焉，乃。某，指某名称。　[4]“不可以形貌命者”以下三句：那些不能用形态体貌来命名的（属性名称），虽然不知道它究竟是什么样子，只要知道给它定了什么名称，也就可以了。　[5]“诸以居运命者”以下五句：凡是用居住在某地或离开某地来为人的里籍或国籍命名的，不管是谁，只要他住在某地，就都称作某地或某国的人。如果离开这里，就不再是某地或某国的人了。居运，居住与迁徙。运，移

徒。 [6]"诸以居运命者"以下三句：凡是用居住在某地或离开某地来为人的里籍或国籍命名的，如用乡、里之类的行政区划单位名称和齐、荆之类的邦国名称，都属于此种情况。 [7]"诸以形貌命者"以下三句：凡是用有形之物的形态体貌来命名的，如用"山""丘""室""庙"等名称来称说山峰、丘陵、居室、太庙等事物的，都属于此种情况。

16. 长人之与短人也同[1]，其貌同者也，故同。指之人也与首之人也异[2]，人之体非一貌者也，故异。将剑与挺剑异[3]，剑以形貌命者也，其形不一，故异。杨木之木与桃木之木也同[4]。诸非以举量数命者[5]，败之尽是也。故一人指[6]，非一人也；是一人之指，乃是一人也。方之一面[7]，非方也；方木之面，方木也。

本章论述同、异及其关系（同中有异，异中有同）。

[注释]

[1]长人之与（與）短人也同：原作"长人之异（異）短人之同"。从俞樾校改。下文"指之人也与首之人也异，人之体非一貌者也。故异。将剑与挺剑异，剑以形貌命者也，其形不一，故异"（其比辞类推的方式，皆为先出两事物的同或异，后出其所以同或异的依据），可证。以下三句是说，身材较高和身材较低的人，（如果从他们作为人这一角度而言，）无疑是相同的，这是因为他们作为人的状貌特征相同，所以说他们是相同的。 [2]"指之人也与首之人也异"以下三句：手指于人与脑袋于人，（如果从

它们各自作为人体的一个组成部分这一角度而言）无疑是不同的，这是因为它们虽然都是人体的组成部分，却属于不同的部分，就是说它们的状貌有异，所以说它们是不同的。之，犹于。《经传释词》卷九：“之，犹于也”。　[3]“将剑与挺剑异”以下四句：扶剑和拔剑的姿态是不同的，因为弄剑以形貌来命名，其姿态因手的动作不同而各不相同，（虽然剑作为被扶或被拔的对象是同一事物，但是）扶剑和拔剑的姿态因手的扶、拔二动作的不同而有所不同。将，同𢮍，扶。《玉篇·手部》：“𢮍，扶也。今作将。”挺，拔。　[4]杨木之木与桃木之木也同：是说杨树和桃树，（如从物种这一角度而言，固然有所不同，但是）从杨木和桃木作为木材这一角度而言，无疑是相同的。　[5]“诸非以举量数命者”以下两句：凡不以称举量度（如钟、斛、斗、升）和数目（如万、千、百、十）来命名的事物，如果将它们破析为若干部分，整体和碎块的性质尽然相同。　[6]“故一人指”以下四句：泛言“一人指”，并不定于某一人，而特称“是一人之指”，必定于“是一人”。“一人指”“是一人之指”，都是一人之指，此其同。前者泛言而后者特称，此其异。显见，这是同中有异之例。　[7]“方之一面”以下四句：有的多面体（如正四棱锥）只有底面为正方形，而侧面为具有公共顶点的四个全等等腰三角形，不能据以论定其为方体。而正方体之木，因其六面皆为正方形，却可以凭其一面为正方形论定其为正方体之木。方体、非方体，此其异，皆有方之面，此其同。显见，这是异中有同之例。上文“重同、俱同、连同、同类之同、同名之同、丘同、鲋同、是之同、然之同、同根之同。有非之异，有不然之异。有其异也，为其同也，为其同也异”，从不同角度论事物有同有异。而同异的关系正是“有其异也，为其同也”（“为其同也，异”，乃“有其异也，为其同也”的倒装句，如补其省略之词，即“为其同也，有其异也”），可见，同中有异、异中有同是认识自然界和人类社会万千事物的通则之一。

17. 三物必具，然后足以生[1]。夫辞[2]，以故生，以理长，以类行者也。立辞而不明于其所生[3]，忘也。今人非道无所行，唯有强股肱，而不明于道，其困也，可立而待也。夫辞以类行者也[4]，立辞而不明于其类，则必困矣。故浸淫之辞，其类在鼓栗[5]。圣人也，为天下也，其类在追迷[6]。或寿或卒，其利天下也指若，其类在誉名（石）[7]。一日而百万生[8]，爱不加厚，其类在恶害。爱三（二）世有厚薄，而爱三（二）世相若，其类在蛇文[9]。爱之相若[10]，择而杀其一人，其类在阬下之鼠。小仁与大仁[11]，行厚相若，其类在申。凡兴利除害也[12]，其类在漏雍。厚亲不称行[13]，而类行，其类在江上井。不为己之可学也[14]，其类在猎走。爱人非为誉也[15]，其类在逆旅。爱人之亲[16]，若爱其亲，其类在官苟。兼爱相若，一爱相若，其类在死也[17]。

本章先论"故""理""类"三物同具然后"辞"生之理，后总括全篇，用十三则"其类在……"的格式语句，弘扬"兼爱"之旨。

[注释]

[1] 三物必具，然后足以生：此九字原误置于 4 章之末。从

孙诒让校移此。这两句是说，在辩论中，论证作为论题的"辞"所由成立的"故""理""类"三物必须同时具备并巧妙配合，方可最终达成。三物，指"故""理""类"。生，产生，成立。足以生，指"辞"（论题）足以成立。　[2]夫辞：此二字，从孙诒让校补。下文"夫辞以类行者也"，可证。以下四句是说，论题之所以成立，是因为原故（充足理由）是论题及其论证产生（成立）的依据（符合充足理由律），又必以已被证明为真的一般规律或标准法式令人信服地展开论证（符合形式有效律），论证过程中，用类别相同的例证加以推理（符合同类相推论）。这样，论题才能完满证成。辞，即《小取》"以辞抒意"之"辞"，指论题。故，即《经上1》"故，所得而后成也"之"故"，指原故，即充足理由。理，即《经说下78》"论诽之可不可以理"之"理"，指道理，即已被证明为真的一般规律或标准法式。类，即《经下2》"推类之难，说在之大小"之"类"，指种类，类别，即被证明事物与所搜求例证，二者性质相类。长，指成长，发展，展开。行，指进行，推进。　[3]"立辞而不明于其所生"以下七句：提出论题却不明了它产生的依据，只能说是虚妄的臆想。好比现在人们不事先打听好道路就盲目出行，虽说他体魄强健，但因不熟路径，必将即刻遇上麻烦。忘，通妄。妄，虚妄，荒诞。唯，通虽（雖）。　[4]"夫辞以类行者也"以下三句：在对论题进行论证的过程中，如果不能明辨事理的类别，就无法运用类比的方法做合乎情理的推理，从而使自己陷入十分被动的困境之中。　[5]"故浸淫之辞"以下两句：那些非兼者惯于以淫巧之辞浸染蛊惑世人，其动势之大，可谓骇人听闻，这有类于大肆鼓噪必将令人战栗不安。故，用以收结前十六章文字，以剟摄全篇精意，列为此下十三则警句。浸，渐污。淫，淫巧，不实。鼓，鼓噪，鼓动。栗，同慄，惊悚，战栗。苏时学云："此下言

'其类'者十有三，语意殊不可晓，疑皆有说以证明之，如《韩非·储说》所云者，而今已不可考矣。"其实，审校其文，大抵皆弘扬兼爱主张之言，只是语焉不详。"其类在……"凡十三，透露出此篇当为战国中后期作品的某些信息，这类举出典型事理或交代事由的格式用语，也见于《管子》《韩非子》《吕氏春秋》等典籍中。今仅将每则有限的文字作以试释。 [6]圣人也，为天下也，其类在追迷："在"下原有"于"字。依上下行文例（其类在……），当删。这三句是说，古代圣人一直都在为救拔天下苍生而奔走呼号，这有类于救助失路的人，使他们迷途知返。 [7]或寿或卒，其利天下也指若，其类在誉名："名"原作"石"。从毕沅校改。这三句是说，圣人或寿或夭，或生或死，而爱利天下之旨没有什么两样，这是因为他们赢得为民谋福的美誉足以激励后人继往开来。指，同旨。若，指相若，相同。 [8]"一日而百万生"以下三句：贵兼者日复一日与百万生灵共生天地之间，每一生灵都在所爱之中，不会因故增加对某一生灵的爱，（也不会因故减少对某一生灵的爱，）这是因为他们一心想使天下民众得利而不想使他们受害。生，指生命，生灵。 [9]爱三世有厚薄，而爱三世相若，其类在蛇文：两"三"字，原作"二"。从吴毓江校改。这三句是说，那些非兼者说，你们对今世之人与上世、后世之人的爱有厚薄之分。贵兼者回答说，不论在什么情况下，我们对今世之人与上世、后世之人的爱都是相同的，这有类于蛇身斑纹条条相同。此即上文"爱众世（地域广、人口多的世代）与爱寡世（地域狭、人口少的世代）相若。兼爱之又相若。爱尚世与爱后世，一若今之世人也"之意。"相若"，相同。 [10]"爱之相若"以下三句：贵兼者对天下苍生的爱都是相同的。有时，（为确保社会大多数人安居乐业，）也会惩戒甚至杀掉一个危及国计民生的首恶分子，这有类于（为确保人们远离瘟病和保住口粮而）灭除门下的老鼠。阢，门。 [11]"小仁与大仁"以下三句：不论是黎民百姓，还是大夫、诸侯、天子，他们厚利天下的德行并没有高下之分，这是由于他们乐利人群之志同样得到了伸张的缘故。仁，同人。小仁，指匹夫，在下者。大仁，指大夫、诸侯以至天子，在上者。行，德行，行为。申，同伸，伸展，伸张。 [12]"凡兴利除害"以下两句：凡是为天下黎民兴利者，必须同时防范并且除掉那些暗藏的祸害，这有类于补苴汲瓶的漏隙才可安收汲水之利。雍，通甕。甕，汲水之瓶。 [13]"厚亲不称行"以下三句：如果不按人们利天下功效之大小施以或厚或薄的爱，而一味以我为中心，按亲族关系由近而远加以类推，分别施以由厚至薄之爱（这种爱的局限性是很明显的），这有类于在江边凿井。（对江水而言，井水实在少得可怜。） [14]"不为己之可学也"以下两句：不专为自己的"兼爱"是可学可行的，这要看人们是否下决心去做，这有类于为了保护农户庄稼免遭践喏之害，猎手们必须走马逐射才有斩获。 [15]"爱人非为誉也"以下两句：兼爱世人，纯然发自内心，并非为了邀誉于人，这有类于开设客栈，只为方便旅客。逆，迎，迎接。旅，客。 [16]"爱人之亲"以下三句：爱别人的父母，如同爱自己的父母（贵兼者都应该这么做），这有类于官人为公家之事夙夕奔忙，敬慎而不懈怠。官，公。此处指公家。苟，即敬。师虎簋："苟夙夜勿灋（废）朕命"，师西簋作"敬夙夕勿灋（废）朕命"，可证。 [17]兼爱相若，一爱相若，其类在死也："一爱相若"四字原重。从孙诒让校删。这三句是说，如果世人都能不分差等地去爱别人，那么自己也必能得到别人不分差等的爱，这有类于楚国令尹孙叔敖儿时曾杀埋两头蛇，既保护了别人，同时也保护了自己。此即上文"爱人不外己，己在所爱之中。己在所爱，爱加于己。伦列（无差等）

之爱己，爱人也"之意。也，即虵，同蛇。古文"也""它"同字，均象蛇形。

[点评]

此篇所论内容主要有以下三个方面：其一，利害权衡原则，即"利之中取大，害之中取小"，这应当看作是篇名《大取》的来由。其二，阐发"兼爱"宏旨，这在篇末十三则"其类在……"有鲜明的体现。其三，申论同异及其关系，已经上升到哲学思辩层面。应该说，全篇以阐发兼爱宏旨为主线，穿插利害权衡和同异辨析。"兼爱"之道，系墨家社会政治与伦理思想的指归所在，于轻重考量、利害抉择方面，自当为首取，非"大取"而何！其中，"爱众世与爱寡世相若""爱尚世与爱后世，一若今之世人也"，以及"爱人不外己，己在所爱之中"，应看作墨子后学对先师墨子"兼爱"主张的补益和深化，因为这些表述未见于"子墨子"。"重同、俱同、连同、同类之同、同名之同、丘同、鲋同、是之同、然之同、同根之同。有非之异，有不然之异。有其异也，为其同也，为其同也异"，应看作后期墨家对其前辈"同，重、体、合、类"和"异，二、不体、不合、不类"的修正和发展，因为前者"十同"含后者"四同"在内，而后者"二异"放弃前者"四异"而另立新说。另外，在行文中，此篇中多有《小取》"一是而一非"的比辞类推格式的用例，如"故一人指，非一人也；是一人之指，乃是一人也"，等等。这些推理用例，可以看作《小取》"譬""侔""援""推"判断或推理格式的具体运用。《大取》也曾述及推理过程中出现的"是、不是"和"然、不然"四种情况，但相比《小取》来说，毕竟是又少又散。由此看来，《大取》的问世，应迟于《经》和《经说》，或与《小取》同时，或稍迟于《小取》。

第二十五篇　小　取

1. 夫辩者，将以明是非之分^[1]，审治乱之纪^[2]，明同异之处^[3]，察名实之理^[4]，处利害^[5]，决嫌疑焉^[6]。摹略万物之然^[7]，论求群言之比^[8]。以名举实^[9]，以辞抒意^[10]，以说出故^[11]。以类取^[12]，以类予^[13]。有诸己不非诸人^[14]，无诸己不求诸人^[15]。

本章论述辩论的功用、环节和规则。

[注释]

[1] 分：分别，区分。　[2] 审：审察。纪：端绪，头绪。　[3] 处（chù）：处所，所在。　[4] 察：审察，细究。　[5] 处（chǔ）：处理，决断。　[6] 决：解决，断案。焉，句末语气词。"夫辩者"至"决嫌疑焉"论辩论的功用。　[7] 摹略万物之然：是说探求论题所涉种种事物的真实现象或状貌。摹，探求，规摹。略，求，

取。然，如此。此处指事物的现象或状貌如此。　[8]比：比度，考较。　[9]以名举实：是说用概念说出客观对象的实有属性。名，即《经说上81》"所以谓，名也。所谓，实也"之"名"，指名称、概念。与"实"对言。举，标举，言说。实，指客观事物的实有属性。　[10]以辞抒意：是说用判断表达自己的意见。辞，即《大取》"夫辞，……以类行者也"之"辞"，指判断。抒，抒发，表达。　[11]以说出故：是说用推理揭示论题成立与否的理由。说，即《经上73》"说，所以明也"之"说"，指推理。故，即《经上1》"故，所得而后成也"之"故"，指形成某一事物或产生某一结果的原因，或论题得以成立的理由（论据）。"以名举实"至"以说出故"论辩论的环节。　[12]以类取：是说论证过程中必须遵循类同原则选取自己认可的事由来立论或驳论。取，选取。　[13]以类予：是说也必须遵循类同原则进行推理，以证成立论或驳论。予，推予，推理。　[14]有诸己不非诸人：是说若"己"方主张或赞同某一观点或意见，就不能非议"人"方主张或赞同与此同类的另一观点或意见。诸，"之于"合音。　[15]无诸己不求诸人：是说若"己"方不主张或不赞同某一观点或意见，就不能要求"人"方主张或赞同与此同类的另一观点或意见。"以类取"至"无诸己不求诸人"论辩论的规则。

2.或也者[1]，不尽也。假者[2]，今不然也。效者[3]，为之法也；所效者，所以为之法也。故中效[4]，则是也；不中效，则非也，此效也。辟也者[5]，举也物而以明之也。侔也者[6]，比辞而俱行也。援也者[7]，曰："子然，我奚独不可以然也？"推也者[8]，以其所不取之同于其所取者，予之也。"是犹谓"也者[9]，同也；"吾岂谓"也者，异也。

本章论列墨家"或""假""效""辟""侔""援""推"七种推理范式。

[**注释**]

[1]"或也者"以下两句：有这样的，但不是全都这样。尽，即《经上43》"尽，莫不然也"之"尽"，竭，悉。墨家推理范式有七："或""假""效""辟""侔""援""推"，而"或"居其首。墨家"或"式推理，暗合于今逻辑学不相容选言判断或推理。 [2]"假者"以下两句：假设这样，现在还没有这样。墨家"假"式推理，暗合于今逻辑学假言判断或推理。 [3]"效者"以下四句：效，是指为某事物或理论提供标准或公式，作为仿效复制或代入验证的依据；所效，是指用以作为仿效复制的标准或代入验证的公式。墨家"效"式推理，近似于今逻辑学演绎推理。 [4]中（zhòng）：合，当。 [5]"辟也者"以下两句：譬喻，是举已明的别一事理以晓喻未明而同类的此一事理以求明解。辟，通譬。譬，比譬，譬喻。也，通他，指其他，别方。墨家"譬"式推理，相当于今逻辑学譬喻式类比推理。 [6]"侔也者"以下两句：侔，是比列语义相类的宾辞与主辞，并由宾辞的是与非来确定主辞的然与否。侔，齐等。此处指宾辞、主辞辞义齐等。孙诒让云："（侔）谓辞义齐等，比而同之。"其说甚是。比，比列，排比。此处指宾辞、主辞比列而出。墨家"侔"式推理，相当于今逻辑学排比式推理。 [7]"援也者"以下三句：援，可以表述为，既然您这样，我为什么单单不可以这样呢？换言之，对方以某事理为然，则我方援其例而推得的同类事理，对方同样应该以为然。援，援引，引用。然，如此。墨家"援"式推理，相当于今逻辑

学援例式类比推理。 [8]"推也者"以下三句：用对方所不赞成而不取的与其所赞成而取的同类，推知其所赞成的也不可取。墨家"推"式推理，相当于今逻辑学归谬式类比推理。 [9]"'是犹谓'也者"以下四句：作为惯用语的"是犹谓"，用来称说同类的判断，而惯用语"吾岂谓"，用来称说异类的判断。

3. 夫物有以同而不率遂同[1]。辞之侔也[2]，有所至而正。其然也[3]，有所以然也，其然也同，其所以然不必同。其取之也[4]，有所以取之，其取之也同，其所以取之不必同。是故辟、侔、援、推之辞，行而异[5]，转而危，远而失，流而离本，则不可不审也[6]，不可常用也。故言多方、殊类、异故[7]，则不可偏观也。

本章论述事物之"然"与"所以然"、"取之"与"所以取之"的复杂性和运用"辟""侔""援""推"进行推理时可能出现的若干弊端。

[注释]

[1] 夫物有以同而不率遂同：是说同类事物虽在某一方面有相同点，但并非完全相同。有以同，即《经说上 87》"有以同，类同也"之"有以同"。率遂，同义复词，皆，尽。率，皆。遂，尽。 [2]"辞之侔也"以下两句：进行类比推理，必须推论得当，方可由前提之真推得结论之真。至，得，尽理。正，是。 [3]"其然也"以下四句：某一事物或现象如此，必定有它所以如此的原故（理由）。诸事物或现象都如此，固然相同，但它们所以如此的原故（理由）却未必相同。 [4]"其取之也"以下四句：人们选取或认可某一事理来进行推论，必定有自己的原故（理由），

选取或认可的事理相同，但选取或认可该事理的原故（理由）却未必相同。 [5]"行而异"以下四句：或因行用出于私心，做断章取义的歪曲，从而出现歧异，或因转述而做偷换概念、偷换论题的篡改，从而形成诡辩，或因推论迂远而造成疏失，或因仅仅顾及枝节问题而偏离主干问题。行，指行用，使用。转，指转换，变更。此处指经由转述而出现偷换概念、偷换论题现象。危，通诡。诡，诡异，诡谲，诡辩。流，指分支，部分，对"本"而言。 [6]审：慎，察。 [7]"故言多方、殊类、异故"以下两句：所以立辞必须考虑道理或方法的多样性、事物类同类异的相对性和某种事态成因的复杂性（而不能执于一端，以偏概全）。方，道理，方法。

4. 夫物或乃是而然，或是而不然，或不是而然，或一周而一不周，或一是而一非也[1]。白马[2]，马也；乘白马，乘马也。骊马，马也；乘骊马，乘马也。获，人也；爱获，爱人也。臧，人也；爱臧，爱人也。此乃是而然者也。获之亲[3]，人也；获事其亲，非事人也。其弟，美人也；爱弟，非爱美人也。车，木也；乘车，非乘木也。船，木也；入（人）船，非入（人）木也[4]。盗[5]，人也；多盗，非多人也；无盗，非无人也。奚以明之？恶多盗，非恶多人也；欲无盗，非欲无人也。世相与共是之。若若是，则虽盗，人也；

爱盗，非爱人也；不爱盗，非不爱人也；杀盗，非杀人也，无难矣[6]。此与彼同类[7]，世有彼而不自非也，墨者有此而非之，无也故焉，所谓内胶外闭，与心毋空乎内，胶而不解也。此乃是而不然者也。夫且读书，非读书也；好读书，好书也[8]。且斗鸡，非斗鸡也；好斗鸡，好鸡也[9]。且入井[10]，非入井也；止且入井，止入井也。且出门，非出门也；止且出门，止出门也。世相与共是之[11]。若若是，且夭，非夭也；寿夭，夭也[12]。有命[13]，非命也；非执有命，非命也，无难矣。此与彼同类，世有彼而不自非也，墨者有此而非之[14]，无也故焉，所谓内胶外闭，与心毋空乎内，胶而不解也。此乃不是而然者也[15]。爱人[16]，待周爱人，而后为爱人。不爱人，不待周不爱人，不周爱，因为不爱人矣。乘马[17]，不待周乘马，然后为乘马也。有乘于马，因为乘马矣。逮至不乘马，待周不乘马，而后为不乘马。此一周而一不周者也。居于国，则为居国[18]；有一宅于国，而不为有国。桃之实，桃也；棘之实，非棘也。问人之病，问人也；

恶人之病，非恶人也。人之鬼，非人也；兄之鬼，兄也。祭人之鬼，非祭人也；祭兄之鬼，乃祭兄也。之马之目盼[19]，则为之马盼；之马之目大，而不谓之马大。之牛之毛黄，则谓之牛黄；之牛之毛众，而不谓之牛众。一马，马也；二马，马也。马四足者，一马而四足也，非两马而四足也[20]。马或白者[21]，二马而或白也，非一马而或白。此乃一是而一非者也。

本章分别举例说明比辞类推方式的"物或乃是而然，或是而不然，或不是而然，或一周而一不周，或一是而一非"的五种情况。

[注释]

[1] 夫物或乃是而然，或是而不然，或不是而然，或一周而一不周，或一是而一非也："或不是而然"句原脱。从胡适校补。"或一是而一非也"句原作"或一是而一不是也"。从王引之校改。"或一是而一不是也"后原有"不可用常也。故言多方、殊类、异故，则不可偏观也"三句。亦从王引之校删。这五句是说，用比辞类推方式对事理进行推理论证，可能出现以下五种情况，一是前提为肯定命题结论也为肯定命题，二是前提为肯定命题而结论为否定命题，三是前提为否定命题而结论为肯定命题，四是这种陈述周遍而那种陈述不周遍，五是这种陈述正确而那种陈述谬误。 [2] "白马"以下十七句：白马是马，那么骑白马就是骑马。黑马是马，那么骑黑马也就是骑马。婢是人，那么爱婢就是爱人。奴是人，那么爱奴也就是爱人。这些例子都属于前提是肯定命题结论也是肯定命题的正式排比式类比推理格式。用公式表示为：A=B，且 CA=CB。"白马，马也"，由宾辞（墨家说"白马，马

也", 实际上是对公孙龙子"白马非马"的否定）为"是"（肯定命题），推得主辞"乘白马，乘马也"为"然"（肯定命题）。下同。获，婢，女仆。臧，奴，男仆。 [3]"获之亲"以下十二句：婢的父母是人，但婢事奉他的父母并非事奉人（事奉别人）。某人的妹妹是美人，但他爱自己的妹妹并非爱美人（爱美色）。车是木料制成的，但乘车并非乘木（登上树木）。亲，双亲，父母。弟，指女弟。 [4]船，木也；入船，非入木也：两"入"字，原作"人"。从苏时学校改。这四句是说，船是木料制成的，但进入船舱并非入木（进入棺木）。 [5]盗：原作"盗人"，从孙诒让校删"人"字。下文"多盗""无盗"，可证。以下十二句是说，盗贼是人，但增加盗贼并非增加人（增加守法之人）；消灭盗贼并非消灭人（消灭守法之人）。何以明白这一道理呢？厌恶增加盗贼并非厌恶增加人（增加守法之人）；希望消灭盗贼并非希望消灭人（消灭守法之人）。对此世人都有共识。奚，何。恶（wù），厌恶，憎恶。相与，共同。下文"相与"同。 [6]若若是，则虽盗，人也；爱盗，非爱人也；不爱盗，非不爱人也；杀盗，非杀人也，无难矣：虽盗，原作"虽盗人"；杀盗，原作"杀盗人"；无难，原作"无难盗无难"。并从孙诒让校删二"人"与"盗无难"。这十句是说，如果是这样，那么虽说盗贼是人，但爱盗贼并非爱人（爱守法之人）；不爱盗贼也并非不爱人（不爱守法之人）；杀死盗贼也并非杀死人（杀死守法之人），这是不难接受的。"若若是"，如果像这样。前"若"，如果。后"若"，像。然，如此。下文"若若是"同。 [7]"此与彼同类"以下八句：这种主张与世人都有共识的道理实属同类，世人只认可他们的道理而不自以为非，我们墨家坚持自己的主张就遭到非议，这不存在其他的什么缘故，就是所说的内思固结、外情拒闭，心中不留一点孔窍，呈现胶结状态而又不想去打通它。这些例子都属于由前提是肯定命题不能推得结论也是肯定命题，必须对结论的谓项加以否定才能使之成立的反式排比式类比推理格式之一。用公式表示为：A=B，且 CA ≠ CB。彼，指"世相与共是之"之论，即上文"获之亲，人也；获事其亲，非事人也"至"盗，人也；多盗，非多人也……欲无盗，非欲无人也"。此，指墨者之论，即"盗，人也；爱盗，非爱人也，不爱盗，非不爱人也；杀盗，非杀人也"。也故，即"他故"。详 2 章注释 [5]。 [8] 夫且读书，非读书也；好读书，好书也：原作"且夫读书，非好书也"。从孙诒让校改。这四句是说，将要读书，还不是读书；而喜好读书，就是喜好书。夫，发语词。且，即《经说上 33》"自前曰且，自后曰已"之"且"，将。 [9] 且斗鸡，非斗鸡也；好斗鸡，好鸡也：非斗鸡也，原脱"斗"字。从谭戒甫校补。这四句是说，将要斗鸡，还不是斗鸡；而喜好斗鸡，就是喜好鸡。 [10]"且入井"以下八句：将要入井，还不是入井；而阻止将要入井，就是阻止入井。将要出门，还不是出门，而阻止将要出门，就是阻止出门。 [11] 世相与共是之：此六字原脱。从孙诒让校补。 [12] 若若是，且夭，非夭也；寿夭，夭也：寿夭，夭也，原作"寿夭也"。从孙诒让校补。这五句是说，如果是这样，那么将要夭折，还不是夭折；而寿命短少，就是夭折。夭，短折，少死。 [13]"有命"以下五句：（儒家）主张有命，并不是真的有命运存在；而墨家反对主张有命，就是不承认有命运存在。这是不难接受的。 [14] 墨者有此而非之：非之，原作"罪非之"。从苏时学校删"罪"字。 [15] 此乃不是而然者也：原作"此乃是而然者也"，胡适补"不"字作"此乃不是而然也"，孙诒让作"此乃是而不然者也"，非是。今从胡校。这句是说这些例子都属于前提为否定命题而结论为肯定命题的反式排比式类比推理格式之二。用公式表示为：A ≠ B，且 CA=CB。 [16]"爱人"以下八句：所谓"爱人"，必须等到周遍地爱世上所有的人以后，才可称为"爱人"。所谓"不爱人",就不必等到周遍地不爱世上所有的人,只要有不能周遍地爱人的情况存在,就可称为"不爱人"。周,周遍,周延。因为,"因而就成为"之意。 [17]"乘马"以下九句:所谓"骑马",不必等到周遍地骑所有的马以后,才称为"骑马"。只要骑上某一匹马,就可称为"骑马"。及至所谓"不乘马",必须等到周遍地不骑所有的马以后,才可称为"不骑马"。这就是在论证过程中出现的一种表述周延而另一种表述不周延的情况。用公式表示为:AB 有时遍及 B 各分子,有时不遍及。逮,及。 [18]"居于国"以下二十句:居住在一国之中,可谓之"居国";而有一所住宅在一国之中,不可谓之"有国"。桃树的果实是桃;而棘树的果实不是棘(而是枣)探问别人的疾病,可谓之探问别人;而厌恶别人的疾病,不可谓之厌恶别人。人的鬼魂,当然不是活在世上的人;而兄长的鬼魂,大家总以为有时可以代表活着的兄长。祭祀别人的鬼魂,当然不是祭祀活在世上的人;而祭祀兄长,大家总以为有时可以认为是祭祀活着的兄长。居国,可视为"居于国"之省。古代汉语介宾词组"于×"位于动词后作补语时,有时介词"于"可省。如《史记·项羽本纪》"军霸上",即"军(驻扎)于霸上"之省。棘,野枣。 [19]"之马之目盼"以下八句:这匹马的眼睛斜视,可以说这匹马斜视,而这匹马的眼睛大,不可以说这匹马大。这头牛的毛是黄色的,可以说这头牛是黄色的;而这头牛毛多,不可以说这头牛多。之马之目盼,这匹马的眼睛斜视。前"之",犹是,此。下文"之马""之牛","之"字皆同。盼,斜视。为,犹谓。下文"不谓之",正作"谓"。 [20]一马,马也;二马,马也。马四足者,一马而四足也,非两马而四足也:"非两马而四足也"句后,原衍"一马,马也"四字。从王引之校删。这七句是说,一匹马是马;两匹马是马。说马四条腿,是指一匹马四条腿,不是指两匹马四条腿。　[21]"马或白者"以下四句：称有的马是白的，是指至少在两匹马中有一匹是白色的，不是指一匹马有白色的。这就是在推论过程中出现一种陈述正确而另一种陈述不正确的情形。用公式表示为 $f(A) = g(A)$，且 $f(B) \neq g(B)$。

[点评]

此篇论述辩论之术，相对于上篇所重在弘扬"兼爱"宏旨，所取者自当为大，故名《大取》而言，辩术乃工具之属，其所取者自当为小，工具所以达成宏旨也，故名《小取》。全篇所论内容有四个方面，一是阐述辩论的功用和规则，二是揭示墨家"或""假""效""辟""侔""援""推"七种推理范式，三是指出运用这些推理范式可能出现的弊端，四是举例说明比辞类推的五种格式。这些都是战国时期墨家与其他诸家共同使用的辩论规则和推理范式，可以说是中国古代辩论与论证逻辑的专辑。应该看到，人们使用类比推理，固然是由于同类事物可以进行有条件的推论，但它不像归纳推理、演绎推理那样具有推理过程的严谨性和推得结论的必然性，只能说类比推理隐含着事物的一般规律而未能言明，也隐含着归纳和演绎而未能分化出来。所以作为推理论证的工具，其本身还不可避免地具有某种粗疏性和原始性。因而"不可不审也"，"不可常用也"。

第三部分　墨　守

　　"墨守"，指《备城门》以下十一篇，包括《备城门》《备高临》《备梯》《备水》《备突》《备穴》《备蛾傅》《迎敌祠》《旗帜》《号令》《杂守》，综论古代积极性防御军事作战的战略战术、人员配置、武器装备、实战战例以及后勤保障等方面的部署与处置情况。随着时代的变迁，其中有不少内容已经成为历史的陈迹，对现代经武治军，只能说具有某种借鉴和启示作用。因此，我们只选《备水》《备突》两篇和另外八篇（《迎敌祠》除外）中的少数章节加以注释。它们是《备城门》（6章）、《备高临》（1章）、《备梯》（1章）、《备穴》（2章）、《备蛾傅》（2章）、《旗帜》（2章）、《号令》（1章）和《杂守》（1章）。而《迎敌祠》一篇语涉祭祀、占卜之事，不与战例战法直接相关，暂不作释。

第二十六篇　备城门

1. 禽滑厘问于子墨子曰[1]："由圣人之言，凤鸟之不出[2]，诸侯畔殷周之国[3]，甲兵方起于天下，大攻小，强执弱，吾欲守小国，为之奈何[4]？"子墨子曰："何攻之守？"禽滑厘对曰："今之世常所以攻者：临、钩、冲、梯、堙、水、穴、突、空洞、蚁傅、轒辒、轩车[5]，敢问守此十二者奈何？"子墨子曰："我城池修[6]，守器具，樵（推）粟足[7]，上下相亲，又得四邻诸侯之救，此所以持也[8]。且守者虽善，而君不用之[9]，则犹若不可以守也。若君用之，守者又必能乎？守者不能，而君用之，则犹若不可以守也。

然则守者必善^[10]，而君尊用之，然后可以守也。"

本章记述禽滑厘向墨子请教守城之法，墨子首先陈说持国的要务。

[注释]

[1] 禽滑厘：或作滑氂、滑釐，墨子弟子。后接续墨子为第二任墨团巨子。　[2] 凤：传说中神鸟名。古人以为凤鸟至为圣王祥瑞。　[3] 诸侯畔殷周之国：是说诸侯背叛周天子。畔，通叛。殷周，偏义复词，意在说"周"，而"殷"意偏阙之。　[4] 奈何：即奈何，如何。下文"奈何"同。　[5] 临：指入侵者于城外积土为山，迫近城垣，以居高临下之势而进攻。钩：指入侵者利用飞钩挂梯或径直钩垣登城而进攻。冲：指入侵者利用辕端镶有铁皮的巨型战车撞城而进攻。梯：指入侵者利用云梯（迭架木梯而高入云表）倚垣攀缘登上城堞而进攻。堙：指入侵者在城垣之外堙池垒土为山，附城而进攻。水：指入侵者以水灌城而进攻。穴：指入侵者挖掘穴道而进攻。突：指入侵者掘地穿城，突至城下而进攻。空洞：当为入侵者穿洞于城垣而进攻。蚁傅：指入侵者如蚁之群出，附城而进攻。蚁，同蛾。傅，通附。轒辒（fén wēn）：指入侵者以外蒙牛皮内藏甲士的四轮战车，推至城下而进攻。轩车：指入侵者利用安装瞭望楼的车具侦伺而后进攻。　[6] 城池修：城垣、护城河得以修缮。城，城垣。池，隍池，护城河。　[7] 樵粟足：樵，原作"推"。从孙诒让校改。这句是说，柴薪粮食贮备充足。樵，薪，柴薪。　[8] 持：守。　[9] 且守者虽善，而君不用之："而君不用之"五字，原脱。从卢文弨校补。守者，指"守城将帅"，对"君"而言。《孙子兵法·谋攻》："将者，国之辅也。"可以互参。　[10] "然则守者必善"以下两句：如此说来，担任防守的将帅必须有能力，而国君又能尊贤而使用他。善，指有善于防守的能力。

2.凡守圉（围）之法，城厚以高^[1]；壕池深以广^[2]；楼榭（撕）脩（揓）^[3]；守备缮利^[4]；薪食足以支三月以上；人众以选^[5]；吏民和；大臣有功劳于上者多^[6]；主信以义^[7]，万民乐之无穷；不然，父母坟墓在焉^[8]；不然，山林草泽之饶足利^[9]；不然，地形之难攻而易守也；不然，则有深怨于适而有大功于上^[10]；不然，则赏明可信而罚严足畏也^[11]。此十四者具，则民死（亦）不德（宜）上矣^[12]。然后城可守。十四者无一，则虽善者不能守矣。

本章继述守城方法十四端。

[注释]

[1] 凡守圉之法，城厚以高：这两句原作"凡守围城之法，厚以高"。从孙诒让校改（"圉"讹为"围"，"城厚以高"对"壕池深以广"）。守圉，即守御。圉，通御。以，犹而。　[2] 壕池：隍池，护城河。　[3] 楼榭脩：榭脩，原作"撕揓"。从孙诒让校改。这句是说，城上用来瞭敌的大小楼屋皆已修葺。榭，尹桐阳云："浮思也，小楼之称。"浮思，亦作罦思、罘罳、罳思，古时设于宫门外或城角的阁楼或屏障，上有孔，状似网，用于守望与防御。《周礼·考工记·匠人》："宫隅之制七雉，城隅之制九雉。"郑玄注："宫隅、城隅，谓角浮思也。"孙诒让正义："浮思者，《广雅》《释名》《古今注》皆训为门外之屏。角浮思者，城之四角为屏以障城，高于城二丈，盖城角隐僻，恐奸宄逾越，故加高耳。"孙

氏所言甚是。脩，通修。　[4]缮：修补。　[5]选：选择。此处
指经挑选而得的善能之士。　[6]上：君上，国君。　[7]"主信
以义"以下两句：是说国君诚信而仁义，黎民因而安乐无边。主，
君主，国君。　[8]父母坟墓在焉：即父母坟墓在于此。焉，于
之（是，此）。用为兼词。　[9]饶：多，余裕。　[10]适：通敌。《墨
子》城守诸篇以"适"为"敌"者，所在多有。　[11]畏（wēi）：
同威。　[12]则民死不德（惪）上矣：原作"则民亦不宜上矣"。
从孙诒让校改（死、亦形近而讹，惪坏作直，直、宜又形近而
讹）。这句是说，那么士卒守战，虽赴死而不敢恃之邀德功于其
君主。

3. 故凡守城之法，备城门为县门沈机[1]，
长二丈，广八尺[2]，为之两相如[3]。门扇数令相
接三寸[4]，施土扇上[5]，无过二寸。堑中深丈
五，广比扇，堑长以力为度[6]，堑之末为之县[7]，
可容一人所[8]。客至[9]，诸门户皆令凿而幂（幕）
孔之[10]，各为二幂（幕）[11]，一凿而系绳[12]，长
四尺。城四面四隅皆为高厤（磨）榭（榭）[13]，使
重室子居亓上[14]，候适[15]，视亓能状[16]，与亓
进退左右所移处，失候，斩。

[注释]

[1]备城门为县门沈机：是说守备城门，必须在城门上安装悬

本章记述城门
设置悬门沉机以升
降门闸、凿孔于门
扇和加高城隅大小
楼以伺察敌情等事
项。

吊门闸以及使之吊升与沉落的操控机关。县门沈机，指置于内城门上，编版为之，且装有机关可悬吊升降的门闸，如今店铺门外的卷帘门闸。县，通悬。沈机，即沉机，控制悬门升降的机关。沈，同沉。　[2]广：宽。　[3]为之两相如：是说制作时应使门闸左右两扇门长短相同。相如，即"相若"，相等。　[4]门扇数令相接三寸：是说门扇互相紧密接迓，接迓处宽三寸。数，通促，紧促，密。与"疏"对言。　[5]施土扇上：是说用泥涂于门扇上（以避火毁）。施，著，用。此处指涂。《通典·兵五·守拒法》："城门扇及楼堞，以泥涂厚，备火。"亦言建筑物涂泥备火事，与此相类。　[6]堲长以力为度：是说地上正对悬吊门闸处所掘地槽的长度应以人力所及为限。堲，堲壕，坑沟。此处指地槽，悬吊门闸沉落时，下部适入其内。　[7]堲之末为之县：是说在地槽头上修筑一个操作间，控制悬吊门闸上下。悬，指悬吊门闸。　[8]所：处所，即操作间。　[9]客：敌人，与"主"（防守者）对言。《公羊传》庄公二十八年："春秋伐者为客，伐者为主。"何休注："伐人者为客，读伐长言之。见伐者为主，读伐短言之，齐人语也。"　[10]诸门户皆令凿而幂孔之：幂孔之，原作"慕孔孔之"。从孙诒让校改"慕"为"幂"。下"幂"字同。从苏时学删一"孔"字。这句是说，所有门扇皆使人凿出孔窍，且以物蒙覆，（使从外不能看到孔窍。）幂，覆盖。　[11]各为二幂：二幂，原作"二幕二"。从苏时学删后"二"字。这句是说，每扇门各凿二孔且蒙覆之。　[12]一凿而系绳：是说所凿二孔之一系以绳索（以便牵挽）。　[13]厤槥：原作"磨禠"。从王引之校改。《读书杂志·墨子第五·高磨禠》王念孙引王引之云："'厤槥'，盖楼之异名也。""厤""楼"一声之转，"厤槥"当即"楼槥"，大小楼之意。详2章注释[3]。　[14]重室子：贵家子。亓，即其。下"亓"字同。　[15]候适：即候敌，伺望敌人。候，斥候，伺望。　[16]能：

即态（態）。

4. 适人为穴而来^[1]，我亟使穴师选士（本）^[2]，迎而穴之，为之具（且）内弩以应之^[3]。

本章记述应对敌人穴攻的方法。

[注释]

[1]适人为穴而来：是说敌人挖掘穴道来攻。为，作。此处指挖掘。 [2]我亟使穴师选士：士，原作"本"。从王念孙校改 [隶书"士"或作圡（鲜于璜碑），以形近讹为"本"]。这句是说，我方应急令专务凿穴的工师挑选得力士卒。亟，急。士，甲士，士卒。 [3]为之具内弩以应之：具，原作"且"，从毕沅校改。这句是说，为士卒备足短弩以应对敌人。内弩，孙诒让云："即《备穴》篇之短弩。穴中以拒敌者。"今从其说。弩，以机栝强力发射的弓。短弩，穴战所适用。

74. 守法^[1]：五十步丈夫十人、丁女二十人、老小十人，计之五十步四十人。城上（下）楼卒^[2]，率一步一人，二十步二十人。城小大以此率之^[3]，乃足以守圉。

本章记述城上不当敌人攻道处的兵力部署方案。

[注释]

[1]"守法"以下三句：守备士卒部署方法：（城下不当敌人攻道处）每五十步配备壮男十人、壮女二十人、老人小孩十人，总计五十步四十人。步，六尺。丁女，壮女。丁，壮。 [2]城上

楼卒：上，原作"下"。从孙诒让校改。以下三句是说，城上守楼及附堞士卒，大抵每一步配备一人，二十步二十人。率（shuài），大率，大抵。　[3]"城小大以此率之"以下两句：不论守城的小大，都以此为标准来配备，便足可完成守御任务。率（lǜ），通律，指标准，准则。

75. 客冯面而蛾傅之^[1]，主人则先知之^[2]，主人利客病（适）^[3]。客攻以遂^[4]，十万物之众，攻无过四队者。上术广五百步，中术三百步，下术百五十步^[5]。诸不尽百五十步者，主人利而客病^[6]。广五百步之队^[7]，丈夫千人、丁女子二千人、老小千人，凡四千人，而足以应之，此守术之数也。使老小不事者^[8]，守于城上不当术者。

本章记述正当敌人攻道处的兵力部署方案。

[注释]

[1] 客冯面而蛾傅之：是说敌人依凭城的四面，如同群蚁般攻城。凭面，依凭城的四面。冯，通凭。凭，依凭，依恃。蛾傅，即"蚁附"。详 1 章注释 [5]。　[2] 则：犹若。用为假设连词。知之：原作"之知"。从毕沅校倒转。　[3] 主人利客病：病，原作"适"。从孙诒让校改。下文"主人利而客病"，可证。这句是说，对我方有利，而对敌方不利。　[4] "客攻以遂"以下三句：敌人从当道处进攻，十万人之众，进攻兵阵也不过分为四路。遂，通队（隊）、隧。隧，道。队，道。此处指当道兵阵。物，犹人。[5] 上术广五百步，中术三百步，下术百五十步：百五十步，原脱"百"

字，由下句"诸不尽百五（当为'五十'）步者，主人利而客病"而知之。这三句是说，在最宽的攻道上，兵阵布开，其宽五百步，中等宽的攻道，兵阵宽三百步，最狭的攻道，兵阵宽一百五十步。术（術），通队，道。此处指攻道。 [6]诸不尽百五十步者：百五十步，原作"百五步"。从孙诒让补"十"字于"五"之后。这句是说凡不足一百五十步的兵阵。诸，凡。 [7]"广五百步之队"以下五句：就宽五百步的兵阵而言，须部署壮男一千人、壮女二千人、老人小孩一千人，共计四千人，便足以对付敌人，这是抵御敌人于当道处进攻时的用兵之数（正好是不当道处兵力部署的十倍）。 [8]"使老小不事者"以下两句：未安排职任的老人小孩，使之守于城上不当敌人攻道处。丁女子，即"丁女"，壮女。不事，未安排守备之事。

[点评]

《备城门》，"墨守"十一篇中全面反映墨家积极防御军事思想与实践的首要篇目。城邑，国之象征，城在则国在。因此，针对敌人"临""钩""冲""梯""堙""水""穴""突""空洞""蚁傅""轀輼""轩车"等十二种攻法，墨子着重缕述城门守御之事，而融守御诸战法于其中，包括此下《备高临》《备梯》《备水》《备突》《备穴》《备蛾傅》等篇若干相关内容。应该说，篇中关于对敌防御作战的兵力部署、武器装备及其他军需设施、物品的配置所记尤详。其中有不少名物，我们现在还不能明其本真。不过，通过与后世相关典籍如唐杜佑《通典》和李筌《太白阴经》等的参校比对，一些以前不知所云的名物还是可望释读出来的。例如,《备城门》中不止一次出现的"藉车",通过比对知道,应该就是"抛石机",即我国冷兵器时代的"砲"(礮)。

第二十七篇　备高临

2. 子墨子曰：子问羊黔之守邪^[1]？羊黔者将之拙者也，足以劳卒，不足以害城。守为台城^[2]，以临羊黔，左右出巨^[3]，各二十尺，行城三十尺^[4]。强弩射之^[5]，技机藉之^[6]，奇器以应之^[7]，然则羊黔之攻败矣。

[注释]

[1] 羊黔：茅坤本作"羊坽"。《杂守》："子墨子曰：'子问羊坽之守邪？羊坽者攻之拙者也，足以劳卒，不足以害城。羊坽之政，远攻则远害，近攻则近害，害不至城。'"词凡三出，而皆作"羊坽"。坽，坎，坑。(《玉篇·土部》"坽"下引《埤苍》曰："坎也，坑也。")上文云："敢问适人积土为高，以临吾城，薪土俱上，以为羊黔。""坎""坑"之义大违"积土为高"之旨。

本章记述墨子从台城修筑和弩机发射两方面来破敌人"羊坽"之攻，答禽子之问。

"以应"二字的试补，意在通其上下文意。仅供参考。

此其一。黄宗羲《陕西巡抚右副都御史玄若高公墓志铭》："羊垪未拙，云梯又排"，黄遵宪《日本杂事诗》："削木能飞诩鹊灵，备梯坚守习羊垪。"皆作"羊垪"。此其二。王念孙云："垪与上下两'城'字为韵（按：指上章'以临吾城'和'遂属之城'），则作'垪'者是。"此其三。可证"黔"（垪）非而"垪"是。下文三"黔"字同。羊垪，当指形小而高的攻城工事。羊，喻其小（正如"牛"喻大）。垪，峻岸。　[2]台（臺）城：亦称"行城"，即别为城而加于城上，实为适应作战需要，临时于城上搭建的城防设施，编连大木为之。　[3]左右出巨：即"左右出距"，是说编连大木而成的台城向左右两旁横出的有如鸡距之状的大木。巨，通距。距，鸡距，鸡附足之骨。　[4]行城三十尺：是说行城（即台城）高三十尺。《备梯》："行城之法，高城二十尺。"由高出城堞二十尺，知行城之高三十尺，为城堞之高十尺加高出城堞二十尺。　[5]强弩射之："射"字原脱。从孙诒让校补。这句是说，于行城之上，用强力机弩，射杀来犯之敌。　[6]技机藉之：是说工巧的机栝承载于弩机机体之上。技，巧。机，连弩机的机栝。藉，承载。　[7]奇器□□之："之"前缺二字。从上两句"强弩射之，技机藉之"来看，后一字当为动词，试补"应"字。"奇器□"，当为谓语动词"应"的介宾词组状语，试补"以"字，使成介词宾语前置的形式，借以强调宾语"奇器"。以下两句是说，以如此奇妙的军械应对来犯者，则其"羊垪"攻法必以失败而告终。

[点评]

　　此篇是墨子就禽滑厘所问敌寇利用"羊垪"（"积土为高，以临吾城"）之法攻城，我方应如何进行有效防御一题，作出回答，其法有二：其一，于城上筑台城（行城），以高抑高，压制敌人；其二，于城上装备连弩之车，发射强弩劲矢，射杀敌人。

第二十八篇　备　梯

1. 禽滑厘子事子墨子三年，手足胼胝[1]，面目黧黑[2]，役身给使，不敢问欲。子墨子其哀之[3]，乃管酒槐（块）脯[4]，寄于大山[5]，昧（昧）茅（菜）坐之[6]，以樵禽子[7]。禽子再拜而叹[8]。子墨子曰：亦何欲乎？禽子再拜再拜曰：敢问守道。子墨子曰：姑亡[9]，姑亡。古有亓术者，内不亲民，外不约治[10]，以少间众[11]，以弱轻强，身死国亡，为天下笑。子亓慎之，恐为身薑[12]。禽子再拜顿首，愿遂问守道[13]，曰：敢问客众而勇，煙资吾池[14]，军卒并进，云梯既施，攻备已具，武士又多，争上吾城，为之奈何？子墨子曰：问云梯之守邪？云梯者重器也，亓动移甚难。守为行城[15]，杂楼相见，以环亓中。以适广陕为度[16]，环中藉幕[17]，毋广亓处。行城之法，高城二十尺，上加堞[18]，广十尺，左右出巨[19]，各二十尺，高广如行城之法。为爵穴、辉徰[20]，施苔亓外[21]，机、冲、栈（钱）、城[22]，广与队等[23]，杂亓间以镌、剑[24]，持冲十人[25]，执剑五人，皆以有力者。令案目者视适[26]，以鼓发之，夹而射之，重而射之[27]，技（披）机藉之[28]。城上繁下矢、石、沙、灰（炭）以雨之[29]，薪火、水汤以济之[30]。审赏行罚，以静为故[31]，从之以急，毋使生虑[32]。若此，则云梯之攻败矣。

[注释]

[1] 胼胝（pián zhī）：手足皮厚（茧巴）。　[2] 鷩：黑黄色。　[3] 其：通綦。綦，极。　[4] 管酒槐脯：是说以管盛醴酒，以怀揣干肉。槐，原作块（塊），道藏本、吴抄本皆作"槐"，据改。槐，通裹。裹，同怀（懷），指挟，怀藏。脯，干肉。　[5] 大山：即太山，亦即泰山。　[6] 昧茅坐之：昧茅，原作"昧菜"。孙诒让云："'昧菜'犹言'灭葭'，亦即搴茅而坐之也。'昧'当作'眛'，与'灭'古音相近。……古书'矛'字或混作'柔'。"今从孙说。这句是说，拔除茅草，坐在地上。　[7] 樵：通醮。醮，独饮而无酬酢。此处指饮酒。　[8] 再拜：两次恭拜。再，

二。 [9]姑亡：即"姑毋"，暂且毋问。姑，且。亡，通毋。 [10]外不约治：是说对外不缔约修睦。 [11]以少间众：是说自己人口既少，却疏隔人口众多的大国。间，疏隔。 [12]蕫：通僵。僵，死。 [13]遂：成，达。 [14]煙资吾池：是说聚土填塞我方护城河。煙，通埋。埋，填塞。资，赍之省文。赍，同茨。茨，积，聚。池，隍，护城河。 [15]"守为行城"以下两句：守城者须在城上修筑行城，而具有多种用途的各式楼屋与行城呈错杂相间之状。行城，城上搭建的临时性城防设施。详《备高临》2章注[2]。杂楼，指多种形式、多种用途的楼屋。见，毕沅云："'见'疑'间'字"。今从毕说。 [16]以适广陕为度：是说以适合宽狭的要求为尺度。陕，即狭（狭）。 [17]环中藉幕：是说被环绕的行城应设掩蔽敌矢、石的幕幔。藉幕，以布、席等制成的幕幔。 [18]堞（dié）：即女墙，城墙上有垛口的矮墙，垛口间有望敌、射箭的方孔。 [19]左右出巨：是说行城之堞左右两旁横出的形如鸡足距的大木。详《备高临》2章注释[3]。 [20]爵穴：即"雀穴"，指城堞间的孔穴。爵，通雀。辉偿，即熏鼠，指小孔洞。辉，通熏。熏，熏灼。偿，"鼠"之繁文。爵、鼠，喻甚小。 [21]苔：张于堞外，用以抵挡、收纳敌矢的帐帘状器物，与其形状、功用相类似的器具名"渠"，渠大而苔小。 [22]机、冲、栈、城：栈，原作"钱"。从王引之校改。这句是说发矢用机弩、撞击用冲车、施救用栈桥和伺敌用行城（都已齐备）。栈，指伸出楼外遇急施救的栈桥。 [23]广与队等：是说它们排列的宽度与敌人进攻兵阵相等。队，指敌人进攻兵阵。 [24]镌、剑：指琢凿器镌与砍削器剑。镌，同镌。 [25]持冲十人：是说配备控制冲车者十人。持，守，治。 [26]令案目者视适：是说使目力好的士卒注意敌人动向。案目，止目，注意。案，同按。按，止。 [27]重而射之：原作"重而射"。从孙诒让校补"之"字。 [28]技机藉之：

技，原作"披"。据《备高临》"技机藉之"改。这句是说，工巧的机栝承载于弩机机体之上。详《备高临》2章注释[6]。　[29]城上繁下矢、石、沙、灰以雨（yù）之：灰，原作"炭"。从王引之校改。这句是说，城上如雨般繁密地放矢、抛石、撒沙、扬灰。雨，指下雨，降落。名词用为动词。　[30]薪火、水汤以济之：是说投薪火、倾热水予以配合。济，益。此处指配合。　[31]以静为故：是说以静为本。故，本，要务。　[32]毋使生虑：是说不使我方士卒产生忧虑。虑，忧，疑。

［点评］

　　此篇是墨子就禽滑厘所问敌寇利用云梯攻城，我们应如何进行有效防御一题，作出回答，其法有四：一是建行城、杂楼，施以诸种武器，辅以沙、石、灰、汤等，二是建行堞（加筑于行城上的女墙），三是置栅篱，四是举悬火、辉火。我们选释的部分属于第一种方法。

第二十九篇 备 水

1. 城内堑外周道^[1]，广八步。备水谨度四旁高下^[2]。城中地徧下^[3]，令渠（耳）亓内^[4]，及下地^[5]，地深穿之，令漏泉^[6]。置则瓦井中^[7]，视外水深丈以上^[8]，凿城内水渠（耳）。

本章记述用城内凿渠排水、掘井漏泄之法，来破敌人的水攻。

[注释]

[1]"城内堑外周道"以下两句：城内堑壕外的环城大道，其宽八步。堑，堑壕，坑沟。周道，环城的大道。周，环绕。 [2]备水谨度（duó）四旁高下：是说防备敌人引水灌城，必须谨慎测知四方地势的高低。度，计度，测量。旁，通方。 [3]城中地徧（piān）下：原作"城地中徧下"。从孙诒让校倒转"地中"二字。徧，通偏。地偏下，较低之地。 [4]令渠亓内：渠，原作"耳"。从孙诒让校改"巨"。巨，通渠。下文"水耳""耳"字同。这句是说，令士卒于城内开掘沟渠。 [5]下地：低地。下，低。此处

指最低处，相对于上文"偏下"（较低）而言。　[6]令漏泉：是说使地下井泉互相连通漏泄。漏，漏泄，下渗。泉，井泉，地下水。　[7]则瓦：即测瓦，测量水深的瓦。则，通测。　[8]"视外水深丈以上"以下两句：及见城外水深达一丈以上，便凿通城内沟渠（以利通水）。

2. 并船以为十临[1]，临三十人，人擅弩[2]，什（计）四有方[3]，必善以船为轒辒[4]。二十船为一队，选材士有力者三十人共船，亓二十人人擅有方，剑甲鞮瞀[5]，十人，人擅苗[6]。先养材士[7]，为异舍，食亓父母妻子以为质[8]，视水可决，以临轒辒[9]，决外隄，城上为射机（機）[10]，疾佐之。

本章记述必要时以"并船"之"临"权作轒辒，冲决外堤，以破敌人的水攻。

［注释］

[1]并船以为十临：是说令船两两相并而成十个组合体，以为临高之用。并两船为一组合体曰"方"。《说文·方部》："方，并船也，象两舟省总头形。"此处称"临"，用以临高之意。毕沅云："言方舟以为临高之具。"甚是。　[2]擅：同掸，持，操。下文"擅有方""擅苗"，"擅"字皆同。　[3]什四有方：原作"计四有方"。从孙诒让改"计"为"什"。这句是说，十人中四人持盾。什，同十。方，楯。楯（dùn），同盾。　[4]必善以船为轒辒：是说必须使士卒善驶并船，让它发挥如同陆上用以冲撞城垣或城门的轒辒车的作用。轒辒，外蒙牛皮，内藏士卒，撞城或撞城门施攻的四轮战

车。详《备城门》1章注释[5]。　[5]剑甲鞮瞀：是说（这二十人都）佩剑穿甲戴胄。鞮瞀，亦作鞮鍪，即兜鍪，亦即胄（头盔）。　[6]十人，人擅苗：即"十人人掸矛"，是说另外十人人皆执矛。苗，通矛。毕沅云："苗同矛，犹苗山即茅山。"是也。　[7]材士：勇武有力的士卒。　[8]质：人质。此处指把材士的父、母、妻、子作为人质（把控在手）。　[9]"以临轒辒"以下两句：用如同冲破城垣或城门的轒辒车之临（并船），冲决外堤。隄，同堤，积土为防。　[10]城上为射机：射机，原作"射攕"。从孙诒让校改"攕"为"机"。以下两句是说，城上士卒疾速操作转射机，放箭予以配合。《备城门》："转射机，机长六尺，埋一尺。……二十步一，令善射之者佐。"可以互参。

［点评］

此篇记述应对敌人引水灌城的方法有二，一是于城内凿渠、掘井排水，二是并船为临，用作轒辒。遇急冲决外堤，以解水患。显然，这都是切实可行的破水攻措施。

第三十篇 备 突

1. 城百步一突门[1]，突门各为窑灶[2]，窦入门四五尺[3]。为亓门上瓦屋[4]，毋令水潦能入门中[5]。吏主塞突门[6]，用车两轮[7]，以木束之，涂亓上，维置突门内，使度门广狭，令之入门中四五尺。置窑灶[8]，门旁为橐，充灶伏柴艾。寇即入[9]，下轮而塞之，鼓橐而熏之。

[注释]

[1] 突门：城垣上所开的暗门。遇急，可由此冲出攻击敌人。《后汉书·窦融传》："（隗）嚣又引公孙述将令守突门。"李贤注："突门，守城之门。"《通典·兵五·守拒法》："城内对敌营，自凿城内为暗门，多少临事，令五六寸勿穿，或于中夜，于敌初来，营列未定，精骑从突门跃出，击其无备，袭其不意。"与此

义同。　[2] 窑灶：窑形之灶。下文"窑灶"同。　[3] 窦：孔洞。　[4] 为亓门上瓦屋：是说在突门上建瓦屋，（以避窑灶淋雨受潮。）[5] 潦（lǎo）：雨水。　[6] 吏主塞突门：是说军吏职掌阻塞突门。主，负责，职掌。　[7]"用车两轮"以下六句：将两个车轮捆于大木上，其表面涂泥，用绳索悬系轮木于突门之内，又令人测知突门的宽窄尺度，使轮木悬系于突门内四五尺的地方。涂，涂泥。维，绳索。此处指用绳索悬系。度（duó），量，计。　[7]"置窑灶"以下三句：门内砌置窑灶，门旁安装牛皮风箱，灶内充满柴薪艾草。橐（tuó），吹火具，牛皮风箱。伏，藏。　[8]"寇即入"以下三句：若敌人突攻而至，立即垂落轮木加以阻塞，并鼓动风箱，用柴草烟火熏眯敌人。即，若。用为假设连词。

[点评]

此篇（章）记述用轮木阻塞和窑灶熏眯来破敌突攻。或许《备突》还有其他记述材料，但今已无法追考。

第三十一篇　备　穴

1.禽子再拜再拜曰：敢问古人有善攻者，穴土而入[1]，缚柱施火，以坏吾城，城坏，或中人，为之奈何？子墨子曰：问穴土之守邪？备穴者，城内为高楼，以谨候望适人[2]。适人为变[3]，筑垣聚土非常者，若彭有水浊非常者，此穴土也。急壐城内，穴亓土直之。穿井城内，五步一井，傅城足[4]。高地，丈五尺；下地，得泉三尺而止。令陶者为罂[5]，容四十斗以上，固幠（顺）之以薄鞈革[6]，置井中，使聪耳者伏罂而听之，审知穴之所在，凿穴迎之。

本章记述墨子答禽滑厘应对敌人穴攻之问，一要于城内筑楼屋以候敌，二要设"罂听"探敌穴所在，都是为了凿穴以迎敌。

[注释]

[1]"穴土而入"以下六句：掘地道而入城内，缚束柴薪于穴道支柱并点火焚烧，以达毁坏围城的目的，今我城将毁，城域中吏民士卒应如何防守？穴，凿穴。名词用为动词。缚柱施火，缚束柴薪于穴柱并放火焚烧。或，通域。域，城域，邦域。　[2]以谨候望敌人：是说（城内建高楼，）用以严伺敌人动态。谨，严。候，伺，伺望。　[3]"适人为变"以下六句：敌人方面情况反常，如筑城垣、聚土石，出现异常现象，或周边多有浊水流淌，异乎往常，这便是敌人在构筑穴道，我方应立即在城内起土凿穴，而与敌人穴道正相对当。变，改变，异于常态。若，犹或。用为选择连词。彭，通旁。壍，同堑。此处用为动词，指掘壍（堑）。直，通值。值，当，对。　[4]"傅城足"以下五句：（井）宜贴近城垣根部，地势高处，掘深一丈五尺；地势低处，掘至地下水出，再下掘三尺而止。傅，通附。附，依，近。下地，低地。相对于"高地"而言。　[5]"令陶者为罂（yīng）"以下两句：使陶工烧制盛水器缶、瓶等，使它们可容四十斗以上。罂，口小腹大的缶、瓶等。　[6]固幎之以薄鞈（luò）革：幎，原作"顺"。从孙诒让校改。以下五句是说，用薄质生革牢固蒙盖缶、瓶等水器口沿，置于井内，遣听力绝佳的士卒伏于其上，仔细辨听，以期明确探知敌穴之所在，然后凿穴，与敌穴正面相迎。幎，同幂，蒙覆。鞈，生革。审，明。

2. 令陶者为瓦（月）罂（明）[1]，长二尺五寸，大（六）围[2]，中判之[3]，合而施之穴中[4]，偃一，覆一，下迫地，柱之外善周涂，亓傅柱者勿烧[5]。柱善涂亓窦际[6]，勿令泄。两旁皆如此，与穴俱前。置康若灰亓中[7]，勿满。灰康长互（五）窦[8]，左右俱杂相如也。穴内口为灶，令如空，令容七八员艾。左右窦皆如此，灶用四橐。穴且遇[9]，以颉皋冲之，疾鼓橐熏之，必令明习橐事者，勿令离灶口。连版以穴高下、广陜为度[10]，令穴者与版俱前，凿亓版令容矛[11]，参分亓疏数，令可以救窦。穴则遇[12]，以版当之，以矛救窦，勿令塞窦。窦则塞，引版而却（邹）。过一窦而塞之[13]，凿亓窦，通亓烟，烟通，疾鼓橐以熏之。从穴内听穴之左右，急绝亓前，勿令得行。若集客穴[14]，塞之以柴涂，令无可烧版也。然则穴土之攻败矣。

[注释]

[1]瓦罂：原作"月明"。从王引之校改。 [2]大围：大，原作"六"。从岑仲勉校改。"大围"是说瓦罂大一围。 [3]判：分。 [4]"合而施之穴中"以下五句：将中间剖分的上下两半瓦罂合在一起置于穴中，一半仰承，一半俯覆，（前后接续，成为管柱状，）而管柱下半贴近地面，管柱之外，以泥妥为封涂。 [5]亓傅柱者勿烧：是说因为只有涂泥的管柱才不会被火烧毁。 [6]"柱善涂亓窦际"以下四句：还要将管柱接口处妥善涂

本章记述烧制瓦罂，接为管柱，用以熏敌。又拼连木板，用以挡烟、阻敌，最终挫败敌人的穴攻。

泥，以使烟气不致外泄。穴的两边都置这种管柱，而且置管柱与凿穴道同步进行。窦际，管柱边际，管柱相接处。窦，宫中水道。此处指瓦罂接续构成的管柱。盖通水道为"窦"，通气道也借"窦"为之。际，边际，接口处。　　[7]"置康若灰亓中"以下两句：将糠与灰放置其中，不必过满。康，即糠，"康""糠"古今字。若，与。用为连词。此句前原有"下迫地"句。从孙诒让校，前移至"覆一"之后。　　[8]灰康长互窦：互，原作"五"。从孙诒让校改。以下七句是说，灰和糠的长度必须与管柱相始终，而且左右两边管柱中所装灰、糠等物都应和拌均匀。在穴道内口砌灶，如烧瓦窑之状，使之可容七八个艾草团，左右两边穴道口都是这样，每灶配备四个风箱。互，竟，终。杂，集合，混同。相如，即"相若"，相等。杂相如，指将灰、糠等物杂集和拌均匀。员，同圆。此处指圆团。　　[9]"穴且遇"以下五句：当我方所凿穴道与敌穴将要相遇时，立即用桔槔冲开坚土，鼓动风箱，点燃灰糠，朝向敌穴熏烧来犯者。必派习于鼓风操作的士卒任事，明令其不得离开灶口。颉皋，亦作桔槔，利用杠杆原理提升重物的器械，改装后也可作冲撞之用。　　[10]"连版以穴高下、广陜为度"以下两句：拼连木板，使之与穴道高低、宽窄尺度相当，命凿穴士卒顺穴道推连版，一直向前掘进。连版，穴战中用以御敌或挡烟的拼连木板。版，同板。陜，即狭（狹）。　　[11]"凿亓版令容矛"以下三句：在连版上凿孔眼，使长矛得以通过，其疏密宜三分相间，使之可以及时对受损管柱进行修补。参，通三。数，通促。与"疏"相对。　　[12]"穴则遇"以下六句：如我方所凿穴道与敌穴相遇，便以连版阻挡敌人，并从连版孔眼中伸出长矛，保护管柱，决不能让敌人堵塞管柱。一旦管柱被堵塞，便拖引连版退却。郄，同郤，讹作郤，俗作却。　　[13]"过一窦而塞之"以下八句：退过一节管柱再行阻敌（如发现此节管柱被堵塞），则将其凿开，使烟气顺畅，烟气既畅，旋即鼓动风箱，驱烟气以熏敌。从穴道内谛听穴道左右两边传来的声响（如探知敌人朝我方穴道方向掘进），旋即施以阻断手段，迫使其不得前行。　[14]"若集客穴"以下四句：如我方所凿之穴入于敌穴之中，便以涂泥柴捆加以堵塞，使之无法烧我连版。这样，敌人的穴攻必败无疑。柴涂，涂泥柴捆。

[点评]

此篇记述墨子就禽滑厘所问如何应对敌人穴攻一题，作出回答。应对方法不外乎楼伺敌情、井设罂听、凿井掘穴以迎敌，制瓦罂、拼连版、点燃柴艾以熏敌，备轮辐以塞敌，为钩拒以阻敌，具橐橐以烛穴，置醯液以洗目等，我们选释的部分属于前两种方法。

第三十二篇　备蛾傅

1. 禽子再拜再拜曰：敢问敌人强弱[1]，遂以傅城，后上先断[2]，以为法（浩）程[3]。斩城为基[4]，掘下为室，前上不止[5]，后射既疾，为之奈何？子墨子曰：子问蛾傅之守邪[6]？蛾傅者将之忿者也[7]。守为行临射之[8]，技（校）机藉之[9]，擢之[10]，火汤（太汜）迫之[11]，烧荅覆之[12]，沙石雨之，然则蛾傅之攻败矣。

[注释]

[1] 敌人强弱：敌人依恃强大欺凌弱小。强弱，动宾词组。　[2] 后上先断：是说对迟后爬上者先行斩首。断，截，斩。　[3] 法：原作"浩"。从王念孙校改。《龙龛手镜》上声卷收浩，释为"古文法字"。浩，当为其变体。法程，法度。　[4] 斩

本章记述墨子答禽子破敌蚁附进攻之问，其法为"为行临射之，技机藉之，擢之，火汤迫之，烧荅覆之，沙石雨之"。

城为基：即"堑城为基"，是说（敌人）于城下掘壕堑，（垒土石，）以为攻城之阶。斩，通堑。堑，掘。　[5]"前上不止"以下两句：前面士卒攀爬不停，后面弓箭也已急疾发射过来。既，已。　[6]蛾傅：即"蚁附"，指入侵者如蚁般群出附城而进攻。　[7]将之忿：敌将情绪怒恨的表现。忿，指急，怒恨。《孙子兵法·谋攻》："将不胜其忿而蚁附之。"与此义同。　[8]行临：为防御敌人来犯所筑的高台，凭以居高临下地射击敌人。行，动，移，不固定。临，"高临"之省。　[9]技机藉之：技，原作"校"。据《备高临》"强弩射之，技机藉之"改。这句是说工巧的连弩机栝承藉于机身之上。　[10]擢（zhuó）之：是说拔除敌人凭以攀城的依托之物。擢，拔。　[11]火汤：原作"太氾"。从孙诒让校改。火汤，薪火与水汤。《备梯》："城上繁下矢、石、沙、灰以雨之，薪火、水汤以济之。"可证。　[12]烧苔覆之：是说以已燃的苔压覆敌人。苔，张于堞外用以抵挡、收纳敌矢的帐帘状器物。

11.敌引师（哭）而去（榆）[1]，则令吾死士左右出穴门击遗师[2]，令贲士、主将皆听城鼓之音而出[3]，又听城鼓之音而入。因素出兵将施伏[4]，夜半而城上四面鼓噪，敌人必或[5]，破军杀将。以白衣为服，以号相得[6]。

本章记述在敌人退兵之际，守方更以设伏配合城鼓之音来破军杀将，彻底挫败敌人蚁附之攻。

[注释]
[1]敌引师而去：师（師），原作"哭"。从俞樾校改（師，古文作帠，讹作哭）。去，原作"榆"。据《备梯》"引兵而去"改。　[2]死士：敢死之士。遗师：残留部队。　[3]贲士："虎

贲之士"之省，指神勇无比的军士。虎贲，如虎之奔。贲，通奔。　[4]因素出兵将施伏：是说按素常出兵迎敌之例将设伏于隐蔽之所。　[5]或：通惑。惑，疑怪。　[6]以号相得：是说以口号传军令，彼此相契。号，口号，口令。得，当，合。

[点评]

此篇记述墨子就禽子所问如何应对敌人蚁附之攻一题，作出回答。应对方法不外乎行临射敌、火汤沙石配合，"悬脾"（即悬陴，悬于空中似城木屋）载人杀敌，用"悬火""辉火"烧敌，建"薄"（藩障）、"杀"（掩体）防敌，听鼓、设伏截敌等。我们选释的部分属第一和第五种方法。

第三十三篇　旗　帜

1.守城之法，木为苍旗[1]，火为赤旗[2]，薪樵为黄旗，石为白旗，水为黑旗，食为茜（菌）旗[3]，死士为仓鹰（英）之旗[4]，竟士为虎（雩）旗[5]，多卒为双兔之旗，五尺男子为童旗[6]，女子为姊（梯）妹（末）之旗[7]，弩为狗旗，戟为旌（菳）旗[8]，剑盾为羽旗[9]，车为龙旗，骑为鸟旗。凡所求索旗名不在书者[10]，皆以其形名为旗。城上举旗[11]，备具之官致财物，之足而下旗。

本章记述守城所需的物资和人员，皆可举相关色旗或物旗示意。

[注释]

[1]木为苍旗：是说城上需要木材，则升青旗。苍，青黑

色。　[2] 火为赤旗：是说城上需要烟火，则升赤旗。　[3] 茜：原作"菌"，从孙诒让校改。茜，绛色。《广韵·霰韵》："茜，草名，可染绛色。"以上皆言色旗。　[4] 死士为仓鹰之旗：是说需要敢死之士升绘有苍鹰图案的旗。鹰，原作"英"。从苏时学校改。仓鹰，即"苍鹰"。仓，通苍。　[5] 竟士为虎旗：是说需要争胜士卒升绘有老虎图案的旗。竟，通竞。虎，原作雿。从王念孙校改。　[6] 五尺男子：十四岁以下男童。　[7] 姊妹：原作"梯末"。从岑仲勉校改。　[8] 旌：原作"莅"。从孙诒让校改。　[9] 羽旗：即旟。《周礼·春官·司常》："司常掌九旗之物名，各有属，以待国事。日月为常，交龙为旂，通帛为旃，杂帛为物，熊虎为旗，鸟隼为旟，龟蛇为旐，全羽为旟，析羽为旌。"以上皆言物旗。　[10]"凡所求索旗名不在书者"以下两句：凡所需物资，旗名未载之于书者，皆以其形状、名称制旗。　[11]"城上举旗"以下三句：一俟城上升旗示需，备办军需的官员负责将所需物资运至城上，直至足数后便降下色旗或物旗。之，至。

5. 城中吏、卒、民男女，皆辨（荮）异衣章微，令男女可知[1]。城上吏置之背[2]，卒于头上[3]，城下吏、卒置之肩，左军于左肩，右军于右肩[4]，中军置之胸。各一鼓，中军三[5]。每鼓三、十击之[6]，诸有鼓之吏[7]，谨以次应之，当应鼓而不应，不当应而应鼓，主者斩。

本章记述城上城下军吏士卒徽章佩戴的部位和军中击鼓传令的规定。

[**注释**]

[1]城中吏、卒、民男女，皆辨异衣章微，令男女可知：以上十八字，原为下文第 7 章。从孙诒让校前移至此。辨，原作"荐"。从王引之校改。这三句是说，城中官吏、士卒、民众的男女性别，都可凭其穿着不同衣服、佩戴不同徽章加以辨认，一望而知。微，通徽（徽）。《札迻·六韬·豹韬·敌强四十五》："微号相知。"孙诒让按："微，与徽通。"　[2]城上吏置之背："吏"后原有"卒"字。从王引之校删。这句是说，城上军吏的徽章佩戴于背上。　[3]卒于头上：是说士卒的徽章佩戴于头上。　[4]右军于右肩：此五字原脱。从王念孙校补。《尉缭子·兵教上》："将异其旗，卒异其章，左军章左肩，右军章右肩，中军章胸前，书其章曰：某甲某士。"可证。这句是说，右军的徽章佩戴于右肩上。　[5]中军三：原作"中军一三"。从孙诒让校删"一"字。这句是说，中军配备三鼓。　[6]每鼓三、十击之：是说凡击鼓，非三通即十通（不敢随意）。　[7]"诸有鼓之吏"以下五句：凡执掌击鼓的军吏，必须谨慎地按次序击鼓回应之，该击鼓回应而未作回应，或不该击鼓回应而作了回应，司鼓人依例处斩。主者，指司鼓人。

[**点评**]

"旗帜"，本作"旗识"。析而言之，"旗"为标旗，"识"为徽识。"旗"色或图案标明物类。"识"区别官吏衔阶、士卒分职、男女性别等。从我们选释的内容中，大致都可以看得出来。

第三十四篇　号　令

3. 及傅城[1]，守将营无下三百人，四面四门之将必选择之有功劳之臣及死事之后、重者[2]，从卒各百人。门将并守他门[3]，他门之上必夹为高楼[4]，使善射者居焉。女郭、冯垣一步（人）一人守之[5]，使重室子。五十步一击[6]。因城中里为八部[7]，部一吏，吏各从四人，以行冲术及里中。里中父老不举守之事及会计者[8]，分里以为四部，部一长，以苛往来不以时行、行而有他异者，以得其奸。吏从卒四人以上有分守者[9]，大将必与为信符，大将使人行，守操信符，信符不合及号不相应者[10]，伯长以上辄止之，以闻

大将。当止不止及从吏卒纵之[11]，皆斩。诸有
罪自死罪以上[12]，皆逮父母、妻子、同产。

本章记述敌人
蚁附攻城时，大将
对守城将士防御作
战的部署，及对城
内百姓应急管理的
规定。

[注释]

[1]"及傅城"以下两句：及至敌人如群蚁般附城进攻时，守
城大将军营内的士卒不能少于三百人。傅，通附。　[2]"四面四
门之将必选择之有功劳之臣及死事之后、重者"以下两句：东西
南北四门分守将领，必定选择那些立有功劳之臣和为国死难者的
后代及贵家子弟来担当，每位将领统率士卒一百名。"之有"的
"之"，犹其。《经传释词》卷九："之，其也。"重者，即"重室子"。
详《备城门》3 章注释 [14]。　[3]门将并守他门：是说门将还须
兼守城上其他偏门。　[4]"他门之上必夹为高楼"以下两句：偏
门之上必须夹门而建候望敌人的大小楼屋，派善射士卒驻守于此。
高楼，高出的楼屋，即《备城门》"城四面四隅皆有高屖（楼）櫔，
使重室子居亓上"之"高楼櫔"，大小楼之谓。焉，犹于之。用
为兼词。　[5]女郭、冯垣一步一人守之：步，原作"人"。从岑
仲勉校改。以下两句是说，城外第二道矮墙女垣和第一道矮墙冯
垣，每步有一人守卫，并使贵家子弟主其事。女郭，即女垣。因
在大城之外，故谓之"郭"。女垣在冯垣与大城之间，为城外第
二道矮墙。冯垣，女垣之辅，在池与女垣之间，为城外第一道矮
墙。　[6]五十步一击：是说每五十步置一隔断。击，通隔。《集
韵·锡韵》："击，古作隔。"隔，隔断，隐藏士卒、储存兵器之
所。　[7]"因城中里为八部"以下四句：依据城中闾里，将街巷
居民划分为八部，每部设置一吏，每吏配备随从四名，巡行于城
内通衢大道以及闾里街巷中。冲（衝）术（術），城邑中通道。里，
闾里。此处指里巷。　[8]里中父老不举守之事及会计者："老"

后原有"小"字。从王引之校删。以下六句是说，间里中父老百姓不参与守备之事与财务管理的，按照其里分再划分四部，每部设置一长，专司盘查诘问往来行人中不按规定时间出行或通行时被发现有其他异常言行的人，借以得知其违规情实。举（舉），通与（與），参与。苛，苛责，诘问。　[9]吏从卒四人以上有分守者："守"字原脱。从王引之校补。以下四句是说，随从四名以上的士卒并担负分工守备任务的官吏，守城大将必须颁予信符以为凭证，大将派员巡察路过某处，守门者应持其所携信符（至有关部门加以查验）。　[10]信符不合及号不相应者："符"字原脱，据上文"大将必与为信符""守操信符"补。以下三句是说，信符不相合和口号不相应的，百长以上官吏有权予以扣留，并报闻守城大将。信符，通行凭证。《尉缭子·分塞令》："非将吏之符节，不得通行。"可证。伯长，即百长，百人之长。伯，通百。止，留，扣住。　[11]"当止不止及从吏卒纵之"以下两句：应当扣留而不扣留，及随从官吏士卒有意放跑他们，都依律处斩。纵，放。　[12]"诸有罪自死罪以上"以下两句：凡触犯死罪以上各种罪行的人，都要连及其父母、妻子和兄弟。逮，即及。同产，指兄弟。《汉书·龚舍传》："其上子若孙若同产。"颜师古注："同产，兄弟也。"

[点评]

　　此篇围绕"凡守城者以亟伤敌为上"的积极防御军事思想，申明战时各种军事信号的使用、各项禁令的颁行和各类赏罚条令的实施。由我们选释的内容也可见一斑。

第三十五篇　杂　守

7.筑邮亭者圜之[1]，高三丈以上，令倚（侍）杀[2]。为辟梯[3]，梯两臂长三丈（尺）[4]，连版（门）三尺[5]，报以绳连之[6]。椠再杂为县梁[7]。亭一鼓、聋灶[8]。寇烽、惊烽、乱烽[9]，传火以次应之，至主国止，其事急者引而上下之[10]。烽火以举[11]，辄五鼓传，又以火属之，言寇所从来者少多。毋（旦）弇建（还）[12]，去来属次烽勿罢。望见寇[13]，举一烽；入境，举二烽；射要（妻）[14]，举三烽一蓝；郭会，举四烽二蓝；城会，举五烽五蓝。夜以火，如此数[15]。守烽者事急[16]。

本章记述邮亭（瞭敌烽燧台）建造的规制及烽燧报警的规定。

［注释］

[1] 筑邮亭者圜之：是说修筑用来瞭望报警的圆形邮亭。邮，境上传送文书的驿舍。此处指报警烽火台。圜，同圆。　[2] 令倚杀（shài）：倚，原作"侍"。从孙诒让校改。《备城门》："倚杀如城势。"可证。这句是说，使邮亭从上往下渐次斜倚取势。倚杀，斜倚。杀（shài），减，衰。　[3] 为辟梯：是说架设臂梯。辟，通臂。下文"梯两臂长三丈"，正作"臂"。　[4] 梯两臂长三丈：丈，原作"尺"。从孙诒让校改。这句是说，梯的两臂长三丈。　[5] 连版三尺：版，原作"门"。从孙诒让校改。这句是说，踏足连板长三尺。版，同板。　[6] 报以绳连之：是说用绳索反复将连板紧缚于梯臂上。报，反，反复。　[7] 椠再杂为县梁：是说城下堑沟绕亭两周，其上安装吊桥。椠，通堑。堑，堑沟。再，二。杂，犹匝。堑再匝，堑沟匝亭两周。县梁，吊桥。县，通悬。　[8] 亭一鼓、聋灶：原作"聋灶、亭一鼓"。据《号令》"楼一鼓、聋灶"倒转。这句是说，每亭设一鼓、一垄灶。聋灶，即垄灶，如垄之灶。　[9] "寇烽、惊烽、乱烽"以下三句：敌寇来攻时所举烽燧、我方发出警报时所举烽燧以及敌我双方纷乱交手时所举烽燧，须分别军情缓急，据以为次，依序前传而后应，直至国都为止。惊（驚），通警。主国，国都。国，都。主国，即主都，首都之义。　[10] 其事急者引而上下之：是说如果军情十分紧急，则牵动桔槔端头的烽燧上下晃动（以示警情）。陈梦家云："《汉书音义》曰：'边方备警急，作高土台，台上作桔槔，桔槔头有兜零（按：兜零，笼），以薪草置其中，常低之，有寇即燃火举之以相告曰烽；又多积薪，寇至即燔之，望其烟曰燧。昼则燔燧，夜则举烽。'"（见《汉简缀述》）亦言举烽报警事，可以互参。　[11] "烽火以举"以下四句：烽燧既燃，随即击鼓五通传报，并又燃烽燧以继之，报告敌寇来攻方向与兵力多少。以，即

已。属，连，连属，继。　[12] 毋弆建：毋，原作"旦"；建，原作"还"（還）。并从孙诒让校改。以下两句是说，切勿怠倦误事，不论敌寇去来，必接续以既定次序举烽燧，不可疲废失机。毋弆建，即"毋厌倦"。弆，通厌。建，通"券"，"券"又通"倦"。罢，通疲。　[13] "望见寇"以下四句：远望已见敌寇，举一烽烟报警；敌人入境，举二烽烟报警。　[14] 射要：要，原作"妻"。从孙诒让校改。以下六句是说，敌人射我要害之地，举三烽烟又烧一柴笼；敌人已会合于外城，举四烽烟又烧二柴笼；敌人已会城下，举五烽烟又烧五柴笼。要，要害之处。蓝，通篮。篮，笼。《广韵·谈韵》："篮，篮笼。"《通典·兵五·守拒法》："烽台……每晨及夜平安，举一火；闻警，固举二火；见烟尘，举三火；见贼，烧柴笼。"亦言举火烧柴笼事，可以互参。　[15] "夜以火"以下两句：夜间所举烽火，其数目也是这样。　[16] 守烽者事急：是说守望烽燧之事极为紧要（须时时保持高度警觉）。

[点评]

　　此篇再记述防御敌寇"羊坽"攻城的方法，又记述构筑要塞、安排保民的措施和烽燧示警、徽识使用、派候伺敌、围城节食、清野储物、人员调配、设施处置以及吸纳多种人才服务城防的种种要求与实际做法，体现"杂守"的涵义。我们所释的内容，仅是"烽燧示警"这一个方面。

主要参考文献

1. 墨子注　毕沅著　清乾隆四十九年（1784）毕氏灵严山馆刊本

2. 墨子斠注补正　王树枏著　清光绪十三年（1887）文莫室丛书本

3. 点勘墨子读本　吴汝纶著　清宣统元年（1909）衍星社排印本

4. 墨子注　王闿运著　清光绪三十年（1904）江西官书局刊本

5. 东塾读书记　陈澧著　民国间纳兰书馆重刊广州本

6. 墨商　王景羲　清宣统二年（1910）永嘉王氏刻本

7. 读书杂志　王念孙著　清道光二十年（1840）刻本

8. 墨子刊误　苏时学著　民国十七年（1928）中华书局聚珍仿宋印本

9. 墨子平议　俞樾著　清刻本

10. 墨子间诂　孙诒让著　孙以楷点校本（中华书局1986年版），孙启治点校本（中华书局2001年版）

11. 墨子新释　尹桐阳著　民国三年（1914）衡南学社石印本

12. 墨子间诂笺　张纯一著　上海定庐初版本 1922 年版

13. 定本墨子间诂校补　李笠著　（上海）商务印书馆本 1925 年版

14. 续墨子间诂　刘昶著　（上海）扫叶山房本 1925 年版

15. 墨子集解　张纯一著　世界书局排印本 1936 年版

16. 墨子新证　于省吾著　1938 年排印本

17. 墨子校注　吴毓江撰　孙启治点校　中华书局《新编诸子集成》1993 年版

18. 墨子城守各篇简注　岑仲勉撰　中华书局《新编诸子集成》2005 年版

19. 诸子新笺　高亨著　山东人民出版社 1961 年版

20. 白话墨子　梅季、林金保校译　岳麓书社 1991 年版

21. 墨子白话今译　吴龙辉等译注　中国书店 1992 年版

22. 墨子全译　周才珠、齐瑞端译注　贵州人民出版社 1995 年版

23. 新译墨子读本　李生龙注译　李振兴校阅　（台北）三民书局 1996 年版

24. 墨子译注　李永昶、刘文忠、马玉梅著　（台北）建安出版社 1997 年版

25. 墨子全译　孙以楷、甄长松译注　巴蜀书社 2000 年版

26. 新编墨子　王冬珍、王讚源编　台湾编译馆 2001 年版

27. 墨子研究　谭家健著　贵州教育出版社 1995 年版

28. 墨子今注今译　谭家健、孙中原注译　商务印书馆 2009 年版

29. 墨辩发微　谭戒甫撰　科学出版社 1958 年版

30. 墨子经说解　张惠言著　国学保存会 1906 年印行本

31. 墨子笺　曹耀湘著　湖南官书报局排印本

32. 新考正墨经注　张之锐著　河南官印刷局排印本

33. 墨辩解故　伍非百著　中国大学排印本

34. 墨经通解　张其锽著　桂林张氏独志堂排印本

35. 墨经校释　梁启超著　上海中华书局饮冰室合集排印本

36. 中国哲学史大纲　胡适著　江苏人民出版社 2016 年版

37. 先秦名学史　胡适著　安徽教育出版社 1999 年版

38. 中国哲学史　冯友兰著　华东师范大学出版社 2016 年版

39. 墨子研究论文集　栾调甫著　人民出版社 1957 年版

40. 墨经校诠　高亨著　科学出版社 1958 年版

41. 墨经中的数学和物理学　方孝博著　中国社会科学出版社 1983 年版

42. 墨经的逻辑学　沈有鼎著　人民出版社 1992 年版

43. 墨辩逻辑学初探　陈孟麟著　（台北）五南图书出版有限公司 1996 年版

44. 先秦名学研究　翟锦程著　天津古籍出版社 2005 年版

45. 中国逻辑研究　孙中原著　商务印书馆 2006 年版

46. 墨经逻辑研究　杨武金著　中国社会科学出版社 2004 年版

47. 古代防御军事与墨家和平主义　秦彦士著　人民出版社 2008 年版

48. 《墨子》城守诸篇研究　史党社著　中华书局 2011 年版

49. 攻守城器械及东周军事技术　叶山著　上海古籍出版社 1986 年版

50. 汉简缀述　陈梦家著　中华书局 1980 年版

51. 睡虎地秦墓竹简　《睡虎地秦墓竹简》整理小组编　文物出版社 1977 年版

52. 银雀山汉墓竹简　银雀山汉墓竹简整理小组　文物出版社 1975 年版

53. 二十世纪出土简帛综述　骈宇骞、段书安编著　文物出版社 2006 年版

54. 武经七书　骈宇骞、李解民、盛冬铃等译注　中华书局 2007 年版

55. 太白阴经新说　张文才著　解放军出版社 2008 年版

56. 通典　杜佑著　《四库全书》本

57. 通志　郑樵著　《四库全书》本

58. 文献通考　马端临著　《四库全书》本

《中华传统文化百部经典》已出版图书

书　　名	解读人	出版时间
周易	余敦康	2017 年 9 月
尚书	钱宗武	2017 年 9 月
诗经（节选）	李　山	2017 年 9 月
论语	钱　逊	2017 年 9 月
孟子	梁　涛	2017 年 9 月
老子	王中江	2017 年 9 月
庄子	陈鼓应	2017 年 9 月
管子（节选）	孙中原	2017 年 9 月
孙子兵法	黄朴民	2017 年 9 月
史记（节选）	张大可	2017 年 9 月
传习录	吴　震	2018 年 11 月
墨子（节选）	姜宝昌	2018 年 12 月
韩非子（节选）	张　觉	2018 年 12 月
左传（节选）	郭　丹	2018 年 12 月
吕氏春秋（节选）	张双棣	2018 年 12 月
荀子（节选）	廖名春	2019 年 6 月
楚辞	赵逵夫	2019 年 6 月
论衡（节选）	邵毅平	2019 年 6 月
史通（节选）	王嘉川	2019 年 6 月
贞观政要	谢保成	2019 年 6 月
战国策（节选）	何　晋	2019 年 12 月
黄帝内经（节选）	柳长华	2019 年 12 月
春秋繁露（节选）	周桂钿	2019 年 12 月
九章算术	郭书春	2019 年 12 月
齐民要术（节选）	惠富平	2019 年 12 月
杜甫集（节选）	张忠纲	2019 年 12 月
韩愈集（节选）	孙昌武	2019 年 12 月
王安石集（节选）	刘成国	2019 年 12 月
西厢记	张燕瑾	2019 年 12 月

书　名	解读人	出版时间
聊斋志异（节选）	马瑞芳	2019 年 12 月
礼记（节选）	郭齐勇	2020 年 12 月
国语（节选）	沈长云	2020 年 12 月
抱朴子（节选）	张松辉	2020 年 12 月
陶渊明集	袁行霈	2020 年 12 月
坛经	洪修平	2020 年 12 月
李白集（节选）	郁贤皓	2020 年 12 月
柳宗元集（节选）	尹占华	2020 年 12 月
辛弃疾集（节选）	王兆鹏	2020 年 12 月
本草纲目（节选）	张瑞贤	2020 年 12 月
曲律	叶长海	2020 年 12 月
孝经	汪受宽	2021 年 6 月
淮南子（节选）	陈　静	2021 年 6 月
太平经（节选）	罗　炽	2021 年 6 月
曹操集	刘运好	2021 年 6 月
世说新语（节选）	王能宪	2021 年 6 月
欧阳修集（节选）	洪本健	2021 年 6 月
梦溪笔谈（节选）	张富祥	2021 年 6 月
牡丹亭	周育德	2021 年 6 月
日知录（节选）	黄　珅	2021 年 6 月
儒林外史（节选）	李汉秋	2021 年 6 月
商君书	蒋重跃	2022 年 6 月
新书	方向东	2022 年 6 月
伤寒论	刘力红	2022 年 6 月
水经注（节选）	李晓杰	2022 年 6 月
王维集（节选）	陈铁民	2022 年 6 月
元好问集（节选）	狄宝心	2022 年 6 月
赵氏孤儿	董上德	2022 年 6 月
王祯农书（节选）	孙显斌	2022 年 6 月
三国演义（节选）	关四平	2022 年 6 月
文史通义（节选）	陈其泰	2022 年 6 月

书　　名	解读人	出版时间
汉书（节选）	许殿才	2022 年 12 月
周易略例	王锦民	2022 年 12 月
后汉书（节选）	王承略	2022 年 12 月
通典（节选）	杜文玉	2022 年 12 月
资治通鉴（节选）	张国刚	2022 年 12 月
张载集（节选）	林乐昌	2022 年 12 月
苏轼集（节选）	周裕锴	2022 年 12 月
陆游集（节选）	欧明俊	2022 年 12 月
徐霞客游记（节选）	赵伯陶	2022 年 12 月
桃花扇	谢雍君	2022 年 12 月
法言	韩敬、梁涛	2023 年 12 月
颜氏家训	杨世文	2023 年 12 月
大唐西域记（节选）	王邦维	2023 年 12 月
法书要录（节选） 历代名画记	祝　帅	2023 年 12 月
耶律楚材集（节选）	刘　晓	2023 年 12 月
水浒传（节选）	黄　霖	2023 年 12 月
西游记（节选）	刘勇强	2023 年 12 月
乐律全书（节选）	李　玫	2023 年 12 月
读通鉴论（节选）	向燕南	2023 年 12 月
孟子字义疏证	徐道彬	2023 年 12 月
嵇康集	崔富章	2024 年 12 月
白居易集（节选）	陈才智	2024 年 12 月
李清照集（节选）	诸葛忆兵	2024 年 12 月
近思录	查洪德	2024 年 12 月
林则徐集	杨国桢	2024 年 12 月